1945~50년대 재일코리안 자료집 Ⅱ

재일코리안 인권 · 생활문제와 민족교육

1945~50년대 재일코리안 자료집 Ⅱ

재일코리안 인권 · 생활문제와 민족교육

초판 1쇄 발행 2017년 2월 25일

엮은이 | 김인덕 김경호
펴낸이 | 윤관백
펴낸곳 | 도서출판 선인

등록 | 제5-77호(1998.11.4)
주소 | 서울시 마포구 마포대로 4다길 4 곶마루 B/D 1층
전화 | 02)718-6252/6257
팩스 | 02)718-6253
E-mail | sunin72@chol.com

정가 65,000원

ISBN 979-11-6068-043-0 94900
978-89-5933-594-7 (세트)

청암대학교 재일코리안연구소
재일코리안자료총서 2-2

1945~50년대 재일코리안 자료집 Ⅱ

재일코리안 인권·생활문제와 민족교육

김인덕 김경호 편

도서출판 선인

▌목차▐

재일코리안 인권 생활문제와 민족교육

1권. 재일코리안 민족교육 교과서

❚ 해제 ❚

해방 후 재일조선인 운동에 대해서는 박경식 편 『조선문제자료총서』(삼일서방, 전 15권) 9권, 1권, 15권 · 증보판 및 『재일조선인관련자료집성－전후편－』(不二出版, 총 10권), 민족교육을 둘러싼 자료에 관해서는 김경해(金慶海), 우치야마 카즈오(内山一雄) · 조박(趙博)의 『재일조선인교육옹호투쟁자료집』(전 2권, 明石書店) 등이 기초적인 자료집이다.

또 최근 일본에서는 재일조선인운동사연구회 감수의 『재일조선인관련자료총서』(緑陰書房)에서 분야별로 자료집이 나오고 있으며, 미국 · 메릴랜드 대학의 고든 W · 프란게 문고에 수록되어 있는 강점기의 검열 잡지가 국립 국회도서관 헌정자료실에서 공개되었다. 그중 재일조선인이 발행하던 잡지 신문류를 이용함으로써 연구의 폭이 확대되고 있다. 또 민단 계열에서는 재일한인역사자료관, 총련계에서는 조선대학교 재일조선인 관련 자료실 등 재일조선인에 대한 아카이브 시설도 설립되어, 자료 환경은 이전에 비해 월등히 좋아지고 있다.

이런 상황에서 본 자료집에서는 미간행의 자료를 수집하여 자료집으로 간행하게 되었다. 이 자료집에는 첫째, 해방 공간 초기의 문화 · 교육을 둘러싼 책자들, 둘째, 재일조선인 단체 강제 해산 이후 한국전쟁하의 재일조선인의 상황을 알리는 생활, 인권, 민족교육 자료를 수록했다. 특히 프란게문고에 소장된 재일조선인의 신문 · 잡지 자료가 주로 1947년부터 1949년에 걸친 것임을 감안하면서 해방 직후부터 특히 1949년부터 1950년대의 자료 축적이 비교적 적은 시기의 자료를 실었다.

실제로 해방 직후 시기의 재일조선인의 활동의 기본을 파악하려면 박경식 편 『조선문제자료총서』(제9권, 제10권, 제15권, 보권), 『재일조선인관련자료집성－전후편－』(전 10권)에 수록된 재일본조선인연맹의 전국대회 및 중앙위원회 회의록을 참조하는 것이 우선이다.

1권. 재일코리안 민족교육 교과서

1) 『한글 첫 걸음』(1945년)
2) 『인민한글교본』(1)(이진규, 1948년)
3) 『인민한글교본』(이진규, 1953년)
4) 『국어입문』(이진규, 1955년)
5) 『初等國語讀本』(中)(편찬위, 1946년)
6) 『초등국어』(4, 후기용)(1947년)
7) 『초등국어』(6-1)(1947년)
8) 『어린이國史』(上)(1946년)

제1권은 재일본조선인연맹(이하 조련)이 주도해 만들어낸 교과서가 중심이다. 국어와 국사 교과서이다. 본 자료집에는 박경식의 선행 자료집에 실리지 않은 것을 중심으로 구성했다. 조련은 결성 이후 교과서를 조직적으로 편찬했다. 그 내용을 간단히 정리해 보면, 제1기(1945년 10월~1946년 2월), 제2기(1946년 2월~1947년 1월), 제3기(1947년 1월~1947년 10월), 제4기(1947년 11월~1949년 9월)로 나눌 수 있다. 제1기에는 재일조선인 귀국 준비의 일환으로 광범위한 대중을 대상으로 '조선어'와 '한국사'에 대한 이해를 위한 학습이 중심이었고 계몽적인 최소한의 교재가 제작되었다. 제2기에는 조련이 교재 제작에 적극 나선 시기로 특히 초등학교 교재를 초급·중급·고급으로 나누어 편성했다. 제3기에는 조련의 교재 편찬과 보급 활동이 가장 충실했던 시기로 평가할 수 있고 학년제 도입에 따라 초등학원의 교재가 학년별로 작성되었고, 중학 교재가 별도로 편찬되었다. 제4기는 민족교육에 대한 탄압에 대해 재일조선인이 전면적인 반대 운동을 전개하던 시기로 조련의 교재편찬위원회가 편찬한 교재를 기본으로 해서 조선학교의 교육을 실시하기로 한 규율을 실질적으로 확립한 때이다. 동시에 교과서 부족과 지방 본부 활동의 미비로 인한 교과서 혼란을 바로잡고 교과서의 통일적 사용이 전면화되었다.

한편 조련은 초등교재편찬위원회 신설을 결정, 교재를 만드는 일은 조련 내부의 문화부가 담당하게 했다. 이 위원회는 위원장 이진규를 비롯해 15명이었다. 수록된 교과서에는 위원으로 임광철·이은직·어당 등의 이름이 보인다. 이후 조련은 초등교재편찬위원회를 1948년 6월 14일 새롭게 '교재편찬위원회'로 개편했다. 그리고 여전히 이진규·임광철·어당·이은직 등을 전문위원으로 선임했고, 전문위원의 역할을 일정하게 나누었는데, 기획은 이진규가 담당했다. 또한 교과서 편찬의 책임은 임광철, 어린이잡지와 대중잡지의 발간은 허남기 · 어당 · 이은직이 공동으로 책임지었다. 서간문집 발간의 책임은 어당, 부녀계몽용 독서와 관련한 서적은 이진규가 책임을 맡았다. 특징적인 것은 삽화를 허남기가 맡았던 사실이다.

조련 초기 교재의 편찬은 우선 초등학교의 교과서를 11개 과목으로 나누었다. 그것은 국문 · 산수 · 역사 · 지리 · 이과 · 체육 · 음악 · 미술 · 습자 · 도화 · 공민 등이었다. 특히 1946년 신학기부터 초등학교를 초급(1 · 2학년), 중급(3 · 4학년), 상급(5 · 6학년) 등 3개 등급으로 나누어 중학 교육의 기틀을 만들기 시작했다.

조련의 교재 편찬 가운데 주목되는 것이 정체성과 관련 과목으로 국어, 역사 등이었다.

현장의 국어 교육을 주도한 국어강습소에서는 교재가 필요했다. 대표적인 교재로는 현재 확인된 것은 도쓰카(戸塚)한글학원의 이진규가 만든 한글 교재이다. 그는 허남기 · 오수림 · 임봉준 등과 함께 등사판으로 『한글교본』을 만들어 교재로 사용했다. 이후 이 교재는 조련의 국어교재의 원형이었음은 물론이다.

국어 교재는 전술했듯이 이진규가 편찬한 『한글교본』을 모델로 하여 『초등한글교본』, 『교사용 어린이교본』, 『어린이교본』, 『한글철자법』, 『한글교본』 등이 제작되었다.

한편 역사 교재로는 『조선역사교재초안』(상)(중)(하)를 우선 편찬했다. 당시 한국사 교재인 『조선역사교재초안』은 우리 역사에 대한 인식의 틀을 살펴 볼 수 있는 중요한 교재이다. 또한 어린이용으로 『어린이 국사』(상)(하)도 간행되었다. 이밖에도 조련 시기 확인되는 역사교재로는 문석준 유고인 『조선역사』(조련 문교국 발행, 1947)과 원용덕 편저인 『조선역사』(문화조선사 발행, 1947), 『조선역사』, 『조선사입문』(상) 등이 발행되었다.

1) 『한글 첫 걸음』(1945년)

조선어학회 편 군정청 학무국 발행, 1945년 11월 6일 발행의 복각판이다. 조련 중앙총본부 문화부가 발행, 내외인쇄주식회사 인쇄, 1946년 6월 10일 발행, 18센치, 49족, 활판, 옆으로쓰기를 하고 있다.

이 교과서는 전 1권 41과로 표지 주의에 "1. 이 책은 『초등국어』 중, 하 또는 『중등국어』 상, 하를 가르치기 전에 먼저 국어학습의 기초를 닦고 가르치기 위해 만들어졌다, 2. 이 책으로 가르치는 교사는 『초등국어 한글교수지침』을 참고할 것"이라고 한다. 삽화는 없고, 한자어는 거의 없으나 교재 한단에 한자를 별도로 표시하고 있다,

내용은 다음과 같다.

1-35과 : 문자와 단문, 36과 : 자장노래, 37과 : 속담, 38과 : 여우와 닭, 39과 : 고향 하늘, 40과 : 우리 나라, 41과 : 우리의 할 일

이 책은 한국에서 출판되어 일본에 들어 간 것이다. 1-35과는 자음과 모음 조합으로 단어를 만들고 이들을 포함하는 단문을 실고 있다. 이 단문도 권유형, 명령형, 의문형 등부터 복잡한 문서까지 확인된다.

우화와 함께 민족적 문제에 주목하여 다음의 세 과는 흥미로운 국가 만들기의 내용을 보여주고 있다.

13과

온 나라 사람들아/ 단결이 제일이다./ 나라를 위하여 일을 하자./ 우리들이 아니하면 누가 하랴./ 놀지 말고 날마다 일을 하자./ 한글을 잘 배우자./ 우리나라 글이니 잘 배우자.

14과

이곳 저곳에 만세 소리다./ 기름을 차니 맛이 난다./ 이것이 내 연필이다./ 엿 맛은 달고 잣 맛은 고소하다./ 이 낫은 자 든다./ 늘 웃고 살자./ 새 옷을 입고 춤을 춘다.

40과 우리나라

같은 옷을 입고 같은 말을 하며, 같은 역사를 가진 같은 겨레가 같은 땅터 안에 모이어서 커다란 살림살이를 함께 하고 사는 것을 "나라"라고 합니다.---

우리는 이 좋은 나라의 살림살이를 아무쪼록 잘 하여서 더 좋은 나라를 만들어야 합니다.

주요한 한자어로는 여자, 모자, 효자, 우유, 부모, 우표, 세계, 의자, 의사, 산, 신문, 만년필, 만세, 연필, 학교, 국기, 애국가, 북, 백두산, 남, 금강산, 생도, 교장선생, 동, 약, 비행기, 공중, 한강, 결심, 성공, 강산, 무궁화, 서, 항구, 대문, 태평양, 작년, 시, 십원, 내일, 삼천리, 산중, 그리고 역사가 확인된다. 일체의 인물에 대한 소개는 없다.

2) 『인민한글교본』(1)(이진규, 1948년)

3) 『인민한글교본』(이진규, 1953년)

4) 『국어입문』(이진규, 1955년)

2) 『인민한글교본』(1)(1948년)은 이진규가 편한 한글 교본이다. 저자 이진규는 1917년 출생이다. 경기도 용인군에서 태어났다. 일본대학 문화과를 졸업하고, 간다(神田)의 출판사 편집부원 일을 했다. 잡지 『인민문화』 편집을 담당했다. 조련 문화부원, 조련 초등교재편찬위원회 위원장을 맡았다. 재일조선인전국교육자동맹 위원장을 역임했다. 도쓰카(戸塚) 한글학원을 설립했고 『한글교본』을 제작했다.[1)]

1948년 10월 15일 재일본조선민주여성동맹 총본부 문화부가 발행했다. 맹원에게만 배포한다고 쓰여 있다. 철필로 쓰여 있는 책이다. 제책의 방법, 편집이 조잡하다.

목차에 앞서 이상의 「권태」의 시가 일부 실려 있고, 경어법과 관련하여 "주무신다－잔다 / 계시다－있다" 등의 일곱 가지 경우를 예로 보여 주고 있다. 차례에는 50과의 내용이 확인된다. 그 내용은 다음과 같다.

1. 자모, 2. 홑소리, 3. 닿소리, 4. 철자방법, 5. 쉬운 철자와 발음, 6. 단문, 7. 연습, 8. 합성모음, 9. 합성모음의 철자와 발음, 10. 합성자음, 11. 합성자음의 철자와 발음, 12. 비(동요), 13. 단문, 14. 연습(I), 15. 연습(II), 16. 받침(I), 17. 단문(1), 18. 단문(2), 19. 여성의 해방, 20. 조선민주주의인민공화국, 21. 엄마소(동요), 22. 고향하늘(동요), 23. 연습, 24. 문명퇴치, 25. 한 병졸로서, 26. 그의 일생, 27. 그리웠던 고국, 28. 받침 연습(1), 29. 받침(2), 30. 토지개혁과 농민, 31. 큰 물, 32. 받침 연습(2), 33. 가는 길(시), 34. 생일날 초대편지, 35. 받침 연습(3), 36. 받침(3), 37. 동지애, 38. R의 죽음, 39. 혼성중자음, 40. 자음의 접변, 41. 전진, 42. 가난과 공부, 43. 예전의 학교, 44. 북국의 가을, 45. 개, 46. 속담, 47. 위원회에 가는 길, 48. 유치장에서 형무소로, 49. 비번째 맞는 8.15(슈프레휘.콜), 50. 인민항쟁(극)

1과 "자모"에서는 자음 14자, 모음 10자 합해서 24자로 하고 있다고 한다. 이후 5과까지 철자와 발음에 대해 서술하고 있다. 6과 "단문"에서는 "기치가 가오", "마차가 오오" 등의 경우를 소개하고 있다. 흥미로운 것은 연습문제를 통해 학습 내용을 확인하고 있다.

12과 "비"는 동시로 삽화와 함께 실려 있다. "비야 비야 오너라/ 버드나무 지나서/ 나무다리 지나서/ 비야비야 오너리." 33과 "가는 길"은 김소월의 시이다. 아울러 19과 "여성의 해방"에서는 유교에서 나온 남존여비사상을 비판하여 가르치면 좋겠다는 언급이 있다.

25과 "한 병졸로서"는 1946년 2월 15일 여운형의 민주주의민족전선결성대회 인사말에서 따오고 있다. 그리고 부기하기를 "조선민주주의민족전선에 대한 설명을 할 것", "고 여운형

---

1) 魚塘, 「解放後初期の在日朝鮮人組織と朝連の教科書編纂」, 『在日朝鮮人史研究』(28), 1998, 108쪽 ; 김인덕, 『재일본조선인연맹 전체대회 연구』, 선인, 2007, 145쪽.

선생의 전기를 이야기할 것"이라고 했다. 아울러 아스타리스크표인 *을 붙이고 "근로대중은 글로대중으로 발음되고 혁명조선은 형명조선으로 발음된다(후의 자음의 접변 참조)"고 하는 서술을 하고 있다. 아울러 41과 "전진"은 김남천의 "어린 두 딸에게"서 따오고 있다.

34과 "생일초대 편지"는 실용 문장의 경우로 "9월 24일 윤숙"이라고 쓰여 있다.

43과 "예전의 학교" 서술 내용 옆 67쪽에는 경어법의 용례가 보인다. 이후도 경어법 용례는 73쪽에 실려 있다.

3) 『인민한글교본』(1953년)은 이진규가 편한 한글교본이다. 발행자는 학우서방이고, 1953년 8월 20일 제3판 발행한 책이다. 가격은 50원이다. 새 책이 아니라서 부기한 내용이 확인된다.

목차 다음에 "가르치는 분들에게"에서는 일본에서 자란 사람에게는 말공부가 중요하다고 했다. 그리고 이를 위해서는 극(劇), 좌담회, 토론회가 열리도록 할 것을 권하고 있다. 특히 진도는 전편에 주목하여 하루에 한 시간씩 공부하여 삼 개월에 마치도록 하라고 했다.

목차는 다음과 같다.

전편 : 1. 자모, 2. 홑소리, 3. 닿소리, 4. 철자방법, 5. 쉬운 철자와 발음, 6. 단문, 7. 비, 8. 련습(1) 9. 합성모음, 10. 합성모음의 철자와 발음, 11. 합성자음, 12. 합성자음의 철자와 발음, 13. 단문, 14. 련습(2), 15. 련습(3), 16. 받침(I), 17. 단문(1), 18. 엄마소 19. 받침 20. 문맹퇴치 21. 그의 일생, 22. 련습(4), 23. 받침(3)

중편 : 24. 인사법(1), 25. 대화(I), 26. 대화(II), 27. 예전 동요 두편, 28. 인사법(2), 29. 밥상, 30. 련습(5) – 맞알기, 31. 조국조선(시), 32. 가난과 공부, 33. 예전의 학교, 34. 위원회에 가는 길(시), 35. 동지애, 36. 개, 37. 생일 초대 편지, 38. 사랑의 편지 – 녀자로부터, 39. 내가 구장이다. 40. 수수꺼끼

후편 : 41. 아이들아 이것이 우리학교다!, 42. 조선민화 세편, 43. 김일성장군 회견기

이렇게 목차와 각 장별 내용이 기존의 『인민한글교본』(1)(이진규, 1948, 101쪽)의 틀과 유사한 부분이 많다. 특히 전편의 경우는 기본적으로 『인민한글교본』(1)(이진규, 1948, 101쪽)의 틀을 유지하고 있다. 아울러 중편은 32, 33, 34, 36, 37과는 동일한 내용이다. 그리고 후편 41과에는 허남기의 시이고, 42과의 내용은 임광철의 「량반과 쌍놈」에서 발췌한 것이다. 그리고 43과의 「김일성장군 회상기」는 서광재의 『북조선기행』의 일부이다. 책의 맨

마지막 쪽에는 김일성이 '재일 조선학생들과 함께' 하는 사진이 부가되어 있다.

특히 중편의 32과 "가난과 공부"는 이기영의 글이고, 34과의 "위원회에 가는 길"은 박세영의 시이다. 특히 37과 "생일 초대 편지", 38과 "사랑의 편지"는 어당의 "인민서간문집"에서 발췌한 것이라고 기록되어 있다.

4) 『국어입문』(이진규, 1955년)은 1955년 9월 25일 학우서방에서 발행했다. 가격은 50원이다. 이 책은 『인민한글교본』(이진규, 1953, 89쪽)을 부분적으로 수정한 것이라고 목차 다음의 "가르치는 분들에게"에 쓰여 있다.

전편 : 1. 자모(1), 2. 모음, 3. 자음, 4. 철자방법, 5. 철자와 발음(1), 6. 단문, 7. 비, 8. 련습(1) 9. 자모(2), 10. 철자와 발음(2), 11. 자모(3), 12. 발음(3), 13. 단문, 14. 련습(2), 15. 련습(3), 16. 받침(I), 17. 단문, 18. 엄마소 19. 받침(II) 20. 애국가 21. 단문, 22. 받침(III)

중편 : 23. 인사법(1), 24. 대화(I), 25. 대화(II), 26. 인사법(2), 27. 밥상, 28. 맞알기, 29. 애국심, 30. 조선민주주의인민공화국 31. 속담, 32. 수수꺼끼, 33. 결혼 청첩장, 34. 조선민화 세편

후편 : 35. 사람들은 어떻게 살아 왔나? 36. 우리는 승리했다, 37. 조선은 하나이다. 38. 공화국 공민의 영예

이 가운데 중편의 20과 "애국가", 29과 "애국심", 30과 "조선민주주의인민공화국", 33과 "결혼 청첩장"과 후편의 35과 "사람들은 어떻게 살아 왔나?", 36과 "우리는 승리했다", 37과 "조선은 하나이다", 38과 "공화국 공민의 영예"는 새로운 글이다.

20과 "애국가"는 대한민국의 애국가는 아니다. 여기에는 삽화로 북한의 경제 발전을 묘사하고 있다. 29과는 김일성의 담화에서 발췌했다. 그리고 30과도 북한정부 수립 1주년을 맞이한 김일성의 보고 내용이다. 33과 "결혼 청첩장"은 구체적으로 김호환, 로상수 양 집안의 결혼 청첩을 갖고 내용을 소개하고 있다. 34과에는 여백에 김득신의 풍속화가 소개되어 있다.

후편의 37과 "조선은 하나이다"는 북한 최고인민회의 제8차 회의에서 채택된 호소문이라고 한다. 이 책은 대체로 북한의 당과 정부, 수령에 대한 "충성"과 총련에 대해 많은 내용을 소개하고 있는 것이 기존의 한글 교본과 전면적으로 다른 점이다.

5) 『初等國語讀本』(中)(편찬위, 1946년)

초등교재편찬위원회편으로 조련 중앙총본부 문화부 발행이다. 조광사 인쇄이다. 1946년 5월 31일 발행이다. 상권은 1946년 5월 15일 발행이고 하권은 1946년 12월 31일 발행이다. 21센치 수기로 옵셋인쇄를 했다. 세로쓰기이다.

표지는 한자로 되어 있고 목차 이전에 슬로건으로 "읽고 쓰고 배우자"를 내걸고 있다. 아울러 한글 조합의 원리를 그림을 통해 쉽게 설명하고 있다.

이 교과서는 전 3권 가운데 한권이다. 18과 70페이지이다. 목차("순서"로 되어 있음) 18과를 보면 다음과 같다.

1. 朝鮮의 하늘은 명낭하다. 2. 아침 3. 電車안에서 4. 습관 5. 어린이行進曲 6. 문방구집과 과일집 7. 파리 8. 바람 9. 밥상 10. 닭 11. 호박꽃초롱 12. 江물을 따라서 13. 山, 바다 14. 안테나, 15. 설날 16. 샘물이혼자서 17. 학, 붕어, 가재, 18. 지나간날의 참새

중권의 1과는 "조선의 남북은 38도로 갈라졌으나(원문그대로 : 필자), 조선의 하늘은 명낭이다. 모두들 팔것구 밖으로 나오너라. 어데가지든지 어데가지든지 너의발로 걸어가거라."라고 하면서 시작하고 있다. 일제로부터 해방된 후도 금후는 미소에 의해 국토가 나뉘었는데, 조선의 산하는 하나가 되었다는 것이다. "태양이 아이들을 굳세게 만든다. 산은 좋구나. 바다는 좋구나. 바람이 불어온다. 눈도 불어온다.－태양이 조선의 어린이들을 강철같이 만드러줄테니."라고 하면서 결론을 짓고 있다.

5과 "어린이행진곡"에서는 다시 교정에 태극기가 걸려 있는 삽화를 배경으로 두 줄로 행진하는 어린이를 형상화하고, "파-란 하늘에, 태극기를 올리고, 아아 질겁다 조선 독립가.(원문그대로 : 필자) 무궁화 삼천리, 꽃 피는 동산은 아아 질겁다 우리 손으로. 어깨를 잡어라 발을 맞춰라 아아 질겁다 하낫둘 하낫둘."이라고 어린이들의 애국심 고양에 주목하고 있다.

10과는 동시로 제목은 "닭"이다. 동시의 내용은 "물한모금 입에 물고 하늘 한번 처다 보고. 또한모금 입에 물고 구름 한번 쳐다 보고."로 사실적으로 닭의 모습을 통해 한글 학습이 되도록 하고 있다.

14과는 4인의 어린이들이 안테나 놀이를 통해 높이를 알도록 대화 형태로 구성되어 있다. 결국 그림자로 높이를 구한다고 한다. "노마 : 영이 키하고 영이 그림자가 똑 같은 때는

저 안테나 높이 하고 안테나 그림자가 꼭 같은 때란 말이지"라고 했다. 여기에서는 산수 문제도 들어 있는 흥미로운 문장도 확인되어진다.

15과의 경우 독립과 관련한 설날의 의미를 적극 부각하고자 하고 있다. "오늘은 새해첫날이다. 독립을 약속 하야 맞는 처음 설날이다. 우리집에는 할아버지 할머니 아버지 어머니 형님 누님 아주머니 동생 족하(원문그대로 : 필자) 모두 차례로 세배를 올리고 다 가치 즐겁게 상을 받고 떡국을 먹었다." 구체적으로 설날의 하루 모습을 잘 가르쳐 주고 있다. 전체 매 과에 내용을 설명하는 삽화가 적절하게 배치되어 있다. 상권은 문자와 단문 학습 등으로 총 50과가 편재되어 있으며, 하권은 14과가 실려 있다.

6) 『초등국어』(4, 후기용)(1947년)

초등교재편집위원회 편으로 조련 중앙총본부 문교국이 1947년 9월 30일 발행했다. 발행자는 재일본조선인연맹 중앙총본부 문교국이었다. 인쇄는 문교인쇄소에서 했다. 국한문 혼용으로 쓰여 있고, 각종 삽화가 사실적으로 그려져 있다.

목차에 앞서, 1, 2, 3학년과 달리 양적 질적으로 '깊어진 느낌'으로 책이 쓰여 있다고 하고, 사회사상의 관찰과 비평을 테마로 한 교재가 30%로 늘었다고 한다. 그리고 익힘 형식으로 여백을 이용해 설문을 해 놓았다. 아울러 국어교육은 교본만으로 되지 않는다면서 작문, 습자, 문장서법, 낭독회, 아동극 등으로 발음 연습을 학생들에게 시킬 것을 독려하고 있다. 아울러 시간 배당과 진행 속도도 명기하고 있다. 교재의 차례는 다음과 같다.

> 1과 : 아가의 잠, 2과 : 동무, 3과 : 과수원, 4과 : 아침, 5과 : 허수아비, 6과 : 물방아, 7과 : 지구, 8과 : 속담, 9과 : 추석, 10과 : 씨, 11과 : 달밤, 12과 : 제비, 13과 : 단풍, 14과 : 고향하늘, 15과 : 거북선, 16과 : 야학교, 17과 : 아버지의 교훈, 18과 : 새 옷을 입은 임금님, 19과 : 동경에 있는 언니에게, 20과 : 겨울 밤, 21과 : 앵무새, 22과 : 문익점, 23과 : 싸락눈, 24과 : 활자, 25과 : 엄마소, 26과 : 우스운 이야기, 27과 : 세 사람의 도적

18과는 안데르센 동화 "벌거벗은 임금님"으로 연극이나 '가미시바이(종이연극)'를 해 볼 것을 권하고 있다. 27과는 톨스토이의 동화 "어린이 이야기"에서 발췌했다고 한다.

4년 후기 16과인 "야학교"에는 어느 초등학생이 같은 초등학교에서 열리고 있는 야학을 보러 갔더니 나이도 여러 가지인 노동자들이 열심히 공부를 하고 있었고, 손에 붕대를 감는 사람도 한 글자씩 글을 쓰고 있었다는 것이다. 익힘 문제로 "여러분이 살고 있는 마을

에는 이와 같은 야학교가 있습니까? 어떤 사람들이 배우러 옵니까?"라는 지문이 작은 글자로 쓰여 있다.

24과 "활자"는 고려시대 불전을 인쇄하는 금속활자가 발명되었다. 세계에서 처음인 일이라서 조선인은 뒤떨어지기는커녕 우수했다고 하면서 지금까지 양반만 학문을 하고 대부분의 인민들은 하지 못했고, 이것으로 학문은 발달하지 못하고 그리고 책도 이용하지 않기 때문에 출반기술도 발달되지 못했다는 것이다. 우리의 재능을 발달시켜서 나라를 빛나게 하기 위해서는 우리 인민들이 모두가 함께 공부를 할 수 있는 나라를 만들어야 한다고 했다. 익힘 문제로 "활자란 것은 어떤 것입니까?", "목판과 어떻게 다릅니까?" 등의 지문이 작은 글자로 쓰여 있다.

7) 『초등국어』(6–1)(1947년)

원본은 조선어학회가 저작자이고, 군정청 문교부가 1947년 12월 발행했다. 번각판은 조선문화교육회가 발행 겸 편집자이고 발행소는 조선문화교육회, 인쇄소는 조선도서출판협회였다. 총 155쪽이다.

표지에 봉황이 비약으로 하고 있고, 조선문화교육회 본부 고무 도장이 찍혀 있다. 목차를 보면 다음과 같다.

> 1과 : 자유종, 2과 : 8월 15일, 3과 : 장 속의 새, 4과 : 별나라, 5과 : 면양, 6과 : 개미의 자랑, 7과 : 별, 8과 : 동룡굴, 9과 : 세종대왕, 10과 : 금을 사랑하는 왕, 11과 : 가을, 12과 : 소풍(1), 13과 : 소풍(2), 14과 : 율곡선생, 15과 : 가정, 16과 : 옛 시조, 17과 : 간도, 18과 : 백장 스님, 19과 : 격언, 20과 : 큐리 부인, 21과 : 신문, 22과 : 효녀 지은, 23과 : 어린이 시절, 24과 : 크리쓰마스 송가, 25과 : 눈과 어름, 26과 : 석가모니, 27과 : 토함산 고개, 28과 : 누구의 어머니, 29과 : 종소리, 30과 : 천거장, 31과 : 아르키메데스의 원리, 32과 : 앉은 뱅이, 33과 : 꾸준한 희생, 34과 : 우리나라, 35과 : 나의 조국

1과 "자유종"에서는 오천 년 역사의 우리 민족이라면서 벙어리 된지 36년, 삼천리 강산에 자유종이 울었다고 했다. 국내에서 간행되어 그런지 『초등국어』(4, 후기용)도 문장과 내용에 있어 다소 평이하다는 느낌이 든다.

7과 "별"은 이병기의 동시로 소녀, 밤하늘을 그린 삽화가 조화롭게 구성되어 있다. 10과도 "가을" 동시, 23과 "어린이 시절" 동시, 27과 "토함산 고개", 32과 "앉은뱅이"가 35과 "나의

조국" 동의 동시가 확인된다.

16과는 옛시조 세 수가 쓰여 있다. 아울러 9과 "세종대왕"에서는 우리 말에 맞는 글이 없어 한문을 빌어쓰다가 우리 말에 맞지 않아서 사람들이 글을 갖지 못해 이를 딱하게 여겨 세종대왕이 글을 만들었는데 이것이 훈민정음이라는 것이다. 아울러 "훈민정음해례본"의 "용자례"를 그대로 싣고 있다.

17과 "간도"에서는 우리 조상이 개척하고 조상의 피를 흘린 땅으로 잊으려야 잊을 수 없는 땅이라는 것이다. 19과는 격언 9개가 보인다.

34과 "우리나라"에서는 고대부터의 역사를 서술하여, 을지문덕, 연개소문, 강감찬, 이순신을 역사의 큰 어른이라고 했다. 그리고 애국정신이 자랑거리라면서, 우리 민족이 빼어난 머리와 부지런함으로 참 행복한 살림을 하게 될 것이라고 했다.

8) 『어린이國史』(上)(1946년)

『어린이 국사』(상)(본 자료는 고(故) 김경해 선생이 소장했던 자료이다)은 초등교재편찬위원회가 조련 문화부판으로 1947년에 각각 발간한 책이다. 『어린이 국사』(하)[2]는 조련의 초등교재편찬위원회가 조련 문화부판으로 1946년에 발간되었다. 발행자는 조련 중앙총본부로 되어 있다. 상권은 124쪽, 하권은 128쪽이다. 전반적으로 알기 쉬운 문장으로 서술되었다. 중요한 사건과 인물의 경우만 사용하고 있다고 판단된다. 상권과 하권의 편집은 다소 차이가 보이기도 한다. 그 내용을 보면 다음과 같다.

『어린이 국사』(상)의 주요한 내용을 보면, 구성은 선사부터 고려시대까지이다. 구체적인 내용은 다음과 같다.

> 제1과 시초, 제2과 마을, 제3과 나라, 제4과 고구려, 제5과 백제, 신라, 제6과 삼국시대(1), 제7과 삼국시대(2), 제8과 신라의 통일(1), 제9과 신라의 통일(2), 제10과 신라의 문화, 제11과 신라의 쇠약, 제12과 후삼국로 통일신라시대, 제13과 고려 나라를 세움, 제14과 불교, 제15과 북방사람들, 제16과 묘청의 난, 제17과 문관과 무관 ,제18과 몽고와의 관계(1), 제19과 몽고와의 관계(2), 제20과 면화, 제21과 백성의 시달림, 제22과 외적들, 제23과 고려의 쇠망

『어린이 국사』(상)은 『조선역사교재초안』(상)과 거의 유사하게 삼국 중심의 역사 서술

---

2) 朴慶植 編, 『在日朝鮮人關係資料集成』(戰後編)(6卷), 不二出版社, 2000, 70~104쪽.

의 틀을 그대로 유지하고 있다. 고구려가 즉 'KOREA'가 출발점임을 분명히 했다. 주목되는 서술은 중국의 삼국에 대한 영향력과 우리 문화의 일본 전파에 특기한 점이다. 종교관에 있어서도 다소 불교 중심적이 취향이 보이는 것이 주목된다. 과별 서술 내용을 보면 다음과 같다.

과	서 술 내 용
제1과 시초	몽고서 살든 사람들이 흥안령 … 만주 … 압록강과 두만강을 건너서 조선땅으로
제2과 나라	조선에 나라 … 고구려, 백제, 신라가 조선에 맨 처음 생긴 나라
제5과 백제, 신라	세 나라 … 권력 있는 사람과 없는 사람이 생기게
제6과 삼국시대(1)	조선 사람이 본받은 것은 중국 … 생각하는 것도
제7과 삼국시대(2)	북쪽 고구려 … 중국에서는 몇 번이나 쳐드러 … 서양사람들이 조선을 KOREA …
제9과 신라의 통일(2)	고구려의 어린이들이 … 발해라는 나라를 세운 것
제10과 신라의 문화	신라의 어린이들은 … 명주로 옷을 … 서양식으로 머리 … 당나라 풍악/일본에서 … 고양이가 없든 것을 … 가져 갔다
제11과 신라의 쇠약	왕은 저만 잘 살기 … 가장 심한 것은 진성이란 여왕
제14과 불교	왕건은 … 왕이 된 것도 부쳐님(원문그대로; 필자)의 은혜
제21과 백성의 시달림	백성을 못살게 한 것이 … 불교, 잘사는 사람

2권. 재일코리안 인권 · 생활문제와 민족교육

1) 재일본조선인연맹 『시이쿠마사부로씨의 연설을 반박한다／성명서』(1946年 9月)
2) 조선인인권옹호위원회 『일본인민에게 호소한다』
3) 재일조선인 인권옹호위원회 『투쟁 뉴스』(1946년 10월)
4) 조선인생활옹호위원회 중앙위원회 『생활권옹호데모사건에 대해』(1946年 12月)
5) 재일조선인학교문제 신상조사단 『조선인학교문제 진상보고회 기록』(1948年 5月)
6) 재일조선인조국방위 가나가와현위원회 『재일조선인은 민족의 압박을 어떻게 받고 있나』(1951년 2월)
7) 재일조선인강제송환 재산동결반대동맹 『재일조선인 강제송환이 뜻하는 것』(1951년 2월)
8) 조선인추방반대도쿄위원회 『뉴스』(1951년 10월)
9) 도쿄도교육위원회 『도립 조선인학교 요람』(1951년)
10) 법무성입국관리국 『입관집무자료 제2호 재일조선인의 생활실태』(1953년 2월)
11) 법무성입국관리국 『입관집무자료 제4호 재류조선인과 일한관계』(1953년 3월)
12) 법무성입국관리국 『입관집무자료 제6호 재류조선인과 일한관계』(1953년 4,5월)
13) 법무성입국관리국 『입관집무자료 제7호 재류조선인과 일한관계』(1953년 6월)
14) 법무성입국관리국 『입관집무자료 제9호 재류조선인과 일한관계』(1953년 7,8월)
15) 국책연구회 『일본 내에서의 조선인 문제의 개황』(1956년)
16) 재일본조선인총연합회 『재일조선인 문제에 대해』(1956년)
17) 일본적십자사 『재일조선인의 생활과 실태』(1958년)
18) 『재일조선인 자녀의 교육과 귀국』(1959년)
19) 『재일동포 학생의 현실』(1959년)
20) 『특집 가나가와 민족교육 작문집』(1959년)

제2권에서는 해방 직후에서 1950년대 말까지의 재일코리안 민족교육과 인권문제 생활문제에 관한 자료를 수록했다. 본 자료집을 간행하기에 앞서 우선 언급할 것은 해방 직후의 재일조선인사를 분석하는 데 있어서는 좌파 민족단체를 중심으로 할 수밖에 없음을 지적하는 점이다. 해방 직후 각지에서 자연발생적으로 생긴 민족단체를 기본으로 1945년 10월에 결성된 재일본조선인연맹(조련)은, 그 결성 과정에서 좌파를 중심으로 형성된 민족단체로 됐다. 그리고 조련은 결성 직후부터 전국 레벨의 조직 기반을 갖춘 활동을 펼치고 그 조직은 도도부현(지방 본부) · 시구정촌(지부) · 주거 지역(분회)단위로 형성되고, 지역

별로 만들어진 조선인학교에서의 민족교육을 뒷받침하기도 했다.

그래서 이 민족단체가 갖고 있는 영향력의 분석 없이 해방 후 재일조선인의 역사를 바라볼 수 없을 것이다. 또 조련은 당시 한반도의 정치 정세로서 해방 직후의 "조선인민공화국"을 지지하고 또 모스크바 협정을 지지하여 민주주의민족전선 산하의 단체가 되었다. 그 노선에 따라 한국에서 단독선거에 반대하고, 결과적으로 조선민주주의인민공화국을 지지했다.

또한 조련은 해방된 한반도에서의 신국가건설 및 조국방어를 위해서는 일본의 민주화가 불가결의 정치과제라고 생각했다. 그래서 그 실현을 위해서 일본공산당과의 공동투쟁을 통해 정권을 타도하기 위한 운동도 시작하게 됐다.

전후 재일조선인의 생활·교육·문화도 기본적으로는 이러한 조련의 조국인식 그리고 정치의식을 바탕으로 형성된 것이라고 할 수 있다. 해방 직후의 재일조선인운동에 관한 자료로서는 朴慶植編,『朝鮮問題資料叢書』·『在日朝鮮人関係資料集成』, 그리고 프란게문고에 있는『解放新聞』,『朝鮮新報』,『朝鮮人生活権擁護闘争ニュース』,『朝連中央寺報』등의 재일조선인이 발행한 미디어에서도 폭 넓게 게재되고 있다. 본 자료집은 그런 자료를 보충하는 것으로 참조하여 주시기 바란다.

1) 재일본 조선인연맹『시이쿠마 사부로씨의 연설을 반박한다／성명서』(1946年 9月)
2) 조선인인권옹호위원회『일본인민에게 호소한다』
3) 재일조선인 인권옹호위원회『투쟁 뉴스』(1946년 10월)
4) 조선인생활옹호위원회 중앙위원회『생활권옹호데모사건에 대해』(1946年 12月)
5) 재일조선인학교문제 신상조사단『조선인학교문제 진상보고회 기록』(1948年 5月)

재일코리안은 1945년 8월의 해방과 함께 각지에서 민족단체를 자발적으로 조직하고 재류동포의 생명 재산보호, 귀국 희망자의 귀환수송, 자제의 민족교육을 위한 조선인학교 설립 등 민족적인 활동을 폭넓게 전개했다. 그러나 1945년 해방 이후의 재일조선인의 상황은 이런 활기 찬 밝은 면만이 아니었다. 해방 직후부터 전개한 재일코리안의 자주적인 활동에 대해서는 점차 일본정부 및 점령군의 단속이 강화되고, 생활·정치·민족교육 등의 여러 면에서 탄압이 반복됐기 때문이다. 그래서 해방 후의 재일조선인 운동에서는 일본에 재류하는 동포의 인권과 생활을 지키는 운동이 민중과 조직을 연결하는데 큰 역할을 했다. 이 재일조선인의 인권 생활권 옹호운동의 과제가 어떤 것이며, 그 전개과정은 어떠했는지를 분석하는 것은 재일조선인사 연구에 있어서 필수 과제다.

그리고 해방 후의 재일조선인운동에 있어서 1946년은 하나의 전환점이었다. 재일코리안은 일본의 패전 후 카이로선언과 포츠담선언에 따라 해방된 외국인으로서의 입장에서 독자적인 활동을 전개하고 있었다. 그 입장으로 조국 귀환을 희망하는 동포의 원호 수송사업을 주진하고, 또 재류동포의 생명재산보호를 위해 보안대 · 자치대 등을 통해 자위활동을 하고 있었다. 그러나 이러한 자율적인 사업은 1946년부터는 점차 부정하게 됐다.

일본정부는 조선에 관한 주권은 연합군과의 강화회의까지는 일본이 보유하는 것으로 주장하고, 일본 내 재류하는 조선인도 일본의 주권 밑에 속하고 있다는 입장이었다. 그리고 1946년에는 그것을 점령군으로부터 인정을 받고 재일코리안의 자율적인 경찰행위를 단속하기 시작했다. 한편, 1946년 2월 일본정부는 점령군의 지시에 따라 재일조선인의 귀국희망자를 등록시켜 계획적으로 송환하게 했으나, 이 사업의 사무적 절차에서 조선인단체를 점차 배제하고, 한 번 귀국했다가 다시 일본에 돌아오게 된 조선인을 단속했다. 그 후 계획수송의 기한까지 돌아가지 않은 재류조선인은 해방인민으로의 귀환권을 잃고 일본국적을 가지는 사람으로 취급하는 것으로 됐다. 그럼으로 재일코리안에 있어서는 1946년은 일본제국에서 독립한 해방국민으로서의 권한이 부정 당하는 시기였다. 또한 일본에서는 패전 후의 혼란한 경제상태 안에서 많은 사람들이 암시장 거래 등으로 생계를 유지하고 있었으나, 이 시기에는 그러한 거래의 대부분이 조선인 및 중국인이 하고 있다는 차별적인 편견이 유포하는 상황도 생기고 있었다.

이러한 상황 안에서 조련은 해방에서 1년을 맞이하는 시기를 전후해서 당면의 제류를 전제로 해서 재일동포의 인권옹호 · 생활권옹호를 운동과제의 중심으로 놓기 시작했고, 1946년 10월에는 '조선생활권옹호위원회'를 결성하여 재일조선인 생활권옹호운동을 본격적으로 시작했다. 1)에서 4)의 자료는 이 시기에 만들어진 자료들이다. 짧은 자료들이지만, 재일조선인 생활권옹호운동의 시작 단계에서 어떤 것이 과제가 되고 있었는지를 알리는 귀중한 자료들이다.[3)]

1)은 이른바 「시이쿠마 연설(椎熊演說)」에 대한 조련의 반박문과 성명문이다. 「시이쿠마연설」은 1946년 8월 16일, 일본 중의원 본회의에서 시이쿠마 사부로(椎熊三郎) 의원이 국내 치안문제에 관한 질문으로서 재일조선인을 훼방한 연설이다. 그 내용은 조선인 · 중국인이 해방 후 '마치 전승국민처럼' '방약무인인 태도'를 잡고, 귀국한 조선인도 '집단으로

3) 자료 1)~4), 6)~8)의 원본은 일본 호세이 대학 오하라 사회문제연구소 소장본이다.

밀항'하고, '암거래의 근원'이 되어 있다고 해서, 일본정부가 이들에게 엄연한 태도를 취해야 하다고 요구하는 것이었다. 이 시기 형성된 일본사회의 반조선인 감정의 전형적인 모습이라고 할 수 있다.

한편 반박문은 「시이구마 연설」에 대해 다섯 가지 논점으로 나눠서 반박하고 있다. 첫째로, 재일조선인에 해방이 어떤 의미를 가지고 있는지, 둘째로 귀국동포가 다시 도항하게 된 이유가 뭔지를 설명하고 있다. 그리고 셋째로 일본 전쟁 지도자의 반성의식의 결여, 넷째로 암시장 문제를 조선인 · 대만인에 책임전가 하는 문제를 비판하고, 마지막으로 이런 악선전을 선동하고 민중을 이간시킨 사람들을 배격할 것을 주장하고 있다. 성명문도 같은 입장에서 이 문제의 근원은 일본민중을 기만 압박하고, 중국 조선을 학살 착취한 반동군벌 잔당의 음험한 모략에 있다고 해서, 이러한 존재의 일소가 일본 · 조선 · 중국의 평화 실현을 위해 필요하다고 주장하고 있다. 일본사회의 차별인식에 대해, 조련 측이 어떻게 반론하고 있었던지를 밝히는 귀중한 자료라고 할 수 있다.

2)와 3)은 조련이 생활권옹호운동을 시작한 1946년 9월경에 오사카에서 결성된 조선인 인권옹호위원회의 성명서 및 기관지이다. 『투쟁 뉴수』는 인권옹호위원회의 경성경의 및 그 요구상항 등을 읽어낼 수 있다. 또한 성명문의 날짜는 불명이지만 1)의 자료와 같이 전쟁책임의 문제를 일반시민과 분리하고, 유산 지배계급이 조선인을 비판해서 인민을 이간하게 한다고 주장하고 있다. 일본의 정치운동을 참가해서 정권타도를 목적으로 하는 입장이었다.

이렇게 출발한 재일조선인 생활권 옹호운동에 대해서는 프랑게문고에 수록된 『재일조선인생활권옹호위원회 뉴스』 등을 통해 더욱 자세한 내용을 알 수 있다. 그러나 이 운동에 대해서도 1946년 말에는 큰 탄압을 받았다.

4)는 이 탄압사건의 진상을 재일조선인의 입장에서 밝힌 자료다. 1946년 12월 20일, 도쿄의 황궁앞 광장에서 '조선인생활권옹호전국대회'가 개최됐다. 그 대회에서 가결된 요구사항은 선출된 10명의 교섭위원에게 위탁되고 일본정부 수상관저에서 진정하게 됐다. 한편 대회에 참가한 군중은, 회장에서 수상관저를 향해 데모를 하다가 경찰의 간섭을 받아서 충돌 사태가 생기고, 그에 의해서 교섭위원 10명이 체포되게 된 사건이다. 이 자료에서는 체포된 10명의 재심사를 요구하고 있지만, 이들은 1947년 2월 17일에 본국송환을 전제로 석방되어, 가족과 함께 조선에 송환 당하게 되었다. 이상과 같이 1946년에는 재일조선인의 생활권옹호운동을 시작했다. 그러나 일본정부와 점령당국에 의해 일직부터 크게 제한된 환경 안에서 운동을 전개할 수밖에 없게 된 것이었다.[4]

5)는 1948년 4월에 생긴 조선인학교문제(한신교육투쟁)의 양상을 기록한 자료다. 이 문제는 해방 후 재일조선인운동의 중심적인 과제이던 민족교육을 일본정부와 점령군이 전면적으로 억압한 사건으로 그 내용과 실태에 대해서 수많은 연구 성과가 있다.

그 발단은, 1948년 1월 24일의 일본문부성 통달 '조선인설립학교의 취급에 대하여'이었다. 이는 "조선인은 일본 법령을 준수할 의무가 있고, 학령에 달한 아동은 현지사의 인가를 받은 학교에 입학해야 하고, 교과서 및 교육내용은 학교교육법을 지켜야 된다"는 것으로 조선인학교의 폐쇄를 명령한 것이었다. 그 후 민족학교 폐쇄를 둘러싼 교섭이 각지에서 전개 되었으나, 3월 말 이후에는 야마구치(山口), 오사카(大阪), 오카야마(岡山), 고베(神戸) 등에서 학교폐쇄가 본격적으로 통고됐다. 때문에 학교폐쇄에 대한 저항이 각지에서 전개되는 가운데, 오사카와 고베에서 경관대나 점령군에 의한 대대적인 탄압이 벌어지고, 다수의 체포자나 사상자를 냈다. 그 결과, 조선인교대책위원회와 문부대신 사이에서 「교육기본법과 학교교육법을 따른다」「사립학교의 자주성 범위 내에서 조선인 독자 교육을 하는 것을 전제로 사립학교로서의 인가를 신청한다」는 타협적인 각서를 교체함으로 사태가 결속하게 되었다.

본 자료는 그 상황을 구체적으로 전하는 자료다. 편자의 재일조선인학교사건진상파견단은 1948년 5월 2일에 발족하고, 5월 6일까지 5일 동안에 오사카 · 고베의 현장조사를 하고, 5월 16일 도쿄(東京) 간다(神田) 교육회관 강당에서 진상보고회를 개최했다. 진상조사단의 보고서 및 성명은 『재일조선인교육옹호투쟁자료집』에 수록되어 있지만, 본 자료는 보고회 그 자체를 기록한 것이며 그 집회의 분위기를 자세히 알 수 있는 자료다. 보고회에서는 히라노요시다로(平野義太郎)가 사회를 맡고, 민주주의문화연맹의 가지와타루(鹿地亘)가 진상조사의 개요를 소개한 후, 자유법조단 후세타쯔지(布施辰治), 세계노동연합가맹위원 와타나베미지오(渡辺三知夫), 민주주인주과학자협회 와타베요시미지(渡部義通)가 각자의 견해를 보고했다. 마지막으로 이진규가 당사자의 입장에서 민족교육의 현환을 전달했다. 그리고 이 보고회에서는 본 자료집 제1권에 수록된 교과서류가 실물 전시되고 있었다고 한다. 당시의 상황을 생생하게 전하는 것으로, 본 자료집에 수록하기로 했다.

4) 해방 직후에서 1946년의 상황에 대한 자세한 내용은 鄭栄桓, 『朝鮮独立への隘路』(法政大学出版局, 2013) 第二章~第三章 ; 金太基, 『戦後日本政府と在日朝鮮人問題』(勁草書房, 1996) 제2장~제4장 등을 참조했다.

6) 재일조선인조국방위가나가와현위원회 『재일조선인은 민족의 압박을 어떻게 받고 있나』(1951년 2월)
7) 재일조선인강제송환과재산동결반대동맹 『재일조선인 강제송환이 뜻하는 것』(1951년 2월)
8) 조선인추방반대도쿄위원회 『뉴스』(1951년 10월)
9) 도쿄도교육위원회 『도립 조선인 학교 요람』(1951년)

6), 7), 8), 9)는 한국전쟁하의 재일조선인의 상황을 좌파 민족 단체 측에서 서술한 자료이다. 재일본조선인연맹은 점령정책의 전환 및 남북 분단국가의 형성이라는 상황에서 1949년 9월에 단체등규정령의 적용을 받고 강제해산되었다. 재일본조선인연맹의 강제해산 이후 조련계열의 재일조선인 단체는 조직의 재결성을 금지당하고 점령기에는 공연 활동을 원천봉쇄 당했다.

또 산하에 경영되고 있던 조선학교는 1949년 10월에 폐교 처분되면서 자율 학교로 인가도 없이 운영할 지, 그렇지 않으면 공립 분교 · 도립학교 · 민족학급으로 일본의 교육 제도의 간섭을 받으면서 운영을 할 지 선택의 상황에 놓이게 되었다. 민족 단체 조직, 조선학교도 1949년 말 시점에서 매우 억압적인 상황 아래에 놓인 것이다. 또 1950년 6월 이후 한국전쟁이 일어난 상황에서 일본 정부는 재일조선인에 대한 감시 · 관리의 눈을 강화했다. 이들 자료는 그런 상황을 당시 재일조선인이 어떻게 보고 있는지를 나타내는 자료이다.

6)은 재일조선인조국방위 가나가와위원회가 1951년 2월에 낸 선전 자료이다. 조국 방위대는 조련 강제 해산 후 1950년 6월 한국전쟁이 발발하면서 조국방위를 위해 일본공산당의 민족대책부가 조직한 기관으로 당시에는 비합법 활동으로 간주된 반전 운동을 하고 있었다. 그 입장에서 일본의 인민대중에 대해 조선인 차별의 실태를 알기 쉽게 전달하고자 제작된 책자이다. 내용도 재일조선인이 받고 있는 당시의 차별적 상황을 생활면 · 교육면에서 짧게 설명하고 있으며 외국인 등록과 강제 추방 등의 상황도 간추리고 있다.

7)은 '강제송환'에 관한 화제를 중심적으로 거론한 책자이다. 하지만 그 논지는 재일조선인에 대한 탄압은 일본 인민에 대한 탄압의 전조임으로 재일조선인의 문제에 대한 운동이 필요하다고 강조하고 있다. 일본인과의 공동 투쟁의 외침인 동시에 이 시기의 재일조선인 운동에 대한 탄압상황이 심각한 것이었음을 말해 주는 자료이다. 또한 '조선인 강제추방과 재산동결 반대동맹'은 1951년 1월 조련의 후계 단체로, 공공연하게 결성된 재일조선통일민주전선(민전)과 관련 깊은 조직이다. 일본정부 자료로 인용했지만, 민전의 결성대회에서

"마사령관은 일본에 대한 재일 중국, 조선인의 자산조사를 명했고 법무부 특별심사국 1700명은 매년 12월 중순으로부터 전국적인 조사를 담당하고 있으나, 놈들은 북조선계와 한국계로 색깔을 구별하여 북조선계에 대해서는 강제추방, 재산동결을 획책하고 있다"며 이는 "재일조선인의 사활문제"이다 면서, "단결하여 조선인 북송에 반대해야 한다"고 기록하고 있다.[5] 비공개적 활동 중이어서 민전의 이름을 감추고 출판한 것이라고 추측된다.

8)은 이 조선인 강제 추방 문제에 반대하는 문맥에서 나온 전단이다. 7), 8)의 홍보 자료에 나타난 인식에 입각해 구체적인 운동이 전개되었음을 보여 주는 자료이다. 이 시기의 자료에 대해서는 『조선문제자료총서』의 제1권 제15권 · 증보판에 수록된 『새조선』, 『일본공산당 관계 자료』, 『해방신문』 그리고 『재일조선인관련자료집성－전후편－』의 제3권 회의록 자료를 참고해 보면 당시 상황을 더욱 깊이 알 수 있을 것이다.

9)는 이 시기의 조선인학교의 상황에 관한 자료로, 도립 조선인 학교에 관한 자료를 실었다. 당시 도립 조선인학교가 된 12개의 초등학교 및 중학교, 고등학교의 재적 학생 · 교직원 · 학교부지 · 교사 · 통학 구역 · PTA 및 후원회 학부모 직업 · 시설 개요 등이 정리되어 있다. 이 중 주목되는 것은 학부모의 직업 상황이어서 어느 학교에서도 무직자와 자유노동자가 많음을 인식할 수 있는 점이다. 도립 조선인학교의 경우 일본의 교과 교육이 중심인 동시에 취학 아동수가 제한되는 등의 문제 포함의 상황도 존재했으나 생활면에서는 공교육의 틀 속에 머물러 있었기에 부담이 경감되는 측면도 있었다. 그러나 이런 상황도 1952년 샌프란시스코 강화조약을 계기로 뒤바뀌게 된다. "외국인의 교육에 도민의 세금을 쓰는 것은 주권회복을 이룬 일본의 입장에서는 모순"이라는 이유 등으로 사립 이관, 폐교를 둘러싼 문제가 등장했기 때문이다.

10) 법무성입국관리국 『입관집무자료 제2호 재일조선인의 생활실태』(1953년 2월)
11) 법무성입국관리국 『입관집무자료 제4호 재류조선인과 일한관계』(1953년 3월)
12) 법무성입국관리국 『입관집무자료 제6호 재류조선인과 일한관계』(1953년 4,5월)
13) 법무성입국관리국 『입관집무자료 제7호 재류조선인과 일한관계』(1953년 6월)
14) 법무성입국관리국 『입관집무자료 제9호 재류조선인과 일한관계』(1953년 7,8월)

10)에서 20)의 자료는 1952년 4월 이후의 상황을 나타내는 자료를 중심으로 1950년대 재

---

5) 朴慶植, 『解放後在日朝鮮人運動史』(三一書房, 1989年), 279쪽 ; 法務研修所, 『在日北鮮系団体重要資料集』의 復刻版에 所収되어 있는 "民戦結成大会の記録"을 引用.

일조선인이 놓인 생활 · 교육면에서의 문제를 확인할 수 있는 자료다. 전후 재일조선인에게 이 시기의 상황은 가장 생활면에서의 빈곤 상태가 심각한 시대였다. 이 시기에는 인구의 1할 이상이 생활 보호 수급자였고, 또한 1952년 4월 이후는 일본 국적을 '상실'하고 그 체류 자격은 임시체류만을 허용했기 때문에 불안한 상태였다. 더욱이 외국인 등록증 상시 휴대 의무와 지문날인에 의해 일상적인 삶에서 세세한 간섭을 받고, 게다가 취업과 사회보장 등에서는 국적차별 · 민족차별이 당연한 것으로 존재하는 상황이었다. 이러한 재일조선인의 상황을, 일본정부 당국은 어떻게 인식하고 있었는지, 또 재일조선인은 어떻게 살려고 했는가. 그것을 폭넓게 알기 위한 단서로 되는 자료라고 할 수 있다.

10)은 일본 법무성 입국관리국(이하 입관)이 실시한 재일코리안의 생활실태를 조사한 자료다. 입관은 1950년 10월에 발족한 외무성 외국의 출입국관리청을 전신으로 하고, 1952년 8월에 법우성으로 개편되어서 발족한 부국이다. 1951년 10월에 재정된 출입국관리령(이하 입관령)에 의해, 일본에 입국 · 거주하는 외국인의 재유차격과 채류기관을 관리하고 필요에 따라 강제퇴거 조처를 집행하는 역할을 맡고 있었다. 재일코리안은 샌프란시스코강화조약 발효시의 있을 '국적상실' 조치로 입관령의 적용대상이 되고, 입관에 의한 외국인 제류관리체제하에 두어졌다.

본 자료는 이러한 상황 안에서 당국에 의해 실시된 생활실태조사의 기록이다. 그 내용은 크게 '직업통계 · 일용노동자와 구직투쟁 · 생활보호 · 한센병환자'의 네 가지 항목으로 재일코리안 제단체의 자료와 노동성 · 후생성의 자료 등을 정리하고 있다. '직업통계'는 재일코리안을 재류자격 별로 구분하기 위한 기초 자료로, 또한 '일용노동자 · 생활보호수급자 · 한센병환자'는, "빈곤자 방랑자 신체장애인으로 생활상 국 혹은 지방행정의 부담이 되고 있는자"(입관령 제24조 제4항)에 해당되는 사람들, 즉 강제퇴거 대상이 될 사람들의 기초자료다. 당시 해방 전에서 일본에 재류하고 있던 재일조선인은 당분간 "재류자격을 유하지 않아도 본방에 재류할 수 있다"는 참정적인 조치를 받고 있었다(소위 말하는 법 126호 해당자). 그러나 이 자료는 입관이 그 발족 직후부터 재일코리안의 동향을 파악하고, 그 직무에 살리고 있었다는 것을 알려주는 자료라고 할 수 있다.

11)에서 14)는 법무성 입국 관리국이 '집무참고'로 1953년 3월부터 9월 '재일조선인과 한일 관계'의 움직임을 기록한 자료이다. 관공서의 조사 자료나 국회 의사록, 각종 조선인의 신문 기사(『민주신문』 · 『신세계신문』 · 『해방신문』 · 『조선통신』 · 『K · P』 · 『KPI』 등)를 기본으로 재일조선인 및 한반도의 정치 동향에 대해 폭넓게 기록하고 있다.

재일조선인을 둘러싼 내용으로서는, 민전 · 민단의 동향 이외, '학생 문제' · '생활보호법의 적용'(4호), '한국 정부의 재일조선인 대책'·'조선인 학교의 동향'·'보호 관찰·'·'주류의 밀조'·'오오무라 수용소'·'조선인 문제의 설문에 대한 일본 각 정당의 답변'(6호), '신용조합과 대출'·'한센씨병환자의 동향'(7호), '조선인 전범 문제'·'귀화'(9호) 등 매우 다양한 이슈에 대해 신문의 논조를 선별해서 쓰는 형식으로 기록하고 있다. 편집상의 특징은 "조선 측의 신문 기사는 비판을 가하지 않고 그대로 소개했다"는 방침이다. 편집 과정에서 각 기사를 짧게 줄였기 때문에 전체적인 주장을 충분히 인지할 수는 없지만 일본의 입관당국이 조선인의 주장을 어떻게 이해하고 있는지를 들여다볼 수 있다. 또 이 자료는 더 뒷부분에서 한일 관계와 관련된 기사 자료와 신문·잡지의 논조를 수록하고 있다. 이 정보를 실마리로 그 전거가 되는 자료를 찾아 가면 1950년대 초반 일본과 한국과의 관계를 이해할 수 있을 것이다.

15) 국책 연구회 『일본 내에서의 조선인 문제의 개황』(1956년)
16) 재일본 조선인 총연합회 『재일조선인 문제에 대해』(1956년)
17) 일본 적십자사 『재일조선인의 생활과 실태』(1958년)
18) 『재일조선인 자녀의 교육과 귀국』(1959년)
19) 『재일동포 학생의 현실』(1959, 1960년)
20) 『특집 가나가와 민족교육 작문집』(1959년)

15)도 기본적으로는 10)~14)와 같은 성격의 자료라고 할 수 있다. 이것은 국책연구회가 '국내 체류 조선인 문제를 개관하기 위해' 1956년에 조사해 낸 자료이다. 국책연구회는 1933년에 창설된 정책연구기획그룹이며, 전 시기에는 육군통제파의 브레인 역할을 하며 대정익찬회를 이끌었다고 전해진다. 전후 직후에는 중심 인물인 야쓰기 가즈오(矢次一夫)가 공직 추방되자 해산되었지만, 샌프란시스코강화조약 발효를 계기로 1953년 국정연구회로서 재출발했다. 그리고 이듬해에는 국책연구회로 개칭하고 1957년에는 재단법인이 되었다. 야쓰기 가즈오는 기시 노부스케의 특사로 한일회담 재개를 위한 활동을 펼친 인물이기도 하다. 이 자료는 당시 일본 정부가 재일조선인의 상황과 한반도의 정세를 어떻게 보고 있는지를 확인할 수 있는 자료이다. 내용으로서는 ① 재일조선인 운동의 동향, ② 인구분포와 직업 상태, ③ 민족교육의 동향, ④ 한반도의 무역 상황 등이 일본 측에서 기록하고 있다. 다만 이러한 일본 정부 측 자료가 제시하는 상황이 당사자인 재일조선인의 생활상의 문제에서는 어떤 것으로 나타났는지에 대해서도 주목할 필요가 있다.

16)은 당시 최대 규모의 조선인 단체인 재일본조선인총연합회(이하 조총련)에 의한 '재일조선인 문제에 대해'의 소책자이다. 좌파 민족 단체는 이 시기, 운동 노선을 둘러싼 갈등을 경험했고, 1955년에 결성된 조총련은 조선민주주의인민공화국지지 입장을 분명히 하고 '공화국'의 '해외 국민'으로서의 권리 요구를 내세운 민족 운동을 펼치게 되었다. 이 책자에서는 그 입장에서 재일조선인 문제를 정리한 자료이다. 그 주장은 '재일조선인의 빈곤과 기아 상태'의 상황을 밝히면서, '공화국'으로의 귀국이 바로 그 해결로 이어진다는 입장에서 구성되어 있으며, 조선학교에 다니는 학생의 진로와 취업 문제, 오오무라 수용소에 수감된 귀국 희망자의 문제를 소개하면서 북한으로의 귀국을 종용하고 있다. 일본에서의 체류하자는 주장이 아니라 언젠가는 귀국하는 존재로 재일조선인을 규정하고 있음을 분명히 알 수 있는 자료이다.

17)은 재일조선인의 생활실태를 일본적십자 측에서 기록한 자료이다. 통계자료를 이용해 재일조선인의 실업문제의 동향을 분석해 귀국을 희망하는 조선인에 대해서는 그 길을 열어줘야 한다는 취지가 제시되고 있다. 귀국사업에 관한 연구가 대부분 일본과 조선의 적십자가 깊이 관여해 양국 정부 대신 그 실무를 맡게 되었다. 자세한 내용은 테사 모리스 스즈키의 『북한으로의 엑소더스』(아사히신문사, 2007), 박정진(朴正鎭)의 『북－일 냉전 구조의 탄생』(평범사, 2012) 등의 연구가 상세히 설명하고 있다. 당사자인 재일조선인이 어떤 생각을 가지고 귀국의 길을 선택했는지를 고찰하는 것도 필수 불가결한 과제이다.

18), 19), 20)은 북한으로의 귀국문제가 생활과 교육 양면의 문제와 겹치는 것임을 당사자의 증언으로 밝혀 주는 자료이다. 1959년 12월부터 1967년 12월까지 북한으로 귀국한 사람의 통계를 세대별로 보면, 전체에서 88,611명의 귀환자 중 27,016명이 1950년대 이후 태어난 사람이고, 23,845명이 1940년부터 1949년생 세대였다고 알려져 있다. 이것은 귀국자의 절반 이상이 해방 이후 형성된 조선학교에서 민족교육을 받은 세대임과 동시에 전후 일본사회에서의 차별과 빈곤을 가장 감수성이 예민한 시기에 받아온 세대라고도 정리할 수 있다.

19)와 20)의 자료는 일본교직원조합의 교육연구집회에 발표된 재일조선인 교사에 의한 보고 가운데 귀국사업에 관한 보고이다. 일교조의 교연집회에서의 조선인 교직원의 보고는 1953년을 효시로 매년 반복되면서 몇몇 연구 보고는 그동안 자료집에서 수록 · 소개되었지만 귀국사업에 직접적으로 관련한 보고는 관청의 것에 한정하면 이것이 처음이다.

19)는 1959년 1월 제8회 교육 연구 전국 집회 제13회 분과회, 1960년 1월 제9회 교육 연구 도쿄 집회의 제14분과회에서 발표된 자료이다. 모두 도쿄조선학교에 다니는 학생의 가정

환경, 생활 상태를 소개하고, 일본에서는 미래 전망을 가질 수 없는 상황과 입북에 관한 희망을 설명하고 몇 편의 조선인 학생의 작문을 올리는 점에서 공통점이 보인다. 일본의 교육자에 대해 재일조선인의 생활, 조선학교 교육의 상황, 귀국사업의 필요성 등 3가지 논점을 강조하는 형태로 구성되어 있다.

20)도 비슷한 의도에서 만들어진 자료로 생각된다. 이 자료는 재일본조선인가나가와현교육위원회 · 재일본조선인카나가와현위원회가 1959년 8월에 편집한 조선학교 학생의 작문집이다. 일본학교의 교사 및 일본학교에 통학하는 재일조선인 학생에 대해 배포할 목적으로 만들어진 작문집이라고 볼 수 있다. 자료 말미에는 조선학교의 교육목표와 '입학의 안내서'가 기재되어 조선학교로 전학해 말을 배우고 귀국하도록 권장하고 있기 때문이다. 작문집에는 초급학교 작문 7개, 중급학교 작문 3개, 고급학교 작문 3편, 합계 13개가 수록되어 있다. 학생의 눈으로 본 일본 사회, 북한 그리고 재일조선인의 풍경, 그리고 조선 학교가 일본사회에 대해 스스로를 어떻게 나타내려고 했는지를 들여다 볼 수 있다.

귀국사업의 평가는 매우 어렵지만 당시의 생활 상황 속에서 볼 때 북한으로의 귀국이라는 결정이 무엇을 의미했는지, 당시의 담론에 입각해서 고찰할 필요가 있을 것이다. 이들 자료는 그 이해를 보조하는 자료로서 중요하다.

이상과 같이 본 자료집에서는 1945년 해방부터 1950년대 말까지 거의 15년 동안의 재일코리안 관련 자료를 수록했다. 이것을 통해 볼 때, 재일조선인이 얼마나 우여곡절을 겪었는지를 확인할 수 있을 것이다. 재일조선인은 조련에서 민전, 조총련으로 전환해 가는 과정에서 자기가 어떤 존재인지, 즉 일본의 소수 민족인지, 북한의 해외 공민인지, 그 존재 규정을 둘러싼 갈등을 경험했다. 이 시기 재일조선인의 생활은 지극히 가난한 상황이었다. 특히 1952년 4월 이후는 불안정한 체류상황 아래, 일본에서 정비된 사회보장 시스템에서도 배제당하고, 사회생활 면에서도 다양한 차별을 당했다. 참으로 경색된 상황 아래에 놓이게 되었다. 전후 일본사회의 재일조선인의 생활은 불합리한 차별적 상황에 농락당했던 것임을 간과해선 안 될 것이다. 본 자료집이 수록한 자료는 다양한 지형에서 선택되었지만 여러 일상의 역사 상황을 증언하는 점에서 그 의의가 있다고 할 수 있다.

1. 시이쿠마 사부로씨의 연설에 반박한다
／성명서

椎熊三郎氏の演説を駁す

1.椎熊議員發言（拔萃）

「――前略――殊に終戰當時まで日本に在住し日本人として生活してゐた臺灣人朝鮮人等が、終戰と同時に　あたかも戰勝國民の如き態度をなして、その特殊なる地位立場を惡用して我が日本の秩序と法規を無視し、傍若無人の振舞を敢へてなし來たつたことは、實に我等の默視する能はざる所である。（拍手）」

椎熊氏は臺灣人朝鮮人が自由意志によつて日本人となり平等な立場の本當な日本人であつた樣に云つてゐる。我等を奴隷として搾取し壓迫してゐたことを何故かくしてゐるのか？　日本の敗戰は我等の解放であつた。鐵鎖が斷切られた奴隷が戰勝國民の樣に喜ぶのは當り前ではないか。

秩序とか法規とか言ふのは、我等を縛り付けた鐵鎖であつた。椎熊氏の樣な奴隷の主人には我等の行動が傍若無人に見えるが、我等より見れば昔椎熊氏の樣な偉い方にやられたことに較べて尙及ばざる所多いのである。

日本の敗戰も朝鮮の解放も空前の大變動である、此の大變動に於て、今迄警察と憲兵の力で抑へられてゐた朝鮮人臺灣人が多少脱線したとしても、ましてそれはほんの一部の人ではないか。之れが默視出來ない樣な、理解心も同情心も無い人間は、植民地大衆の血の味が未だ忘れ切れない證據である。

2.椎熊議員發言

「最近に至つては、一度歸國した彼等、特に朝鮮人の如きは更に集團的に或ひは個の組織力をもつて再び日本に密航潜入せんとする者が日を逐うて增加し、九州山陰方面に於てはその數實に數萬に及ぶときいてゐる。しかも彼等は、日本

州山陰方面に於てはその數實に數萬に及ぶときいてゐる。しかも彼等は、日本警察力の微弱に乘じて兇器を携へ、徒黨を組み驚くべき兇惡性を發揮して、當該住民の生活を脅かすこと實に言語に絕するものがあると聞く。（拍手）」

實に椎熊氏は紳士的言葉を使つてゐる。進步黨の代議士には實に相應しい。「或る種の組織力を恃つて兇器を携へ」「徒黨を組み」「驚くべき兇惡性」「その數數萬」「住民の生活を脅かすこと言語に絕す」等、彼が如何に針小棒大に大ぼらを吹いてゐるのかが解る。何んの目的で議會に於いて、七千萬の日本國民を斯くも煽動するのか。一方聯合軍に朝鮮人の中傷をして朝鮮人を聯合國の同情から切離し、日本大衆の感情を煽動して朝鮮人を虐殺し、皆、朝鮮の方へ追拂はうとする計畫より出てゐる。大震災當時の朝鮮人虐殺煽動と同じ筆法だ。朝鮮人は何故に故國の親兄弟を捨てて、又も此の日本へ再渡航せねばならないのか？

一口に云へば、朝鮮はバッタの大群が通り過ぎた後なのだ。木も草も青葉もない様な。半世紀もの長い間、椎熊氏の親分である軍閥、官僚の侵略的虐政は、朝鮮を荒蕪地にして仕舞つたのだ。軍閥的帝國主義の侵略は、バッタ群以上である。それであるのに歸國する朝鮮人は金一千圓しか持參出來ず、身廻品以外は何の財產も持つて行かれない。

工場は、日本軍閥の最後のあがきによつて毀されてをり、資材は使ひ果して仕舞つてゐたし、紙幣は紙ビラの樣に濫發してあつた。

我等が歸國しても働く職場は無い物資も家もない、フトンも家具も何も無い。それに大インフレと來ては生きて行く事は出來ないのである。之れは全く日本の責任ではないか。椎熊氏は斯う云ふ事實を無視して、毒舌を弄して民衆を煽動する。我ら朝鮮人を强制的に死地へ送つたのも、强制勞働も、獻納徵發の名目での物資强奪も、皆んな誰がやつたのか。密航はいゝことで無いかも知らぬ。然し日本人が朝鮮に對する反省と責任を感ずるならば、考へ方も言ひ方も多少は違つてゐるだらうと思ふものである。

3.椎熊氏發言

「いまなほ内地にあつて外國人たる特殊の地位を悪用し、警察力の無力化に乗じてあらゆる不法をあへてする多數の者のあることは、既に諸君も御承知であらう。我々は遺憾ながら敗戰國民ではあるが、終戰の瞬間まで同胞として共にこの國の秩序の下に生活してゐた者が、直ちに變つてあたかも戰勝國民の如くしかも勝手に鐵道、殊に專用車といふ貼紙を附したり或は他の日本人の乗客を輕蔑壓迫し、見るに堪へざる兇暴なる振舞をもつてあらゆる暴虐行動に出てゐるといふ事實は全く驚くべきものがある。（拍手）」

然し無意識な日本國民として敗戰の後、今迄自分が輕蔑した朝鮮人臺灣人があたかも戰勝國民の樣に振舞ふのは不愉快だつたかも知らぬ。これは理解出來るとしよう。然しそれは、飽迄も軍國主義敎育に誤られた無意識な一般大衆の場合である。少くとも議政壇上に立つ議員が、殊に世界的犯罪者である日本の指導者が、斯る無反省なる暴言を吐き、それを聞いてゐるものが拍手を送ると云ふことは何と敗戰の認識が足らないのだらう。

彼等は力で打敗られた時には、頭を下げ、偽裝をしてゐるが、我々朝鮮、臺灣に對しては數十年の間あらゆる暴虐、人道も倫理も無視した天人共怒の犯罪を犯しながら、朝鮮臺灣に於る彼等の罪が法律で問はれないのと、我らにそれを抗議する力の無いのを奇貨として、全然我等に對する罪を反省せぬと云ふのは赦すべからざることである。

敗戰日本は力に負けたと云ふだけの考へでは駄目だ。過去日本が犯した、連續的戰略行爲と非人道的軍閥政治に對する心からの自己反省をやらなければ、眞の民主日本の建設も、世界各國に對する親善も信用も、回復することは不可能である中國、滿洲、朝鮮あたりで日本人がやつたことを考へて見るがよい。専用車の貼紙位で議會で問題にすることが出來るかどうか？ と云つて我々が、何もかゝる一部の者の行爲を助長するものではない。要するに之れは、未だ日本軍閥が生きて居り、盛に活動をしてゐることを意味する。

4. 椎熊議員發言

「諸君、この朝鮮人臺灣人等の最近までの見るに堪へざる行動は、敗戰の苦しみに喘ぎ來たつた我等にとつてはまさに全身の血潮が逆流するの感情をもつのである。（拍手）而して彼らはその特殊な立場によつて警察力の及ばざる點あるを利用し、闇取引をなし日本の闇取引の根源は正に今日この不逞なる朝鮮人などが中心となつてゐるといふことは今日の日本の商業取引社會生活の上に及ぼす影響は驚くべきものがある。或は禁制品を大道において密賣し或は露天を占據して警察力を侮辱しつゝ白晝公然と取引をなしつゝあるが如きは斷じて私共は無視することは出來ぬ。（拍手） しかも彼等は外國人の立場によつて營業は悉く無税である。諸君、内務大臣は殊に朝鮮人等の營業許可に對しては日本人よりも便宜をあたへてゐるが如き感をもたせられる今までの狀況を何とみるか。しかもこの無税をなぜ取締らぬのか。そして取締の意志があるか。取締るとしてもポツダム宣言受諾の日本がこれに裁判權を加へるの力あるや否や。政府の責任ある答辯をお願ひしたい（拍手）若しこの問題をこのまゝ放置することはまさに南方方面に於ける華僑の勢力の如く日本の中小商業權といふものは恐らく彼らの手に掌握せられるのではないかといふ憂ひさへある。（拍手）」

椎熊氏の意圖するものが何か、益々明瞭になつて來る。彼は日本國民を煽動して臺灣人朝鮮人を追拂ふか、官憲の力で壓迫するかして中小商工業界から朝鮮人臺灣人を驅逐し、我らの生活權を奪ひ、何時迄も我々を自分達の下敷きにして置き度い魂膽だ。闇取引のことを馬鹿に大ゲサに吹聽するが、之れは朝鮮人臺灣人に限つたことではない。

日本人の中一人でも闇取引をしなかつた者があるかを良心に聞いて見るがよい。あの戰時中憲兵の人垣の中でも皆んなが闇で動いてゐたではないか。東久邇宮元首相は終戰直後敗戰の原因の一つとして、「上は公然と闇をし、國民はひそ〳〵と闇をした」と言明した。まして戰後の混亂期に於いておやである。椎熊氏自身は闇取引無しで今迄生きて來たかと聞いて見たい。税金だの營業許可だの、昔の樣に經濟的壓迫を朝鮮人と臺灣人に加へるよう政府に迫る彼は最早商權の奪られることを心配してゐる。實にケツの穴の小さい、ひがみ根性だ。

彼等は自分の侵略主義根性に照して物事を考へる惡い癖があるが、我等は日本の商權を奪らうと云ふ考へは更にない。我々は用語のことを云々する譯ではないが「血潮が逆流する」とか、「不逞なる朝鮮人だ」とか、「華僑の勢力の如く」とか、實に煽動的な不逞なる言辭だと云はざるを得ない。

5. 椎熊議員發言

「今や五百億を超える日本の新圓のその三分の一は恐らく彼らの手に握られてゐるのではないかといふ噂さへある。

若しもこの噂にして眞實ならば、日本の微弱なる商業者は無税にして外國人たる立場をもつてする所のこの朝鮮人、臺灣人の行動には、商取引としては敵はない。

現に神戸、大阪の如きは、縱に、露天商、飲食店、悉くが臺灣人、朝鮮人によつて掌握されてゐるといふこの事實を、内務當局は何とみられるか。

諸君、今にして政府は厳然たる態度を示すに非ずんば、まことに由々しき問題が惹起するであらうことを私は懼れるものである。（拍手）」

彼は、五百億圓の新圓の三分の一を朝鮮人が持つてゐると云ふ噂だと云ふが、もしさうだとすれば、在日本朝鮮人を八拾萬人としても一人當り男も女も子供も平均二萬圓以上の計算になる。幾何常識のないテキ屋の親分でも之れを本當と思ふだらうか？　殊に拍手を送る議員諸氏が如何に感情に走つてゐたかを思ふとき我々は之れを遺憾とするところである。

椎熊氏の毅然たる態度とは何か？　由々しき問題とは何か？　政府が壓迫し彈壓しなければ民衆を煽動して大衆的に虐殺するとでも云ふのか。我々は彼の話の底を流れる侵略的、戰爭犯罪者的、ポツダム宣言を全く無視するその魂膽を歡迎することは出來ない。

日本、朝鮮、中國の民族的離間對立が如何なる結果をもたらすかは、我々は今次戰爭で大きな代價を拂つて知り得たではないか。椎熊氏の如き存在、それに拍手喝采を送る議員の政治理念は果して日本再建の爲になるだらうか？　世界平和に貢獻出來るだらうか？　東條流の似而非愛國者の言辭に又もや日本民衆は欺されるであらうか？

賢明なる日本民衆に訴へる次第である。我々は民族的協調と平和無くしては日本の再建も朝鮮の自由も決してあり得ないと心から信ずる故に、椎熊氏の様な反動的野心家を徹底的に排擊することによつて、地球上よりかゝる排他的侵略主義的徒輩の一掃を期するものである。それのみが人類永久平和への途であると信ずる故に。

在日本朝鮮人聯盟

聲明書

（椎熊三郎氏演說に對する見解）

一、去る八月十七日衆議院本會議に於ける衆議院議員椎熊三郎氏の朝鮮人、臺灣人に對する悪意に滿ちた排他的、侮辱的、煽動的演說に對して、我々朝鮮人は多大の關心を持ち且つ遺憾とするところである。

我々は之れが親愛なる日本民衆の眞の聲とは考へない、之れは必ず今迄日本民衆を欺瞞壓迫し、中國及び朝鮮人を搾取虐殺した反動軍閥の殘黨の陰險な謀略の現れであると確信する。

我々は日本民衆を心から信ずる。故に之等もつともらしき陰謀を徹底的に暴露し、今も尙續けられてゐる軍閥殘滓の民族離間策を葬る事に依つて、旣に危機に瀕しつゝある中國、日本、朝鮮の民族的對立を一日でも早く救ひ度いと思ふものである。

二、中國に於ける日本人のあれだけの殘虐行爲にも拘らず終戰直後蔣主席は『暴に報ゆるに暴を以てせず』と四億國民に布告し、日本人に對して報復手段をとらぬ樣指令した。我々朝鮮人も同感である。それは之れが日本軍閥の罪であり、日本民衆は欺瞞と煽動に乘ぜられた結果であると信ずるからである。

我々朝鮮人は殆んど半世紀の長い間、日本の侵略政策、壓迫、搾取、虐殺等ありとあらゆる慘酷を嘗めて來た。戰爭の結果、世界に暴露された日本軍閥の野獸的殘虐も數十年前から朝鮮人は既に體驗濟みの事柄であつた。然し我々は、さう云ふ事を忘れて仕舞ふ爲に努力しつゝあり日本民衆とは民族的親善を保つべく積極的に色々と朝鮮民衆を指導して來た。唯、誤つた敎育による認識不足の是正に務める一方、それを好餌として劃策、謀略に依り狹い量見と小さい自己本位の貪慾から、再び中國と朝鮮を奴隷化すべく民衆を煽動し續けてゐる以前の惡黨の共犯者共を徹底的に排擊するのみである。

三、四月總選擧當時の鶴田と云ふ進歩黨の公認立候補者は公然と選擧演說に於て朝鮮と滿洲は當然日本に委任統治さるべきだと主張してゐた。今回の椎熊氏の演說、それに拍手を送る一部議員、內務大臣の答弁等何れを見ても日本の支配階級に隣接國家との親善とか又は過去に自己の犯した許すべからざる罪惡に對する反省的努力が皆無であると云ふ事が解る。日本の困難な立場を一日でも早く好轉させ中國、朝鮮の完全且つ永久の自由の爲め、我々は報復を捨て、民族的親善を要望して來たのである。

然るに、斯かる戰犯の殘黨は之を甘く見て又もや小策を弄し出した。彼等は聯合軍當局の溫情を逆用して、飽く迄朝鮮人を自己の奴隷であり、未だ解放された民族では無いと云ふ印象を朝鮮人にも日本民衆にも强め樣としてゐる。此の底意には精神的面だけでも、將來朝鮮を支配すべき基礎を破壞せずに置かうとする策略であり、之れはつまり、日本の反動的指導者が中國朝鮮に對する心を未だ野拋棄して居ないと云ふ證據である。

四、彼等は中國の臺灣省民を中國より離して、朝鮮人、臺灣省民等と云つて中國の目をごまかさうとしてゐる事、又朝鮮人に對しても同じ事が云へる。朝鮮人を弾壓するには聯合軍の裏をかゝねばならぬ。それで小利口者共は朝鮮人の小さいアラでも無理に探して之れを棒大に宣傳して聯合軍と朝鮮人との間を離間し、その間隙を利用して朝鮮人を弾壓し、壓迫する口實を作つてゐる。之は實に小人の奸策と云ふべきであり、面從腹背のポツダム宣言蹂躙者である。彼等は之れら一部朝鮮人の不法行爲が總べて彼等の戰爭教育の副産物であり、中國、朝鮮に於いて日本人自身が實際やつた惡事の何千萬分の一かを極く少數の朝鮮人が眞似てやつてゐると云ふ事を知らぬ筈が無い。之は親切に教へ直すべきであり、兩民族の將來を思ひ多難なる日本再建に友好的考慮を惜しまぬ朝鮮人全體を弾壓し、侮辱する道具に利用するのは惡辣不當である。此の樣な彼等の政策は澁谷警察の臺灣省民虐殺事件、殊に朝鮮人密航者に對する非人道的虐殺、飢殺事件等として方々に現れてゐる。

朝鮮人が何故に日本に斯くも多數來てゐるのか、朝鮮人が何故懷しき故國を後に危險を犯して密航して來るのか？ 在日本朝鮮人は何故一日でも早く故國へ歸り得ぬのか？ 此等の原因を考へる時原因の大半はその責任が長年に亙る日本の悪辣な侵略と搾取にあると云はねばならぬ。

五、日本の政治家が斯ふ云ふ事を深慮して見たとき、少くとも議政壇上に於て斯樣な煽動的破廉恥極まる卑劣な言辭を弄することが出來る筈がない。又斯く迄彼等の良心が麻痺してゐるとすれば全く戰慄せざるを得ない。

我々朝鮮人は決して斯る朝鮮人虐殺煽動者を默視する事は出來ない。震災當時のデマを我々は想ひ出す。民族間の感情中傷は戰爭挑發者のやる事であり、戰爭を挑發する事は平和建設を目標とする聯合軍に反抗する裏面工作である。

六、冷靜に物事を考察する程の日本民衆諸君は我々の言ひ度い事が何であるかを理解出來る事と信ずる。

親愛なる日本民衆諸君！　民族國家としての日本の再建、朝鮮の獨立、中國の統一は侵略的排他的性質のものにあらずして、相互友誼的のものであると云ふ事は、諸君の知る筈である。微妙なる國際情勢に於いて、日本が一日でも早く、民主的獨立國家を再建するには、朝鮮の完全獨立、中國の統一が一瞬でも早く成就しなければならぬのである。我々は諸君とお互に手を握り合つて理想國家の建設に邁進する決心である。中國、日本、朝鮮がいがみ合つて、果して、各自國家に平和と幸福を齎らし得るであらうか。

朝鮮人の中にも敎育し直すべき者は勿論ある。然し、我々の此の建設的努力を意識的に、計畫的に破壞する、この戰爭犯罪人の綱洩れ共を、我等は徹底的に肅正せねばならぬ。議會と政府の中に隠然と頑張つてゐる之等軍閥殘黨、椎熊一派を徹底的に葬らねばならない。日本、中國、朝鮮、否、世界平和確立の爲めに。

一九四六年九月二十七日

在日本朝鮮人聯盟

2. 일본인민에게 호소한다

日本人民に訴ふ

朝鮮人人權擁護委員會

日本の人民の皆さん！

われ〳〵朝鮮人は、皆さんが、このたびの敗戰の結果、蒙つてゐる悲慘な生活を眼のあたり見て、心から御同情を申上げて居ります。

御存じのとほり今度の戰爭の責任は、あなた方の責任ではありませんでした。それは日本の政治を握つて居つた一部資本家や地主、軍閥官僚共の野望から出發したものでありました。然るに罪なき日本の人民をはじめわれ〳〵朝鮮人もこの戰爭に捲きこまれ追ひ立てられて無數の犧牲を拂はされました。

今でこそわれ〳〵は、共もにこの戰爭は何等正義の戰爭でも何でもなかつたといふことがはつきりと分つてきたのです。然るに日本の政府は、戰爭がすんでもわれわれ人民に對して果して何をしてきたのでせうか？　日本の皆さんがこんなに苦しんでゐても皆さんの生活の安定や向上のために何一つ、してくれてはゐないぢやありませんか？　日が立てば立つほど、みなさんの生活は苦しくなる一方ではありませんか、そしてわれわれ朝鮮人についても、やはり同じようなことが云はれるのであります。彼等はわれわれ朝鮮人に對してはみなさんよりは、もつと甚しい仕打をしてきました。そのためにわれわれはほんとうに泣かされてきたのです。しかしわれわれ朝鮮人も何時までも眠つては居りません。昨年八月十五日終戰以來、われ〳〵朝鮮人も、一せいに立ち上つてわれわれ自身の國も、ほんとうに住み良い、立派な民主主義國家に作り上げようと、みんな一かたまりになつて闘つてゐます。

日本のみなさんの中においても、もつとも資本家の搾取と壓迫を受けてきた勞働者達が立ち上つて、民主主義日本再建の先頭で勇敢に闘つてゐることをわれわれはよく知つてゐます。最近の國鐵ゼネスト、海員ゼネスト、新聞通信、放送勞働者のゼネストもみなそれでした。われわれ朝鮮人も、われわれ自身の生活をよくするため、また日本のみなさんたちの生活がよくなることを心から希望してゐる建て前から日本の民主主義的再建のためには積極的に關心をもち、できるだけ支持應援をしてゐます。

然るに日本の政府は、まだまだわれわれを憎み、みなさんとわれわれの仲を裂くために、さきに議會では、進歩黨の代議士もまた各大臣も、朝鮮人が闇をやつて日本の經濟をかくらんするやうなことを云ひふらし始じめました。みなさん！ よく考へてみて下さい、一体われわれに何の力があつてそんな大それたことが出來ませう。闇の大元は、金をうんと持つてゐる大資本家共ではありませんか、彼等こそが本當の日本の經濟かくらん者ではありませんか。

然るに彼等は自分たちの責任はタナに上げておいて、その責任を、われわれになすりつけるばかりか口實を設けて、われわれを彈壓し始めました。すでに警官のために數名のわれわれの同胞たちが殺されてゐます、一体法はどこにあるのでせう。かつて日本の軍閥は關東大震災のときにも、根據のないことを云ひふらしてわれわれを虐殺したのです、今また罪なき理由をつくつてわれわれを無法な彈壓をしようとします。しかしわれわれも昔の朝鮮人ではありません、みなさんも昔の日本人であつてはなりません、共に共に仲よく手を取つて暮して行かなくてはならぬ間柄であるわれわれは彼等のデマや陰謀に乘らないで共に共に手をしつかり取つて、われわれを苦しめてゐる反動政府を打倒し新しい民主政府を一日も早く作らうではありませんか。これのみがほんとうにお互のためになるもつとも大事なことだと思ひます。

われわれは、十月七日朝鮮人彈壓反對人民大會を開いて、政府の陰謀に向つて闘ふことを決議して立ちました。あなた方も一かたまりになつて立つて下さい。この際お互の誤解を解き、正しい理解と信頼を固めるために、こゝに一言聲明する次第であります。

吉田反動内閣打倒！

日本、朝鮮の人民提携万才！

3. 투쟁 뉴스

（第一號）　　斗　爭　ニ　ュ　ー　ス　　1946年10月19日發行

斗爭ニユース

發行所
朝鮮人人權擁護委員會
大阪市東成區大今里町
六七七　電話…792番
編輯兼發行人　姜　鐵

全關西人民大會を前にして在日同胞に檄す

大衆動員にておしかけろ！
朝鮮・日本の勤勞大衆の共同斗爭にて
反動勢力を紛碎しろ！

在日同胞よ！　吾等は今や日本反動勢力の暴行の前に生命と財產を曝し　坐して死を待つか　それとも　總蹶起して彼奴等の攻勢をとび越へて　自力にて生命と財產を守るか　其の内一つの道を撰ばなければならない岐路に立たされて居るのだ　在日同胞にして　前者を撰び坐死を待つものがあるだらうか？　否　一人も居らないと斷言する　三十六年間　吾が民族を抑壓し搾取し　侮辱して來ても尙足らずとし　新しき彈壓を準備し　無辜な同胞を　虐殺し　中小商工業の經營を脅かし　あらゆる侮辱と　迫害を同胞に加へ來たる　日本反動勢力に斷乎として戰ふのみだ　親愛なる在日同胞よ！　此の闘爭を最も効果的に　最も力强く　又其の成功を保證する爲に　遂行するには　どうすればいゝか深く　研究しなければならないのだ　茲に於て　吾等は　日本にも　反動勢力の爲に　壓迫され　搾取され　其れに忍び得ずして　立ち上つた勤勞大衆のあることを　忘れてはならないのだ　彼等は吾等の良き友達であり　吾等と境遇を共にするものだ　彼等日本勤勞階級の組織体たる　各友誼團体は　我が委員會に　共同闘爭を要請して來たのだ　我が委員會亦　之れ望む所で喜んで握手したのだ　こゝで　來十月十九日　御が　在日同胞は　日本各友誼團体と共同で　全關西人民大會を開催することに　決定したのだ　此の意義ある　負けてはならない　此の闘爭を　成功ならしめるには　吾等は　一人殘らず　此の大會に參加するのだ　在日同胞は悉く此の大會に參加し　日本勤勞階級が　反動勢力の爲に　如何にいぢめられ　しぼられて　飢餓線上の生活を　爲して居るか　又日本の支配階級が　如何に　民主々義世界とは　反對に　反動性を靑天白日下に　曝して居るかを知るべきだ　彼等と共に　手をくみ　力强きデモで反動勢力共の牙城に迫るのだ

朝鮮人々權擁護委員會の組織と出發について

去る九月二十五日朝鮮人聯盟大阪本部定期總會席上に於いて　最近吉田反動內閣の露骨な朝鮮人に對する彈壓政策が論議されるやうになり　その政策の具体的現はれとして　日本議會に於ける推薦代議士の排他的質問演說に對する　絶對的抗爭と實任當局の軍國主義依然たる答辯であり　各地に於ける朝鮮人射殺事件等の　數々除に行はれる朝鮮人への法的二重彈壓の事實等が摘發されるやうになつた　そうしてこれに對する吾等の對策は凡ゆる角度から無慈悲な自己批判と建設的發言に基く正當なる規定が降されたのである　續いて二十八日第一回執行委員會におけるすべての議案中にこの問題が反動內閣攻勢に對する件として採擇され　執行委員會において朝鮮人彈壓反對委員會と云ふ名稱の下に建前までも併せたより廣範なる大阪朝鮮人團体を網羅して組織されたのである　その後二回以上委員會を開くことになり各部署も決定され愈々本格的運動を展開するやうになつた　第三回委員會が十月×日朝聯大阪本部に集合されるや　その當時の宋性徹氏は事情で辭職し一部の役員改選と共に現在の大阪市東成區今里に於いて新しく事務所を設けるやうになり　活動方針も決められた

活動方針の概要

一　朝鮮人々權擁護委員會と名稱を改めたこと
二　闘爭目標として
イ　推薦代議士の議會に於ける質問演說に吾が朝鮮人を徹底的に糾彈すると云ふことが滿場一致を以つて可決されたこと
ロ　九州地方に抑留された吾が同胞に對する非人道的虐待に對する待遇改善
ハ　殺人警官の懲罰並びにこれへの未然防止策
ニ　大阪のみに行はれる朝鮮人居住證明絶對反對

等々であるが　其他あらゆる各地から派生する意識無意識的事件に對する對策であるが　凡て吾等の生活權並に人權に對することを取り上げ　これが民主々義的方法に依る解決方を促進さすべく果敢なる運動を展開しつゝあるのである　その後東京派は宋文憲氏　宋性徹氏　金晋根氏であるが　東京に出發した交涉委員は文字通り關係方面に折衝して多大なる成果を得たのであるが　これは別に記載するからこゝに省略することにする　その間第五回委員會まで待つやうになり闘爭經過として別示の如き建策の說退　大阪府知事　憲兵司令官との面會問題等があり　それ〳〵適當な手を打ちつゝ　朝聯全關大會まで迎へるやうになつたのであるが　實に多忙多端を極めたゝめに組織的具体的運動の展開を企うすることの出來なかつたことは實際に遺憾な次第である　孫してこの運動の勝利あるのみを信じて闘ふ吾が委員會の闘爭に御聲援の絶對なる御支持鞭撻のあらんことを望む次第なり

一　殺人警官ヲ處罰セヨ!!
一　朝鮮人射殺ノ責任者鈴木警察部長ヲ免職セヨ!!
一　生野事件ノ責任者ヲ處罰セヨ!!
一　朝鮮人財產搬出ノ自由ヲ認メヨ!!
一　働ケルダケノ米ヲヨコセ!!
一　職業ト住居ヲ與ヘヨ!!
一　九州地方抑留同胞ノ待遇ヲ改善セヨ!!
一　民族差別彈壓反對!!
一　封鎖特殊預金卽時支拂!!
一　排外主義者椎熊代議士ヲ追放セヨ！
一　居住證明ヲ撤回セヨ!!
一　財產稅勤勞所得稅ノ撤廢!!!

鮮日共同スローガン

一　首切反對◇最低賃金制確立
一　ゼネスト支持勞働法卽時撤廢
一　强制供出◇强權發動絶對反對
一　インチキ農地調整法紛碎
一　遲配棚上絶對反對
一　勤勞所得稅乙種事業所得稅撤廢
一　五百圓の枠ヲハズセ!!!
一　人權蹂躙◇官憲ノ彈壓反對
一　日鮮勤勞大衆提携
一　吉田反動內閣打倒◇復興ハ人民ノ手デ!!!

(第一號)　斗爭ニュース　1946年10月19日發行

東京交涉員報告

一九四六年十月十四日　　宋文書　宋性徹　金晋根

一　十月九日午後九時　大阪驛出發　　一　十月十日午前九時　東京驛着

一　午前十一時　朝聯中總訪問

金民化氏と仔細打合せたる後中總常任委員會に　正式に　大阪情勢を　仔細に報告し協力と參畵を要請す

二　抗議文材料蒐集及連絡方針協議と文書作成

一　十月十一日

三　午前九時　中總外務部及金民化氏と協議

四　午前十一時　中總外務部大長殷武巖氏の案内にて朝鮮美軍政廳連絡處訪問　外務官長曺正煥氏　政務課長李瑋氏及連絡官　コフ少佐　教育課某少佐と　挨拶を交換し　東京訪問の目的を　大略說明し　十二日に　正式會談することに決定す

五　午後一時衆議院訪問

A　山崎議長に　面會を要求したるも　會議中なる理由にて拒絕されたり　此れは彼の既定方針らしい　即ち中總にて　加藤勘十代議士を通じて一度面會し　其の責任を追求したるが　其後は一切面會を拒絕すと云ふ　中總にて再夫決議文を持ち　面會を要求したるも　代理として　守衛長を出したるが故に　憤然として　歸りたる事もあると云ふ　結局　抗議文を傳達したり

B　吉田首相にも　面會を要求したるも　會議中にて　面會は爲し得ず　秘書を訪れ　貴族院首相官邸を　歷訪し結局　貴族院にて　平井秘書と面會し　抗議文傳達を依賴し　仔細なる事情を說明すると　各關係當局を通じ　其眞相を調査し　且つ誠實に　首相に傳言することを約し　同時　首相下阪時　必ず面會出來る樣秘書主任福田氏と　秘書高野氏を通じ　盡進することを言明したり　椎熊三郎氏にも面會を要求したるも會議を口實に回避　此者も　面會拒否は　既定方針らしい　其宿所は「鎌倉市村木座上河原一西」と云ふ氏は各派交渉會に於ては　密航者取締と傳染病防止に對し演說すると約束して置き乍　結局は朝鮮人全體を罵倒する言辭を敢へてしたり

C　社會黨水谷長三郎氏面會　社會黨に對する請願書を手交し　仔細に說明すると　氏は「明日中央常任委員會に於て正式に本問題を上程せんことを約束し　社會黨大阪地聯を通じ大阪府に善處する樣連絡するとの言明を得たり

D　共產黨德田球一　志賀義雄兩氏に面會し　請願書を手交したる所　兩氏は大いなる熱誠にて　椎熊演說を一番に問題としたるも自分であり今後も緊密なる連らく下に最善の努力を惜まずと約束し　特に大阪問題に關しては　志賀氏が十八日頃下阪し府知事に嚴重に談判することを約束したり

十月十二日

六　午前十時軍政廳連らく處　コフ少佐面談　氏は誠を以て質疑問答し　司令部に於ては十一月十五日經過後は　朝鮮人を日本人と同樣に取扱ふことに決定したるが　彼氏等は　之に反對し　朝鮮人は外國人として取扱ふべきを交涉中なりと言明せり

朝鮮人彈壓反對人民大會に參加して

十月七日大阪市中央公會堂に於て　朝鮮人人權擁護委員會の主催の下に　全關西人民大會が開催された　日本議會に於ける反動政客及吉田内閣に依る　朝鮮人取締强化と　强調したるを契機として　朝鮮人に對する日本反動勢力の露骨的なる暴行は月ならずして　幾多の不祥事件をひき起したのだ　大阪だけでも　大阪驛前に於ける二人の

無辜なる朝鮮人に對する曾根崎警員の發砲傷害事件　九月二十七日生野區猪飼野町に於ける二人の無辜なる朝鮮人に對する東警員の發砲殺傷事件　朝鮮人取締に對する新方法實施等々其の例を擧ぐるに　遑なき程だ　吾等同胞にして　斯かる反動的日本當局の暴戾を　看過するに於ては　今後　此種の事件が跡を斷たざる許りでなく　吾等

在日同胞の生命財産は　直接彼奴の迫害に曝されるのだ　最近に於て此程　在日同胞に　大きな脅威と驚きを與へ　公憤に堪へない樣にしたことはなかつた　玆に吾が在阪同胞は　蹶起し　朝鮮人人權擁護委員會を組織したのだ　而して人民の輿論と要求とに答へて　早速人民大會を催したのである　時日の關係で　其の宣傳が不充分であつたにも不拘　萬を以て數ふるに足る大衆は　定刻前に會場を溢れたし　場外に溢れたのだ　吉田反動内閣に對する　在日朝鮮同胞の憤激が　如何なるものかは彼奴に十二分　知らしめた筈だ

非常なる決意の下に　參集した大衆は　決議に於て　絕叫するが如き熱情と　斷乎たる態度が示された　日本議會に對する抗議文　大阪府知事に對する抗議文　司令部及對日理事會に對する陳情書　民主々義政黨に對する請願書　日本民主々義勢力との共同闘爭の件等　意氣衝天の勢で可決したのだ　各決議に交涉委員　實行委員等を擧げ　即時　其の部署に就かしめたのである　各委員は大衆の切實なる要求に答へて　即時に　迅速に　其の實行に移したのだ

親愛なる在日同胞よ!!　吾等は今や　死ぬか生きるかの岐路に立つて居るのだ　我等が日本に渡來した由來を　追憶せよ!!　我等は日本帝國主義の强奪に遇ひ　衣食住の根據を失ひ　己むなく渡來したものか　或は戰時徵用徵兵にて　强制的に渡來せしめたものかであるのだ　渡來してより我等は如何に　酷使され　搾取され　壓迫されて來たか?　多年間韓愉力行で　得たる唯一の我等の資産を打ち築てゝ　どうして歸國出來ると云ふのか?　日本政府に　帝國主義の前非を改め　民主々義の新日本を建設せんとする意思が　微塵でもあるなら　朝鮮人に謝罪をしない迄も　彼の如き暴行は敢へて出來ない筈だ

親愛なる在日同胞よ!!　吾等を保護す可き政府も　外交機關も所有してないのだ　我等は相變らず　日帝時代と同じく　弱小民族の域を脫して居ないのだ　我等は自力による團結と　吉田反動内閣打倒を　目ざす日本友誼團體と共同闘爭を展開する外方法はないのだ　先づ團結せよ!!　在日同胞は一丸となつて!!　强く鬪爭せよ!!　日本民主々義團體と!!　强く展開せよ!!　共同闘爭を!!　一日も早く　朝日共同闘爭委員會を作れ!!　日本友誼團體に參加支持を怠るな!!

東京で朝鮮人生活權擁護人民大會

在日本朝鮮人聯盟では今般日本議會に於ける暴言者强壓煽動者　椎熊三郎代議士暴言事件に對し中央總本部を初めとし各地方本部では抗議文を首相　貴衆院議兩議長宛　自由黨に提出し　かたはら聲明書を發表し在日同胞の生活權を擁護しているが　反動吉田内閣の反省をうながすべく　七日午前十時　宮城前廣場にて朝鮮人生活擁護人民大會を開催した

て　朝鮮人彈壓反對人民大會を開き　万餘民衆の參集下に　日本議會に對する抗議文　大阪府知事に對する抗議文　司令部及對日理事會に對する陳情書　日本各民主々義政黨に對する公開狀　日本民主々義勢力との共同闘爭の件等を　決議した　夫々交涉委員　實行委員等を擧げた　其の後各委員は　夫々大阪府知事　日本政府　日本議會　各政黨　其他軍政廳を訪問した　大會後二回の執行委員會を開き今日に至る

事務所は　大阪市東成區大今里町六七七番地聯盟會内に置く

來十月十九日には　日本各友誼團体と共同で　扇町公園に於て　全關西人民大會を開催することに決定した

朝鮮人人權擁護委員會の組織と經過

日本議會に於て　一部反動政客より　最も露骨的に　悪質的に　朝鮮人問題が　論議されたに對し　吉田内閣は　朝鮮人取締を　重ねて　言明した　日本議會に於ける　代議士達の排他的質問演說に對する　數多くの我議士達の[illegible]と　責任當局の取締主義依然たる答辯だけでも　在日同胞は如何　吾が三千万同胞の　公憤に堪へざる所であることの事あるて一月ならざる内に　各地に於ける　日本警官による朝鮮人射殺　殺傷事件が數々として起り　其の跡を斷たないのだ　去九月二十五日在日本朝鮮人聯盟大阪本部定期大會に於て　當然提起さるべき此の問題が　大衆の發案で　取扱はれた　斯かる大衆の切實なる要求に

答へ　九月二十八日　朝聯大阪本部第一回執行委員會に於て「吉田内閣政務に對する件」として　提案され　愼重討議の結果　朝聯とは別に　日本反動勢力に闘爭する機關として　朝鮮人彈壓反對委員會（其後朝鮮人人權擁護委員會と改稱す）を組織することに決定した之には建國青年同盟も併せて　より强靭なる在阪朝鮮人團体を總網羅して組織された　其の後二回も執行委員會を開き　各部署も決定し　愈々本格的運動を展開するに至つたのである　第三回委員會は　七月十三日　朝聯大阪本部に於て　開催され　當時の委員長宋性徹氏の辭任により　後任に　姜鐘氏推され　一部の委員も改動を見た　十月七日には中央公會堂に於

印刷所
解放新聞社印刷部
大阪市東成區大今里本町一丁目六四一
電話南1260—2

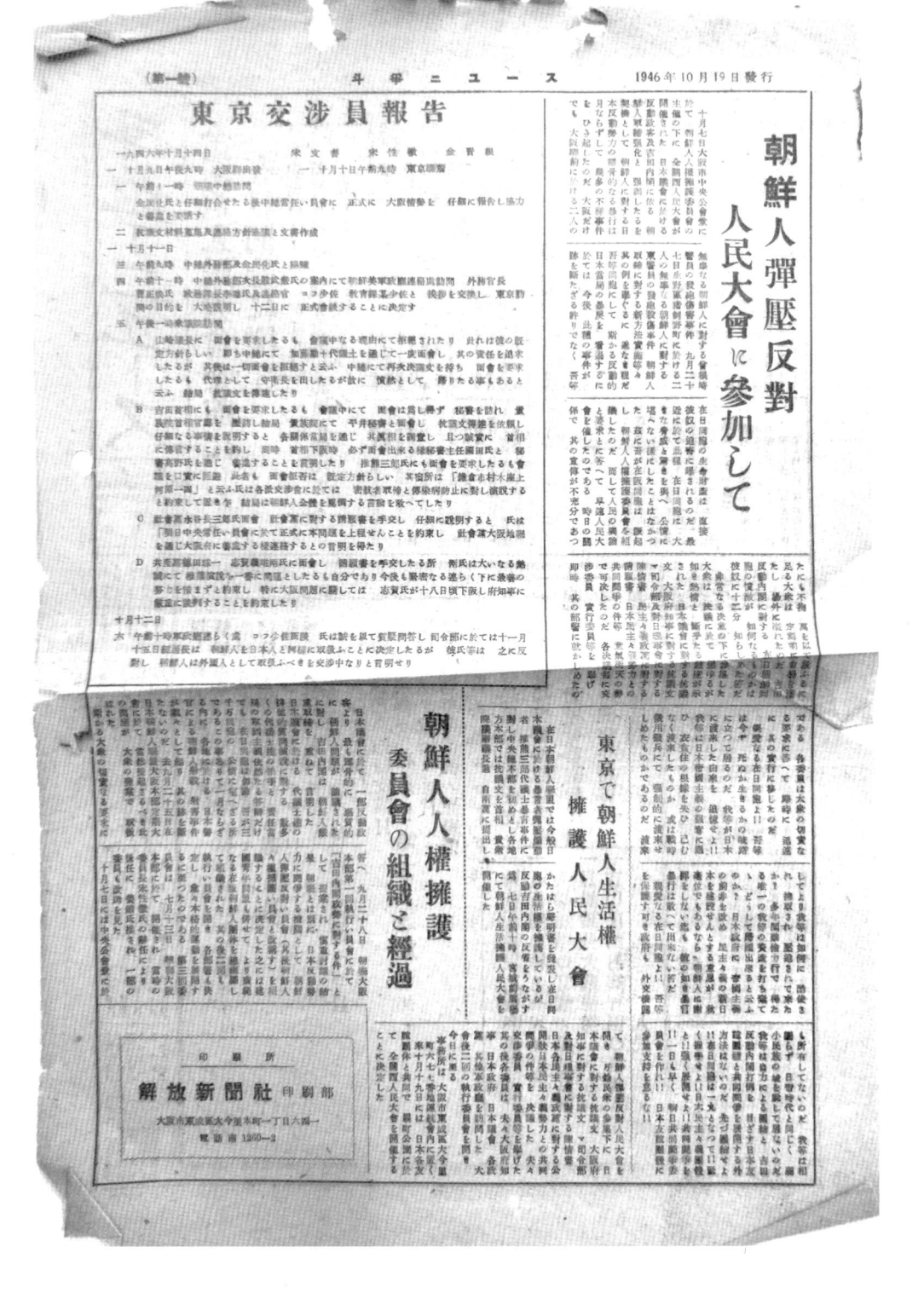

4. 생활권옹호데모사건에 대해

生活権擁護デモ事件に就いて

一九四六年十二月二十日、宮城前廣場に於いて開かれた朝鮮人生活権擁護全国大會の決議に依って選ばれた十名の交渉委員は、日本在留六十万朝鮮人の切実な要求、即ち

1. 国際公法の法理に従って朝鮮人を待遇せよ。
2. 朝鮮人の生活を脅威する不法圧迫絶対反對
3. 大阪地區に於ける朝鮮人登録制を撤廃せよ
4. 第三国人である朝鮮人に、戦爭負担を転嫁せんとする金融措置令適用反對。

を携へて、吉田總理大臣に面会交渉すべく、首相官邸に赴き首相代理林書記官長と会見中、約八十名の警官隊が闖入し、田中検事の指図だと称して、強引に拉致し、十二月二十六日之を軍事特別裁判に附せしめ、各々五年の重労働懲役と七万五千円也の罰金刑を併課せしめた事件は、全く吾人の理解と想像の域を脱して居り、理性と道義を以て事を律する人間の到底容認し得ない重大事件である。

當日、吾々の交渉委員十名は、十二時三十分、首相官邸應接室に案内され、林書記官長と対談しているる間、他方、全国から大会に参集した四万の民衆は、示威行進に移った。

示威行進に移る前に、吾々は、デモンストレーションに関する聯合軍司令部の指示事項を想起し、

1. 予定のコースを違へてはならないこと、
2. 交通整理の指揮に遵ふこと。

る、如何なることがあつても、隊伍を乱さないこと、
4. 絶對に指揮者の命令に従ふこと、
等、細心の注意を與へた後、秩序正しく行進を始めた。

行進の先頭が、首相官邸前に到着したのは十三時五十分で、先頭第一隊第二隊は、官邸門内の庭にたむろしてゐる警官達を認めながら、約七十米ばかり門前を通過し、第三隊が門前を通過せんとする時、それまで門内にゐた警官隊の中の六七名が、門外に出て来て行進する民衆に向つて、不必要な干渉を故意に試み、侮蔑嘲笑を浴せ、之を反問する群衆に警棒を振るひ、遂に行進の秩序を攪乱し、ピストルを乱発して、何事も知らない後続の行進者に恐怖感をそゝり立て、デモを混乱に陥し入れたのである。

警官隊の挑発に乗ぜられて、官邸門前に押し寄せる民衆が、官邸内になだれ込むのを防ぐべく、指揮者の一人は、挺身両手を拡げて、群衆の前に立ちはだかつて「後へ戻れ!」と声をからして叱咜しながら押し返したけれども、決河防ぐべくもなく、尚警棒に叩かれて、遂に其の場に倒れ、群衆の動に踏まれて、人事不省に陥入つたのである。

官邸内の應接間にゐる交渉委員十名は、ゝあつて、邸前の混乱に気がつき、之は一大事と数人が室内から出て来て、両手をあげ、押し出す手振りをしながら「出て行つてくれ」と絶叫したのであつた。

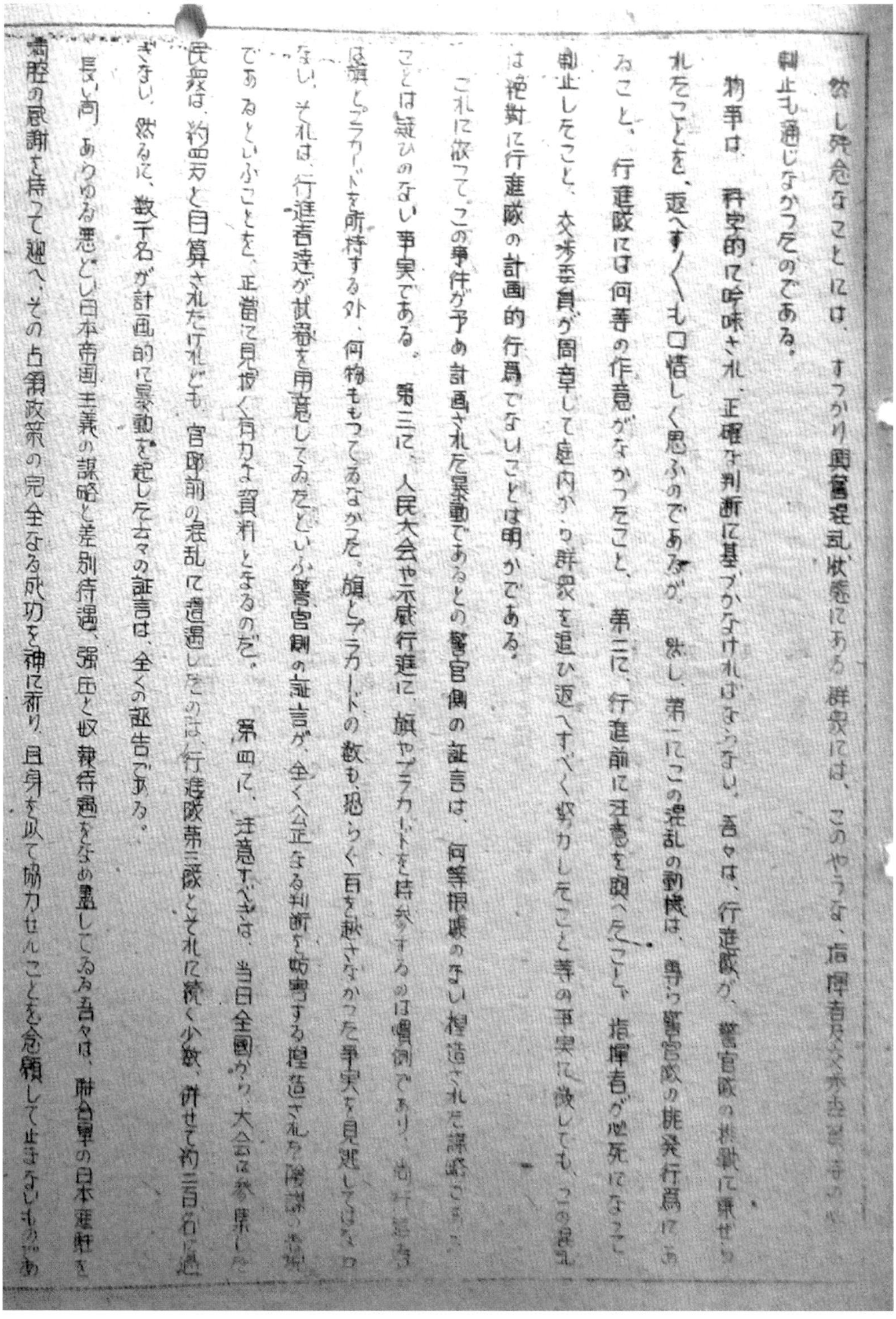

然し危急なことには、すつかり興奮混乱状態にある群衆には、このやうな、指揮者及び委員等の制止も通じなかつたのである。

物事は、科学的に吟味され、正確な判断に基づかなければならない。吾々は、行進隊が、警官隊の指揮に乗せられたことを、返へすぐも口惜しく思ふのであるが、然し、第一にこの混乱の動機は、専ら警官隊の挑発行為にあること、行進隊には何等の作意がなかつたこと、第二に、行進前に注意を與へたことや、指揮者が必死になつて制止したこと、交渉委員が周章して庭内から群衆を追ひ返へすべく努力したこと等の事実に徴しても、この混乱は絶對に行進隊の計画的行為でないことは明かである。

これに依つて、この事件が予め計画された暴動であるとの警官側の証言は、何等根據のない捏造された謀略であることは疑ひのない事実である。第三に、人民大会や示威行進に、旗やプラカードを持参するのは慣例であり、当日行進者達は旗とプラカードを所持する外、何物ももつてゐなかつた。旗とプラカードの数も、恐らく百を越さなかつた事実を見逃してはならない。それは、行進者達が武器を用意してゐたといふ警官側の証言が、全く公正なる判断を妨害する捏造された陰謀の基礎であるといふことを、正當に見抜く有力な資料となるのだ。第四に、注意すべきは、当日全國から大会に参集した民衆は、約四万と目算されたけれども、官邸前の混乱に遭遇したのは、行進隊第三隊とそれに續く少数、併せて約三百名に過ぎない。然るに、数千名が計画的に暴動を起したなどの証言は、全くの誣告である。

長い間、あらゆる悪どい日本帝国主義の謀略と差別待遇、強圧と奴隷待遇をなめ盡してゐる吾々は、聯合軍の日本進駐を満腔の感謝を持つて迎へ、その占領政策の完全なる成功を神に祈り、自身を以て協力せんことを念願して止まないものであ為。最近、吾等のこの感激と念願が、そのまゝ正しく反映されずに、嘗ての日本帝国主義者の残党共が作り出す誣告に依って歪曲されるのを、この上もなく遺憾に思ふと共に、或は、己れの誠実の未だ足らないせいではないかと、常に反省するものである。

この事件の発生は、十二月二十日で、電光石火の如く、二十六日には、あまりにもあっけない判決となった。証人、弁護人に、十分準備する機会さへも與へられてゐない。吾々は、アメリカ人の弁護人にも依頼して、吾々の言はんとするところを、充分且完全に立証し、この裁判を通じて、三千万朝鮮民族に、裁判の公正と聯合軍への信頼感とを、更に厚くする機会たらしめたいと念願したものである。交渉委員及大会議長に対し「暴動に対しても、武器所持の点にしても無罪である。」が「指導者として、斯る事態を未然に防止出来なかった責任がある」といふ理由で、上述の如き判決が下りたのである。事態を未然に防止しなかった責任で、直接関係のない指導者を、罰する判例があるかどうか知らないが、時恰も、クリスマスとお正月を控への多忙故に、十分な用意を整へ得ずに、裁判に臨んだのではないかとも思はれる。

吾々は、事件の真相を、聯合軍当局に訴へて、再審を要請するものであり、拘置中の交渉委員大会議長及指導者の無罪が一日も早く闡明され、正義が民主化途上にある日本国に厳存してゐるといふことを、世界に顕示しなければならない。これこそ、吾々の義務であり、且又正義と人道が人間社会から抹殺されるのを悲しむすべての人民の支持と声援の下に、吾々の義務が、正當に遂行されるだらうことを固く信ずるものである。

一九四六年十二月二十九日

朝鮮人生活権擁護中央委員會

5. 조선인학교문제 진상보고회 기록

朝鮮人學校問題

眞相報告會記錄

一九四八年

[redacted]五月十六日

東京神田教育會館

[redacted]

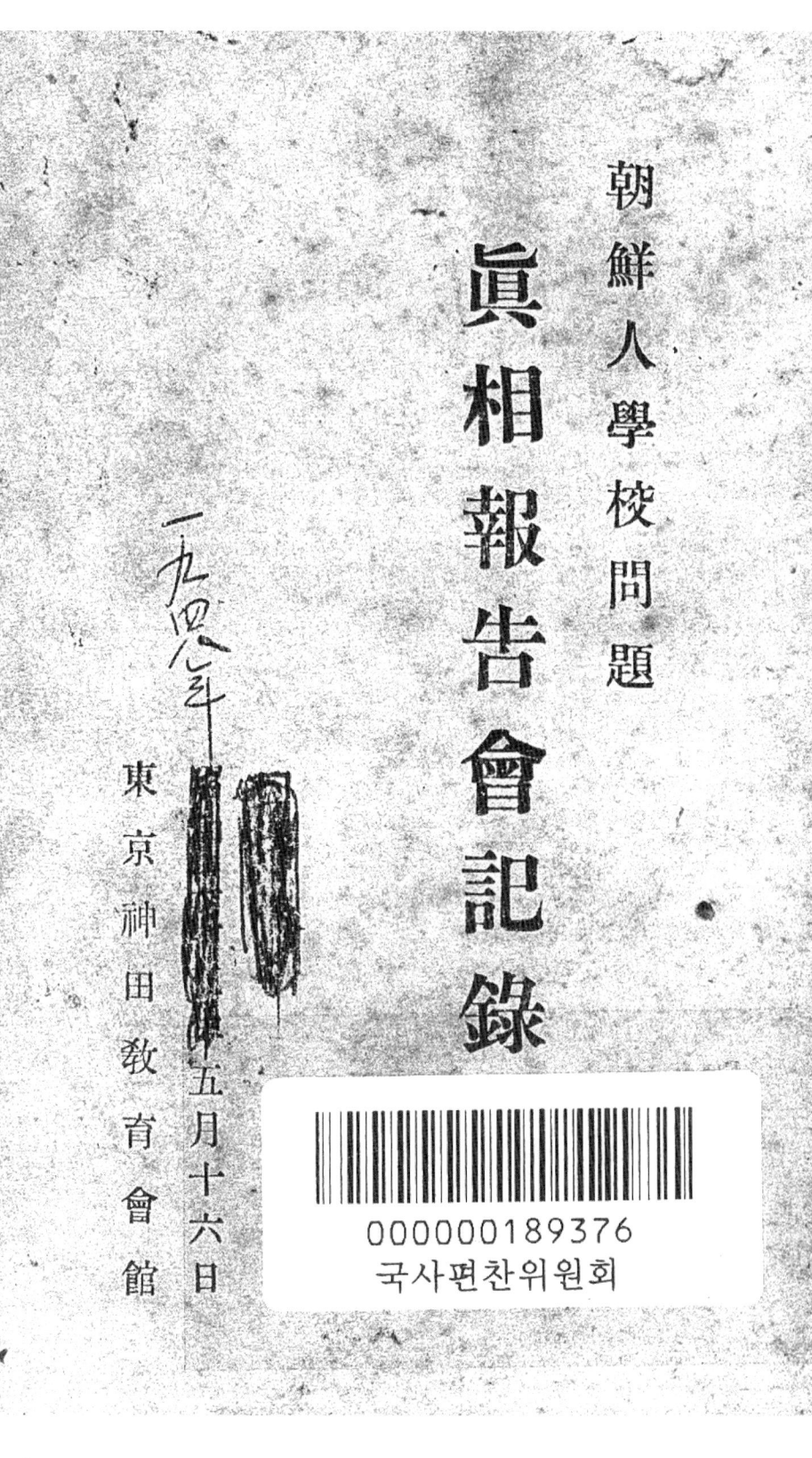

▲司會　民主主義科學者協會　平野義太郎

▲報告　民主主義文化連盟　鹿地亙

自由法曹團　布施辰治

世界勞連加入促委員　渡邊多知夫

民主主義科學者協會　渡部義通

朝鮮人連盟　李珍珪

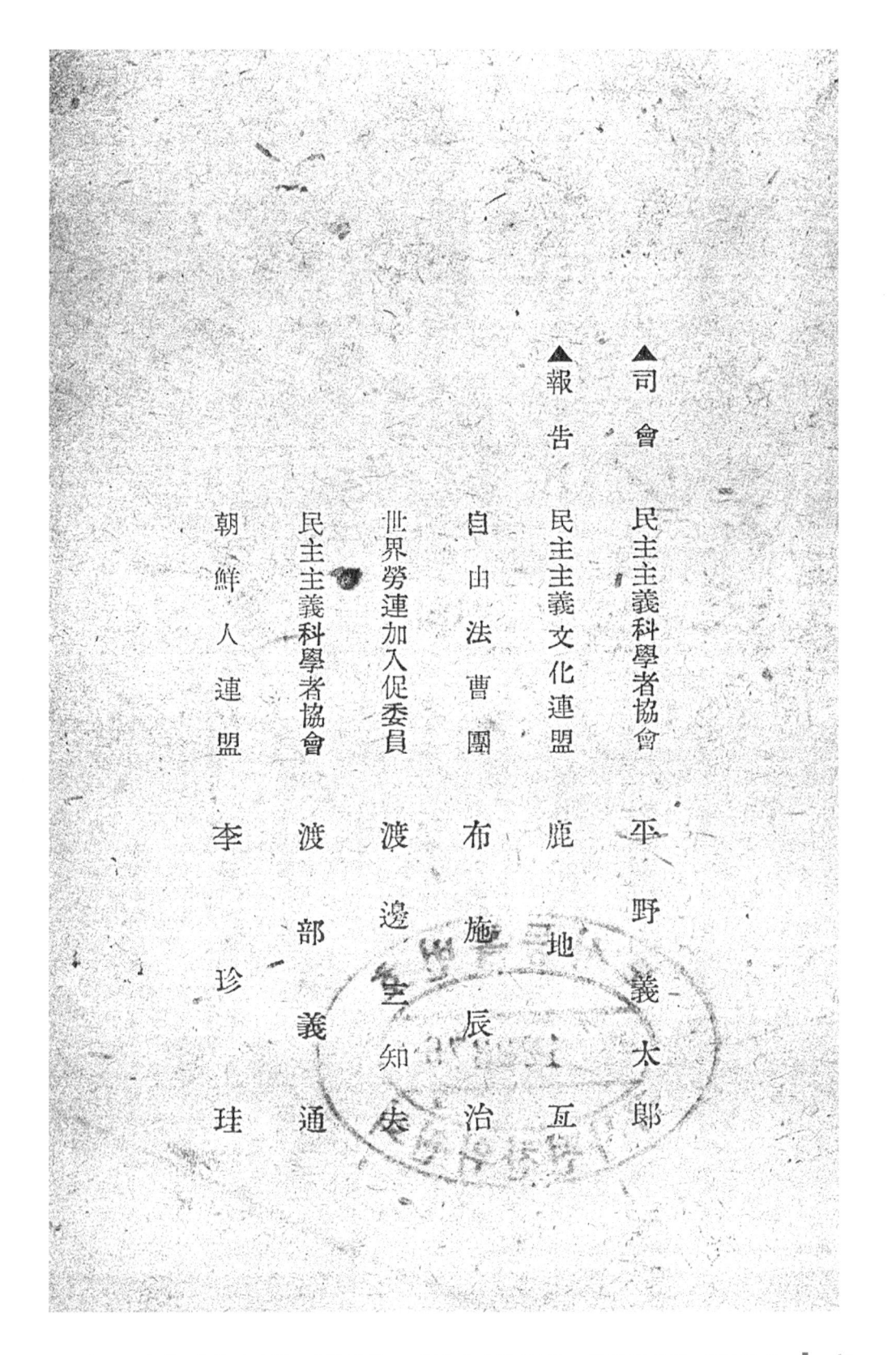

朝鮮人學校問題眞相報告會記錄

昭和二十三年五月十六日
東京神田教育會館において

○司會者（平野義太郎氏）　私は平野義太郎でございます。今後の國際平和を築き上げて行くためには、世界の諸民族が眞に友愛をもつて、相互に平等の原則を維持して、お互に尊重し合つて行くことの上に築かれるものであると考えております。ことに日本の場合、大東亞戰爭まで、近隣の朝鮮の民族、あるいは中國の民族に對して、苛酷なる收奪の上に帝國主義的支配が行われました以上は、今後の日鮮兩民族の眞の友愛を作つて行くためには、根本的に立場を變えて行かなければならないのは當然であります。然るに、この度の朝鮮人の學校事件に端を發した神戶、大阪の大事件は、この見地から致しまして極めて不幸なる、極めて不祥なる事件でありました。私は、在日朝鮮人が朝鮮語で自分達の子供に、とくに地理や歷史という、日本の教科書では盡しえない、また誤つているから、朝鮮人が編纂した教科書で朝鮮人の先生によつて、

1

そして自己の費用で建てた學校で教育をしたいという願望から發したのでありましたが、これが閉鎖命令をうけて、これに従わない學校の先生達までもが拘留をされたことから端を發しましたのでありましたが、先日、荒川第一初等學校を參觀させていただいたときに、折柄父兄會が催されておつて、大勢の夫人が來ておりましたが、その際、自分の子供を朝鮮語で教えて何故悪いのだろう、しかも先生が拘留される、犯罪になるといふことは納得が行かないという場面にでくわしました。で、この神戸、大阪事件の眞相を、日本の新聞などは極めて間違つて挑發的な見出しで書いておりまして、多くの日本人は眞相を知りたがつております。われ〱は今日、その眞實をたしかめたいと思つて、この眞相報告會を開きました。今日話をしていたゞく、鹿地亘氏、渡部義通氏、渡邊三知夫氏、尾形昭二氏、布施辰治氏は、何れも神戸、大阪の現地に直接に行かれまして、事件の眞實を客観的に、公平に把握する意圖の下に調査を進められたのでありますから、これからその調査報告を伺うことに致します。

なお、入口に、今まで學校で教えておつた朝鮮の言葉で書かれている教科書が展覧されておりますので、日本の方々は是非日本の教科書と比較して、何れが民主的で何れが進歩的であるかをも御參照を願いたいと思います。まこゝで御報告がありました後に、御質問があれば報

2

告者においてお答を致すであろう 思いますし、なお調査は着手されたばかりでありますから、今後この點が重要な點であるから調査をしてほしいという御希望があれば、時間の關上係紙にでも書いて調査團の方へ御提出願いたいと思います。

では、第一に、民主主義文化連盟の鹿地亘さんの御報告を伺うことに致します。なお、調査團の指名によりまして、私座長をつとめさせていたゞくことを御諒承願いたいと思います。

(拍手)

3

民主主義文化連盟

鹿地　亘

今回、私たち七人のものが、神戸、大阪事件の重大性——この問題は非常に重大な意味をもつておりますので、民主主義諸團體から現地に派遣されて、その眞相を調査することになりました。約五日間ばかり向うに行つて調査して來た結果、いろ〳〵な事實がわかつて來たのでありますが、今日はその概略をみなさんに御報告したいと思います。

これまでの新聞の報道の特長的な點はどういう點かというと、朝鮮の人達が日本におつて日本の法律に從わぬ、朝鮮人はとかく法律を無視し、亂暴を働く、それで警察はこれを取締つた結果、あゝいう事件が起つた、こういう印象を與えるのに躍氣になつている、事件の眞相は一體何かということが曖昧にぼかされている。いま司會者から申されましたように、事件は朝鮮人が朝鮮人として育つて行くために自分の子弟を教育する、この權利を、あたかも朝鮮人が朝鮮人であつちやならぬ、朝鮮人は日本人の教育を受けにやならぬ、これを强制することによつ

4

て否定しようとしてかゝつた、そこに問題があるわけなのです。これがとくに、戰後初めて、長い間の植民地的境遇の中で苦しんで來た朝鮮の人達が、朝鮮民族である權利を認められ、そういう權利を自分のものにする機會に恵まれたとき、そしてその喜びで朝鮮人獨自の教育を施そうと着手したところへ、昔のように日本の敎育を强いられるということに問題があつたのですから、朝鮮の人達の悲痛な怒りというものがどういうものであつたかということは、みなさんによく御納得が行くと思うのです。

で、このことを一層よく知るために、一應概略的に、戰後朝鮮人學校がどのように敎育されておつたか、どうしてこの學校が始まつたかということを、ひとまず豫備知識として知つておく必要があるのであります。これは、一九四五年八月十五日に日本の敗戰の報が傳わつたときに、朝鮮の人達——在日朝鮮人はほゞ二百四十萬おつたわけですが、この人々は祖國の民主的な獨立、この國家建設に參加するために、非常な喜びをもつて朝鮮に近接している港に引揚げて來たのです。當時、その港がどんなに雜踏したかというようなことは、みなさんの御記憶に新たなことであろうと思います。ところが、その人達は間もなく引返して來なければならなかつた。朝鮮に歸つていつた人達も、長い間の日本の帝國主義支配階級の悪政のあとを引受けて

5

6

の戰後の混亂、それからまだ〳〵古い惡い政治勢力が殘つているといふことのために政治的な混亂があつて、ことに國際的なもつれもある、そういつた環境の中で、多數の歸國した人達を受入れる準備なんというものは全然出來ていなかつた、こんな饑餓の中に投げ出されて、澤山の子供達は向うへ歸つて行つて浮浪児になつた、だからせめて本國に受入れの準備が出來るまでといふので、みな食えないので逆に日本に引返して來た。日本にはともかくこれまでの自分達の生活の基礎が曲りなりにもあるのですから、澤山の人達が引返して來た。そうしたら、これに對して歸國を强要する。これに對して、今後歸國をしない朝鮮人といふものは歸國の意思を失つた、自分から放棄して日本人たることを自ら望んだのだから、だから日本の教育をうけるのは當然だ、こういう一方的な言いがかりでもつて今度の朝鮮人教育問題が當局によつて强いられている、こゝに問題があるわけです。で、今回の事件が如何に在日朝鮮人の悲痛な民族的な怒りに端を發しているかということは、神戸、大阪、その他各地で、當局がこの政策を無理押ししようとすることに對して、集團的に力を合せてそれを防止しようとした、その大衆的な示威運動に參加していた人々の中に、子供達から女達から身寄り達から、政治的には通常われ〳〵が過去においては無力だつたと考へ勝ちなおくれた弱い人達がみんな參加している、この事實を見ても事態の性質は非常によくわかります。

調査の結果をひとまず神戸と大阪の事件そのものについて見て行きたいと思います。そうしますと、私たちはこういうことに氣がついて來るのです。第一にはつきりしていることは、戰爭が終つて後文部省および各地の日本側當局は、朝鮮人の教育に對して何の關心も興味も示していなかつた、それが今年に入つてから特別頑固な態度をもつてある種の教育政策を强いようとする態度になつて來たことで、こゝに問題がある、これまでの狀態　みますと、朝鮮人側としては、自分達の子弟が本國まで歸つて行くについても、長い間朝鮮語を奪われ、朝鮮の歷史、朝鮮の文化に關する知識を奪われておつたのだから、これでは啞も同然だというので、これに民族教育をひとまず準備的に施して、それから後に歸す、このことが在日朝鮮人として教育に非常に熱心にとりかゝつて行く動機でありますけれども、こういう動機に關しては何の同情も示してはいなかつた。たゞ、當時神戸や大阪で、疎開したりなんかのために遊休狀態になつていた學校設備が澤山殘つておつた、その學校設備を朝鮮人側の要求によつて格別何ということはなしに貸したということはあります。しかし今度は逆に、無論これは六三制實施によつて校舍の不足を告げて來たということも口實にはされておりますけれども、とくに日本人式の教育を强いるということを問題として採り上げるに至り、その學校からの追立てということをこれにからませて來ているわけです。事態はまず第一に、本年一月二十四日、戰爭が終つてから約二年目に、文部省が日本に居住する朝鮮人は日本の教育法に從つて子弟を日本の學校に入學せしめ、日本の義務教育をうけるべきものであるということを朝鮮人側に命令している。これは朝鮮人にとつて、さつき申上げましたように非常に驚きをもつて受取られた。そして、各地において當局との間に長い間忍耐强く交渉が續けられておるのです。その命令を撤回してもらうように交渉が續けられているのです。ところが、三月三十一日になりますと、各地においていよ〳〵この命令の强行が始まつたわけです。山口縣、兵庫縣において、まず朝鮮人學校の閉鎖命令を出した。神戸においては、同時に日本側の校舍を使用している市内の三つの學校、これに返還の命令を出した、期限をきつて返還の命令を出す。岡山縣は四月八日に學校の閉鎖命令を出した。大阪では四月十二日に閉鎖命令を出して、しかも四月十二日から僅かに二日後の十四日には强制執行をするという强壓態度で臨んでいる。山口縣においては、命令出ると同時に各地から朝鮮人大衆が縣廳に殺到して來たわけです。そして、一萬餘の群集になり、これが大會を開いて、代表者を出して當局と交渉したのです。そして、ねばり强く交渉した結果、遂に當局をして命令の實施を延期させるといふことに成功したのです。岡山縣においては、學校閉鎖命令が發せられて後間もなく、それに應じないというようなことで、四月十五日には朝鮮側の代表者、在日朝鮮人連盟の委員長を檢擧していよ〳〵强制執行するということになつたが、十九日になると朝鮮人は憤激して約八千餘の人々が集合したのです。そしてこれも大會を開いて、代表を選んで知事と交渉した結果は、結局檢束者は釋放されて命令の實施はこゝでも延期されたのです。問題は兵庫縣と大阪府において起つたのです。こゝでもう一つ注目すべきことは、各地方當局はこの一方的な命令を强制するやりかたを各地方毎こ散發的にやつていたことです。そして、早くやられているところをずつと見てみますと、大體において朝鮮人の數の少い、弱い所を先づ片づけて、一個の既成事實を作り、段々切崩して行つて、最後に集中的に强そうなところを抑えるという惡辣なやりかたが私には見える。こういう問題を正當に話し合つて解決するというよりは無理押しにやつゝけながら、且つそれをやつゝけるのに隱謀をめぐらすというようなやりかたが、これまでの當局な陰險なやりかたとして非常に目につく。しかも、これを機會にして何らか別の問題を片付けようとする意思が非常に目につく。例えば兵庫縣と大阪府の例をとつてみますと、兵庫縣と大阪府では遂に事態が流血の慘事を惹起するまでに至つたのですが、私は神戸で副知事と話したとき、とくに兵庫縣と大阪府において、他の地方においてはおだやかに解決する態度をとつているのにこゝではどうしてこういう事態になつたかということを尋ねましたところ、大阪と兵庫ではとくに日本側の學校を借りているところが多い、その學校を取上げなければならぬ、その問題と重なつたということをいつている。してみると、教育問題を利用して學校を取上げる問題を片付けようとしている。こういう意圖も瞭然とみえるわけです。その他いろ〳〵な問題が次々に見えて來る。これは事件そのものゝ發展經過をずつと追つて行つてみますとよくわかつて來るように思います。

まず私は、特に非常事態の宣言をみるに至つたというような典型的な例である神戸の事件からお話してみたいと思うのです。神戸事件の發生の顚末は次のようです。——一月二十四日に文部省の指令が發せられた後に、兵庫縣では二月二十八日になつて神戸市の市長から、三月末までに學校を明け渡せという命令を出しております。朝鮮側代表者は、これに對してずつと事件發生の二十四日まで忍耐强く交渉を續けております。ところが、これに對して小寺市長の答は非常に頑固であつて、たゞいつでも、學校閉鎖は進駐軍の命令であるということで、あくまで押して來たわけなのです。しかしながら、四月十三日に朝鮮側の交渉委員が引續いて交渉しているそのときに、縣の教育部長と交渉委員の面前で軍政部の教育課長から、勸告したことはあるが、明け渡しを命令した事實はないということがいわれている。これは、地方當局がこういう權威を笠に着るというやりかたでもつて强壓を試みているばかりでなくて、結果としてみれば占領當局と朝鮮人あるいはこういう問題に眞面目な關心をもつ日本人との間を離間挑發する、非常に危險な結果を有するものです。縣視學が私たちに對した談によりますと、四月七日に縣當局が會議を開いて、朝鮮人學校問題は大阪府と連絡をとつて處理するということを取りきめております。そして、三つの學校を四月十日限り返還させるということを、このときにきめております。大體、山口などで事件が起つた後です。これは事態は由々しいことになるかも知れぬというので、既に當局としては準備を整えておつたということが察せられます。十五日になると、交渉委員は知事との面會を要求したのですが、知事側では面會の約束を、時間が遲れたということを理由にして拒絶したのです。そこで、朝鮮側の代表者が縣廳でねばつた、あくまで面會しよう、約束によつて面會せよと……。ところが、このときに神戸市の各學校に集つて交渉者達を應援しようとする父兄會が開かれておつた。この人達は、いつまでも交渉が長引くので、どし／＼みんな縣廳へ押寄せて來て、そして督促し、交渉委員を激勵したわけで

11

す。ところが、これがいつまで經つても去らないので、縣知事の方ではこれに會うことの代りに、遂に警察の手を使つて無理やりに解散を命じたわけです。こゝで私たちは最初の小競合を發見するわけですが、警察官の態度は相當亂暴であつたということがいえる。こういう問題であり、あくまで諒解によつて解決されるべき問題である。それを、諒解のため行つている交渉委員に面會を約束しながら、あくまで拒否している、逃げている。その結果、ねばられた。ねばられたら警察の手を使つて追い散らした。追い散らしたときに、參集している人達を散々亂暴に取扱つた。中には、一人の婦人の如きは姙婦であつたが、姙婦が警官に腹を蹴られて流産をしたというような事實がある。十七日になつて、知事はやつと會見しておりますが、しかし滿足な回答がない。しかも、二十三日になると、遂に當局は神戸市の三つの學校を閉鎖して、學校の使用を禁止する目的で、出し抜けに二百名の警官を三つの學校に急派させたわけです。これは、市の學務課が警察と協同してやつております。四月一日から二十三日までの間、さつき申上げたように朝鮮人側は交渉を續けて眞面目にこの問題についてお互に諒解を遂げるという態度を見せたのです。ところが一方は進駐軍を笠に着て相手にしない。そういう事實はないに拘らずです。そういうやりかたで非常に陰險な狀態で强壓的に臨んで來るさまなので、萬一を豫想して朝鮮人側では、この市内の三つの學校に父兄會が連日炊出しをやつて學校を守つておつたわけです。これを今度は二百名の警官が各學校に入つて來て踏み散らしたわけです。こゝでは、二つの學校では遂に撃退しましたが、一つの學校では遂に占領されてしまつた。で、十五日に縣廳へ押しかけたときに、さつきちよつと申し忘れましたが、このときは警察では約七十三名の檢束をやつている、そこへ無理やりな學校閉鎖の强行というようなことが重なりましたために、勢い朝鮮の人達は非常に激昂する、氣持の上でも激昂して行く、そういう關係になつて來たのは極めて自然なことで、みなさんよくおわかりになることであろうと思います。しかし、二十四日には、あくまで事を穩便にはかるため、朝鮮人側代表者は、神戸市でこれまで民族教育の問題に援助の立場をとり、朝鮮人學校の援助の立場をとつていた、共産黨員の神戸市會議員である堀川氏に同行してもらつて縣廳を訪れております。そして當局と交渉することになつたのですが、偶々このとき縣知事の室で、知事、副知事、それから檢事正、次席檢事、市長、警察長、こういつた當局の代表者達が集つて、朝鮮人の問題を如何に處理すべきかということについて、警戒を如何にすべきかということについて會議をやつておつた。そこへみんなが乘り込んで、十五日に檢束した人々は釋放してくれといふことゝ、學校閉鎖命令はあくまで撤回して、そして事を合理的に平和的に相談して解決しようぢやないかということを談判したのです。しかし、その前日以來の不穩な事態に激昂しているところの父兄達、朝鮮人の參集者達は三つの學校でその代表者達の報告を待つておつたのだが、いつまで經つても報告は歸つて來ないのです。そこで段々段々みんなが集まつて來て、縣廳へ押寄せて、何をぐづぐづしているかというわけです。彼らは交渉委員の應援をやつたのです。應援をやつた結果は、群集が縣廳前に刻々に增して行つて、遂に數時間の後には萬餘に達したわけです。無論これらは、日本の當局あるいは新聞などでは、極めて計畫的な暴動が朝鮮人側によつて組織されたとか、あるいは共產黨員がこの隱謀を組織したというが如きことを暗示する宣傳をやつているが、事實はそうではない。實は三つの學校を中心とする父兄會が折柄交渉が長引くので集つて來た、それが期せずして一個の大きな示威運動になつて來ているのです。だからこの不用意な示威運動がある程度無計畫な行動を伴うというような結果になつたのは、これはある程度やむをえない。事態はこゝから非常に不穩になつて來るのですが、澤山の人達が知事室の前まで押しかけて來るのです。そして、そのうちに群集は縣廳一抔に塞がつてしまつた。そして、談判を避けて逃げようとする知事にあくまで知事室へ歸つてもらつて談判を續けてもらうという態度をとつた。終いには、何しているかと激昂した人々が、少々こゝでは亂暴を働いているわけです。群集が交渉委員を激勵するために知事室に闖入した。非常に多くの激昂した群集が入つたものですから、それを止めようとする側との間に小競合が起るというところから、知事室の境のガラスや壁などを破壞するという結果になつたわけです。その間、連合國側の憲兵がやつて來て知事を連れ出そうとしたというような事實もありますが、その前に朝鮮の婦人達が立ちはだかつて、ピストルの前に胸を開いて敢然と道を譲らなかつたというようなことのために、知事は結局連れ出されなかつたというような事實もあります。とにかく、このような弱い婦人までがこれだけの決意をもつてやらなければならない問題だつたということに、私たちとしては注目しなければならないわけです。

結果としては、非常な勢いで殺到して來た群集の氣勢というものが强かつたゝめに、當局としては遂にこれに脅えてしまつた。それで、こゝで結局交渉委員側の要求を知事室で署名してしまつたのです。第一に學校閉鎖命令は暫時取消す、改めて朝鮮人の學校を法律的に許可する手續をとるよう兩側から委員を出して相談して決するまでは、暫時これまでの通り續けるということを認めた。この書類の内容というものは、私たちから見るならば決して無理な要求ではないと思う。一方的に朝鮮の交渉委員の方が、自分達のこれらの要求を認めろというのではない、將來問題を殘してお互に平和的に解決しよう、それが決定す〔る〕までは暫定的に今までのやりかたを承認してもらうというやりかたをとつている。それから、七十三人の十五日における檢束者というものは、これは無條件で釋放してほしいということを檢事正に調印させた。これが調印されて卽時實行された。で、朝鮮の人達は、無論在日朝鮮人教育問題にあとに問題を持越されるわけですけれども、また交渉の餘地を殘して一應强制的な施行ということは刎ね返すことに成功したのです。そして、みんなが喜んで引揚げて來たのです。そして各學校に歸つて行くのです。神戶市の三つの學校で待ちに待つておつた留守隊の父兄達は報告會を開いておりますその夜に、突然非常事態の宣言となり、そして翌日の朝から、片つ端から朝鮮人の人々が檢束され、約二千名に及ぶところの人々が檢擧されるという事態を惹起したわけです。なお且つ、朝鮮人に同情の立場をとつておつたところの日本の民主諸團體の幹部達は、この事件に類をおよぼされて、やつぱり片つ端から引張られて行つているのです。しかも、その引張られかたは、事件に何らか關係があるというのではなく、それらの團體に所屬している人々を、名簿によつて片つ端から引張つて行つたようすで、廣汎に亘つて引張られているのです。だから、私が非常に懸念することは、日本の當局はこの事件を機會としてある政治的效果を狙つていやしないか、ということです。しかもこの際、これは全國的に朝鮮人の間にあらわれていることですが、朝鮮人の大多數を抱擁している民族的な自主團體である朝鮮人連盟、これに對立する組織を作つて行く一部分の人々があつたのです。それは、建國促進青年同盟というような一部の團體があるわけですが、これは戰時中の日本のような社會狀態の下で、朝鮮人なら朝鮮人、日本の人民なら日本の人民の間に、朝鮮人自身、人民自身の團結した力になることを妨げるため、挑發的行動が不斷にとられておつたということを考えるならば、こういう少數の人達の對立が存在しうるということはみなさんによくおわかりであろうと思います。神戸の例をとつてみますと、建國促進青年連盟、略して建青といつておりますが、建青の委員長というのはかつて戰時日本の憲兵協力隊長をしておつたという人物であるということであります。こういう建青という團體も、朝鮮人の教育問題についてはある程度步調を一にしておつたかに見えたが、しかしそれは、この事件が起ると同時に、朝鮮人連盟の幹部やその他を檢擧するために道案内をしたり、當日の參加者の首實檢をするのにこの人達は立會をやつている。それから、檢擧が起つた後をみますと、朝鮮人連盟の事務所やなんかは散々な破壞をうけ、中にあつた二つの金庫の行方が不明になつたというような事實もある。可成り混亂した事實が醸し出されています。誰がしたかという目撃者はないが、警察が責任を負つているはずの建物の中で、金庫は破られ、澤山の品物が持ち運ばれている。とにかく、こういつた混亂に陥入つた神戸市に、戒嚴狀態が二十五日から布かれて、そして、こゝに朝鮮人は十人以上集合してはならないというようなこと、朝鮮人は暫くの間神戸市に入つてはならぬというようなことで、各所に檢問所が設けられた。事實、三人集まると片つ端からやられたという狀態であつたそうです。

私は、この神戸市だけの問題から非常に感じたことは、私たちが行つて當局といろ／＼話をしてみた結果、神戸市ではこういうふうです。――知事には會えなくて副知事だつたのですが、當日群集が雪崩入つて來て、交渉委員を督促して自分達に署名を迫つた、自分達は署名した、別にしかしあとからひつくり返すといつたような考えは肚の中にもつていなかつた、事態を穩便に圖りたいということで、極めて彼らの態度としては立派であるように思つたのです。ところが、その後の非常事態において、連合國側からの命令だから致しかたがなく、「脅迫によつて署名した」ことになり、とり消したが、これから先は私たちの責任ぢやない、こういう態度を示したのです。私は、この態度は日本の當局者にとつて最もいけないと思う。日本の役人であるならば、日本における行政には自ら責任を買つて出るべきだ。それをいつでも無責任な行動を、ときには隠謀的にやつておきながら、しかも責任を回避するのにいつでも他の權力を藉口する。しかもその權力が實際命令したかどうかこれは問題である。ともかく、こういう地方當局の行政に關して自主的な責任を負わざるもの、自主的な責任を回避するものに對しては、これはわれ〳〵日本人として日本の行政を委しておくことは出來ないぢやないでしようか。こういう點をみなさんに考えていただきたいと思います。もう一つ神戸事件から感じられることは、二十四日に縣廳を占領したときに、激昂した群集が暴行によつて知事室の壁やドアーを盛んに破壞した、こういうふうに當局はいうのです。それで、私たちは見せてもらつたのです。その事實を見せてもらいました。なるほど、實に亂暴に壞してある。壁もすつかり孔があいておりますし、テーブルは割れておりますし、電話機は壞れているし、大きなソファーが眞逆まに轉げ落ちて重なつているのです。しかし、不思議に思つたことは、これだけの暴行が行われておりながら窓のガラスなどは一枚も割れておらぬ。(笑聲)しかも、聞くところによれば、參觀者が第一回目に行つて見たときより、次に行つたときにはもつとすばらしく椅子が轉がり積重ねてある、その次に行つたときにはもつと澤山壞れているという狀態であるということがいわれている。（笑聲）こういうことは、やはり私はことにこの種の問題を解決するのに、朝鮮人と日本人の關係を挑發する。今後ます〳〵親しい關係を當局がとつて行かなければならない民族の問題を解決するのに臨む態度ではないと考えるのです。私たちは、こういう問題はむしろ穏便に、そして、將來もお互の諒解をはかるという點に重點をおくべきではないか、こういう點が地方當局の態度として非常に目につく。次に、さつき申上げたことですが、朝鮮人內部における一部の對立というようなものも、どのように挑發した形跡があるかというならば、こういう事實がその間にある。——昨年の十一月二十八日に神戸市當局は、學校はやがて返してもらわなければならないという通告を發しているのですが、これは朝鮮人連盟という大多數の學校をもつている團體に通告せず、別の右翼團體の方だけに通告している。その後その團體は、日本側當局に諒解を求めるために運動を行つて、六甲山で御馳走をして諒解を求めたという事實があるのです。實際一方の側の、民主團體として大多數の朝鮮人を抱擁しているものには何の通告もなかつた、こういう片手落があるのです。しかも、段々わかつて來ることは、こういう交渉の結果が作用しているかどうかわかりませんが、四月十三日の交渉の結果判明している事實を擧げてみますと、朝鮮人連盟の方では縣下に五十六の學校をもつているわけですが、その申請した資材を當局ではやつたことになつている。朝鮮人連盟側か申請した物資が、そつくりそのまゝ別の團體に渡され、各種學用品はそつち側が受取つて、縣の教育課長が判を捺している事實がある。こういつた當局のやり方というものは、惡くいえば朝鮮人の内部對立を挑發することによつて自分の政策を强行するというような場合の具に供しているぢやないか、ということがうかゞわれる。そのことゝ、二十五日に至つて檢擧に際して道案内の役を一方が勤めたのですが、檢擧後においてこういう事實があつた。――警察か釋放する人々に、この人達は大丈夫の人だからというので與える釋放證明の認定書を、これをもつておれば再び捕らぬからという證明書を右翼團體側の署名で渡していることです。この證明書は調査團のものが見て寫眞にとつて歸つて來ております。こういうことがやられているという事實でも、さつき申上げました、内部挑發を利用するという態度を日本側當局がとつていないということは決して斷定出來ないということであります。神戸事件の大體はそんなもので、要するに問題は教育問題に端を發しておつて、その教育問題は極めて朝鮮人にとつては根本的な問題であるのです。ところがその問題を、ごく最近まで當局の方では何らの興味も示さず、突然最近になつてこれに對して强硬な態度をとつた。しかも、その問題にいろ〳〵な自分達の都合上の問題を絡ませている。政治的な問題、あるいは學校明け渡しの問題、そういつた問題を絡ませている、これを機會に利用しているという痕跡がある。私たちは、すべての問題を、教育問題は教育問題として諒解を遂げるよう、問題を區分けして、一つ〳〵の解決をはかるべきであつて、ある問題を利用するのにある種の問題を隠謀的に逆用するが如き當局の態度は、愼しむべきであると信ずる。それは事態解決に大切な問題ではないかということを感じて來たのです。

次に大阪の問題でありますが、大阪事件の經過は、大體問題の性質はほゞ同樣であるわけです。ところで、大阪においては市内の十九の學校が十二日に返還命令を突付けられている。十四日にはいろ〳〵これに强制執行を加えるという事態になつたのです。で、この間朝鮮人側が府廳並に市當局と非常に忍耐强く交渉を續けている事實は、兵庫縣の場合と同樣です。二十三日になつて問題は起つて來るわけです。二十三日に至つて、事態はいよ〳〵迫られて、朝鮮人側では市内各所に分れて、朝鮮人の大會をもやつたわけです。そして、ことに生野、布施、城東、こういう方面から非常に澤山の參會者があつて、これが統一されて、大きいデモンストレーションになつた。二十三日には府廳にこれらの代表者が入つて行つて談判する。その間群集はみんな府廳前に待機して應援しておつたのです。ところが、いつまで經つても埒があかな

22

い。その長い時間の間に副知事があらわれまして中間報告をやつたのです。その中間報告に際して「この問題は知事の意向で撤回出來ないことはないが、しかし大阪府としては目下その意思がない。」というような言いかたをしたのです。これは、事を穏便に處理するという意思がないということを示したかの如くみえるわけです。だから、當然集つている群集が激昂するわけです。まず青年行動隊が交渉のべんたつのため府廳に進入して行つた。これがきつかけになつて、全員が入つて行つて府廳の廳舎を占領してしまつた。長い間占據しつゝ交渉委員を鞭撻したわけですが、これはやはり聯合軍側の命令として、不穏だからというので、解散の命令が發せられたわけです。解散の命令が發せられて、朝鮮人側では穏便に事態を處理するため、自動的退出に出たのですが、こゝでも、挑發者が入つていたことが明瞭に觀取できる。少々建物の中で投石したものもあるということで、警察側では、やはり亂暴な檢擧をこれに加へた。

ついで、二十六日に、いよ／＼流血事件をひきおこす示威運動になるわけですが、この日のことについては、後に警察局長との談話の中でわかつて來たことですが、その群集の中へ石を袋の中に入れて用意して來ている人間さえあつた、そして短刀をもつて來ておつた人があるというのです。警察はそういうものを發見したら當然逮捕している筈だが逮捕しているかということを尋ねましたか、甚だ曖昧である。調べて見た結果は、そんなものを逮捕していない。警察は治安をとりしまるはずなのに、兇器の所持者をとりしまらずに、この日集つた、平和な朝鮮民衆、學校の子供たちを、流血の手段で取りしまつたわけです。(笑聲)これは大變だ。私は、若し警察が事實袋に石を入れて集つて來たものをだまつて見のがしたならば、それは警察の責任であるし、この種の人物の混入こそ一種の挑發者の潜入ではないかという點を疑わせる。とにかく、當日非常に不思議なことは、あの廳舍の前はロンクリートでかためられておつて石ころなど認められない。ところが、この日も、交渉は當局の頑迷な態度でらちは明かず、やはり進駐軍の命令とかで、解散が命じられた。三分の一ばかり殘つた人、四萬に近い群集が集つていたのですが、彼らは涙をのんで、交渉を後に持ちこすことにし、衝突を避けて解散した。約三分の二の人々が場外に退出したところ、一部の連中が、列中から、解散を指揮していたトラックの上の代表たちに向つて石を投げて反對しはじめたのです。その石は代表者達が引揚げると同時に、飛び越えて警察官の方に飛んで行つたのです。警察官の方はこれを機會にして、群集に水道ホースをもつて來て水をぶつかけ、さらに威嚇射撃をやつたわけです。威嚇射撃をやつた結果は、十六歳の少年が頭を貫かれてその夜死んでいる。その他、發砲事件によつて負傷者を多數出している。この事件は、事態は遂にこのような流血的慘事を惹起してしまつたのですが、警察當局側に對して、もつと穩便に事をはかる方法はなかつたかと、われ〳〵は意見を聞いたわけです。當日は本當にこれが威嚇射撃であつたのか、それとも射つゝもりで射つたのかということをいつたら、「それは射つゝもりでなく威嚇射撃であつたろう。しかし、石ころを投げられ、治安維持に任ずるわれ〳〵警察官が危險に頻する如き場合、射つたとしたつて差支ない。自分達は射つ權利があると思う。」ということを警察局長として斷言したのです。從つて、この場合は、威嚇射撃であつたか、あるひはそうでなかつたかということは甚だ疑わしいということになつて來るわけです。しかも、鐵砲を行つた場所を私たちが調べて見た結果は、群集と警察官との間に生垣の繁みがあつて、その根のすき間から狙はなければ、人に中るはずがない。上を向けて射つた彈が落ちて來てあたつたかというと、やつぱり直撃彈で死んでいる。そうすると、威嚇射撃にしては不適當な威嚇射撃をやつておつた事實がわかるわけです。（笑聲）

―大阪事件はいろ〳〵複雜な問題を孕んでおりますが、こゝで非常に感じたことはこうです。

――大體、警察局長の語の中で一番注目すべき點は「文教問題に關しては警察としては責任を負えない。これは治安に任ずる我々の任務の範圍外である。だから自分達は意見をもたない。しかし、自分たちは治安を維持する責任をもつているのだ。そして、朝鮮人の大多數を激昂させるような問題である限り、必ず不穏な事態が起るということは前もつて察知せられておつた。前例もあることだから十分な準備をもつて臨んだ。暴行を働くものがあれば……」こういう言葉でいつたのです。「鎭壓するといわれようと、撃破するといわれようと、必ず、要するに徹底的に、警察の全滅をかけても鎭壓することがわれ〳〵の責任なのだ。」ということを言明したのです。武裝の狀態についても「現在の狀態はお恥かしいもので、出來ることならば全員に十分威力のある武器を持たせたい。」ということをいつたのです。それは、局長の態度としてさつき申上げたことを思い合せるならば、大阪府の當局の態度ははつきりしていると思うのです。それはどういうことかというと、警察としては問題の性質には關知しない、要するに事は起るかも知れない、起るような當局の政策であるかも知れない、しかしこれは私たちの關知しないことで、起つたらこれを鎭壓するということだけが私たちの目的だ、こういう態度です。言いかえるならば、このような問題が惹起されて、私たちは非常に武裝力が貧弱だ、もつと出來ることならば強い歩裝力を持たなければならぬ、こう考えているのだ。これを武裝力を段々しつかりしたものにして行くきつかけにしているように私には見える。府當局と會見したときに、この問題に對する府當局の態度はどうであつたかというと、大阪府の副知事はこういつたのです。「文教政策自體についてあなたはどう思うか」とわれ〳〵が質問したのに對して「朝鮮人が朝鮮語で教育をうけて、朝鮮獨自の勉强をすることは、治安に有害だと思う。」こういうのです。(冷笑)私はこの奇怪な答辯というものは、大阪府知事が知事であつていゝかどうかという問題であろうと思う。私たちは、日本人が何所か他の國へ行つて日本語で勉强するということが何らか治安の妨害になるということは、甚だ解しかねる問題なのです。(笑聲)こういう頭をもつている行政當局が一方にある。その當局がひきおこした問題は、いゝかわるいか知らないが、鎭壓だけは自分の任務だという警察が他方にある。このような府廳とこのような警察とが地方當局を構成しているということは、われ〳〵日本にとつては問題であろうと考えるわけです。これらの連中が、約二年間というもの、問題が起る根本の性質が何であるかということにさえ興味をもつていなかつた、しかも昨今のある種の內外の情勢に對應して、それを一回の機會としつゝ極めて强硬なこの種の連中の活動が始まつているということは、日本のわれ〳〵にとつて問題であろうと思う。(笑聲)こういうことに關して、私としては報告したい非常に多くのことがありますが、長くなりますので、あとの調査團の方々が氣付いたところを補足して下さると思いますから、これで一應結ぶことに致します。（拍手）

○司會者（平野氏）次に、自由法曹團の布施辰治さんにお願い致します。

布施辰治

自由法曹團

調査團の一行に加わりました布施辰治でございます。私は、初めの三日間調査團に同伴致しましたが、所用のため急いで歸りまして、調査の使命を果しえなかつたことを遺憾に思つております。しかし、私はこの事件が起る前に、靜岡に、福島に起つておりますし、朝鮮人諸君に對する計畫的な彈壓事件というものを辯護して、深く心に考えさせられておつたものがあつたのであります。それだけに、この事件の調査に參加して私の感じさせられた問題は甚だ深刻なものがあるように感じております。從つて、私はこの事件の重大性を心のまゝに諸君に報告するためには、限られた三十分の時間ではその意を盡すことが出來ないと思いますし、それ故にごく斷片的になるかも知れません。私がこの調査團に加わつて感じました二三の點を指摘して、諸君の御考慮に訴えたいと思います。私はこの事件の眞相を摑んでいただくためには、私たちがこゝで報告する報告のそれだけでなく、私たちの調査に終始ついてくれました速記者の、一言一句洩らすところのない民間團體の報告、および官憲との問答を速記されているものが、何かの形で發表されるであろうと存じますので、それを見ていたゞくことを希望します。私は詳細をこの問題の調査團として初めから終いまでよく活躍されました他の諸君の御報告にお願いすることゝして、他の用事の都合上初めの三日、四日、五日と三日間だけこの調査に參加して考えさせられた二三の點をこゝに申上げて、與えられた時間を出來るだけ活用したいと思います。

私はこの問題の調査にあたりまして、まず第一に考えたことは、敎えられる學童に對する學校施設というものが、自然國民的に一般化されて行くのではないだろうか、と同時に學校教育というものが、最終の國家の教育制度に統一せられるというようなことが考えられるようなことはないだろうか。「今度の神戸、大阪における朝鮮人學校の閉鎖問題についても、彼らはそういうような觀點からこの問題を取扱つているのではないだろうかというようなことも考えて、私としては調査團の一行に加わるのに、若しも彼らがそういうような考えかたでこの問題に臨んでいるものだとするならば、われ〳〵はこの問題についてもつと深くそういう問題を捉えて檢討を盡して行かなければならないだろう、というようなことまで考えて、この調査團の一行

30

に加わつて行つたのであります。だが、大防府でも神戸でも、恰も朝鮮人學校の閉鎖問題につ
いては、藪から棒に火のついたような態度で……というのが神戸の檢察部の檢事正の言葉であ
りますが、何のためにこの問題が起つたのであろうか考えていない。何も深く私が考えていた
ような、將來における學校教育が國際的に一般化して行くであろう、敎えられる學童の氣持も
國際的に一般化して行くであろうというような見地から、外國人でも初等教育は在住する國の
學校の教育に統一されなければならぬだろうというようなことまでも考えているような意見は
一つもあらわれていないのであります。たゞ日本の法律に、日本にいる限り朝鮮人は從わなけ
ればならないという、法律というものゝ支配力、たゞ強くがむしやらに終始するという意外
に、少しも理論的な内容をもつた意見をきくことは、まことにいわゆる政治の貧困といゝます
か、施策の淺薄といゝますか、私が考えていたゞけに意見をきくことの出來なかつたことを殘
念に思つて歸つて來たわけであります。私は、漸次學校の教育も器具施設も國際的に一般化し
て行くであろう、また敎えられる學童の心構えというようなものも漸次國際的に平等化されて
行くであろうというような立場から、若しもこの朝鮮人教育の學校問題について、朝鮮人の學
童は朝鮮に歸るための準備として、あるいは朝鮮の國籍をもちつゝ、朝鮮民族の立場において

日本に在住している朝鮮人としての特殊な學校設備、特殊な學校教育を受けうるのだ、また受けなければならぬ、そういうふうな學校教育は、勢い國家として獨立が認められ、民族としてその存在がはつきりとしております限り、たとい日本に在住しておつても、そしてすべての生活關係なり教育關係なりが國際化して行く、一般化して行く、平等化して行くというような關係にあつても、なお且つ朝鮮人學校に對する閉鎖命令は不當であることを彼らに論證してみたい、というように調査という問題を超ゆるものではあろうが、多面的にそういうような問題にまで觸れて、私は調査團員の一人としてその責任を果したいと考えて行つたのでありますが、これらの問題は少しも考えておられなかつた、ことにわれ〳〵の一番大事な教育問題というものについて彼らの考えかたの淺薄であり、また不徹底であるということに、失望するほどの慨嘆を禁じえないものがあつたのであります。この調査團と責任當局との問答内容については、他のこの調査に終いまで活躍された諸君の報告と、それからこの調査には速記團がついておつて一言一句洩らすところなく書かれていて何らかの形で發表されるであろうと思いますから、そういうものを見ていたゞくこととして、私がいま申上げたことについて、私どもの態度が如何に眞劍であり、またこの問題がどれだけ高く大きく人間最高の良心と世界文化最高の水準において批判されなければならない問題として採り上げなければならないかということを注目していたゞきたいと思うのであります。

そこで、この問題については政府からも調査のため派遣されているようでありますし、また各政黨からも調査のためいろ〳〵な團體の派遣があつたようであります。しかし、これらの人達がどの程度まで眞劍に調査の使命を果すべく問題に取組んでいるかというようなことは、内容を聞いておりませんからわからないが、大阪で警察局長と會見する際、速記を入れるか入れないかということで揉めましたとき、鈴木警察局長は「今までいろ〳〵な調査團が來たが、速記を入れて一言一句の責任をもたせられるような調査團とは會見したことはない。」（笑聲）といつております。「たゞ自分らの方でも誤解を拂つておきたいと思うようなこと、また自分らの態度を知つてもらいたいというようなことを答えるだけだから速記などを入れる必要はないだろう。」というようなことで拒んだのであります。結局、向うからも速記を入れる、こつちからも速記を入れるということで、こゝでは兩方から速記が入つて、その會見内容は彼らにも記錄されているでしようが、こちらにもはつきりした記錄が發表される準備が出來ていると思います。（笑聲）そういうような關係からみても、私はこの事件について、私ども調査團のとりました努力と責任は、決してありふれたいわゆる調査、彼らの都合のいゝことばかり聞いて歸るという調査團ではなかつた。私の信ずるまゝにいえば、恐らくこの調査團の彼らとの會見内容の速記は、一つの讀物としも面白く讀んでもらえるだろうと思います。（笑聲）私はたゞこういう調査の報告として速記をみてもらいたい、また他の調査に最後まで活躍された諸君の報告を聽かれる上において、最も大事だと思う問題の一二を指摘して、私に與えられた時間を終りたいと思います。

私は、前にも申上げました通り、すべての關係が國際化してくということは考えざるをえないと思います。すなわち、日本の國家内におけるあらゆる初等教育も、國際的な關係において施設が改善されて行くであろう、また初等教育に學ぶ學童の心構え、立場も、國際的關係において漸次平等化され、一般化されて行くであろう、というような具合に考えざるをえぬと思います。そして、そういう考えかたを極めて輕く採り上げて參りますれば、やはり在住する外國人でも在住國家の教育に統一されるということは當然な考えかたではないか、というような具合に一應は考えていゝように思うのであります。左樣な意味でこの問題を取扱つて行くと、何かやはり朝鮮人が單に朝鮮人の特別な學校施設をもつているということが間違いで、日

34

本の學校に統一されていゝではないかというふうな輕い考えかたも起つて來ると思うのです。しかし、私はこゝで詳しく申上げる時間がないようでありますから結論だけ申上げますが、私はこういう考えかたでこの事件に臨んでいるのであります。——世界平和というものは、人種の歸一というところまで行かなければ本當に完全に達成されるものではないであろう、こういうふうに考えている平和論者の一人であります。いわゆる人種の歸一と世界平和という考えを致します場合に、雜居雜婚の過程によつてそこに到達するものであろうと考えているものであります。そういう意味でこの六十萬の日本に在住している朝鮮人諸君の立場というものは、いわゆる雜居雜婚の世界平和への基礎的な保證としての人種の歸一に到達する、最も大事な第二世的な初等教育の問題がその底にあるのだというふうに私は見てとつているのであります。(拍手)そういうような場合、この人種の歸一と世界平和というようなこととの觀點から今度の學校事件というものを採り上げて行く場合にも、私は勢い祖國が奪還されたという、朝鮮の獨立ということゝ、朝鮮民族が獨立した文化をもつのだということに基礎的な立前がなければならないわけで、朝鮮人の教育は斷じて朝鮮語をもつてされることが必要であり、それは如何なる觀點からもつてしても彈壓や干渉を受くべきではないと信じているのであります。(大拍手)時間

35

がないということだから、私は多くのことは言いかねますけれども、この國家の獨立ということゝ、民族の獨立という問題ということゝ國語の問題は絶對に切離せない。切離せない關係は、日本の敎育にもローマ字の採用という問題がある、あるいはエスペランドの普及という問題もある。そういうローマ字の採用、エスペランドの普及という問題はあつても、國語の抹殺ということは全然しない。その點でも私はこゝではつきり私の所信を述べておきたいと思うのであります。今度の問題についてたゞ一言總論的にいつておきますが、絶對に今度の學校閉鎖命令というものは、朝鮮人教育の實態に觸れてこれがいかぬというので閉鎖命令が出たのではない。あるいはアメリカの敎科書、アメリカの學校施設などに較べてみたならば、勿論いろいろな欠點が指摘されるであろうけれども、日本の現在の學校教育の指導狀態、敎科書のあの杜撰な有様、敎員の大量な不足というようなものに比較してみますとき、何人といえども私は朝鮮人の敎育の實態が日本の法律に從つて、日本の敎育に統一さるべきものとは思わないであろうと思います。朝鮮の獨立國家として民族文化の獨自性を强調すべき權利もあれば、またそういう自由をもつて朝鮮の完全な獨立に寄與して行こうとする義務もある。また私のみかたからすれば、日本に在住する朝鮮人の第二世というもの、やがては世界平和と人種歸一の媒介體となる人達についての教育の問題も、それ故に抹殺するようなことがあつてはならない。誤れる全體主義、そういうようなものに煩わされて國家の權力というものを失つてはならない。たゞ法律に從えという一點張りでこんな問題を惹起した彼らの責任というものは、何所からみてもそれは間違つているものだということを信じている。私としては、時間の制限なくこの問題について徹底的に反對する法廷鬪爭の犠牲者奪還の舞臺が許されていると思いますから、やはり私の所信はそういうときに讓りまして、今日は本當に不十分なことではあるけれども、所見の一端を申上げて責任を終ります。（拍手）

○司會者（平野氏）只今、神戸では事件の裁判が行われ檢察官が求刑をしております。何れ先生には、この犠牲者のために辨論の勞をとつていたゞくものと思います。——次には世界勞連參加促進委員會の書記長渡邊三知夫さんの御報告をお願い致します。

世界勞連參加促進委員

渡邊三知夫

御報告致します。まず第一に、どんな雰圍氣の中にわれ〲が出發し、且つ調査をしたかということを申上げますと、われ〲調査團の大多數のものはブチ込まれるということを大體豫想して參りました。それで、いろ〲家の方のこともある程度處理し、身の廻りの始末も大體終りまして出發したのであります。汽車の中でも、一時二時を過ぎるまで一應みんな計畫を練りまして、目的地の大阪へ着きました。直接神戸へ行くというようなことも考えられましたが、まず大阪で調査してそれから神戸に乘込もうという作戰だつたわけであります。で、大阪におきましては、先程報告がありましたように、府當局、市當局、その他の民主諸團體に會いまして、相當詳細な質疑應答が行われました、夜も遲いときは二時半位まで委員會をもちまして、それらの檢討、あるいは今後の作戰というものをやり、そして神戸へ乘込んで行つたわけです。大阪で得ました情報では、非常宣言事態は兵庫縣全部であるというような報告であります。それで、大阪から兵庫へ乘込んで行つたのですが、まず非常宣言の出ていない大阪はどんな雰圍氣であつたかと申しますと、先程から報告がありました大阪市の鈴木警察局長と會いましたときには、われ〳〵の方は七八名でありますが、室の中には鈴木警察局長が正面に座り、その前にすぐ下の部下である部長が三四名席につく、あとは全部向側は立ちまして、大體總勢二十名位。それから、これは會見が終つてからあとで新聞記者團あるいは勞動組合の人達からの話で聞いたところによると、ドアーの外には警部補が二名と武裝警官七名がおつて、新聞記者あるいは勞働組合の代表も絕對に寄せつけなかつたということでありました。大體、大阪においてすらこんなような雰圍氣で會見したわけです。神戸の場合でありますが、兵庫縣廳の前には巡査が五六名、それから脊廣を着た人が三四名おりまして、これもなか〳〵容易に縣廳の中に入ることが出來ない。到々われ〳〵は數名の交渉委員を擧げて中に强引に入つて、一應渡りをつけるというような始末であります。物々しい雰圍氣でありました。これはもう既に事件が起きてから半月以上にもなつたときに、大體こんなような雰圍氣であります。こんなような雰圍氣の下に、われ〳〵としては先程申上げましたように時間を非常に有效に、死物狂いに有效に使いまして調査をやつたわけであります。

話をもとに戻しますが、私は丁度發ちます前に出來ました、不法彈壓あるいは不當彈壓防衛委員會の方から直接派遣されたのでありますが、私自身としましてはこの防衛委員會の方の仕事をやつていて、いつ何時ブチ込まれるかわからないという氣持が非常に濃厚に考えられたわけです。また、これ以外に私は世界勞連の代表が來ましてから、その方面の仕事をやつておりまして、現在も世界勞連の方のいろ〳〵な文書を受取つている連絡者になつております。渡邊の名宛で電報あるいは書類が來ております。こういうような立場上、國際的な問題としてこれを考えて將來やつて行かなければならないという責任をひとしを感じたわけであります。なお、朝鮮あるいは世界勞連との關係を簡單に申上げますと、世界勞連の代表が昨年參りまして、われ〳〵と一應會見して朝鮮に參りますときに、私は南鮮の全國勞働組合評議會、略して全評といつておりますが、全評にメツセージを持つて行つてもらいました。これは、世界勞連の代表に托して持つて行つてもらつたのです。それから代表とは別個に電報連絡をしまして、ソウル（京城）から電報を受取つております。私の方から打つた電報に對して非常に長い返電が來ておりますが、こういうようなわけで一應南鮮の全評との間には連絡がとれております。こういうような關係で、そういうことも考慮に入れて、いわゆる國際的な世界勞連の旗の下における——たゞ、まだ正式には參加しておりませんが、原則的には參加を認められております世界勞連の旗の下における共同闘争というえとも頭に入れて眞相を調査しなければいけないというようなわけで參つたわけであります。

このような非常に緊張した氣持で行つて、いろ〱な方にお目にかゝつて、いろ〱な資料をいたゞいたわけでありますが、先程から報告がありましたように、とにかく兵庫縣にしましても、あるいは大阪府にしましても、當局はこの問題の核心というものを殆ど知つていない、あるいは知つているにしても殆どそういう核心を問題にしていないということが痛感されました。それは、朝鮮人が鮮鮮人の編纂した教科書を自分達の子弟に教えるということが如何に重大なことであるかということを、殆ど日本の當局者は知つていない、あるいは感じていないということであります。しかも、先程も報告がありましたように、このデモはわれ〱東京でやつておりますレ勞働組合のデモとちよつと様子が違いまして、いわゆるオフイスに働いているとかあるいは工場に働いているという人だけではなくて、家庭の婦人、あるいは老人子供、このように一家總出でデモあるいは府廳の様子を見に行つているということであります。つまり、一家を擧げて全家族がこの問題に口ではあらわせないほどの大きな關心を寄せておつたといふこと、それはわれ〳〵の勞働組合が今までやつております多くの會合、集會、あるいはデモなどに比較しますと、遥かに要求が切端詰つたものであるということがこれからもはつきりわかるわけでありますが、この本當の感情、あるいはその氣持というものを殆ど當局がわかつていない、それを見ようとも考えようともしない。彼らは、日本の學校に入つたならばいわゆる配給品の心配をしようというようなことでこの問題が解決出來るというような考えでいるわけであります。また、そういうようなこと位で始末をしてしまおうというような考えでいるわけであります。しかも、先程も報告がありましたように、配給物資は一體いまゝでどうなつておつたかというと、別の方の建靑その他の、いわゆる朝連の方から見れば反動的な團體に横流しにされている、これではあてにならない次第でありますが、とにかくそんなことで片がつく位に考えておつたわけです。現在でもそういうような感じをもつておりますから。問題は一應妥協點に達して解決しているように思われますが、決して根本的な解決はされていないわけであります。でありますから、これはわれ〳〵の力を結集して、われ〳〵の正しい調査を基にして闘つて行かなければならないという、大きな問題が残されているわけであります。たゞ檢束された人達が云々というわけではなくて、根本的な問題が解決されていない、少くとも大阪神戸においては解決されていないということがいえると思います。

それから、私はとくに勞働組合の關係から參りましたので、勞働組合關係がこれに對してどのような態度を示しているかということに非常に大きな關心をもつて調べたわけであります。しかし、調べたところは、これは殘念なことにはまださほど盛り上りはないといわざるをえない。しかし大阪において聞きましたところによると全遞、機器、電工――これは産別系の組合でありますが、この三つの組合は機關においてとにかく一應支持するという態度をとつておりました。どの面をどのように支持するという細かいことは聞き洩らしましたが、とにかく機關で支持するということをやつたから、われ〳〵が行つたときに自由法曹團の方々を中心にして勞働組合その他が集つて、救援その他の會議をもつております。それから、全遞の大阪地協の議長の村上氏が、みなさんも御承知のように檢擧され、その他勞働組合關係の元組合長をやつておられた方とか、そういうような方が檢擧されているのではないかと思います。そのようなわけで、十分なところまでは行つておりませんが、とにかく進歩的な組合はかように機關の決定によつて應援をしているわけであります。で、われ〳〵が行つている間、また歸つて來てからの樣子からみましても、大阪の方におきましては、眞相を調査するいろ〳〵な組織であるとか、とにかくいわゆる共同鬪爭というようなもの丶動きがはつきり出て來ていると思います。兵庫の方でありますが、これは何分にも彈壓が非常に激しかつたので、とにかくどれだけ檢擧されたかはつきりわからない、新聞をちらつと見たゞけでも一千何百名も檢擧されたわけで、一說によると三千名近いというような噂すらあつたほどですから、これだけの彈壓があつた丶め大阪ほどのまだ盛り上りがありません。殘念ながら直接機關の決定によつてやつたというところを聞くことが出來ません。これは私たちの調査の時間がないためにそういうようなことが聞けなかつたと思いますが、とにかくわれ〳〵の耳には入 ませんでした。しかし兵庫にしましても、そういうようにやつて行こうという動きがあるということだけは、われ〳〵が行つたときにありました。はつきりした形としては出來てないが、そういうような動きがあるということだけは聞きました。

それから、一般市民の動きでありますが、これは實に殘念なことには大體無關心たと思いました。これは鹿地さんがいろ〳〵詳しく聞いておられるので、あとでまたお話になられるかも知れませんが、一般に無關心で、中にはむしろ當局の片棒を擔ぐというほどのこともないと思いますが、面白いというような彌次馬的な氣分でこれを眺めておつた市民もあるようにも聞きました。そのようなことがあるということは、われ〳〵の經驗で推察が出來るわけでありますが、とにかくそういうようなこともあるということを一二聞きました。われ〳〵としては、このようにわれ〳〵日本人の中においてもこの眞相というものがよくわかつていない、殆どわかつていない、むしろ新聞の報道に完全にとらわれてしまつたという面があるわけでありますから、精力的に眞相を知らせなければいけないということを痛感したわけであります。

新聞社當局ともよく會いました。大阪の毎日なんかでは、われ〳〵が歸ろうとするのを引止める位にしていろ〳〵説明しておりましたが、説明の中にもちよつと變なような、内容がどうということでなしに、何か變な感じを受けました。とにかく新聞によると、暴動であるとかあるいは騒擾であるとかいうように頭から決めてしまつているわけであります。いわゆる眞相をよく知らせる、第三者にものを知らせるというのでなくて、もう完璧といつていゝほどに當局の機關であるかの如き報道をしているわけであります。われ〳〵はいろ〳〵そこでも話を聞きました。いろ〳〵ないゝ資料を速記錄に收めておりますが、とにかく言論界とか世論を指導する機關の狀態というようなものは、完全に一方的な狀態にあつたわけであります。

大體、鹿地さんが相當詳しく話されましたので、それを補足する意味で申上げておりますが、今後の問題に關することを申上げてみますと、鈴木警察局長の態度が非常によく今後の方向を物語つていると思うのです。武装が非常に悪くて調査團に報告するのが恥かしいというようなことをいつております。(笑聲)突込んで聞いて見たら、三人か四人に一挺の割合で拳銃が渡されていて全部に渡つていないのは恥かしくていうことが出來ないとか、警察は今日全滅するまでやる、警察官が全滅するまで鎭壓する(笑聲)というわけであります。これは何も朝鮮人の問題というのでなくて、先程も鹿地さんが非常に詳しく報告されましたが、とにかく事件の起ることに關しては責任はない、起きたときにはとにかく自分達が全滅するまで鎭壓するというのであります。(笑聲)われ〱と會うには先程のような物々しい嚴戒裡に會うわけでありますから、大體どんな心構えでいるかということがわかるわけであります。しかも、公安委員會が聞くところによると鈴木警察局長に對して、非常に御苦勞さんという感謝状を送つているということを聞きました。(笑聲)公安委員會にも會いたいと思いましたが、時間がなくて會えないで歸りましたが、大體こんな具合です。この事件以後當局のこういう態度が再び直接出て來たものにメーデーがあります。これは勞働組合の方から聞きました。また、神戸におけるメーデーも聞きました。メーデーは一應やらしてもらつたそうでありますが、ある人にいわせれば、あれだけの壓力がかゝつている問題では可成りの成功だということをいつている勞働組合の責任者もおりましたし、またとにかく今年のメーデーは淋しかつたということをいつておられる方もあります。とにかく非常な制約をうけて今までのようなメーデーが出來なかつたということをはつきり窺えると思います。これは、日本の民主的な運動に大きな制約がかゝつて來ているわけであります。さらにこれに拳銃が一挺宛渡つて行つたならばどんなことになるか、まあ大體想像が出來ると思いますが、とにかく非常識な答辯を平氣でやるあのような警察局長がいる限りにおいては、われ〳〵の想像も出來ないようなことが起るかも知れないという危險性が一部にあるわけであります。

で、大體こんなようなわけで、今後の動きとしましては、問題の核心が解決されていないということ、それから、一般市民に全精力を擧げて眞相を知らせなければならないということ、とにかく今まで一般市民が教えられておつた朝鮮人を下目に見るというようなこの感情、これはなか〳〵そう簡單に消えてなくならないほどしつこく、生れ落ちるときから教えられたものでありますから、そう簡單に戰爭で敗けたという位では消えてなくならないと思う。そこえもつて來てさらにあゝいうようにニュース映畫なんかでも積極的に一方的に宣傳をやつているわけですから、これに對してはわれ〳〵は積極的な眞相を知らせるような運動をやつて行かなければならない。こういうようなことから、われ〳〵は出來るだけ朝鮮の人達と、少くとも進歩的な勞働組合は本當に提携して共同戰線を張つて行かなければならない。これは朝鮮の人達にとつても緊要でありますが、朝鮮の人達に同情するというような問題だけではない、いわゆる外濠が埋められゝば、必ずわれ〳〵の身近な内濠も全部埋められてしまう。(笑聲)そういうような觀點からしても、是非ともこの眞相をよく知らせて、共同闘爭というような組織を作つて行かなければならないということを痛感します。

あとのことは、一二補足的に申上げますと、結局われ〳〵は大阪にしましても兵庫にしましても、本當の責任者には會えなかつたわけでありますが、大體副知事その他の報告によりますとこういうことがいえるような氣がするのです。彼らは出來るだけ逃げを打つ、一方においては挑發的なことをやる、どん〳〵警察を使つて彈壓をやる。そういうような事件ならないようにしなければならない責任をもつている肝腎要の知事は殆ど逃げておつて、兵庫縣などではたつた三回だかしか會つていない。兵庫縣では「三回も會いました。」ということを强調しておりましたが、團體交渉を申込んでいる數は數十回に及んでいるのです。それに對して、僅か一二三回、しかもその間「會います。」といゝながら約束の時間に行つたらいなかつたように、非常に逃げている。何ということなしに誤魔化してしまおうというような氣持が非常にある。大阪府知事の如きに至つては「二十三日に會います。」といつていながら、二十三日になつたら「會えません。」といつて副知事が會つているのですが、大阪府知事はそれなら二十三日にどうしたかというと、府下のある村へ行つて、そこのことを調査するという名目で、一應は事務的にはやつたようでありますが、ヤミの値段にして、三十萬圓だかの、藝者を七八名あげての大散財をやつている、凄い酒盛りをやつて息抜きをやつている。そういうような不届きな問題も出て來ている。こんなようなわけで、彼らはとにかく責任者としての考えがあるのかないのかそういうようなことをやつて來たわけでありますし、またわれ〳〵には殆ど積極的に會うまいとしておつたところが非常に多いのであります。そんなことからいゝましても、當局は、自分達に責任があるから二度とこんなことが起らないように大に努力しなければならないというようなことは考えていない。むしろ、よくやつたとお賞めの言葉をもらつているというような、錯覺すらもつているぢやないかと疑われるような狀態です。こんなようなわけでありますから、われ〳〵はいわゆる朝鮮の人達でなくて、われ〳〵自身が、日本の勞働組合あるいはその他の民主主義的な諸國體が壓力をかけて行かなければ、なか〳〵これは今後もいろ〳〵な問題でこういうような大變な事件が起きるのぢやないか、そういう危險性を感ずるわけであります。ところが、下の方の連中になりますと、學務部長あるいはその他になりますと、學務部長なんか大阪で會いましたときには終始手が震えておつたそうであります。私は手の方を見ておりませんで、顏の方ばつかり見ておつたので氣がつきませんでしたが（笑聲）最初から最後まで手がブル〳〵震えておつたそうです。われ〳〵いろ〳〵聞きましたけれども、結局「これは大變なことになつた。」ということを學務部長なんか感じていたようであります。そして、文部省の指令が非常に惡いから、自分としてもこれに對しては建策したいというようなことを學務部長はいつておりました。しかし、何故それほどわれ〳〵調査團に對して恐れを抱いていたかということは、可成り心理分析になるでしようからむづかしいと思いますが、（笑聲）とにかく、まあ大變なことになつてしまつたというような感じは、下に行くほど強いような感じがします。ですから、やはり上の方に行くほどいけないので、下に行くほどやはり人間らしくなつて行く（笑聲）という、こんな狀態でありますから、われ〳〵としましては、とくに勞働組合としましては、やはり日敎組の方、この方には十分眞相を調査して本當に肚を作つていたゞきたい、こう感ずるのであります。その他の勞働組合は、出來るだけ全國的な組織のあるところは現地に中央の意向を傳えて、時間的には可成りかゝると思いますが、孤立的にやつているのぢやないということを十分兵庫、大阪の方に傳えて、二度と再びこのような不祥事件が起らないようにするために力を出していたゞくようにして行きたい、このように私は感ずるわけであります。この力というのも、實はこの間の勞働組合の不當彈壓防衛委員會の報告のときに質問が出たのでお答えしたのですが、私はこういうように考える。——當局の考えている力というものは拳銃であり棍棒であるが、われ／＼勞働組合の考えている力というものはそうではない、日本タイプの爭議のときにでも棍棒を持つたものはいない、みんなスクラムを組んでやつておつた、これに對して彼らは土足で頭の上を歩いている、こういうのが向うの力で、われ／＼の方は暴力を振つてはいない、つまりわれ／＼の力は彌次馬でなくよく眞相を摑んで團結して行く(拍手)これがわれ／＼の力なのです。でありますから、とにかく問題の焦點が、核心が解決されていないのですから、われ／＼は團結しなければいつ何時どんな事態が起るとも限らない、この意味からいつても、是非ともわれ／＼はよく眞相を調査して、本當に納得して肚を据えて團結して、少くとも大阪、神戸において二度と再びあのような事件を起さないようにしたい、勿論全國的にもそういうようにしたいと思うのです。このようにしまして、私はとくに世界勞連に加入して、いわゆる國際的な共同闘爭の實績というものをこゝで示すことによつて、北鮮の人、あるいは南鮮の人の口から「日本人達の奴はまたやつた。」というような言葉が二度と再び出ないように、日本の中にも非常にいゝのがいる、しかもいゝ方が數が多いのだという實績を示したいと思います。（拍手）

○司會者（平野氏）非常に貴重な御報告を承りました。次に、民主主義科學者協會の幹事長渡部義通さんの御報告をお願い致します。

民主主義化學者協會

渡部義通

朝鮮人學校問題について當局が發表した事柄、また政府當局か議會において言明した事柄が、全く事實に反することが多く、その事柄が如何にも作爲的であり如何にも謀略的なものであつたということは、今までの各報告者の報告からみなさんはつきり理解されたと思う。政府の報告がそのようなものであつたことについては、今までの報告のほかにも多くの實例を擧げることが出來る。また國會の代表と稱して、民主黨や、民主自由黨や、社會黨の代表が現地視察に赴いたが、彼らが調査したことは現地當局の報告を聽くだけのことであつた。從つて、彼らの調査なるものは國民に對してデマの材料を拾いに行つたにひとしいものである。私は、細かいことをいち〱こゝに申上げようとは思わない。しかし、一體朝鮮人學校問題という、あれほどの大きな事件を惹起した事柄の本質が何所にあるかということに就て調査團の一結論を皆さんにはつきり申上げておきたい。

53

鹿地君が先程いわれましたが、帝國主義日本の下にあつた朝鮮民族がどのような狀態におかれたかということは、みなさんもよく知つておられると思う。教育の問題について見ると、日本は朝鮮に文教政策を施したということを誇りにしている。しかしながら、現に朝鮮本島における文教政策というものは、言い換えるならば文盲政策にほかならなかつたのである。朝鮮人の十三歳から十七歳ごろまでのものゝ約五五%は文盲狀態であつた。また十八歳以上四十五歳ごろまでの、帝國主義日本の文教政策を一ばん深くうけたところの朝鮮民族のこの層は、ことに女の場合には九二%が全くの文盲の狀態におかれた。さらにまた、朝鮮民族が日本の國內においてどういう扱いをうけたかは、諸君がその目で見、または體驗している。これも文教政策だけについてみるならば、すべての朝鮮の學童は日本の義務教育をうけなければならない、日本の國民と同樣に義務教育を受くべきものであつたが、實際において朝鮮人はその四〇%しか就學しておらない。これは朝鮮人が日本においてどのような狀態におかれたかということを示す一端である。朝鮮民族の日本における生活は、日本人の中でも最下層の層としてのものである。就學させようにも就學させることが出來なかつた。終戰までの朝鮮人は、御承知のように日本の部落々々の隅つこで集團的に堀立小屋を建てゝ、そこで朝鮮人部落を作つていた。そうしなければならなかつた。というような朝鮮人が、その生活の窮乏から自分の子供達に實際就學させてやることが出來なかつたのである。

この文教政策にあらわれた問題は、日本帝國主義が朝鮮民族を取扱うことのすべての事柄を示している。朝鮮民族に對して日本の政府は、帝國主義日本の政府は、一貫していわゆる彈壓政策を考えて來たし、實行して來た。さらに日本人と朝鮮人との間を離間させて、朝鮮人に對する非常な壓迫と侮蔑を加えて來た。みなさんは記憶されてるであろうが、あの震災當時に朝鮮人の大虐殺がなされた。私は當時學生で、病氣のため田舍の片隅に歸省しておつた。そのときに、郵便局を通じて全國にいろ〳〵なデマがなされた。「朝鮮人が暴動を起した。そして朝鮮人は東京市の、また主なる都市々々の井戸に毒を流した。」そのようなことが盛んに放送されていた。また「社會主義者が朝鮮人と一緒に暴動を起している。社會主義者は飛鳥山に立籠つて官憲と戰つている。」というようなことも傳えられた。私はそのころすでに社會主義學生であつた。若しも日本の社會主義者が官憲の攻擊をうけているとしたら、その社會主義達者は多くは知人であるし、友人でもあるから、こうしてはおれないと考えた。だから、私は早速その戰に參加するつもりで東京に出て來た。その途中、私は多分埼玉縣下の或る驛で朝鮮人の虐殺され

55

てまだ死體にむしろをかけてあるのを見た。

このような帝國主義日本の壓制下におかれた朝鮮人が、八月十五日の日本の敗戰の後に解放された。この解放された朝鮮人が、帝國主義日本から解放された朝鮮民族が、あの朝鮮の半島において、自分達の民主主義的な國家を、人民大衆の力によつてきずき出す、大きい世界史的な運動を始めている。北鮮ではそれが實現された。南鮮でも非常に強い勢いで進められている。この朝鮮民族の民族的な精華と動きが、日本の國内にある朝鮮人の上に反映しないということばないのである。だからこそ、朝鮮人は解放された喜びから、自分達の民族國家、人民の國家を再建するために、日本において自分達の子弟の教育に非常な熱意をもつて教育事業の建設にとりかゝつて來た。その結果、最近までに朝鮮人は自分の手で五百四十何校かの國民學校を建設した。さらに四十校近くの上級學校を建設している。このような朝鮮人の自主的民族教育、民族的な文化を高める運動が自然發生的に非常に強い團結と熱意をもつて行われて來たときに、一擧にしてこの民族文化の協同的な活動を彈壓しようとした。しかもその彈壓を權力により強硬的な方法でもつて遂行しようとした。こゝに問題の發端があるのである。そうだとすると、朝鮮人が騷擾を起した、暴動を起したというような政府の發表や新聞報道がそのまゝうけとりえないことは明かである。根本的な原因は、朝鮮民族の民族的、自主的な教育、民族文化の創造に對して、權力による强壓行爲がなされたということである。これが第一點である。

第二に、この問題は、あのいわゆる騷擾事件なるものは、われ〳〵の調査によれば、在日朝鮮人の中の反動的な團體、つまり朝鮮建國促進青年同盟あるいは居留民團というような反動的な團體の挑發によるところが非常に多いということがはつきりしてきた。またあの挑發は日本官憲によつてなされたのではないかと疑われる十分な根據があるのである。しかし、私はいま一つ〳〵その根據を述べようと思つているのではない。

この問題について、日本の當局が事の本質を全く曲げて、この問題をどういうふうに國民に宣傳しようとしたか、ということに觸れなければならない。日本當局はこの問題について、第一にこういうことをいつている。國民にこのような印象をつけようとしている。——朝鮮人は日本の國にありながら、日本の法律に從うことを拒否している、という印象を與えようとしている。さらにまた、朝鮮人は舊來もそうであつたように現にまた狂暴な性質を發揮して暴動を起した、というようなことを日本國民の間に印象づけようとしている。さらにまた重要なことは、この學校事件なるものおよび今日のいわゆる騷擾なるものは、共產主義者の煽動によつて起された、あるいは共産主義者によつて挑發されたものであるということを言明している。しかし、われ〳〵は特にその點にも注意して調査をすゝめたのだが、事實は政府の發表や新聞に表はれたようなものではなかつた。朝鮮人は日本の法律に從わないということは一度もいつていない。日本の法律には從うが、自國の言葉の教科書によつて、自分達の同じ民族の教師によつて教育を受くることを許してもらいたいということだけしか主張していない。日本の當局は、この主張に對して、朝鮮人が日本の法律一般に從うことを拒否しているのだという印象を與えようとしている。さらにまた、この事件において日本の共産黨あるいは朝鮮の共産主義者が、いわゆる暴動なり騷擾なりの勃發を煽動し、あるいは挑發したという事實は見當らなかつた。それに反して、神戸事件を取扱つた當の檢事正は、共産黨ないし共産主義者がこの事件において挑發または煽動したというような事實はないという言明を與えている。また大阪においてもある責任者はそのような事實はわれ〳〵には認められなかつたということを私たちに言明している。勿論、日本の共産主義者であれ、朝鮮の共産主義者であれ、さらに日本の民主主義者であれ、朝鮮人の要求が自分の民族文化を建設しようとするある要求が正しいものとして理解されたことは明かである。從つて、またこれに對する同情と積極的な支持とが與えられたことは事實である。また與えられるのが當然の筈である。しかし、一體このようにして政府やあるいは支配階級がいろ〳〵なデマを振り撒いている理由は、いま申上げたようなデマを振り撒いている目論みは一體何所にあるのか。すなわち、この事件を利用しようとする彼らの肚はこういう點にある。——第一に、朝鮮人と日本人との國民的な感情を切離すことである。離間することである。第二には、共産主義者がこういう暴動を煽動するものである、こういう暴動を挑發したものである、共産黨は暴力革命主義だ、ということを宣傳することによつて、日本の後れた大衆を共産主義者に對してけしかけようとすることである。（拍手「そうだ」と叫ぶものあり。）さらにまた、このような狀態を國民大衆の間に植えつけておくことによつて、この機會に日本の進歩的な民主的な革命的な運動を彈壓する口實と機會を摑もうとすることである。（「然り」と叫ぶもの、拍手）さらにまた、もう一つ付加えるならば、そういうふうに朝鮮人と日本民族との間を離間させ、共産主義者あるいは進歩的な運動に對して後れた大衆をけしかけ、それによつて、進歩的な運動を彈壓し、さらにまた日本におけるかつてのような警察國家を作り上げようとしていることである。（「そうだ」喚聲）この事實は、いわゆる騷擾なるものが起つた當時、鈴木法務廳長官は日本の警察を强化しなければならないということを言明しているではないか。さらにまた、先程から問題になつた、大阪の鈴木警察局長も「こういう事件が起きるからもつと警察を强化する必要がある。」ということを强調している。この日本の司法當局者と、日本のチンピラ警察官とが、兩方ともに同じような考えをもつているところに問題がある。これは、日本を再び從來のあの天皇制の下において行われたような警察國家にもつて行くところの謀略であると、私たちは斷ぜざるをえないのである。(大拍手)さらにまた奇怪なことには、檢擧された人々が釋放される場合に、日本の官憲はその朝鮮人に對して、南鮮の選擧を支持するかどうか」というような訊問をしている。(笑聲)こゝに問題がある。この問題が南鮮の選擧と一體どうかゝわりあつているのか。諸君、こゝに朝鮮人教育問題の國際的政治的意味が暗示されてはいないか。

何故このようなことが問題になるのか、何故朝鮮民族と日本民族との離間が問題になるのか。これは、戰後朝鮮半島において起つているところの、あの澎湃とした民族的な運動の流れが、同じ朝鮮人の强い魂をもつている在日六十萬の朝鮮人の中に流れ込むことゝ、これが日本の民主勢力と手をつなぐことを恐れたからである。しかし、このような彼らのたくらみ、あるいは謀略が成功しているだろうか。たしかに、一面では成功している、しかし他面では決して成功しなかつた。朝鮮人と日本人の國民的な感情を、この事件を通じて切り裂こうとの彼らの謀略は、いかにも、後れた大衆に廣くもちこまれた。しかし、同時に、日本の民主々義的な勢力と朝鮮半島の革命的な勢力、日本の國民と朝鮮民族の氣持とが本當に一體になつたではないか。（拍手）

私は大阪の朝鮮師範學校でこの眞相を話した。そのときに師範學校の學生たちは、私が朝鮮人が如何にむごたらしい彈壓をうけたかということを事實について語つている間は、彼らは賦を決し唇を嚙んではおつたが、しかし默々としてこれを聽いておつた。けれども、私がこの問題を通じて朝鮮人と日本人とが、朝鮮の人民と日本の人民とが手を握つたのだという事實を話したときに、彼らの間には泣き出したものさえあつたのである。また大阪で、奈良からも愛知からも、岡山方面から、京都の方面からまでゝきた多くの朝鮮人に會つたときに、彼らは「自分達は今まで日本の民主的な勢力と手を結ばなければならないということを本當に理解出來なかつた。また多くの朝鮮人もこれを理解していなかつた。しかし、今度こそわれ〳〵は初めてその本當の意味がわかつた。」ということを、申合せたようにいつている。つまり、この問題が起きるや否や、そして日本の官憲があらゆる言論機關を通じ、新聞ラジオを通じて全國にわたつて朝鮮人と日本人との間に離間策を講じているときに、日本の民主々義團體は、その眞相をたしかめ、朝鮮人の眞實の要求が何所にあるのか、何所に問題の本質があるのか、何所に日本政府のやつたことにどんな落度があつたのかということを突きつめるために行動を開始した。のみならず、現地においては全遞その他が機關で決議をして、あの二十六日の大阪の大きなデモンストレーションに參加している。さらにその後私のところに入つた情報によると、大阪方面では全遞をはゞめ、東淀川區、西淀川區、あるいは城東區の諸勞働組合が、朝鮮人の要求を支持するという方向に動いている。さらにまた、京都方面の情報によれば、京都では全遞、國鐵、産別、全官公、地勞連その他の重要な京都の勞働團體が、二十六日の大阪のデモンストレーション當日、朝連に共同鬪爭を申込んで、朝連の快諾をえている。さらにまた神戸では、教員組合がこの問題について動き出している。東京においては、日本の重要な勞働組合、および日本の主要な文化團體が、この問題のために積極的に動いている。すなわち、全日本の進歩的な革命的な民衆とその團體とは、朝鮮人の民族的要求を支持している。そして、こゝにわれわれは日本の政府當局がそれを利用することによつてなし遂げようとしたところの第一の目的を完全に失敗させることが出來たのである。

しかし、この問題は決して朝鮮人學校の問題だけにあるのではない。先程からも話があつたように、これは實に日本人民自身の問題である。何故ならば、日本においても同様の問題が起きつゝある。たとえば現在、大學理事會問題ということが起きている。これは、日本の文部當局が何所からかの指示をえて、日本の大學に官僚とボスとによつて構成するほかないような理事會というものを設けて、これによつて大學教育を官僚的に統制しよう、大學行政を握ろうという方法をとつて來たものでめる。これに對して日本の諸大學が反對している。ことに、東京大學の南原總長以下——あの南原總長は決して非常に進歩的だとはいえない、多くの場合むしろ反動的な傾向をとつている人ではあるが、——この南原總長をはじめ全學の主だつた教授達は全面的な反對運動を起している。全國の大學教授連盟が、これに絶對反對を唱え出した。全國學生自治連合會が、これに反對を決議して立ち上つている。つまり、昨日の朝鮮問題は明日はわれ／＼の上にのしかぶさつて來つゝあるわけである。さらにまた、日本には最近教育基準法とか學校教育法とかいろ／＼な法律が出來だした。また教職員資格審査委員會などの規定、條項を具さにみると、これらは日本の教員の進歩的な傾向に對する彈壓法であるというふしが十分にあるのである。日本の進歩的な思想をもつた人々は、こういう法律によつていつでも識

C4

切られうるような、危険な狀態におかれている。現にそれによつて、多くの進歩的な教員達が馘切られつゝある。さらにまた大學方面をみても、終戰後ようやく復活して大學の教職につくことが出來た多くの進歩的な教授に、壓迫の手が伸びている。立教の宮川教授事件がそれじある。法政大學にも同樣な問題が潜んでいる。廣島の方の高等學校にも同樣な事件が起きている。日本の國内において、終戰後初めてすべての人々が自由に研究が出來、自由に大學の教職につき、自由な思想をもつて學生に教授しうるような條件が、ようやく成立しはじめるではないかと思われたそのとき、既に古い時代のように進歩的な教授の馘切りが行われようとしている。さらにまた驚くべきことには、この日本の國民教育に携る教員達を審査するところの委員長が誰であるかというと、これは渡邊銕藏である。渡邊銕藏は、みなさんも御承知のように、日本の文化を彈壓する資本家連のチヤンピオンとして自ら名乘つている男である。この男が中央教員資格審査委員會の委員長をしている。をしてまた、この渡邊銕藏という男が大學制度審議委員會の委員長をしている。このようなのが日本の現在の學校教育の狀態である。そうだとすると、諸君、こゝに日本の現在の教育の上にのしかぶさつて來つゝあるところの傾向がどのようなものであるかというようなことが、非常にはつきりするではないか。すなわち、昨日の朝鮮問題は現在のわれ〳〵の問題となつている。現に全國民の教育問題になつている。全日本國民の文化問題になつているのである。だからこそ、日本の民主々義者は、日本の民主々義的な人民大衆は、朝鮮人のあの問題を決して朝鮮人自身の問題とは考えなかつた。あの問題こそは、日本民族の文化に對する日本の反動勢力および國際的な反動彈壓政策の、たゞ一つのあらわれであると考えたのである。（拍手）だからこそ、日本の民主々義者、日本の勤勞大衆は、あの問題のために積極的に立ち上つて、現に共同の闘爭を進めつゝあるのである。

朝鮮人問題は民族問題である。民族の文化の問題である。いま日本の民族文化、人民の文化は非常に高まりつゝあるが、しかしこれに對する文化反動は、先程申上げました一例によつても如何に強く如何に根深くまた巾廣く組織的に行われている。しかもこういう文化反動は、今日では決して單なる文化問題だけの攻勢として起つているのではない。朝鮮人學校問題に起きたところのあの暴力的彈壓が、この文化反動と結ばれている。現在日本において最も特長的な一つの事柄は、反動が單なる反動的な傾向として、反動的な事實として現われているだけではなく、この反動が現に制度化されつゝあるということである。（拍手）勞働基準法が破壊されようとしている。勞働基準法に代つて日本的タフト・ハートレー法をつくり出す動きがある。さ

65

らにまた、勞働委員會すらこれを政府の特殊的な機關にするということが今日の新聞に出ている。日本の政治、經濟、文化、すべての面において反動は自分の力を組織し、またそれを制度の上に實現して行こうとする。これは決して民主的な方向に向つているものではない。これは全世界の注目を集めているように、日本の古い勢力、日本の反動的勢力の復活であり武裝である。これは日本の專制的な彈壓的な機構の再興である。私たちはこういう意味で朝鮮人學校問題を捉えた。日本の進歩的な大衆、日本の民主々義的諸團體は、こういう意味で朝鮮人學校問題について朝鮮人と手を握る。日本の人民大衆はこのような意味で朝鮮人とゝもに、朝鮮民族の解放のみならず、日本民族の植民地化に對して反對し闘いつゝある。（拍手）日本のすべての大衆はこのような意味で、全世界の勤勞大衆と、全世界の民主々義的な勢力と手を握りつゝあるのである。（拍手）

諸君、われ〳〵の前には今後非常に多くの問題が出て來るだろう。その問題が、先程渡邊君もいつたように、朝鮮人問題に對するあのような形でいつあらわれて來ないとも限らぬであろう。しかしながら、われ〳〵は一つの力をもつている。全國には數百萬の勞働者が組織されている。進歩的な人々は、すべて組織された勤勞大衆と手を握つている。さらにまたわれ〳〵の

66

背後には全世界の勤勞大衆と、全世界の民主々義勢力がある。そしてこれに、今日ますく強大になりつゝある。われくは朝鮮人學校問題についてこのように考えると同時に、私たちがこうした條件の下で、いま述べたような決意をもつているということを、朝鮮の人々にせ知らせ、日本の勤勞大衆の中にも浸透させ、全世界に對してもはつきりさせたいと思うのである。これが調査團の目的である。（大拍手）

○司會者（平野氏）朝鮮の言葉で書いてある教科書が展覧されておりました。それで、日本人の方では一體どういう主旨であの教科書が作られているのか、いゝのだそうだが何所がいゝのかということを聞かれておりますので、李珍圭さんからそれら教育の理念とか內容についてお伺いしたいと思います。

朝鮮人連盟

李珍珪

この度、在日朝鮮人教育問題のために、日本の民主々義諸團體が協同して、朝鮮人學校事件眞相調査團を構成して、今度の問題の中心地である大阪と神戸に於いていろ〱詳細な調査をされて、本日こゝに、朝鮮人のこれまでの教育問題に關する眞相をお話していたゞきましたことに對して、私は深く感謝の意を表するものであります。(拍手)

既にみなさん御存知のように、朝鮮人教育問題が起きてから、新聞、ラジオを通じていろいろな報道がなされました。で、結局問題は常に事件の結果のみをもつて判斷しているような状態であります。(拍手)そして、その判斷というのは、民族の自主的な要求というものが恰も日本人民のみなさん方に、何かわれ〱が民族的な特權というか、あるいは一歩進んで治外法權とかを主張しているかのような印象を與えようとして報道されたということ、これは私らにとつて非常に意外なことでありました。被壓迫民族として永い間苦しんできた私たちは最初から

63

全然そう考えをもたなかつたし、またもとうと考えたこともなかつたのであります。然るに、こういう報道がされると同時に、朝鮮人の强盗、窃盗、殺人、あるいはヤミ事件、そういつたものが針小棒大に、朝鮮人教育事件と隣りあつて同じ新聞紙面にあらわれてきたのであります。これは決して偶然ではなくして、日本の支配階級が日本の人民とわれ〳〵朝鮮人民を離間させようとして用いる常套手段の現われに外ならなかつたのであります。かゝる意識的な偏見にみちた報道によつて、朝鮮人の教育問題が一方的に報道され、それが眞實として認められるということになれば、結局これは民族離間、進んでは再び民族の優越感に基いて異民族を輕蔑する、過去の帝國主義的なそういう民族政策が再びあらわれやしないかと私は憂うるのでありまます。そして、こういうことは、世界平和の樹立にとつて非常に脅威であるということ、この點で私たちは、みなさんにこんどの事件の結果を正しく判斷してもらえるために、解放以後日本に於いてわれ〳〵朝鮮人は教育の問題についてどういうふうな仕事をして來たかということの、ごく一端を簡單に申上げたいと思います。

御承知のように、一九四五年八月十五日以後われ〳〵解放されるや、强制徴兵、徴用、報國隊の名のもとに引つぱられてきた二百四十萬に上る朝鮮人は一齊に歸國しようと思つて急いで發つたのでありますが、船の都合やあるいは手持品の持歸り制限その他のために發ち遅れて、その後本國の政治情勢あるいは、その他のいろ〳〵な情勢に左右されまして、大部分は歸りましたが現在約六十萬人が殘留しております。そして、現在われ〳〵は、解放以後たゞちに日本の學校を自發的にやめた兒童のために、彼らが歸るまでの勉强を暫定的に、講習會みたいな形でやつたのでありますが、どうもすぐ歸れそうもないというので本格的に教育問題を採り上げて、今日に至つてはすべて學校は學校管理組合というものによつて管理され、初等學校が約五百四十校で兒童が約五萬六千名、中學校が九校で三千三百名の生徒がおります。外に短期青年學校三十餘校、二千餘名の學生が講習を受けております。で、解放以後われ〳〵が教育の仕事をしようとしたときに、あらゆる面で困難にぶつかつたということは、御承知のように日本にはわれ〳〵の學校を一つももつていませんでした、いや持とうとしても徹底した同化政策のお蔭で持つことができませんでした。教員も日本の學校にごく少數（殆ど十指にも足りない）の教鞭をとつていた人以外は殆どおりませんでした、それから言語も强制的に使用することを禁止され、われ〳〵の言葉を使用する先生も兒童もいなかつたのであります、同時に教科書についても、一冊もわれ〳〵が教えるべき教科書をもつていませんでした。こういう困難な状況の下において、過去二年半にわたつてわれ〳〵は十五回の短期講習をやつて四百名の教員を養成し、現在は師範學校を大阪と東京に二つもつておりまして約二百名ばかり在學しております。教科書は學年別に編纂されたものが、九十二種類、部數にして百萬三千部が出版されております。こういうふうないろ〳〵な困難の下においてわれ〳〵が仕事をするのに對して、日本の政府は、日本の文部省は、何一つわれ〳〵に援助するでなし、あるいは何一つわれ〳〵に同情するというような言動はなかつたのであります。これらの仕事は全くわれ〳〵がわれ〳〵自身の手によつて遂行して來たのであります。

それでは、われ〳〵はそういう學校においてどういうふうな教育をやつたかということが問題になりますが、その問題は今度の彈壓が行われたときに、ある一部において、非常に共産主義的な思想を教える、過激思想を教えるという宣傳が相當なされて來たのでありますが、教科書の實物はあそこに並べてある通りで、いま私が申上げるように實際はそういうことは全く事實無根も甚しいのであります。われ〳〵は何よりもまず、これまで抑壓され十分に人間としての權利をもたなかつた、そういうみじめな子供等に對して、朝鮮民族としてこれまでの劣等感を拭い去らなければならぬということ、これは結局は一種の人間革命という點にまで進むので

71

ありますが、そのためにはどうしてもこれまで日本の帝國主義者達によつて教えられた誤つた教育の残滓というものをすべて掃蕩しなければならない、同時に李朝時代以來近代的に發展することなくして日本の植民地になつた關係で、われ〳〵朝鮮人の中には封建的な習慣が多分に残つているからそういうものをなくさなければならない、そしてそれを促す過程において初めてわれ〳〵朝鮮民族としての自主性が改革されるであろう、教育の面においては具體的にわれ〳〵の言語でわれ〳〵の歴史を子供達に教えることによつて、自分の民族が過去において如何なる業績を人類史に残したかということを正しく教えなければならないということ、これを教えることによつて、これから建國されるべき朝鮮の一人の仕事の擔い手として十分に役割を果して行くことが出來る、そういう人間になるじやないか、しかしながら、これは單に朝鮮人が朝鮮の立場から、自分らの好きなこと、いゝことばかりを教えることになるのではないかという誤解もうけるでしようが、われ〳〵はなるほどわれ〳〵の言葉を使い、われ〳〵の字を教える、しかしながら、これは單にわれ〳〵朝鮮民族に限つたことではない。形式はそういうような形式をとつているのであるが、その教える内容においては、われ〳〵はあくまでも世界の平和維持と人類文化の發展向上と人類はすべて平等であるということ、これはとくにわれ〳〵虐げられたものにとつては強い願望で、このためには命を堵しても闘うという信念をもたざるをえないのであります。從つてこの基本的人權を確立すること、これを通じて個性の正しい發達を導くと同時に、人間は生れながらにしてすべて平等で、決して政府や宗教あるいは民族的偏見によつて不當に抑壓され壓迫されてはならない、それは形式的な平等ではなく、實質的に、具體的なわれ〳〵の生活の面において、つまり政治、經濟、文化の面において實質的に平等でなければならないということ、また如何なる場合においても男女は平等でなければならない、能力においてすべて平等であるということ、と同時にわれ〳〵が日本に住んでいる以上日本の人民と手をることで、日本人民と如何にして提携するか、そして日本の民主化に朝鮮人は日本において如何に援助しそれに參加することが出來るかという問題、これを世界的に擴げれば、眞理と正義を守るために非常に強固な意思と、また不屈なる實踐力がなければならないということ、そしてどうしてもこういうような方向に進まなければ、本當にわれ〳〵朝鮮民族も解放されないし、同時にまた日本にいてわれ〳〵は決してこゝの人民と手を握ることが出來ないという確信の下にこれまで教育をやつて來たのであります。

そして、これが具體的に教材の面において、つまり教育理念が教材の方へ具體的にどういう

73

ふうに表現されたかということを簡單に申上げます。最初にわれ〳〵は、われ〳〵の教科書を編纂する基本的方針として、まず何よりも子供達が使い易く興味をもつて指導出來る教科書でありたい、また低學年ではそれが同時に學習帳の役割 果したい、またすべての科目の相互に連絡を保たせたい、また暗記や過去の詰込み主義を排して、目や耳あるいは口は勿論のこと、手や足、すなわち全感覺と全運動を通じて、それが教室內であるのみならず、校外においても學習することが出來るように遊びの要素を巧みに加味するというような、基本的方針を決めて編纂にかゝつたのであります。こゝで非常な困難にぶつかつたのは、われ〳〵自身が民族的な文化遺産を殆どもつていなかつたということです。無論過去四千年の歴史において文化がなかつたとはいえないでしよう、いな美術、工藝等に於いては世界的に優れた文化遺産を殘していることは周知の事實です。だが、いまわれ〳〵がこれから建國して發展して行こうとする世界史の立場からみた場合に、殆どが宗教的な色彩、或ひは形式的な實踐倫理、そういうものに濱されているがそうでなければ、とてつもない迷信、傳說、そういうものゝ入り混つたもの以外、近代における人間解放の目覺めた科學的な文化遺産はごく僅かしかもつていませんでした。しかもそれすら資料入手の困難から充分には取材できない狀態でありました。これは御承知のように、朝鮮は近代國家として成長することなくして封建的な要素を多分に内包したまた日本の植民地になつた關係上、われ〳〵自身の民族文化は非常に歪められた形においてやつと生きのびてきたような狀態であります。そこでわれ〳〵は、教材の内容を採り上げる場合に、われわれのもつた過去の傳統的な文化を批判的に採り上げるということ、もう一つは人類の築き上げた文化遺産を多面的に正しく攝取するということ、この二つの要素を一つの教科書の中に盛り込んで、それによつて民族文化を豐富ならしめるということを意圖したのでありますが、殘念ながらいま出來たものは非常に貧弱であり不十分なものであります。すでに先にも申上げましたようにわれ〳〵は言語を奪われた關係で、未だ十分なる話が出來ない人が非常に多い、のみならず、文學は殆どわれ〳〵の目から隱れてしまつていました。活字も解放されたとき日本においては一種類の活字も見出すことが出來ませんでした。二三種あつた活字は戰爭中に皆つぶしてしまつたのです。こういう活字もない、資料もない、言葉も非常に亂脈狀態にあるのみならず、出版すべき經費あるいは用紙の問題においても非常な苦しみを甜めながら、十分とはいえないながらも一應學校が教育出來る位な教科書を作ることが出來たのであります。

こういうふうにして父兄達は自分らの懷をみな投げ出し、日本にいる文化人はすべて晝夜を

75

分たず民族文化のために、孜々營々として過去二年半われ〳〵は努力したのであります。それがいきなり今年一月二十四日になつて御承知のような文部省令となつて、指令一枚によつて、われ〳〵はこれまでの努力の結晶を全部放棄しなければならないというはめに陥つたのでありますます。この指令が如何にして出たか、われ〳〵が文部大臣に會つたときに、驚くことに文部大臣、學務局長以下は朝鮮人が過去において如何なる教育をうけたかということを全然知らない。朝鮮人は就學の機會を失つて七七%にあたる文盲率をもつている、しかもなお就學すべき兒童はたつた二五、八%しか就學していなかつたといふ事實、これが全然わかつていない。そして、現在日本において朝鮮の教科書がどれ位出て、學校が幾つあるかということすら、全然知つていなかつた。こういうふうにわれ〳〵自身のことに無關心であり無智であつた。そういう文部當局が、たゞ一枚の公文書を作つて、これに從わなければ學校を閉鎖する、閉鎖しなかつたらみんな捉えて刑務所へ入れるというような、ひどい、ちよつと常識では考えられない行動をとつたのであります。われ〳〵が今度の教育問題において主張した點は、われ〳〵の言葉でわれ〳〵のつくつた教科書を使つて在日朝鮮人の兒童を教育をするといふ二つの點でありま す。われ〳〵が日本でつくつた教科書を使用するということは日本にいる朝鮮人の兒童は毎日

73

日本語を使つている環境で生活している。從つて日常生活に於いて朝鮮語を常用してい兒童を對照にしてつくつた本國の教科書をそのまゝもつて來て機械的にあてはめてもあてはまらない、無理が來る、こういう面で日本に育つた子供達に適當した教科書を作つて使はせようとしているのであります。この二つの要件卽ち用語と教科書の問題で文部省は、教科書は日本語にしなければならない、朝鮮語の教育は課外か選擇科目か自由研究の時間にやつたらいゝであろう、こういうふうな態度をとつたのであります。從つてそれが兵庫、大阪のような大きな事件に發展したのは必然的で、彼らが態度を變えない限りわれ〳〵はその點まで行かなければならなかつたということ、これはとくにみなさんに御了承願いたいと思います。

この教育鬪爭は、あのわれ〳〵に不利な覺書に調印したことによつて、われ〳〵の主張を放棄したのでもなければ、これでおとなしく何もいわないというのではないのであつて、むしろわれ〳〵は、如何にすればわれ〳〵の主張して來た要求を通すことが出來るか、「今後の鬪爭を展開する上において、われ〳〵が今度の鬪爭で切實に感じたことは、日本の人民の支持をうけることなくしては到底日本においてわれ〳〵の主張が通らないということであります。」(拍手)

この點において、日本の勤勞人民のみなさんも、國際的な反動攻勢によつて植民地化されようとするこの危機に立ち向つて反對しており、そして反對している人民が不當彈壓され檢擧されている、と同時に教育の問題においてもいまいろ〳〵な彈壓が來ている、これこそ全くわれわれの要求と日本の勤勞人民の要求とが一致する、しかもその主旨は共通であると思います。この點において、今後われ〳〵はこれまでの活動の不十分であつた點を是正して、出來るだけ廣汎な日本の人民と手をとつて、この鬪爭を最後まで展開して行くことを固く誓ふものであります。

最後に一言申上げたいことは、日本において朝鮮人が民主々義的な朝鮮の民族文化を築き上げることは、決して日本の民族文化を抑壓することでもなければ抹殺することでもないし、またそれを侵害することでもない。かえつて朝鮮文化が日本において榮えることはそれだけ日本の文化を質的に高める上において大きな役割をするということ、これは文化交流發展の原則論にすぎないのであります。つまり各民族が自主的な文化をもつて、互に平等な立場から交るときに初めて各々の文化、ひいては世界の文化が發展するということです。その點、日本においで朝鮮人が朝鮮人を教育することは特權でもなければ無理な要求でもない、むしろ日本文化を豐かにするためには、これこそわれ〳〵にとつても最も正しい道で[redacted]ないかということを私はかたく信じると共に今後とも日本の敎育民主文化のために一緒になつて鬪つて行くことを誓つて、簡單な私の報告を終ります。（拍手）

○司會者（平野氏）たゞ今の李さんは、朝鮮人敎材編纂委員會の方であります。――以上で本日の朝鮮學校事件眞相報告を承りました、最後に、たゞ今李さんも、日本の人民の支持なくして學校問題は解決しえない、また兩渡邊（部）氏の言葉にもある如く、また朝鮮學校事件をも正しく解決することなくして日本の學校敎育文化の正しい發展はありえない、兩者ともに手をつないで固く團結すべきであるということに深き印象をうけました。なお眞相はもつと徹底的に究明される筈であります。われ〳〵は右兩民族の友愛團結のために各人々々がそれ〴〵その仕事に突き進んで行くべきであろうと思います。本日の會はこれで閉會と致します。（拍手）

6. 재일조선인은 민족의 압박을 어떻게 받고 있나

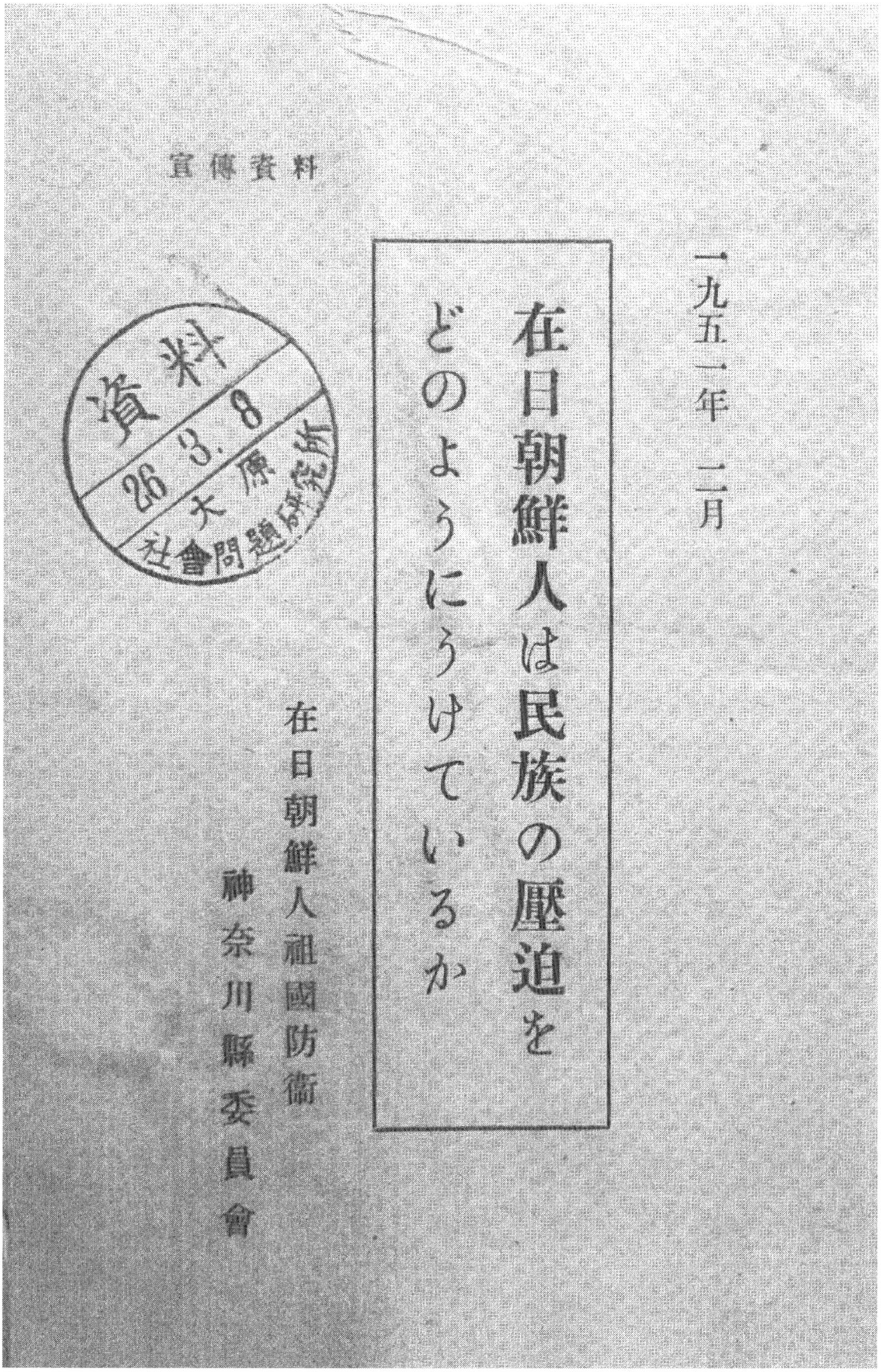
一九五一年 二月

在日朝鮮人は民族の壓迫を
どのようにうけているか

宣傳資料

在日朝鮮人祖國防衛
神奈川縣委員會

在日鮮鮮人は民族の壓迫を どのようにうけているか？

一、生活の面において

この問題を明らかにするためには戦前戦時中のことを若干言及せねばならない。というのは日本敗戦迄の三十六年間朝鮮民族は軍事的封建的天皇制である日本帝国主義の植民地として、長い間、言語に絶する屈辱と迫害の暗い歴史の中に生きて來た（日、韓両国が同意の上で合併したという偽りの基礎の上で）この期間日本帝国主義は朝鮮においてどういうことをしたか。

そのために朝鮮民族における政治、経済、文化が如何に破壊され、虐げられて來たかについては此処でいわずとも能く知っていることであり、本誌ではそれを詳しく述べる余裕をもたない。がしかし、総べてが目茶苦茶にせられ、限りない迫害と搾取とによって、大部分の朝鮮人は衣食住の手段をもぎとられ、たゞ喰う事を探して、住みなれた故郷を棄て、或は親、兄弟妻子と別れて、北は滿洲東は日本へと流れ流れて行かざるを得なかつた。特に日本の侵略戦争がたけなわになつた一九三七年から四五年迄の間は、徴兵と、徴用、或は基地の労務者として、強制、反強制的に日本の苦力に叩き込まれた若者は無数である。一九四五年八月日本敗戦の時に日本にいた者、二百五十萬、滿洲にいた者二百萬であった（朝鮮人口の二〇%）其の他南方諸島や樺太等にも沢山いたこの多くの同胞達は殆んどが農民と労働者の出身であるが、日本全国の炭坑と、軍需工場で基地建設に土工となつて侵略戦争のために「それを聖戦といゝ大和民族の繁栄のためだといつて」牛馬のやうに酷使された。そうして朝鮮人はいやしい者と教え込み「不逞の朝鮮人無頼の半島人として」関東大震災の虐殺事件を始め、何時も虐待されて來た。

朝鮮人が朝鮮の服を着ることも、朝鮮語で話すことも許るされなかつた。こうしてあの一九四五八月十五日、歴史の日を迎えられ、かごの中からはなされた鳥のやうな朝鮮人は各々の職場から古いわらじのように撲り出されて多くの者はわれ先にと憧れの故国に歸えり、とり残された六〇萬の同胞は歸えるにかえれずインフレの嵐吹きまくる日本に依然と残留せざるを得なくなつた。

終戦まぎわのあのドサクサの中で或は浮動的な生活を続け乍ら、今年は歸国出來るか、今年こそはと今日迄とり残されているのである。その中の九〇%以上は日暮しにも困まり、ある者は職安の自由労務者となり或は生活保護法の適用をうけている者である。例えば横浜市港北区の南綱島に集團居住している廿八世帶は全部が生活保護者であり、横須賀市においては二百戸の中一五〇戸、七五%が同じく保護法をうけている狀態である。これだけでも全体の在日朝鮮人の生活狀態がどれだけ、窮迫しているかを端的に物語つており、その度合いは日を増すに從がつて激しくなつている。極く一部分の人には小規模の営業や経営をやつたりして喰うには困らない人もいる一般に日本の人はこの人達を見て「朝鮮人は皆な困らないから……或は金持ちになつた」と誤解をしている人もいる。

しかし、絶対多数の者はその日の食にうえているのが現狀であり、病気になつても医者にもかゝれず、子弟の教育もさせることが出來ないどン底の生活の中に生きている。朝鮮人であるが故に、同じ学校を出てゝ就職出來ず（公務員にもなれない事になつている）技術と腕があつて、会社でも雇つてくれない。炭坑や、土方でさえ、働くのを拒絶され、敬遠されている狀態である、多くの同胞は多数の家族を抱えて、路頭に迷つている。

そればかりでない、小さい営業をしていたり、或はしようとして融資をうけようとしても朝鮮人というだけで貸さない。例えば国民金融公庫があつて小口融資をするやうになつているがいくら申込んでもだめである。東京都でも選挙権のないものは借さないということになつて、除外されている。

例を挙げれば切りが無いが此のように終戰後においても、売国的反動的歴代日本政府の差別政策によつて、虐待されているのである。

二、教育の面はどうか

民主的教育、六三三制度、或は教育委員会制度に依る教育行政の改革とか口では唱え乍ら、実質的に植民地教育を推進し、「日の丸教育」を復活させつゝあるのが日本教育の現狀であろう。というのは六千余億円の国家財政の中で教育費はたつた四%に過ぎず、このため二部教授、寺小屋学校が依然として続けられており、殊に学力の低下やその不良化は世間周知の通りであり、笑つてすごすことではない。タイハイ的エログロ文化、情欲、肉体文化、裸踊り、キッス映画が幅を利かしている。

横浜の某小学校で去る一月児童に興論調査をやつた際

— 2 —

に君の将來の希望は何かと先生が聞いたところ、女の兒童はまご〱していたが「ハイ」、「パンパンになります」と答え、又外の子に何処の国が一番いゝかと聞いたら、朝鮮の子は朝鮮ですと云つたのに日本の子はアメリカです、と答えたと云うことが先般国会で田島議員の質問演說でバクロされ大きな問題となつた。これは全く笑いごとではない。

かゝる狀態の中で在日朝鮮人の子弟教育の現狀はどうか。全国同胞が生きていくことゝ合せて最も力を集中したのがこれだ。三年間で五百以上の小学校と二〇以上の中、専門学校をつくり、朝鮮人の費用と教員で、自分達の言葉で、文字で教育をされて來た。神奈川縣下だけでも十二個所の小学校があつたが現在でも五分校（川崎、南武、鶴見、横浜、横須賀）と三集團校（大和、逗子、大船）をもつている。

これらの学校を立てゝ教員を入れ、自分達の教科書を作り全くの自力でやつて行くのには計り知れない苦労があつた、一例を上げれば横浜の小学校を建る時に韓宇済氏は自分の住宅を売りはらつて、これにあて、或る同胞は寒中に、着ていたオーバを売つて基金にし、ある婦人は金の指輪を売つて学校設立基金に寄捨した。そうして、校舎は或は公会堂になり、同胞の集会の場所や、結婚の式場や宴会場にもなつた。こうして文字通り、我々の血と汗で築き上げた設備は尊いものであつた。八割以上が文盲者で自分の名前も書けない同胞達が子供や兄弟にだけは教えてやろうと、又は朝鮮語を知らない朝鮮人に自分の言葉を教えてやろうと燃ゆる如き教育に対する熱情と、希望の下に教育事業が偉大な進展をしたのである。

しかるに「人の心も知らないで」ファッショ的日本政府は「そう云う教育は面白くない」日本の教育法に從え」という理由だけで一九四九年十月十九日全国的に朝鮮人学校閉鎖の彈圧を断行した。

其の他一九四八年四月廿四日神戸における学校彈圧事件はみなこれと連なり、根ざしている。

善良なる日本の皆さん、

自分の金で、自分の文字や言葉で、自分達の子弟に自分達の教育をさせるというのが一体どこが悪いのか？

現に日本に居る米人と中国人は各々母国語で教育をやつているではないか？われ〱は声を大きくして叫ぶ、日本人は日本語で朝鮮人は朝鮮語で教育をさせる世の中を造ろうではないか！今年、新学期も神奈川縣下だけで六年を終り、中学に入るものが百余名いるが又入る学校もないわれ／＼は去年から縣に「朝鮮人中学校の新設」を交渉し、父兄達が寢食を忘れて盡力しており渴望しているにも拘らず、当局ではその正当性は認めていながらも何んだ、かだと口実をもうけてその実現を避り、全く誠意がない。文部省はその背後の力と結んでこれを圧殺しようとしている。このような事情の下において、幼い子供達が市役所へ、或は縣廳へ「私達の中学校を立てて下さい」と陳情をしている事実を善良なる日本の皆さんに訴えその御支援と御協力を願うものである。

三、義務ばかりで無権利状態の在日朝鮮人

以上でも部分的にふれたが、われ／＼は義務ばかりで無権利状態である。

例えば、殺人的重税、しかも、人民をしぼり、弾圧に使う税金を日本人と同じく拂うが（市民税を）選挙権と被選挙権もない。同じく学校を出て学力があつても公務員にもなれないし、就職も出來ない。更に一方的にきめられた中央地方のファッショ的反民主々義的政策や、司法制度に服従せねばならない義務だけである。勿論朝鮮人の意見は爪のあか程もはいつていない。これは日本憲法に規定されている諸権利を日本政府自ら完全にふみにじつている。

更に重大なことに、「外国人登録」なるものをあげねばならない。

これは所謂、外国人の利益を守るという口実の下につくられた舶來の怪物であるが実際においては在日中国人（台湾）朝鮮人を弾圧し、手足を縛ばる道具になつている。

われ／＼の間ではこれを「ケーペエ」（飼い犬の首につける名札のこと）とよんでいる。この登録は一九四七年に始てつくられ、同五〇年一月に改悪したが其の手続きだけでも寫眞をはつたりして、字も知らない多くの同胞達に対しては大変な負担である。

これだけではなく、この登録証は何時でも身につけており、関係官吏（警官、役場吏員、其他公務員等）に提出を要求されれば出さねばならないし、若しもつていなければ処罰されることになつている。

ある婦人が風呂に行く時に調べられ、着換えをする時、家においてもつていなかつたゝめ留置場にぶち込まれ、先月横浜加賀町警察署に西横浜のある同胞が差入れに行つた所、登録証を忘れて來たために留置された。これは又政治的に使われ、公安の警官がこれを理由に過去の特

萬のように朝鮮人の家庭を探ぐつて廻わつたりしている。

或は国籍欄に、朝鮮と韓国と二通り書いているが、此は單に文字の問題だけでなく、売国李承晩政権を支持するか、民族の独立のために斗い朝鮮民族の合法政府である朝鮮民主々義人民共和国の人民であるかを示す問題である。此処で一つ発表したいのは朝鮮人の全国登録者五十四萬の中四十萬二千（八五%）が朝鮮で僅か六十萬八千（一五%）弱が韓国となつている。同じく神奈川縣でも一萬六千の內、僅か四千位が韓国であつた。（何ずれも国警の調査による発表）

これはしかも売国日本政府並びにその背後のものと結んだ売国分子スパイ、テロ團体である「大韓民国居留民團、同大韓青年團、同駐日代表部等走狗一派等の力一杯の働きかけによつた結果がそうである。

これは何を示めしているか、如何に彼らが売国的振舞いをやり、脅迫をしても善良なる在日同胞の絶対多数が旧朝連を支持し、輝く朝鮮人民共和国を絶対支持している何よりの証據である。如何なるテロや口実もこれを消し止めることは出来ない。

四、売國吉田内閣の戰争政策による暴圧と陰謀

日本政府は生活、教育面だけではなく、生命財産を犯し、言論、出版、團結等基本的人権を完全にジュウリンした。

即ち、在日同胞の民主的結集体である旧朝鮮人連盟民青を彈圧し（一九四九年九月八日）財産を強奪し政治的自由を剝奪して基本的人権を蹂躙した。神戸を始め全国至る所で惹起されている血の暴圧はこと／＼く日本政府の兆発と血迷よつた彈圧に起因しており、一切の責任は日本政府にある。

われ／＼はポツダム宣言と日本国憲法によつても基本的人権の保障は與えられている筈である。かゝる不法的あらゆる差別と彈圧に対して、これに反抗し、團結力をもつて生きることを主張し、平等のために斗うのは当然の権利である。最もいぢめられるものがさわぐのは当り前であつて、これはいぢめる方に責任があるのは異論の余地がないだろう。

これを蔽いかくし朝鮮化させるために、朝鮮人民を敵にまわし、悪意にみちたデマ宣傳をもつておくれた日本民族の意識を利用し、両民族を離間させ、相い爭そわせるためにやつきになつている。

在日朝鮮人の諸権利を守り、日本の民主化のために積

— 5 —

極的に斗つて來た善良なる同胞を「不逞分子、不穏分子」と呼び、暴力團云々等の悪名をきせて、戦火の激しい祖国に強制追放し、その財産まで凍結（実質的には没收）しようと陰謀を企らんで着々その準備を進めつゝある。そうして日本共產党の非合法と結びつけて、一大彈圧の期をねらつている。

朝鮮人強制送還の彈圧は事実上、最も民主的愛国的人民を死の收容所に送り込むことであり、日本帝国主義の過去の罪悪を少しも反省していないことである。そればかりではなく、日、朝両国間、ひいては重大な国際問題である、と同時に、われ〳〵こそが日本の民主化と両民族の独立と平和のためにファッショ權力と最も勇敢に斗うことを示す以外の何ものでもない。

現在日本は民族の独立と平和か、国際帝国主義のための植民地と奴隷か、肉彈化と戦爭かの岐路に立つている。ポツダム宣言に基づいた四大国（ソ、中、米、英）が参加した全面講和か、特定国と結ぶ單独講和（実質上には植民地と戦爭條約）かの熾烈な斗いが展開されている。

このような重大な時期において、平和と独立を叫ぶ人民の力は日増しに大きくなつている。「戦爭のためには帝国主義者の餌食になるよりは、平和と独立のために斗つて死ぬ」これこそ日本人民の現在の叫びである。この愛国心に満ちた英雄的斗いのために進步的多くの労働者や学生が職場から、学校から追い出され、或は檢挙投獄されている。民主的團体は解散させ出版物も発禁させられ、反帝、反戦のビラをまく事も、読むことさえも許されていない現状である。

然るに一方では戦犯、追放者（戦爭の親玉）が御恩みをうけて、大量放出され、警察予備隊（陸軍）海上保安隊（海軍）が増強され、右翼テロ團体が保護育成され、旧軍人やファシスト及び警察がのさばつて來ている。全產業機関が軍需產業に切りかえられつゝあり、方々で高射砲陣地や、飛行場がドン〳〵つくられ、旧軍港が復活をしつゝある。賢明なる皆さん、誰が戦爭に身をもつて反対し、誰がこれを引きおこすために死もの狂いになつているか。三歳の童子の眼にも、明らかではないか、あつかましくも、戦爭内閣の吉田首相は最近ダレス・アメリカ特使との対日講和の取引きの中で、声明を発表し、次のようにいつている。

「講和後も米軍の日本駐屯による安全保障は国民大多数が心から喜んで迎える」といつている。吉田首相よ、私は聞きなおすが、このようなことを喜ぶ大多数の国民

— 6 —

とは外にある国民で、感違いしてはいないだろうね。

この取引きの全体の基礎になつているものはソ連、中国、朝鮮が日本に侵略して来ると云う仮想と前提の下に行われている。

問題は此処にある、これをもつと明らかにしたのが日、本のファシスト、官公金横領師の「有名」な政治家芦田均氏の主張である。彼は最近日本再軍備に気ちがいになつているが、「自由と平和のための斗い＝風にゆらぐ八千萬本のあし＝」と題する論文の中でソ連、中国が日本本土侵略すると書き下ろしこういつている。「噂さによればソ連は極東方面に空挺部隊十二個師團を配備していると傳えられる。この空挺部隊を如何に使用するかはわれ〳〵の知り得ない点であるけれども、これを用いる計画なくして、かゝる空挺隊を極東方面に配備するはずのないことは明らかである。

専門家の意見によれば、一夜の中に二萬名ぐらいの空挺隊を東京都内に降下させることは可能であるという、しかも二萬の兵力は、政府の諸機関を始め、放送局、鉄道其他の重要地点を占領するに充分な力である。しかも日本国内にはこれに呼應してたつ有力な第五列が準備されている。想像するだけに慄然たらざるをえないではないか」（文藝春秋三月号）と世界の社会主義、民主々義諸国に敵意をもつてヒボーしバトウし乍ら、青年には「献身殉国」を強制し、全国民に向つて、「大精神運動展開」を訴えている。よくも彼らの先輩である東條の進んだ途をその通りにくりかえしているではないか。

日本再軍備論の有力な日本側の論據はこんなものである。

これこそ国際帝国主義の手先であり、日本をほろぼす自由、民主両党の代表意見であり、政策である。かゝる暴政に対し、在日朝鮮人の民主的諸権利を擁護主張し、日本の民主化と、独立のために最も献身的に斗つて来た朝鮮人を「不穏分子、暴力團」呼ばりして、本国に追い出し、その資産を沒收しようとする陰謀を着々と進めている。これは笑いごとではない。かゝる正気を失つた気違いざたを何う喰い止め気違い共を逆に打倒するかこれこそ今日の問題である。

五、日、朝両人民共斗の旗は進む

労働者を中心にした農民、市民、中小商工業者、進歩的知識人を一丸とした平和勢力は、かゝる一部の売國奴と巨大帝国主義勢力に対し、敢然と立ち上がつている。

— 7 —

民主的これらの人々は、何時も朝鮮の独立と自由を叫び、在日朝鮮人の彈圧に反対して斗つて來た。

終始一貫その先頭に立つて、如何なる権力にも屈する事なく斗つたのは日本共産党である。われ〳〵朝鮮人も勿論、戦前、戦時戦後を問わず、日本人民を敵対視した事もない。今後も決してないであろう。たゞ帝国主義者共の支配権力に対して、反抗し、斗つたに過ぎない、今後も更に撤底的に斗うであろう。

なぜならば、現在の吉田売国一派の勢力のみが日本人民の敵であると同時に、朝鮮人の眞の敵であるからである。

われ〳〵の祖国では外国帝国主義侵略軍とその手先李承晩カイライ軍と斗う、朝鮮民族あげての祖国解放戦争が世界の焦点として斗われており、今は決定的段階に突入している。近い将來に必らず侵略軍が決定的完全に敗北し、朝鮮人民が勝利するであろうことを確信するものである。なぜなれば、われ〳〵は正義のために斗い敵は侵略のために斗うからだ。これに対して、全世界の平和勢力と全日本人民は「朝鮮は朝鮮人民自身の手にまかし、一切の外国軍隊は手を引け！」と叫んでいる。そのためにはあらゆる援助を送つており、英雄的中国義勇兵は武器を持つて、多数参加し、赫々たる戦果を上げている。

在日朝鮮人強制送還の陰謀に対しても、日本の人民達は「何も朝鮮人が日本の娘をパン〳〵ガールにしているわけでもなく、白線をしいた乗物の中で葉巻きをくわえていばつてふんぞりかえつているわけでもない。

吉田と組んで日本を植民地にし、軍事基地をつくり、肉彈にして、日本を奴隷化するものは違うぢやないか、日本から追い出すものは違う。かゝる連中こそ追い出さねばならない」と云つている。

もし朝鮮人を追い出したら「われ〳〵は汽車を止めてしまう」と横須賀の国鉄青年部ではいつている。（社会党員）

労働者の首切り、市民から殺人的重税をしぼりとり、農民や漁民を苦しめるこれら日本人民の敵と在日朝鮮人民の敵が共通なものであることを知つている。

青年を中心にした共同の運動が日本全国津々浦々で活溌に展開されている。日、朝両人民は今こそ仲よくして前進しようと日、朝両人民親善の運動がおこされ到る処で「日、朝親善協会」の組織がつくられつゝある。このような平和と民族独立のために斗う日、朝両人民は更に團結を固くして日、朝両人民の敵である、吉田一派を打倒し、その背後の巨大帝国主義勢力を驅逐すべきときだ、このことは困難であり、一朝一夕には勿論出來ない、しかし、必らず出來ることだし、せねばならない。われ〳〵はこれを自覺しており、そのためにこそ、総べてをあげて斗つているのだ。最後に叫ぶ、「戰争と奴隷の犧牲になるよりは、平和と独立の戰士になれ!」と。

当面のわれ〳〵のスローガン

★ 朝鮮は朝鮮人民自身の手にまかし、一切の外国軍隊は手を引け!

★ 日本を戰争に追い込み、日、朝両民族を相争わせる、在日朝鮮人強制追放、財產凍結反対!全面講和で両民族の平和と獨立!

★ われ〳〵に喰えるだけの職業を與えよ!一切の差別待遇絶対反対!

★ 日本人には日本語で、朝鮮人には朝鮮語で教育させよ!朝鮮人の中学校をたてよ!民族教育の自主性を保障せよ!

★ 日本再武装反対!三・一朝鮮人虐殺事件の歷史を日本で又くりかえすな!

★ 平和で友好的日、朝両人民の固い團結万才、

（一九五一年二月二十日）

7. 재일조선인 강제송환이 뜻하는 것

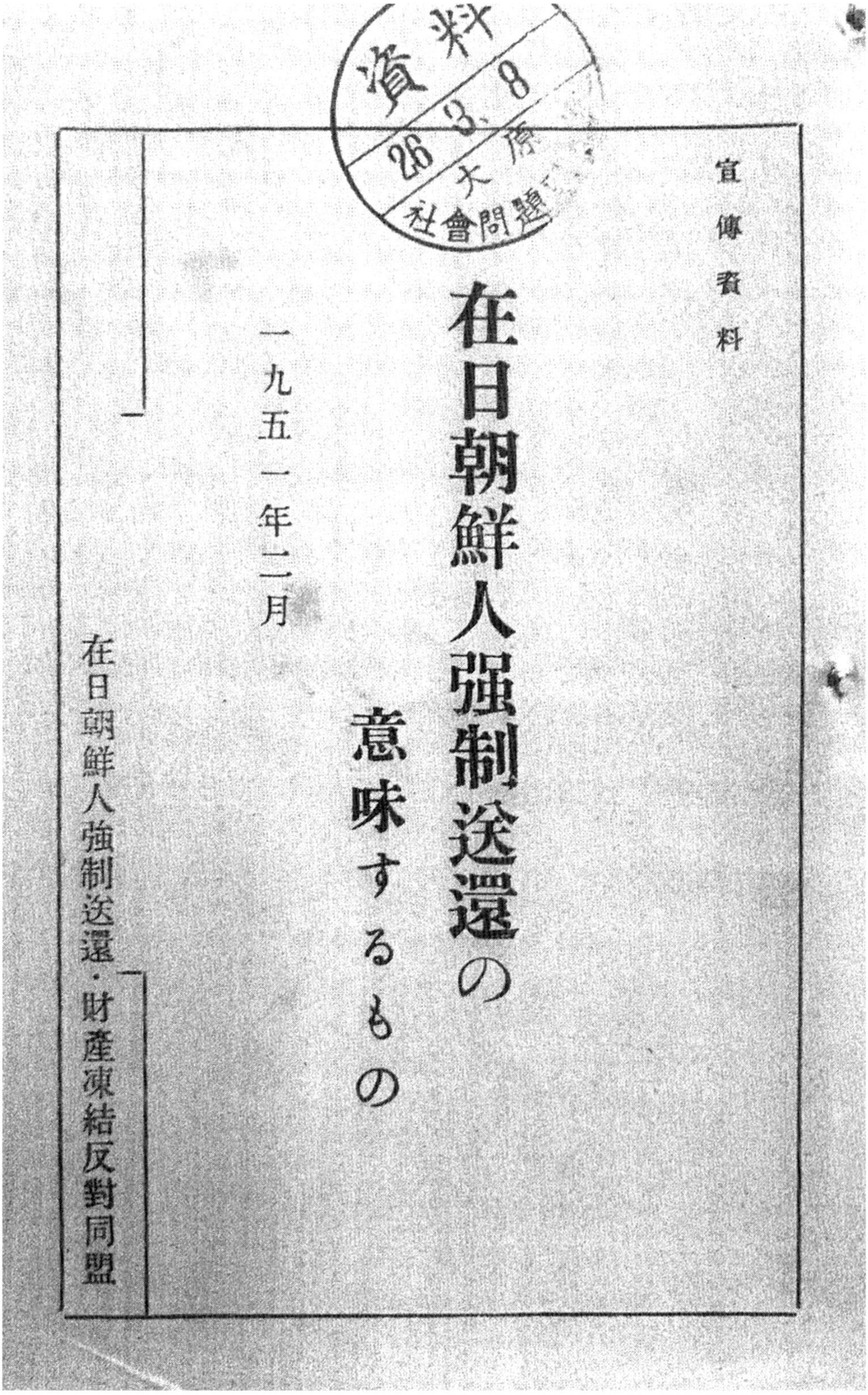

宣傳資料

資料
26 3. 8
大原
社會問題

在日朝鮮人強制送還の意味するもの

一九五一年二月

在日朝鮮人強制送還・財産凍結反對同盟

在日朝鮮人強制送還の意味するもの

朝鮮人を強制(殺人)送還している

新しい国際帝国主義の手先きである吉田内閣は、さきに在日本朝鮮人連盟の解散とその財産の没收を強行し、今度はその財産の凍結を含む在日朝鮮人の強制送還という、その実は在日朝鮮人の大量殺人をたくらむに至つた。

しかも彼等はこの陰謀を白晝公然と表明し、一般商業新聞によつてもみられた通り「不穏分子」などの言辞をつけてこれを堂々と発表している。(岡崎官房長官談話、大橋法務総裁談話としての政府発表、その他)

周知のように戦後五年余り、日本の独立はもはやあとかたもなくなろうとして、日本は新しい国際帝国主義の植民地への一路をたどつている。このことは戦争放棄の新憲法制定以来、今日の新しい帝国主義戦争の肉弾に日本人民を使おうとする再軍備までの事態がよくかたつているが、しかしそれよりもなおこのことは、日本人民とまつたくその利害を同じくし、その共同者であるところの在日朝鮮人にたいする彼等の策動がもつともよくこれを具体的にものがたつている。

そして彼等の策動のうちでその財産の凍結を含む在日朝鮮人強制送還という、その実は朝鮮人の大量殺人であるこの策動がもつとも悪質な、非人道的な蛮行であり、そうして彼等のその最後のあがきである。

本国への強制送還というが、もちろん彼等が本国というのはいまわが朝鮮人民軍および中国人民義勇軍の前に解放されようとしている南朝鮮・釜山をさしていることはいうまでもない。そしてこゝはいま新しい国際帝国主義軍と日本への亡命寸前にある朝鮮の吉田茂・李承晩軍とが、民主主義的な朝鮮人民にたいしてもつともはげしい虐殺をほしいままにしているところである。このような「本国」への強制送還、それは何を意味するか、むろん問答無用の虐殺である。

いまや新しい国際帝国主義勢力は、全世界の平和と繁栄を欲する人民勢力の前から敗退しつつ、特にわが東亜においてはまず中国において、次に朝鮮においてその野望をうちくだかれて決定的に敗退しようとしており、そ

— 1 —

して彼等はその最後の決定的敗退をひかえて、日本を單獨講和と再軍備とをもつて彼等への犠牲的な武装をほどこそうとしている。

　このときにあたつて彼等が日本の人民を彈圧し圧殺しようとして、まず在日朝鮮人を圧殺しようとはかるのは自然であり、かつ重大な意義をもつものである。

なぜまず朝鮮人を壓殺しようとするか

　いうまでもなくこのような日本の單獨講和と再軍備という、植民地奴隷への道にたいしては日本人民は結束・反対してたたかつており、そしてその先頭に立つているのは自覚的な労働者・農民・小市民・すなわちその前衛である日本共産党である。そうして更に忘れてはならないことは、この日本人民の共同者である在日朝鮮人勢力がこれに反対してたたかつている。

　日本人民と在日朝鮮人のこのような共同は何も今日にはじまつたことではなく、これは歴史的である。戦前・戦中・戦後を問わずわれ〳〵両国人民の親愛と結束は原則的に一貫したのでもあり、特に戦後においては今日にみられるように、この共同がもつとも昂揚していることは誰でも知つていることである。

　ところでわれ〳〵はこのことにたいしてもう少し自覚的になる必要がある。つまりわれ〳〵は日本人民のたたかいは日本人のたたかい在日朝鮮人のたたかいは朝鮮人のたたかい、というふうにわけて考えるという誤りをおかしてはいないだろうか。だが敵ども（新しい国際帝国主義者と吉田内閣その他）は決してこれをわけてなどは考えていない。なぜならば彼等が在日朝鮮人を圧殺し去ろうとするのは、実にそれが平和と獨立を欲してたたかつている日本人民の側に立つているからである。この日本においてその勢力の一方をなしているからである。彼等は決して在日朝鮮人にしても民團（いわゆる大韓民国居留民團）のごろつき共や、いわゆる大韓民国駐日代表部の売国奴どもを彈圧したこともなければ、圧殺しようともしていない。それは日本人民の側にあるものではないからである。

　そして日本人民と在日朝鮮人のその共同が歴史的であるのと同じように、彼等帝国主義者のわれ〳〵にたいするこのやり方もまた歴史的である。それはあの忌わしい関東大震災における事実を例にとつてみても明らかである。このとき日本帝国主義者どもはあの自然の災害による混乱を日本の人民勢力にたいする彈圧と圧殺に利用し

— 2 —

ようとして、まず在日朝鮮人にたいするデマをねつ造してばらまき、朝鮮人が暴動をおこしたとか、井戸に毒を入れたとかと称して彼等自身がまず在日朝鮮人を大量に逮捕して警察の庭などに集めてこれを惨殺し、つづいて無知な 部の日本人をもこれに駆り立てたことはまだわれ〳〵の記憶になま〳〵しいところである。このとき眞実を知らぬ一部の日本人、すなわち消防隊・自警團その他は鳶手・日本刀その他を手にとらされていわゆる「朝鮮人狩り」に狂奔した。惨虐な帝国主義者どもに踊らされたとはいい、日本人民にとつても、そしてもちろん在日朝鮮人にとつてもこのことは、われ〳〵の力が充分に至らなかつたとして胸に深い痛みを伴わずしては想いおこすことはできない。そうしてまた何よりも大切なことはこのことによつて彼等がまんまと日本人民の眼をこちらへそらすことに成功し、その隙に日本の進歩的人民勢力を弾圧し圧殺したということだ。これはあの甘粕憲兵大尉による大杉栄、伊藤野枝、およびそのいたいけな子供等の惨殺その他の例もよくしめしているように、在日朝鮮人とともに日本人民勢力のほとんどがこのとき弾圧され、圧殺された。

それはかりではない。このことは戦後から今日までをみてもまた明らかである すなわち一九四九年九月、彼等は在日朝鮮人連盟を解散弾圧してその財産を没収し、その主要幹部を公職追放なるものにすると、つゞいて翌一九五〇年六月には日本共産党に弾圧を行つて、その中央委員をはじめとする主要幹部を公職追放なるものにした。

在日本朝鮮人連盟にたいするこの不当な弾圧こそは新しい帝国主義がその手先き李承晩を使つてのわが朝鮮における侵略、つまり悪虐な帝国主義戦争への前奏であつたわけであるが、しかしわれ〳〵はそれよりもなお、ここにおいてはこの弾圧が日本人民勢力の集中点であり、その前衛である日本共産党にたいする弾圧への前觸れであつたということに深く注意しなくてはならない。

くりかえすようであるが在日朝鮮人にたいする弾圧と圧殺は、このようにそれはとりもなおさず日本人民にたいする弾圧と圧殺の前觸れであり、すなわちことばをかえていえば日本人民にたいする弾圧と圧殺そのものなのである。

ではいつたい彼等はなぜこのように日本国民を弾圧し圧殺する前に、まず在日朝鮮人をさきにえらんで弾圧し圧殺しようとするのか。

— 3 —

敵どもにこのような手段をとらせることについては、それまた彼等の側にそれだけの充分な理由があるのである。さきにいつた関東大震災の例も示しているように彼等はその人民支配の一つの強力な環として常にわれ〳〵両民族、すなわち両国人民の間を隔てさせる分裂政策をとつてきた。これは彼等がわれ〳〵人民の結束とその勢力を恐れてのことであるが、しかしこのために元來、われ〳〵両国人民の親愛と結束は原則的には一貫したものであつたにも拘らず、この帝国主義的政策のためにわれ〳〵のその親愛と結束と理解とがさまたげられてきたもので、そのために敵どもの民族離間策に乗ぜられ易いという弱点をもつている。その上われ〳〵は現在同じたたかいをたたかい進めているにも拘らず、さきにもいつたように日本人民のたたかいは日本人のたたかいであり、在日朝鮮人のたたかいは朝鮮人のたたかいである。したがつてまた日本人民にたいする弾圧は日本人にたいする弾圧であつて在日朝鮮人には余り関係のないことであり在日朝鮮人にたいする弾圧や圧殺はそれは朝鮮人にたいする圧弾や圧殺であつて、日本人民には余り関係のないことである、というふうに考えないとも限らない弱点をもつている。そしてこの弱点はわれ〳〵の自覚のおくれていることを証明する以外のものではなく、彼等はこの弱点を充分に利用しているのである。

われ〳〵は敵どものこの戦略戦術、つまり手段を見抜いて、この弱点をついてくる彼等を逆につき返さなければならない。

日・朝両国人民はこの斗争に勝たねばならない

もしもわれ〳〵はこれをつき返さずして、この日本で在日朝鮮人にたいするこのような弾圧から圧殺へと進んできたその財産の凍結を含む在日朝鮮人強制送還というその実は在日朝鮮人の大量殺人を見すごし、許したとしたならば、それはとりもなおさず日本人民にたいする大量以上の殺人を意味することは火をみるよりも明らかである。

明らかなばかりか、それはわれ〳〵の眼前ですでに現実に進行しているといわなければならない。新しい国際帝国主義とその手先き吉田内閣はこの日本から日本人民勢力のすべてを、すなわち在日朝鮮人を強制（殺人）送還して圧殺し、次につゞいて日本共産党を非合法化して葬り、そうして日本人民をその思うままにしたいのである。みよ！　日本を植民地とするための單獨講和、新しい帝国主義侵略戰爭に日本人民を肉彈としてさし出すための再軍備はすでに進行しつつあるではないか。

在日朝鮮人を強制送還して圧殺し追放するというのであるが、この日本から眞に追放さるべきものは誰であるか、何ものであるか、それをわれ〳〵はよく知つている。もちろんいうまでもなくそれは新しい国際帝国主義者とそれに美しい日本の山河を観光に提供し、そして更に人民をその帝国主義戰爭に肉彈として供しようとする反動吉田内閣である。もはや日本は軍事基地などという生易しいところを通りこして、直接日本人民がその肉彈として殺されようとしている。在日朝鮮人の強制送還といい、次にこれにつゞくであろう日本共産党の非合法化といい、それはすべてこのような彼等の野望、しかも悪虐な野望を達しようためのものである。

日本人民にしてそして、在日朝鮮人にしてこのような彼等の野望を許したとしたらどうなるか。それはいうまでもなくこの日本の滅亡を、すなわちわれ〳〵両国人民の滅亡を意味するものではないか。日本人民のこのような利害は直接朝鮮人民の利害にかかるものであり、このような朝鮮人民の利害はまた直接日本人民の利害にかかるものである。われ〳〵両国人民はこの一貫した共同の目標を深く理解して手をとり合つてこの斗爭に起ち上り勝たねばならない。

敵は強いようで弱い。そして敗退しつつある！

たたかい勝て日朝・両国人民！

一、朝鮮は朝鮮人民自身にまかして、外國軍隊は即時手を引け！

一、日本を戰爭へ追い込み、両民族を仲間割れさせる在日朝鮮人强制送還反対、財産凍結反対！

一、全面講和で両民族の平和と独立！

一、日・朝両民族の結束萬歳！

— 5 —

8. 뉴스

ニュース　1951.10.2

ニュース

朝鮮人強制追放反対東京委員会

貧困者はみんな追放
韓国人もため 同胞百名 政府、国会に押しかく
出入国管理庁第一課長言明

体当りでやろう
共産党代議士と懇談

血をもつて斗う
文京斗争委結成

品川女同抗議

No1　　ニュース　　1951.10.21.

一人の同胞も追放させるな

すでに抗議投書千余枚　江東

江東区枝川町では、敢密局面を衝いて、継続的に強制追放の陰謀をあばくにして来たが十月二日、吉井新聞で政令が発布されるとの記事を読み、いっせいに反対斗争に立上った。三日の夜は京浜地区の大会がもたれ、「一人の同胞も追放させるな」と決意を固め、即座で斗争委員会が結成され、斗争資金も一万七千余円が集められた。青年会ではすでに数百枚の伝単を町中にはりめぐらし、特に今まで行動に参加しなかった三十前后の壮年層が交番の門に堂々と伝単をはりつけるなど勇敢に斗っている。少年団でも徹夜しながらすでに八〇〇枚の伝単をはりめぐらし、同胞をいっそう横起させている。こうしてすでに抗議陳情書が千枚以上も送られ、伝単が十六百枚もはられているが、中には一人で六〇枚の陳情、抗議投書を出した同胞もいる。

成果をあげている。十三日は幕宿の都営住宅に対して工作隊十名がビラを流しながらマイクで宣伝したが、マイクの廻りに四十余名の日本人大衆が集まり、都営住宅の窓から数十名の人が首を出して聞きいっていた。

〝生き別れはいや〟

日本婦人も立上る

江東区枝川町では、朝鮮人の妻になっている日本婦人三十余名が「主人や子供たちと生き別れするのはいやです」と懇談会を持ち斗争委員会を組織して女性同盟と一緒に積極的に活動を始めている。

一方同胞の懇談会も各地でやっているが、特に幡ケ谷では今までにない熱烈な討論が展開され、民団団員も「今度だけはやらなくちゃ」と決意の程を示し、今までは息子を集会に出すことさえきらっていた一老人も「息子を先頭にして一家で斗うんだ」と決意をもらした。

マイクで街頭宣伝（渋谷）

渋谷では　共産党区委員会でやっている自由党区長の横領事件真相宣伝と提携して、区内各所の住宅地で強制追放の真相宣伝を大きな

日本人自身の問題

悪法反対懇談会

日帝時代の治安維持法ともいうべき安全保障法、団体等規正法、ゼネスト禁止法等戦争準備の悪法を粉砕するため第一回懇談会が布施辰治弁護士の招請で十月十七日午后衆議院会館で開かれた。労組、各政党の外、柳田謙十郎、淡徳三郎、東京弁護士会会長、海野晋吉、和田敬明、正立海市長ら有名人が五十余名も参加した。布施弁ゴ士のあいさつの后、特に朝鮮人追放反対東京斗争委員会から出入国管理令に関する報告と共同斗争の要請がなされ、長時間にわたって熱烈な討議が続けられたが、出入国管理令も戦争のための悪法であることを確認し断乎として反対しなければならないことを全員一致で決定した。討論の中で特に淡徳三郎氏は「この問題は朝鮮人の問題だから同情するという立場でなく、日本人自身の問題と取り上げるべきだ。ヒットラーのユダヤ人追放の例を見てもこれは明らかだ」との発言をされ、満場の拍手をもってむかえられた。

日本農民が五百円基金（南多摩）

南多摩相模原田奈部落の農民五十戸が朝鮮人強制送還を共に斗おうとの朝鮮青年の訴えにこたえて、全戸が共斗を約束し、斗争資金五百円を、南多摩斗争委員会に送って来た。この部落には、約半年前から青年二名が工作隊として派けんされ朝鮮語のパンフレット等の配布活動をつづけて来たものである。

日本学生が宣伝活動

学院では十月三日執行委員会を開いて、強制追放問題を討議し斗争委員会を組織し、各自治会毎に日本学生に対する工作を始めている。労働大学では十三日日本学生約三〇名と懇談会をもっていろいろと討論した結果、日本学生全員が共同斗争を誓い、社研ではさっそくビラをすって全学生に対して工作している。

全国会議員に要請

強制追放反対東京委員会では、十月十五日国会参、衆両院の全議員に対して「出入国管理令に関する要望書」を送った。

9. 도립조선인학교 요람

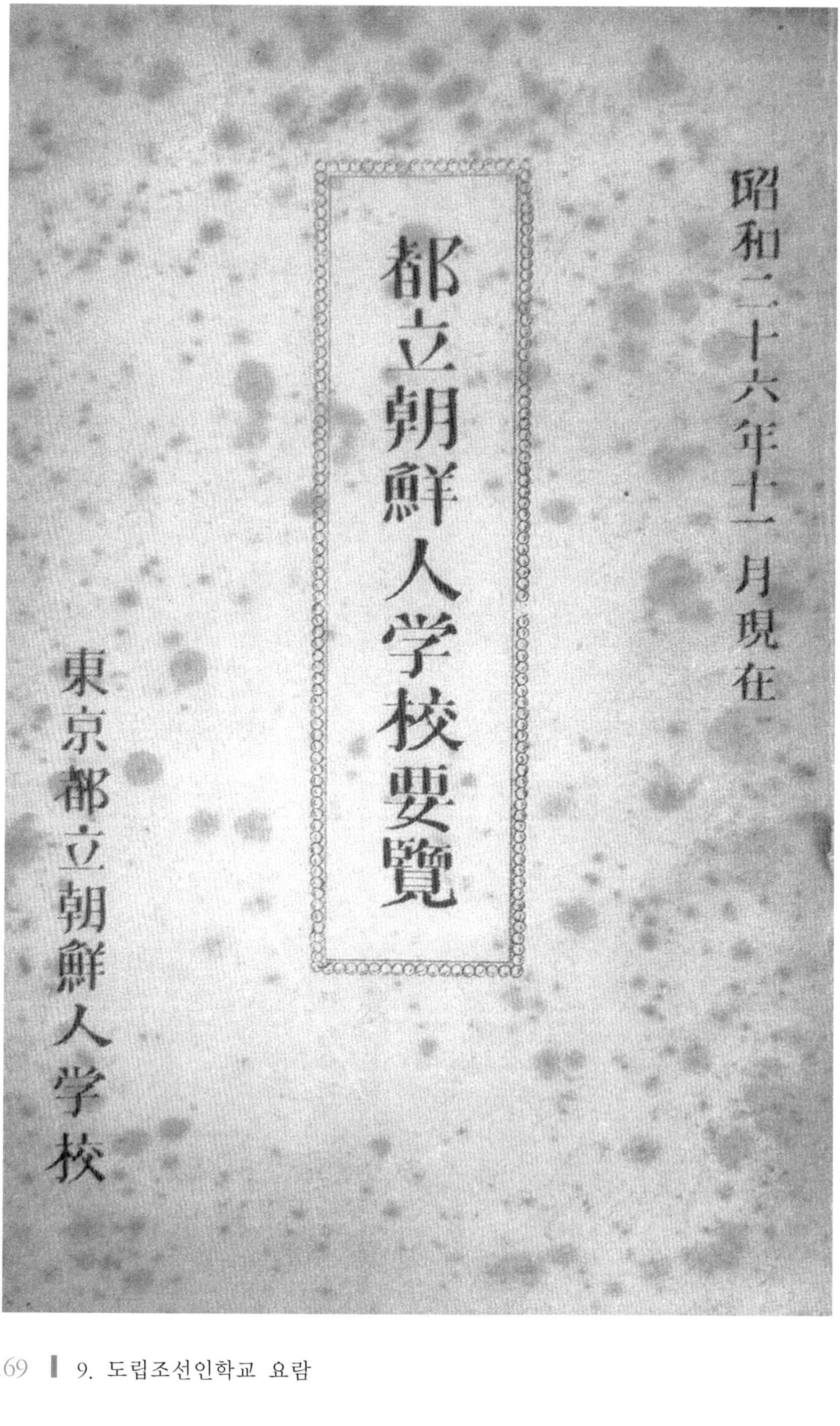
昭和二十六年十一月現在

都立朝鮮人学校要覧

東京都立朝鮮人学校

内容

一、都立朝鮮人学校配置図
二、都立朝鮮人学校取扱要綱
三、各学校要覧

1. 所在地
2. 学級編制
3. 教職員
4. 校地校舎
5. 通学区域
6. P・T・A並に後援会
7. 父兄職業
8. 施設概要
9. 備考

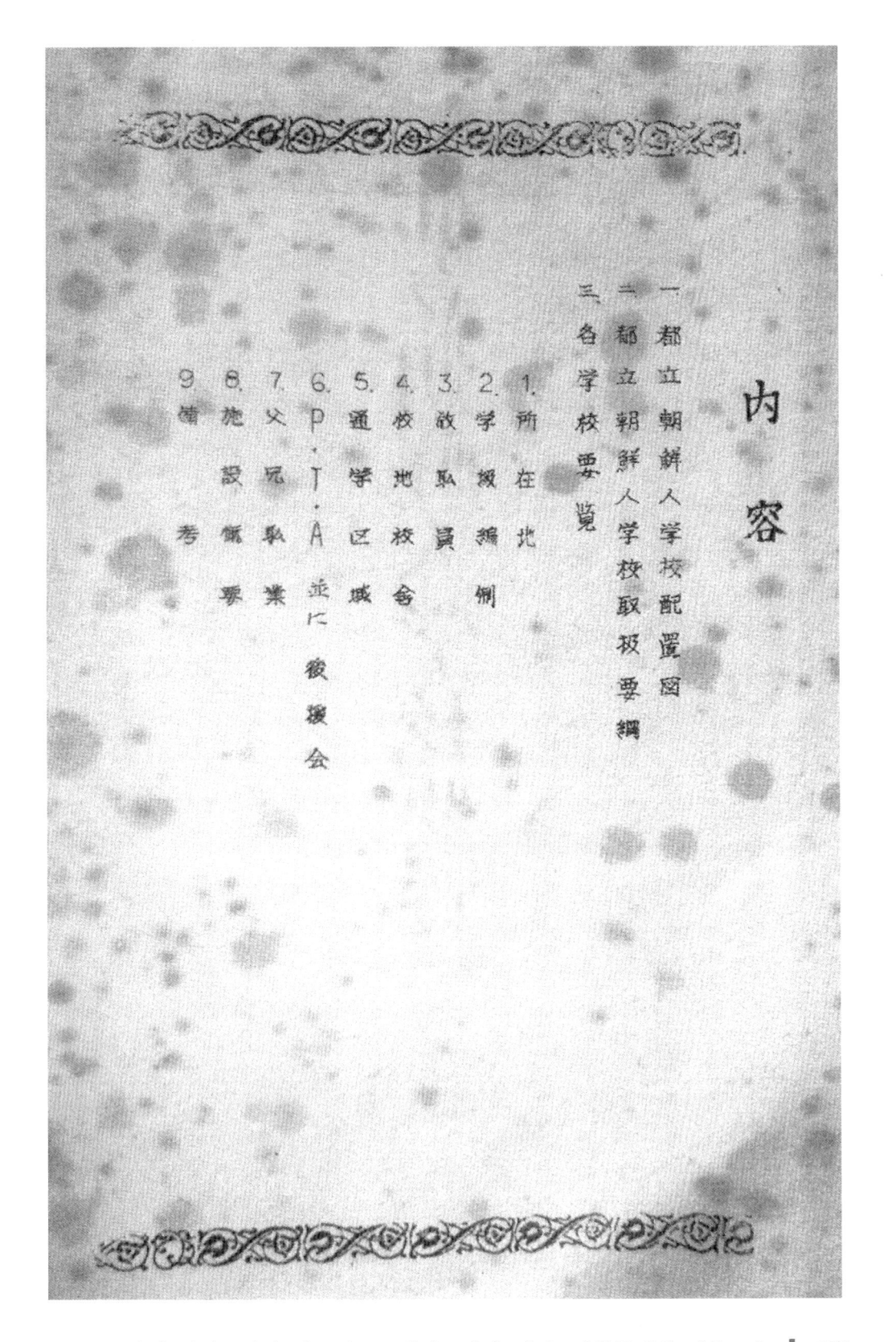

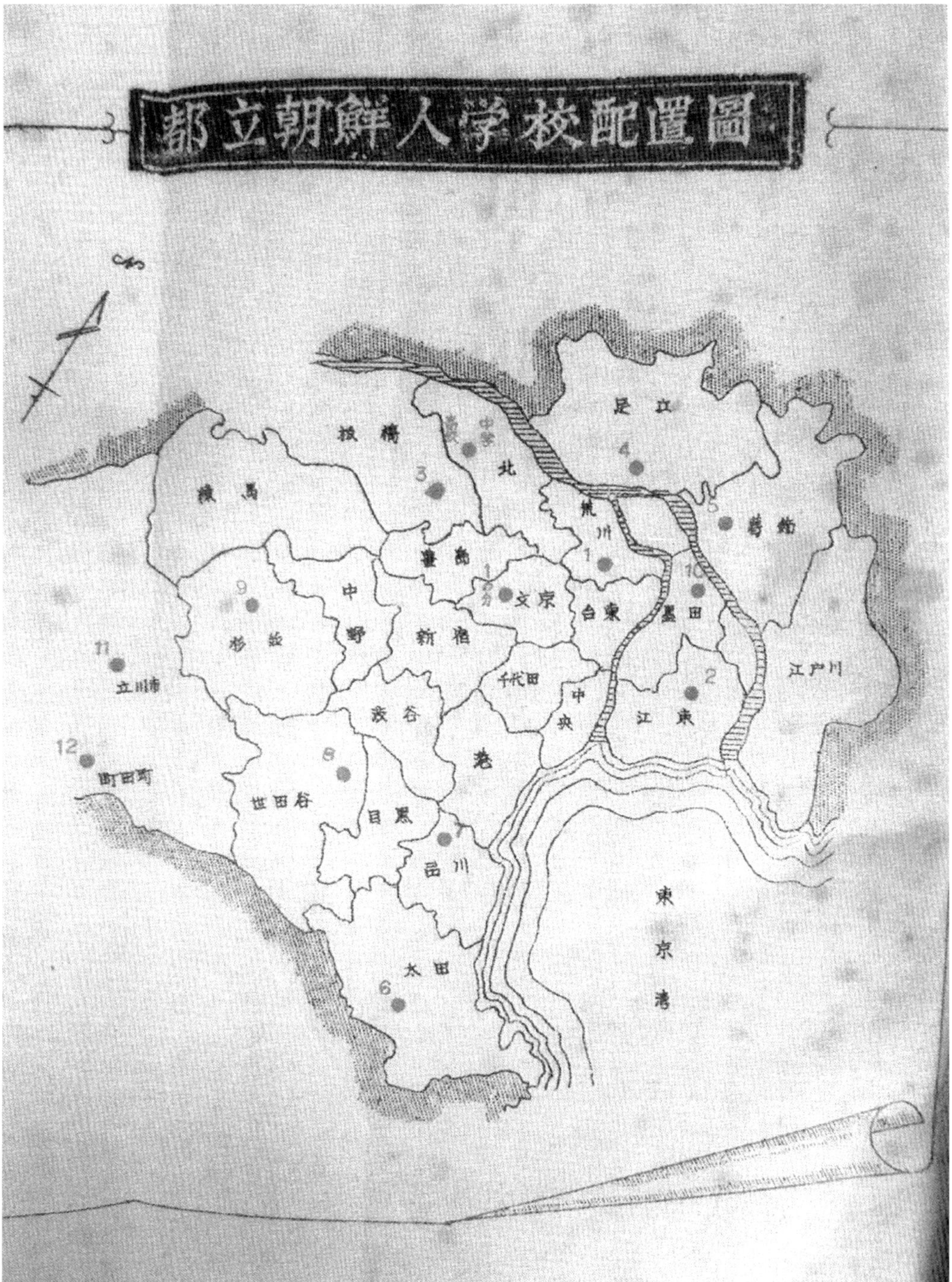
都立朝鮮人学校配置圖
足立
板橋
北
練馬
荒川
葛飾
豊島
墨田
文京
台東
中野
新宿
杉並
江戸川
立川市
千代田
中央
江東
渋谷
港
町田町
世田谷
目黒
品川
東京港
太田

東京都立朝鮮人学校取扱要綱

東京都教育委員会

一 朝鮮人子弟は原則として自己の居住地を通学区域とする公立学校に分散入学せしめるのであるが、この教育暫定措置として、従来から存する各朝鮮人学校の児童生徒はその学校を昭和二十四年十一月二日現在の状況を以て都立学校として運営する各学校に入学せしめる。

二 従来から存する各朝鮮人小学校、朝鮮中学校および朝鮮高等学校は一応全部都立各小学校中学校および高等学校として夫々独立校とする。従来から存する分校については本都立学校の分校として運営する。（小学校一二、同分校一、中学校一、高等学校一）

三 朝鮮人子弟の入学を収容する右都立学校の名称は左の通りとする。即ち「朝鮮人」の三文字を冠する。

(イ) 東京都立第〇朝鮮人小学校　（番号校名）

(ロ) 東京都立朝鮮人中学校

(ハ) 〃 　高等学校

四 朝鮮語、朝鮮歴史等は課外教授とする。課外教授以外の場合の教育用語は日本語とする。但し中学校および高等学校にあっては朝鮮語は外国語として生徒の選択にまかせる。

五 学校長は日本人有資格者をあてる。その他の教員の組織は学校長の意見を徴し協議する。

が、朝鮮人は教育公員適格審査に適格の判定を受け且つ資格を有する者のうち選考の上採

—1—

※ 2쪽 누락

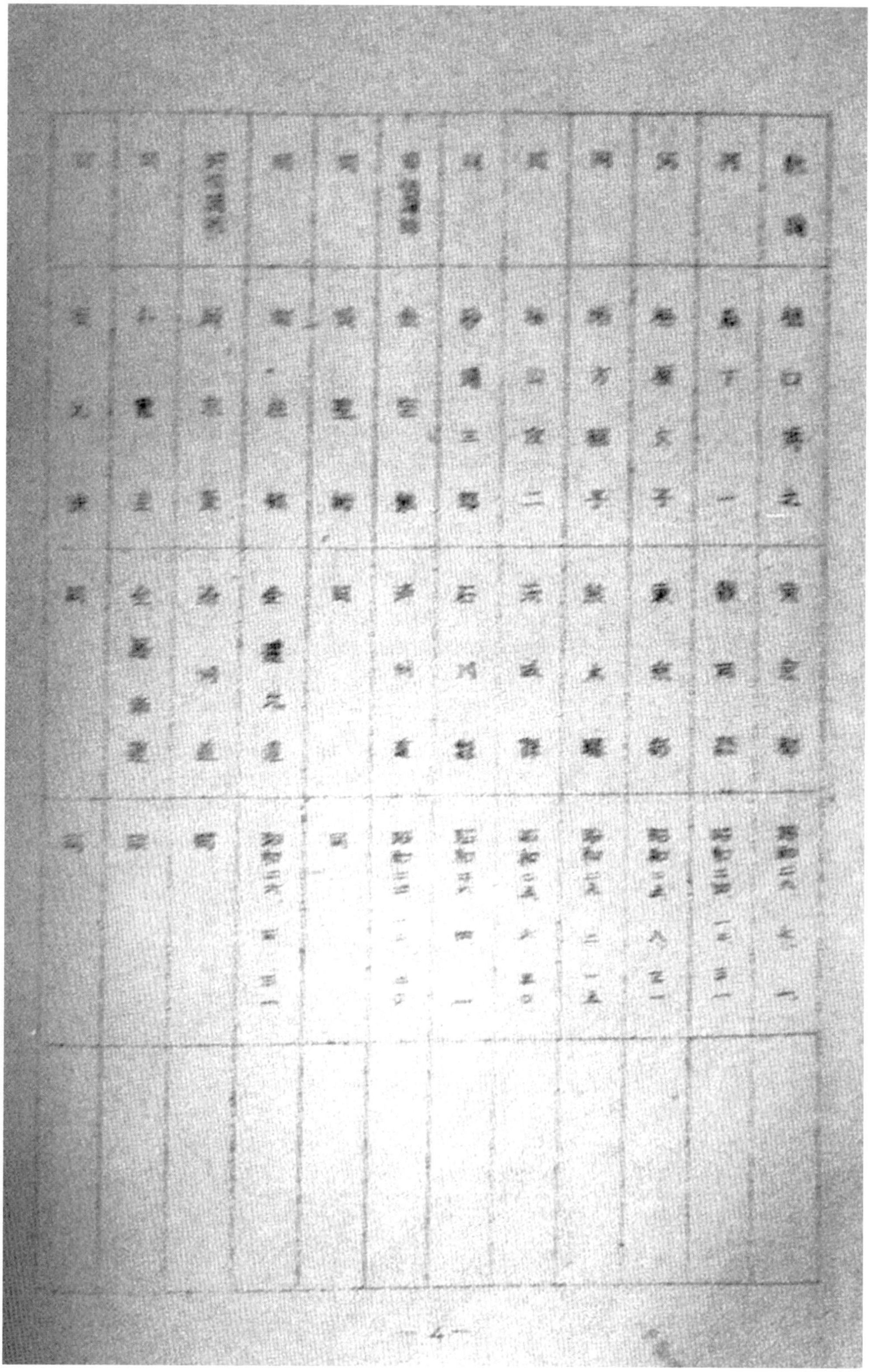
— 4 —

無職女子	杉浦ミ念子	東京都	昭和二八、八、二一
同	李東大	京畿道	昭和二四、一二、二〇
作業員	金英淑	同	昭和二五、九、一〇
同	朴鍾学	慶尚南道	昭和二四、一〇、二〇
不動産	李東愛益	東京都	同
教員	深川泰浩		
同	細川桂助		
会社役員	久野星之助		
同	米林究三郎		

— 5 —

3 校地・校舎

土地面積 一七九五坪 建物坪 二三八・四坪

教室其他 普通教室 九 職員室 一 事務員室 一

宿直室 一 便所 二 倉庫 一

4 通学区域

荒川区 二三四名 台東区 七一名 墨田区 一名 北区 八名

足立区 一二名 港区 一名 文京区 一名 葛飾区 三名

江東区 一名

5 P・T・A

P・T・A会長 李相才 副会長 文碩裕 朴静順

会費 一〇〇圓

6 父兄職業

職業	数
ゴム工業	43
セルロイド工業	4
鉄工業	11
職工	36
会社員	12
土木工	28
飲食店	17
菓子業	6
洋服商	10
自由労働	21
ミシン商	24
古鉄商	16
石けん業	12
旅館	1
ボロ商	4
無職其他	187
計	432

-5-

7. 施設概要

二十四年度

ガラス補修　ストーブ設置　職員用事務机、椅子購入

二十五年度

一教室改修　運動場整備　教卓設置　ガラス補修　理科戸棚設置

講堂補修　屋根修理　給食設備充実

二十六年度

職員室改修　放送施設一式設置　水呑場増設　児童昇降口改修

8. 備考

二十四年度卒業児童数　男二七　女一八　計四五名

二十五年度卒業児童数　男三三　女一九　計五二名

分校二十四年度卒業児童数　男〇　女四　計四名

分校二十五年度卒業児童数　男〇　女〇　計 —

※ 2쪽 누락

職業	数
古物商	4
飲食業	6
栄種業	1
修理業	2
日雇	15
運転手	1
無職	7
計	36

7 施設概要

校舎 一二・三三坪 階建　内職員室一　宿直室一　炊事場一　便所一　手洗場五流
一　場一　倉庫一

8 備考

・備品の主なるもの　机　腰掛　戸棚　理科器械　校庭[?]　ゆ二[?]　時計

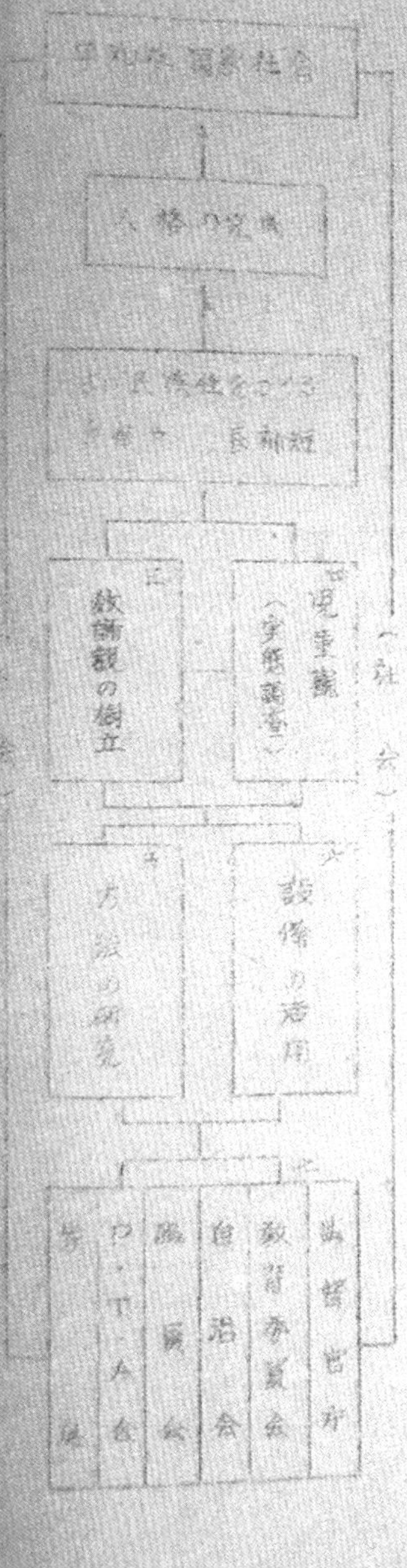

東京都立第二朝鮮人小学校

（江東区深川枝川町一ノ九番地）

1. 学級編制

学年	性別		児童数	要保児童数
第一学年	男	11	23	12
	女	12		
第二学年	男	11	30	19
	女	19		
第三学年	男	20	27	17
	女	7		
第四学年	男	11	20	7
	女	9		
第五学年	男	16	30	17
	女	14		
第六学年	男	14	26	10
	女	12		
計	男	84	156	82
	女	72		

2. 教職員

職名	氏名	出身地	就任年月日	備考
校長	松田三郎	東京都	昭和二四・一二・二〇	
教務主任	岩瀬一郎	茨城県	同	

—11—

教諭	小林愛作	群馬縣	昭和[illegible]	
同	藤[illegible]りつ	東京都	昭和二五 一〇 [illegible]	
同	[illegible]かん	[illegible]馬縣	昭和二五 [illegible]	
[illegible]	金[illegible]	平安北道	昭和二四 一二 [illegible]	
同	金[illegible]	江原道	同	
[illegible]	李[illegible]	慶尚南道	同	
同	[illegible]龍	慶尚北道	同	
同	[illegible]進	同	同	
[illegible]	[illegible]		同	
[illegible]	[illegible]木[illegible]		同	
教諭	[illegible]子	東京都	昭和二[illegible] 一 一五	昭和二五 八 [illegible] 東京都立[illegible]中小学校ヘ転出

3. 校地校舎

土地面積 一五一五坪 建物坪 一七八坪

教室其他 普通教室 六 職員室 一 宿直室 一 調理室 一

図書室 一 PTA事務所 一 物置 一

4. 通学区域

江東区 中央区の全部、文京区の一部

5. P.T.A並に後援会

P.T.A会長 李六統 後援会長 李天統

会費 二〇圓 会費 五〇圓乃至三〇〇圓

6. 父兄職業

職業	数
無職	32
自由労働	30
古物商	14
運転手	9
露店	3
工員	3
飲食店	2
行商	2
運送業	2
教員	1
学校小使	1
区役所雇	1
薬局	1
製粉業	1
製靴工	1
製木工	1
美容師	1
洋裁	1
鉄道職員	1
金属工	1
遊戯場	1
計	109

— 13 —

7 施設設備
一 従来よりの施設　ピアノ一　オルガン一
二 新規の施設　標本三　ブランコ一　鉄棒一　号令台一
三 新造した施設　給食設備

8 備考
イ 卒業生の状況
昭和廿四年度卒業生　二六名
内　朝鮮人中学校へ　二四名
日本人中学校へ　二名
昭和廿五年度卒業生　二五名
内　朝鮮人中学校へ　二三名
日本人中学校へ　二名

東京都立第三朝鮮人小学校

（板橋区板橋町四丁目一五〇九番地）

1 学校沿革

—14—

2 教職員

職名	氏名	出身地	就任年月日	備考
校長	富濱覚孟	宮崎県	昭二四 一 二〇	
教務主任	浅野 斯	千葉県	同	
教諭	八澤いと子	静岡県	同	

学年	性別	現童数		生活保護児童数	要養護児童数
第一学年	男	24	38	6	0
	女	14			
第二学年	男	20	35	10	0
	女	15			
第三学年	男	22	40	8	1
	女	18			
第四学年	男	22	35	6	0
	女	13			
第五学年	男	31	44	8	1
	女	13			
第六学年	男	24	37	9	0
	女	13			
計	男	143	229	47	2
	女	86			

—15—

教諭	横山弘二	高知縣	昭和二四・一二・三一	
同	大野政男	東京都	昭和二五・六・一五	
同	志賀榮枝	福島縣	昭和二五・四・三〇	
專任講師	柳碧	慶尚南道	昭和二五・一〇・三一	
時間講師	李泰洪	江原道	昭和二四・一二・二〇	
同	鄭永一	同	同	
同	李商憲	大邱府	昭和二五・一二・三一	
事務助手	濱今朝人	長野縣	昭和二四・一二・三一	
給食作業員	朱先玉	全羅南道	昭和二四・一二・二〇	
用務員	朴富子	慶尚北道	同	
校醫	武川哲		同	
書記教官	中泉弘一		同	

[illegible]	[illegible] 仁 [illegible]	[illegible]	昭和一[illegible]・三	昭和二三・[illegible]就職
同	崔 三 男	東京都	同	昭和二六・一就職
明治専門	高 仁 [illegible]	済州道	昭和二四・三・二〇	昭和二五・六・三〇就職
同	林 栄 稷	忠清北道	同	同
同	林 実 相	慶尚北道	同	昭和二五・二・一就職

—17—

3. 校地校舎

土地面積 五〇五坪 建物坪 一八二・五坪

教室其他 普通教室 六 音楽室 一 理科室兼図書館 一 [illegible]室 一

職員室 一 調理室(給食)一 校長室兼宿直室 一 [illegible] 二

4. 通学区域

板橋区 一四六、豊島区 六〇 北区 七 練馬区 八 新宿区 二

千代田区 一 [illegible] 四

5. PTA 及び後援会

PTA会長 崔正斗 後援会長 崔正斗

※ 2쪽 누락

東京都立第四朝鮮人小学校

（足立区本木町一ノ三二一番地）

1. 学級編制

学年	性別	児童数		学級数
第一学年	男	30	52	12
	女	22		
第二学年	男	23	49.	7
	女	26		
第三学年	男	27	52	12
	女	25		
第四学年	男	26	52	22
	女	26		
第五学年	男	24	57	19
	女	33		
第六学年	男	22	41	6
	女	19		
計	男	152	303	78
	女	151		

2. 職員

職名	氏名	出身地	就任年月日	備考
校長	雨川 普	東京都	昭和二四、一一、二〇	足立区立第十四中学校より転補
教務主任	細 耕 勝 人	愛媛	同	足立区立千寿第三小学校より転補

—20—

教諭	田中慎一郎	兵庫県	昭和二四、一二、一一	外地引揚東京都新任
同	千野直三郎	埼玉県	昭和二四、一二、二〇	同
同	三木妙子	長崎県	昭和二四、一二、三一	同
同	徳田明	北海道	昭和二五、二、一五	新任
同	坂本てる	長野県	同	同
兼任講師	尹星度	慶尚北道	昭和二四、一二、一〇	朝連小学校より引つゞき就任
同	申平植	全羅南道	同	同
時間講師	李實宰	咸鏡北道	同	同
同	朴魯浩	慶尚南道	同	同
養護助手	菅原静枝	宮城県	昭和二五、四、二〇	新任
用務員	白寶吉	慶尚南道	昭和二四、一二、一〇	朝連小学校より引つゞき就任
校医	金万俊	済州道	昭和二五、三、三一	新任

— 21 —

教科担任	蘇 四・王 峰	台湾省台南県	昭和二三・三・一	新任
理化担任	権 桂 鉉	全羅北道	昭和二四・一・二〇	昭和二六・三・一 荒川第[illegible]小学校へ転出
給食担当員	朴 三 曦	忠清北道	昭和二四・一二・二〇	昭和二六・四・三一 依願退職

3. 校地校舎

土地面積 一〇四〇・四七坪　建物坪・一六六・五坪

教室其他 普通教室 六　職員室 一　便所 一

4. 通学区域

足立区一円

5. P・T・A並に後援会

P・T・A会長 柳瑞仁　後援会長 柳瑞仁

会員数　会費 五〇圓以上（一世帯）

6. 父兄職業

職業	数
会社員	22
医師	1
工員	27
家庭工業	42
商業	25
農業	2
自由労働者	106
無職	78
計	303

7. 施設概要

1 昭和二十五年四月から五月にかけて約一ヶ月間、臨安の労務者を毎日約十五人づゝ、動員して校庭の地ならしをなし、赤泥トラック三十台を入れて、面目一新した。

2 同年九月から十月にかけて、"正門に木柵新設、水道修理、水呑場及足洗場新設、又便所への渡り廊下を新設した。

3 同年十二月、各教室及職員室にストリップを設置する。

4 備品として購入したおもなものは次の通りである。

事務用机一基 事務用机七脚 事務用椅子一五脚 職員用下駄箱一基 児童用机三〇脚

理科用品一〇〇点 児童用下駄箱大型 オルガン五号型一台等

5 二十六年度では校舎の大修理 職員室及各教室の配電施設及び電話をひいて拡声器音楽特別教室その他を購入予定

— 23 —

8 備考

○本校の教育目標

在日朝鮮人子弟に対し、朝鮮国家の形成者として必須な初等普通教育を授けると共に、正しい世界史観に立脚した民主主義的愛国心を昂揚し、真理と正義を愛する平和民族たらしめる。

○本校の教育方針

1.日常生活に必要な基礎教科の理解と技能の徹底を図る。

2.民族の自覚を深めるために、母語たる朝鮮語の完全な修得を図る

3.自主自律的な生活を培い、国際協調の精神を養う。

4.生活を明るく豊かにする芸術愛好の精神を養う。

5.明朗活発にして健康な心身の調和的発達を図る。

卒業児童数

昭和二四年度　男　一五名　女　一七名　計　三二名　進学者　男　一五名　女　一七名

昭和二五年度　男　二〇名　女　一四名　計　三四名　進学者　男　一九名（一名は家事手伝）　女　一二名（二名は家事手伝）

— 24 —

東京都立第五朝鮮人小学校

（葛飾区東戸本町一三四三番地）

1 学級編制

学年	性別	児童数		学級数
第一学年	男	19	38	1
	女	19		
第二学年	男	14	25	0
	女	11		
第三学年	男	30	50	2
	女	20		
第四学年	男	20	41	2
	女	21		
第五学年	男	13	44	2
	女	31		
第六学年	男	28	50	3
	女	22		
計	男	124	248	10
	女	124		

2 校長

職名	氏名	出身地	就任年月日	備考
校長	今岡吉太郎	島根県	昭和二四、一二、二〇	

—25—

校務主任	高橋[illegible]彦	福島縣	昭和二四、一一、一〇	
教諭	山口彌一郎	東京都	昭和二五、一、一五	
同	坪[illegible]安雄	鳥取縣	同	
同	森下れい	静岡縣	昭和二六、二、二八	
同	矢野茂夫	香川縣	昭和二五、一二、二一	
兼任講師	崔慶玉	咸鏡北道	昭和二四、一二、二〇	
同	吳常弘	濟州道	同	昭和二六、六、一専任講師より任命替
兼任講師	李容旭	慶尚北道	昭和二六、六、一	
同	李紀善	咸鏡北道	昭和二四、一二、二〇	
同	張武翼	平安北道	同	
同	吳[illegible]露	全羅北道	同	
事務助手	鎌田富子	神奈川縣	昭和二五、三、三一	

事務員	荻野徳次郎	東京都	昭和二四、一二、二一	
学父兄会会長	張山玉	済州道	昭和二四、一二、二〇	
教諭	松尾ケ卫	福岡県	昭和二五、一、三一	昭和二五、八、三一 東京都立特殊山小学校へ転出
同	西山富雄	香川県	昭和二五、一、一五	昭和二五、三、三 退職（早大建築科在学）
専任講師	李学鎬	咸鏡南道	昭和二四、一二、二〇	昭和二六、五、三一 退職（桜優秀演劇研究所）
校医	遠藤友孝	鹿児島県	昭和二五、二、二一	
歯科校医	塚本剛一	滋賀県	同	

3. 校地校舎

土地面積　一一八四坪　建物坪　一五三坪

教室其他　教室　六　職員室　一　図書室　一　宿直室　一

物置　一　便所　一

4. 通学区域

葛飾区一円（最大距離五〇分）　江戸川区一円（最大距離一五〇分）

千葉県市川市（六〇分）　足立区一部（七〇分）

— 27 —

5. P.T.A並に後援会

P.T.A会長 [illegible]王化
会費 一ヶ月二〇円

後援会長 金平重
会費 五〇〇円—[illegible]

6. 父兄職業

職業	数
鉄工	47
ゴム工業	45
せんべい業	33
飲食店	25
あめ製造	22
鉄工業	9
会社員	9
古鉄屋	19
革靴工	5
床屋	3
大やし	1
がらす	1
セルロイド	7
洋服屋	2
計	228

7. 施設概要

開校当初（二五年一月）各教室にストーブを設備した。尚校舎内外の修理の急務が[illegible]二月以来実現され、第一回（二十万円）各教室の板壁総張り、校舎外廓の塀板張り、第二回（八万円）廊下、教室の窓付け、便所の建設、第三回（八万二千円）職員室の拡張、教室の床板張替、廊下の[illegible]及宿直室の改造をした。一〇月二三日児童作品[illegible]一〇月[illegible] 一〇月二七日六年生五〇名[illegible]山へ修学旅行を[illegible]

[illegible]

略々とり校庭整地の排水工事と下水工事を完全ならしめ[illegible][illegible][illegible]
二六年一月以来水道架線運動を起し目下交渉中
理科・体育・音楽器具・備品等あらゆる文庫の施設計画中

8 備考

昭和二四年度閉校前在籍数	男 一二四	女 一三九	計 二六三
昭和二五年度三月末現在籍	男 一二五	女 一三七	計 二六二
途中入学者総数	男 二二	女 一七	計 三九
途中退学者総数	男 三〇	女 二八	計 五八
新入学生（昭和二五年度）	男 一五	女 一三	計 二八
新入学生（昭和二六年度）	男 二〇	女 一八	計 三八
昭和二六年度九月現在籍	男 一二二	女 一二四	計 二四六
卒業生（昭和二四年度）	男 一五	女 一四	計 二九
卒業生（昭和二五年度）	男 一四	女 二一	計 三五
計	男 二九	女 三五	計 六四

東京都立第六朝鮮人小学校

(大田区調布千鳥町七〇八番地)
電話 池上(05)一三八四番

1 学校編制

学年	性別	児童数		欠席児童数
第一学年	男	16	35	10
	女	19		
第二学年	男	21	42	15
	女	21		
第三学年	男	22	42	10
	女	20		
第四学年	男	23	50	15
	女	27		
第五学年	男	23	51	11
	女	28		
第六学年	男	29	60	20
	女	31		
計	男	134	280	81
	女	146		

2 教職員

職名	氏名	出身地	就任年月日	備考
校長	[illegible]	[illegible]	[illegible]	

— 30 —

[illegible]	[illegible]	京畿道	昭和二四、[illegible]	
[illegible]	[illegible]	慶尚北道	昭和二五、[illegible]	
同	[illegible]	京畿道	昭和二六、[illegible]	
同	[illegible]	全羅北道	昭和二六、六、一	
常任講師	[illegible]	忠清北道	昭和二四、[illegible]、二〇	
同	[illegible]	全羅南道	同	
常勤講師	金[illegible]	慶尚南道	同	
同	[illegible]	全羅南道	同	
同	[illegible]	平安北道	昭和二六、五、一	
非常勤講師	[illegible]	[illegible]	昭和二五、五、二一	
同	朴[illegible]	慶尚南道	昭和二六、一〇、一	
[illegible]	[illegible]	新潟縣	昭和二六、[illegible]、一	

—31—

校長	嘉屋一雄	兵庫縣	昭和二五.五.一	
教頭教諭	吉枝清徳	愛知縣	同	
教諭	高嶺亘林	三重縣	昭和二四.一二.一〇	昭和二六.五.三一退職
同	中村マツ	栃木縣	昭和二六.四.三〇	昭和二六.一〇.三一退職
時間講師	洪[illegible]均		昭和二四.一二.一〇	昭和二五.五.三一退職
同	呉[illegible]洙		同	同
同	高永一		昭和二五.五.一	昭和二五.六.三〇退職
同	金[illegible][illegible]		同	昭和二五.一二.三一退職
[illegible]教員	金[illegible][illegible]		昭和二四.一二.一〇	昭和二六.六.三〇退職
同	金外[illegible]		昭和二五.六.三〇	昭和二六.[illegible].三一退職
[illegible]	[illegible][illegible][illegible]		昭和二四.一二.一〇	昭和二六.八.三一退職

— 32 —

三、敷地面積 一、二八五坪、 建坪 一九八・五坪 延坪 二八六・五坪

教室ノ外 教室 八 炊事室 一 職員室 一 宿直室 一

4 通学区域

太田之内全域

5 P.T.A 並に後援会

P.T.A 会長 金宗衛 後援会長 金宗衛

会費 月一〇圓 会費 月平均二〇〇圓（一世帯当り）

6 父兄職業

職業	数
自動車会社経営	1
自動車運転手	13
自動車修理業	4
ネームプレート工場工	3
洋服商	2
飲食店	10
靴商	2
鋼鉄商	18
古物商	36
自由労働人夫	26
各種工員	21
食品製造業	4
農業	2
ベークライト加工業	4
会社員	10
計	156

7. 施設概要

昭和二四年度修理 校舎の腐朽個所（屋根、天井、床の他） 渡廊下、便所、周壁

—33—

昭和二五年度修理及増設
教室の修繕
水飲場の設置、宿直室の設置、給食室の設置、其の他給食
設備、運動具設備（滑り台、ぶらんこ、鉄棒、跳箱等）
昭和二六年度修理
手押ポンプの設置（井戸修理）
学校設備之品並に父兄寄附品
児童机 二〇脚 長腰掛 四〇脚 事務机 一四脚 [illegible]
寄椅子 一七脚 円椅子 六脚 丸椅子 一脚 戸棚
一 下駄箱 二 オルガン 一 宿直寝具 一組 花瓶
掛図若干等

8 教

卒業生
昭和二四年度 二九名
昭和二五年度 二八名

—34—

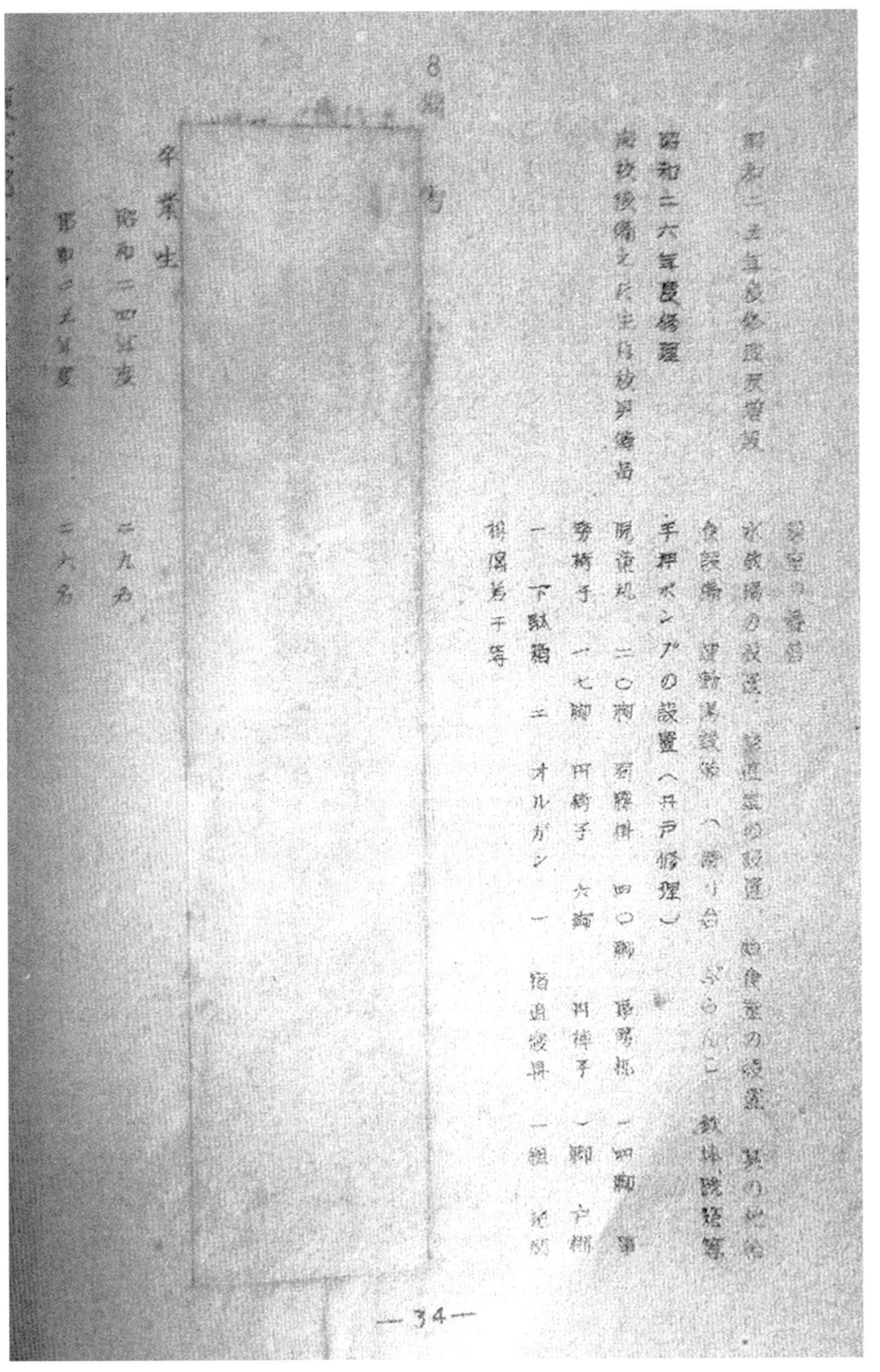

東京都立第七朝鮮人小学校

（品川区大崎本町三ノ六四八番地）

1. 学級編制

学年	性別		児童数	[illegible]
第一学年	男	24	42	7
	女	18		
第二学年	男	12	20	5
	女	8		
第三学年	男	18	32	11
	女	14		
第四学年	男	12	27	4
	女	15		
第五学年	男	19	45	6
	女	26		
第六学年	男	18	31	7
	女	13		
計	男	103	197	40
	女	94		

2. 教職員

[illegible]	[illegible]	出身地	就任年月日	備考
[illegible]	[illegible]	[illegible]	昭和二四、一二、一	

—35—

教務主任	櫻庭源次郎	北海道	昭和二五、一一、三〇	
教諭	中馬ヨシ	鹿児島縣	昭和二五、一、一五	
同	稲葉彦雄	栃木縣	昭和二五、一二、三一	
同	岩間まさゑ	東京都	昭和二五、一、一五	
同	柴崎雅人	北海道	昭和二六、五、一	
専任講師	韓浩權	忠清南道	昭和二五、四、三〇	
同	[illegible]濟河	同	昭和二四、一二、二〇	
時間講師	高仙洙	濟州道	昭和二五、四、三〇	
同	金辰竜	京畿道	同	
事務助手	徐廷協	慶尚北道	昭和二四、一二、二〇	
用務員	斉藤[illegible]東	長野縣	昭和二五、三、三一	
[illegible]	曹圭分	慶尚南道	昭和二六、[illegible]、一	

職名	氏名		就任年月日	備考
校長	朴成三		昭和二五・三・一	
教科校長	吉田春代		同	
教諭	河辺森之助	新井王雄	昭和二五・一一・一〇	常勤
同	田中熏	山口繁	昭和二五・一〇・二一	同
同	安崎元	崎王新・	昭和二六・五・一	同
講師	鍾田泳		昭和二五・四・二〇	[illegible]
同	黄正潤		同	同
同	黄昞和		同	同

3 校地校舎

土地面積 一一三二、六〇坪 建物坪 一二一、二五坪

教室其他 教室 六 教員室 一 宿直室 一 調理場 一

4 通学区域

品川区 [illegible] 荏原区 同

芝浦 三一 浜松町 三四 一九 恵比寿 八 大崎 三六

荏原 一三 大井 四〇 [illegible] 一七 目黒 一四 大岡山 七

5. PTA

PTA会長 鄭英侠

会費 一〇〇～三〇〇圓

6. 父兄職業

職業	数
無職	31
日稼労務者	16
飲食店	15
電球製造業	8
同従業員	2
古物商	7
食料雑貨商	7
工場工員	5
薬種商	4
古鉄業	3
自動車運転手	2
合成樹脂加工業	2
内職	6
医療器具商	1
日用雑貨商	1
薬品販売業	1
洋服衣料製販業	1
パチンコ業	1
石けん製造業	1
会社員	4
通信事務	1
計	119

— 3? —

7. 施設概要

工事中で新に校舎二棟建設のため大部分新設（備品を含まず）

東京都立第八朝鮮人小学校

（世田谷区池尻町七二番地）

一、学級編制

学年	性別	児童数		[illegible]
第一学年	男	17	27	11
	女	10		
第二学年	男	14	30	8
	女	16		
第三学年	男	16	29	10
	女	13		
第四学年	男	20	34	11
	女	14		
第五学年	男	13	20	8
	女	7		
第六学年	男	14	29	9
	女	15		
計	男	94	169	58
	女	75		

二、校舎（児童　学級）　一五教室　運動場　[illegible]

講堂　一（八坪）　其の他　[illegible]　二五坪

三、備考

昭和二四年度　卒業生　一八　新入生　一一

昭和二五年度　〃　四六　〃　四二

昭和二六年度　〃　[illegible]　〃　四五

2 教職員

職名	氏名	出身地	就任年月日	備考
校長	窪田盛二	鹿児島縣	昭和二四、一二、二〇	
校務主任	斉藤宇太郎	山形縣	同	
教諭	吉原啟之	山口縣	同	
同	下川祐徳	福岡縣	昭和二六、四、一	
同	坂田つた江	埼玉縣	昭和二六、五、一	
同	長嶌昇	東京都	昭和二六、五、一四	
專任講師	李日東	全羅南道	昭和二四、一二、二〇	
同	任鴻鎬	同	同	
兼任講師	韓[illegible]鎬	忠清南道	同	
同	朱[illegible]約	平安北道	同	

同	金鏡大	慶尚南道	同	
同	金[illegible]	慶尚北道	同	
作業員	曹栄叔	同	同	
校医	井堀大策	東京都	昭二五、五、三一	
歯科校医	堤正然	福岡県	同	
教諭	松下隆一	埼玉県	昭和二四、一二、二〇	[illegible]谷区へ転出
同	宇羽野建一	長野県	同	品川区へ転出
同	東山[illegible]一郎	東京都	同	[illegible]区へ転出
特別講師	金相俊	咸鏡南道	同	退職
作業員	崔明愛	慶尚南道	同	同

3. 校地校舎

土地面積 一、五三〇坪 建物坪 一八九坪

教室其他 六教室及便所校舎一棟 職員室及音楽室校舎一棟

— 41 —

※ 2쪽 누락

東京都立第九朝鮮人小学校

（杉並区阿佐ヶ谷町四の三七三番地）

1 学級編制

学年	性別		児童数	要保護児童数
第一学年	男	5	11	4
	女	6		
第二学年	男	10	16	3
	女	6		
第三学年	男	4	11	4
	女	7		
第四学年	男	5	13	1
	女	8		
第五学年	男	7	15	6
	女	8		
第六学年	男	4	13	4
	女	9		
計	男	35	79	17
	女	44		

2 教職員

職名	氏名	出身地	就任年月日	備考
校長	山田輝彦	千葉県	昭和二四・一二・一〇	
[illegible]	[illegible]	[illegible]	[illegible]	

— 44 —

教諭	山縣 秀美槃	福井縣	昭和二四、一二、二〇	
同	細川 恒雄	岐阜縣	昭和二六、六、一五	
専任講師	李 弘 成	忠清南道	昭和二四、一二、二〇	
兼任講師	鄭 東 哲	慶尚南道	同	
専任講師	橋本 知大	東京都	昭和二六、六、一	
兼任講師	朴 茂、香	慶尚北道	昭和二四、一二、三一	
兼任講師	福島 江	同	昭和二五、四、三〇	
校医	河北 眞太郎		昭和二六、三、三一	
兼任講師	石井 猛五郎	千葉縣	昭和二五、三、三一	
教諭	矢野 和男	東京都	昭和二四、一二、二〇	昭和二六、六、一六 本村第二小学校へ転出
兼任講師	中村 美一	山梨縣	昭和二四、一二、三一	昭和二五、一二、三〇 三鷹第四小学校へ転出
助教諭	金 秀 支	済州道		昭和二五、四、三〇 退職 都立朝鮮高等学校へ入学

3 校地校舎

土地面積 四五・四坪 建物坪 九三坪

教室現況 教室・三 職員室 一 宿直室 一 給食室 一 便所 一 物置 一

4 通学区域

杉並区 中野区 世田ヶ谷区 渋谷区 武蔵野市 北多摩郡

5 P.T.A

P.T.A会長 吉[illegible]誠

会費 [illegible]

6 父兄職業

職業	数
人夫	1
飲食店	10
会社員	5
商業	5
工員	4
古物商	3
其の他(無職)	20
計	48

7 施設概要

教材　蓄音器　理科用備品購入（新調）
衛生　身体検査用具（新調）　体重計　身長計　座高計
運動　鉄棒（開設）　運動会用（バレーボール用具一式）新調
校舎　廊下外側窓ガラス新設　暖房（ストーブ）
物置　改修　職員事務用机　椅子　戸棚（新調）　保健用具購入
給食室　改修　流し　調理台　戸棚等新設
水道　足洗場　渡廊下　屋根等新設
水門工事　鉄筋混凝工事完成

8. 備考

昭和二五年三月卒業生　二二名
（男　一〇名　女　一二名）
中学校に進学せるもの　二〇名
家事に従事せるもの　二名

昭和二六年三月卒業生　一四名
（男　六名　女　八名）
中学校に進学せるもの　一三名
家事に従事せるもの　一名

東京都立第十朝鮮人小学校

（墨田区吾嬬町西七丁目二〇番地）
電話 城東(四) 一九三九番

1. 学級編制

学年	性別	児童数		要保児童数
第一学年	男	18	30	8
	女	12		
第二学年	男	12	27	12
	女	15		
第三学年	男	18	26	13
	女	8		
第四学年	男	16	29	7
	女	13		
第五学年	男	19	28	7
	女	9		
第六学年	男	7	24	9
	女	17		
計	男	90	164	56
	女	74		

2. 教職員

職名	氏名	出身地	就任年月日	備考
校長	神戸[illegible]	[illegible]	昭和二十一・一二・二〇	

[illegible]	野村看子	茨城県	昭和二[illegible]、一、一五	
教諭	小太刀丸	栃木県	昭和二六、四、一	
同	[illegible]	東京都	昭和二四、一二、三一	
[illegible]	韓明洙	全羅北道	昭和二四、一二、二〇	
[illegible]	金[illegible]	平安南道	同	
同	趙[illegible]龍	咸鏡南道	同	
同	李光永	慶尚南道	昭和二五、一一、三〇	
[illegible]	[illegible]村直太郎	東京都	昭和二四、一二、三一	
同[illegible]	小野寺[illegible]	同	昭和二六、五、一一	
[illegible]	朴[illegible]正	慶尚南道	昭和二五、七、一五	
校長	[illegible]	東京都	昭和二六、四、一	
[illegible]	[illegible]	同	同	

—49—

教諭	小林輝夫	東京都	昭二五、一、一五	昭和二[illegible]、四、一 [illegible]学校へ転出
同	松田道子	同	同	昭和二六、四、一 足立区本木小学校へ転出
時間講師	朴泰錫		昭二四、[illegible]、七	昭和二五、六、三〇退職
給食作業員	金始子	東京都	同	同
用務員	日吉光子	東京都	同	昭和二六、三、三一退職

3. 校地校舎

土地面積 九八一・五一五坪 建物坪 一〇九坪

教室其他 普通教室 六 職員室 一 音楽室 一 宿直室 一

給食調理室 一

4. 通学区域 墨田区一円

5. P.T.A並に後援会

P.T.A会長 朴泰洙 後援会長 朴泰洙

会費 一ヶ月二〇円 会費 金額不定

6 父兄職業

職業	数
商業	16
ゴム	15
鉄金属	11
硝子工	6
土工	5
水飴製造	3
理髪	2
写真	2
運転手	3
メハヤス加工	2
油脂(石けん)	2
セメント	2
ミシン加工	3
漁業	4
其他	32
計	108

7 施設概要

校舎の修理　屋根、戸の修理並にガラス補充

学校給食の実施　昭和二六年二月二〇日より給食実施

同年四月給食調理室設置

校庭整備　第一期工事（昭和二五年一一月より翌年三月まで）

第二期工事（昭和二六年一一月）、校庭土盛整地、土止工事、

校門入口の整備を完了

学習指導研究会　昭和二五年二月以降毎週一回実施　学習指導の研究を継続実施

トラホーム治療　加藤校医並に田口眼科の協力を得てトラホームの特別治療を実施した。

— 51 —

歯科治療　歯科校医と連絡して歯科衛生の検査及び歯治療を実施した。

二部教授解消　昭和二六年五月普通教室三教室を間仕切して大教室となし従来の二部教授を解消した。

9 備考

昭和二四年度卒業生　男　七　女　六　計　一三名

昭和二五年度卒業生　男　一〇　女　一一　計　二一名

東京都立第十一朝鮮人小学校

（立川市錦町四丁目三五番地）

1 学級編成

学年	第一学年		第二学年		第三学年		第四学年		第五学年		第六学年		計	
性別	男	女	男	女	男	女	男	女	男	女	男	女	男	女
児童数	13	15	13	15	13	12	16	16	15	9	12	10	82	77
	28		28		25		32		24		22		159	
[illegible]	6		3		5		5		1		2		22	

2. 教職員

職名	氏名	出身地	就任年月日	備考
校長	竹内龍馬	千葉県	昭和二四 一一 一〇	
教務主任	藤塚大作	同	同	
教諭	浅田栄次	茨城県	同	
同	大川栄子	群馬県	昭和二五 一 一五	
同	市川慶三	同	昭和二五 五 三一	
嘱託講師	李孝根	平安北道	昭和二四 一二 二〇	
嘱託講師	金貴植	京城府	同	
同	崔変鎮	同	同	
同	朴正基	忠清北道	同	
学校医	石川謙一	東京都	昭和二五 四 一〇	

— 53 —

事務員	青木忠夫	東京都	昭和二五、一一、一五	
給食作業員	赤羽根とし子	栃木縣	昭和二四、一〇、三一	
校医	渡辺盛文	東京都	同	
歯科校医	小松濱	同	同	
事務助手	村田吉彦	同	昭和二五、三、一五	昭和二五、四、三〇 退職

3 校地校舎

土地面積 一、三一六坪　建物坪 二〇八坪

教室其他 普通教室 大　職員室、校長室、宿直室、用務員、炊事室 各一 便所二

4 通学区域

、三多摩郡地区 北多摩 一一九　南多摩 三一　西多摩 九

5 P.T.A並後援会

PTA会長 朴東一　後援会長 朴東一

会費 月 一〇圓　会費 月 五〇圓

6 父兄職業

職業	数
古物商	8
食品販売	4
醫医	2
理髪店	1
新聞販売	1
職工	1
土木請負	1
学校職員	1
無職（労働）	76
計	95

7 施設概要

昭和二四、一二、二〇 創立
同 二五、一、一一 授業開始 複式三学級 児童一〇四 職員一一
同 二五、四、一〇 学級を大学級に編制 児童一五〇 職員一三
同 二五、四、 校舎屋根、窓等修理
同 二五、九、 江川私安、市の協力で運動場完備
同 二五、一一、 教育設備
同 二六、四、 校舎、給食設備等補修
同 二六、七、 便所、手洗場設備

8 備考

昭和二五、三卒業生（男一〇 女七）一七 朝鮮人中学校へ（男九 女七）一六
昭和二六、三卒業生（男一二 女九）二一 朝鮮人中学校へ（男九 女五）一四

—55—

東京都立第十二朝鮮人小学校

（南多摩郡町田町九七七番地）

1 学級編制

学年	性別	児童数		学級児童数
第一学年	男	10	21	5
	女	11		
第二学年	男	10	20	3
	女	10		
第三学年	男	10	20	5
	女	10		
第四学年	男	9	24	4
	女	15		
第五学年	男	11	24	5
	女	13		
第六学年	男	10	19	5
	女	9		
計	男	60	128	27
	女	68		

2 教職員

職名	氏名	出身地	就任年月日	備考
校長	石川芳之助	東京都	昭和二四、一二、二〇	
教務主任	小竹三郎	新潟縣	昭和二四、一二、三〇	

職名	教諭	同	専任講師	時間講師	同	事務助手	用務員	営繕作業員	教諭	助教諭	教諭	同
氏名	松野仁	江成テイ	李海東	孫泰烜	張晋澄	翁長秀子	朴田順	任容鎬	花岡秀夫	今村茂	香大三	田中節子
本籍	静岡県	東京都	京畿道	慶尚北道	同	東京都	慶尚南道	京畿道	神奈川県	長野県	鹿児島県	東京都
任用年月日	昭和二六、四、一	昭和二五、三、三一	昭和二四、一〇、二〇	同	昭和二五、四、五	昭和二六、二、一	昭和二五、一、三〇	昭和二四、一二、二〇	昭和二五、三、三一	同	昭和二四、一二、二〇	昭和二五、一、三一
備考		昭和二五、一二、三 事務助手より任用替									昭和二六、三、[illegible] 転出	昭和二六、一二 [illegible]

— 57 —

時間講師	金 安	宋 載 進	昭和二四、一二、二〇	昭和二六、九、三〇退職

3. 校地校舎

土地面積　三八〇坪　建物坪　七一坪

教室其他　普通教室　三　職員室　一　校長室　一　宿直室　一　使丁室　一

4. 通学区域

東京都南多摩郡　町田町　南村　忠生　堺村

外都内一円

5. P.T.A並に後援会

P.T.A会長　宋　晉　泌　　後援会長

会　費　　　　会　費（直接学校と関係なし）

6. 父兄職業

数	12	4	2	20	1	8		47

— 56 —

職業
鉄屑商
飲食店
運送業
職工(土建)
教職
無職
計

7. 施設概要

都立校として発足当時、設備は概ね良好であつたが、狭少のため其の後一教室二学級に分離、現在四学級として授業

一、映画教室連盟に加盟　月一回程度映画鑑賞

一、備品、設備については漸次計画を実現して行きつゝある。

運動場整備　鉄棒新設　校舎補修等

8. 備考

卒業児童

昭和二四年度　一四名　二名家業に従事　他は中学校へ入学

昭和二五年度　六名　中学校へ入学

東京都立朝鮮人中學校

（北区上十條町二ノ二二番地）

電話王子（81）二七三四番 / 四二七八番

一 學級編制

學年	性別	児童數		學級児童數
第一學年	男	169	317	
	女	148		
第二學年	男	155	298	
	女	143		
第三學年	男	144	244	
	女	100		
計	男	468	859	
	女	391		

二 教職員

職名	氏名	出身地	就任年月日	備考
校長	安岡富吉	鹿児島縣	昭和二四、一二、一〇	

—60—

教諭	三紫要一郎	同	昭和二三 八 三一	
同	渋谷千ゑ	静岡県	昭和二四 一〇 二〇	
同	石川淳	東京都	昭和二四 一二 一一	
同	望月武秀	宮崎県	昭和二五 一 三一	
同	福田一郎	青森県	同	
同	梅鶴英子	埼玉県	昭和二五 二 一五	
同	小澤銀吾	山梨県	昭和二五 六 一八	
同	太田重次	東京都	昭和二五 三 三一	
同	重田定雄	鹿児島県	同	
同	滝井勝	東京都	同	
同	安喜登豊	沖縄	同	
同	片岡ユキノ	山形県	同	
同	森本薫子	東京都	同	

※ 2쪽 누락

講師嘱託	宋 鎮 学	同 参	昭和二四 一二 一〇	
同	西門 德 化	同	同	
同	金 敬 在	同	同	
同	李 東 準	同	同	
同	南 日 龍	同	同	
同	黄 大 秀	同	同	
同	李 載 祖	同	同	
同	崔 容 德	同	同	
同	李 東 吉	同	昭和二五 三 三一	
同	朴 在 守	同	同	
同	金 ○ 全	同	昭和二六 六 一	
同	金 唐	同	同	在 職 中

回	会時期	四	昭和二六 七 一	
書記	水野勝次	東曲 [illegible]	昭和二五 三 一	

3. 校地校舎

土地面積 七三一三坪 建物坪 一〇五一坪 （高等学校と共用）

教室其他 別記

4. 通学区域

東京都一円

5. PTA並に後援会

PTA会長 申 [illegible] 後援会長 申 [illegible]

会費 一〇圓 会費 三〇〇圓

6. 父兄職業

職業	数
会社員	309
商業	104
工業	83
自由業	17
農業	13
漁業	10
飲食店	38
土建	57
古物商	205
不明	23
計	859

—65—

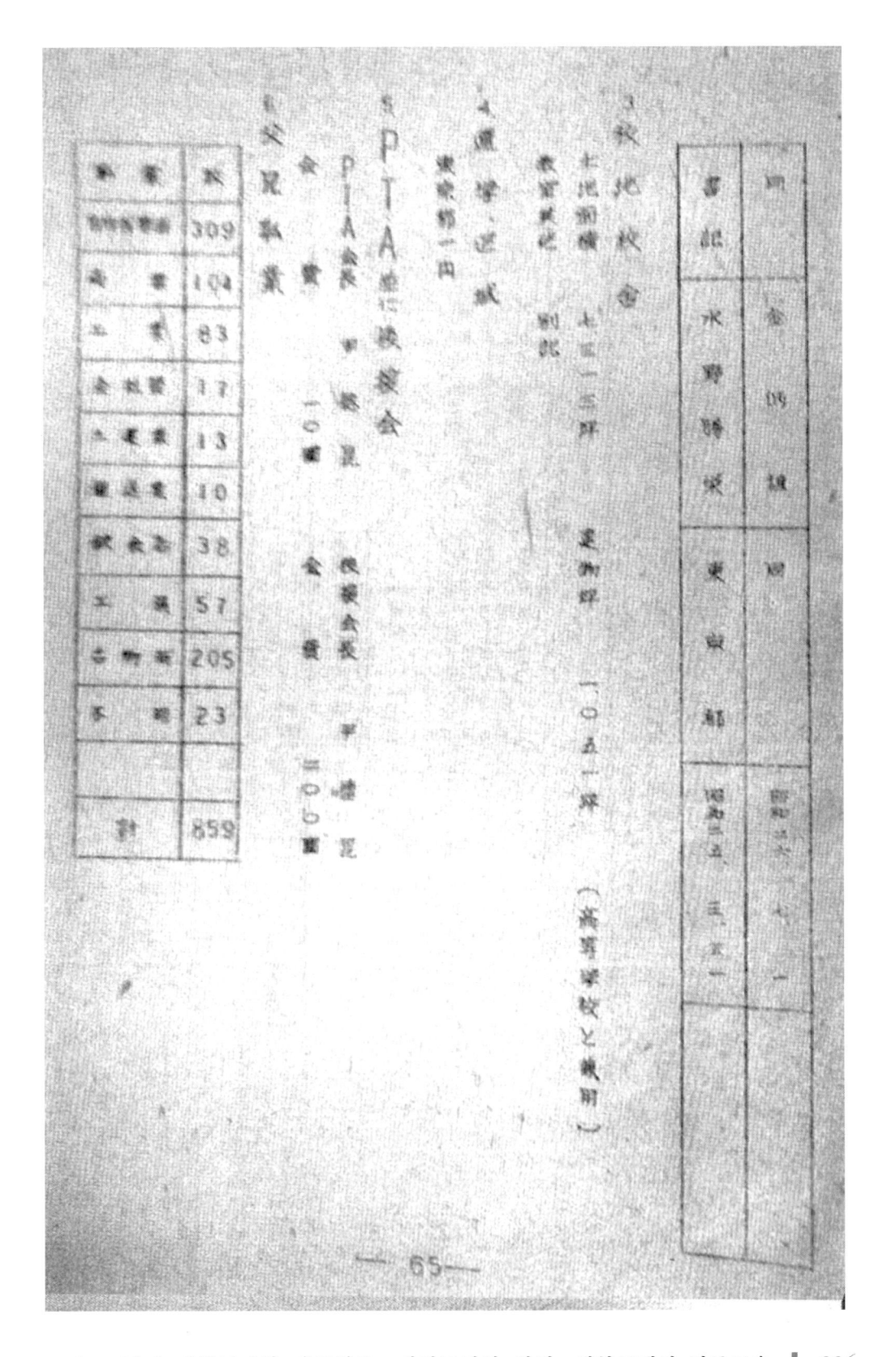

7 施設概要

高等学校と兼用につき省略（高校の部に記入）

8．備考

入学、退学、卒業生徒数調

	二四年度			二五年度			二六年度			備考
	入学者	退学者	卒業者	入学者	退学者	卒業者	入学者	退学者	卒業者	
中一	三八三	七		三四八	四五		三二五	八		
中二	三三六	三		一〇	一三〇		九	一四		
中三	二二三		二一八	六		三三九	五	一七		
計	九四二	一〇	二一八．	三六四	一七五	三三九	三四九	三九		

本校創立以来の主なる行事

年月日	行事	備考
昭二五．三．七	本校学芸会	東洋大学講堂
昭二五．一〇．八～一〇	修学旅行	日光・鬼怒川方面

東京都立朝鮮人高等學校

（北区上十條町二ノ二二番地）

電話 王子(81) 一四三二・七七三四・八番

— 學級編制

学年	第一学年		第二学年		第三学年		計	
性別	男	女	男	女	男	女	男	女
実数	136	60	76	12	55	9	267	81
学級実数	196		88		64		348	

[illegible]	[illegible]学芸会	同	二六、三、一〇	卒業記念[illegible]大会	本校
同 [illegible]	校外教授	[illegible]	同 五、七	校外教授	[illegible]
同 [illegible]	[illegible]会	校庭	同 [illegible]	秋季大運動会	校庭
同 一〇、八	校外教授([illegible])	[illegible]	同	理科研究展覧会	本校

— 67 —

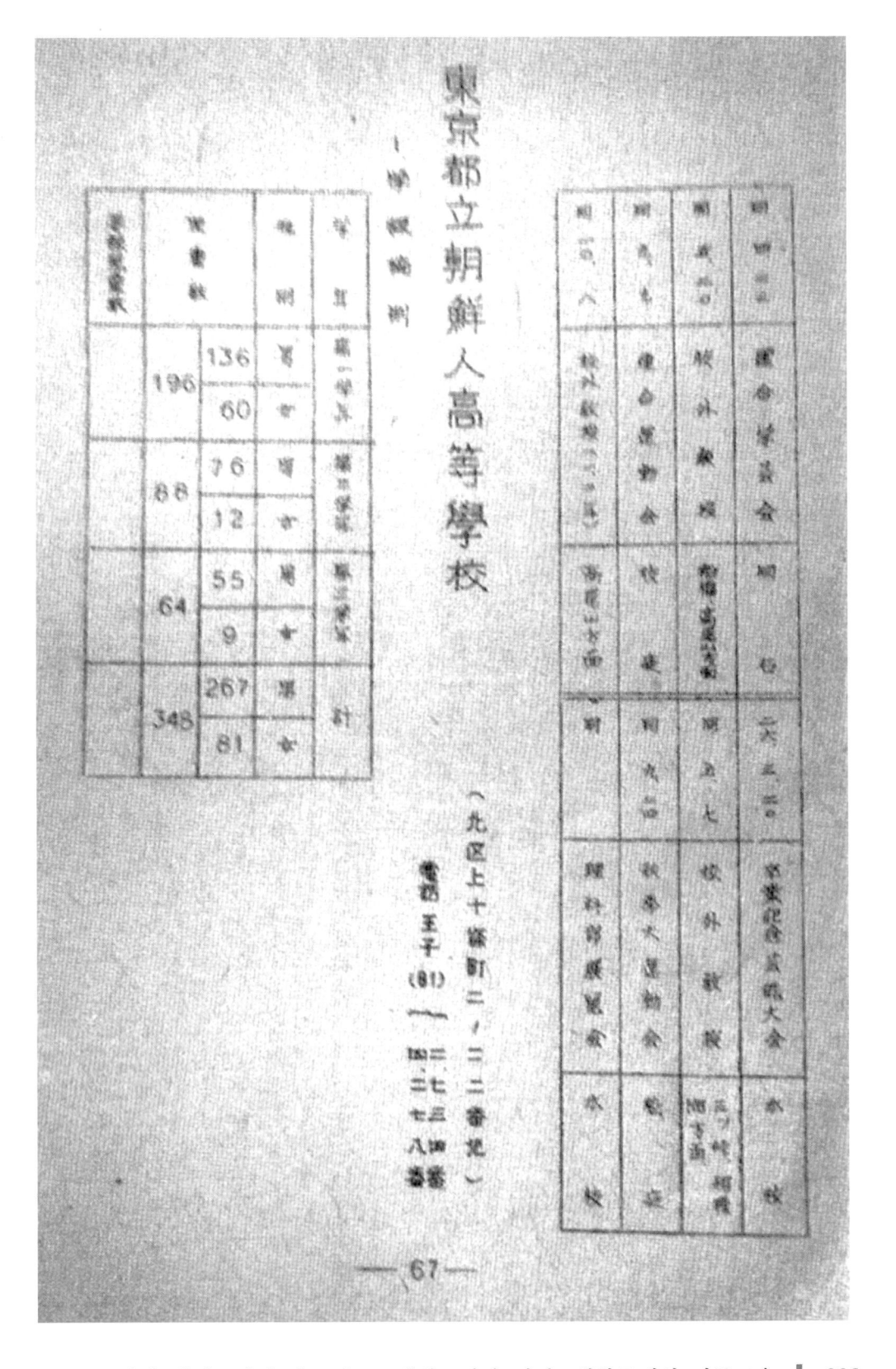

2 教職員

職名	氏名	出身地	就任年月日	備考
校長	安岡富吉	鹿児島県	昭和二四、一二、二〇	
教諭	高仲善二	茨城県	同	
同	石谷躍龍	東京都	同	
同	宮崎広治	鹿児島県	昭和二四、一二、二八	
同	下山三郎	兵庫県	昭和二五、四、一五	
同	後藤二郎	大分県	昭和二五、一二、三一	
同	安岡保	東京都	昭和二五、七、二	
同	樺木谷隆氣	同	昭和二四、一二、二〇	
同	代田昇	長野県	昭和二六、三、三一	
同	神田要一	新潟県	同	

昭和二五	秋野国与	[illegible]	昭二五 七、二一
右 同	安田利人	同	昭二五 一〇、八
[illegible]	[illegible]	[illegible]	昭二五 一〇、二〇
同	[illegible]	同	同
同	[illegible]	同	同
同	[illegible]	同	同

三、教光教会

土地面積 七五一・三坪 建物坪 一〇五一坪

[illegible]

四、豊島区域

[illegible]

五、P.T.A並ニ後援会

[illegible] 中野区 [illegible] 中野区

会 費 一〇円 会 費 一〇〇円

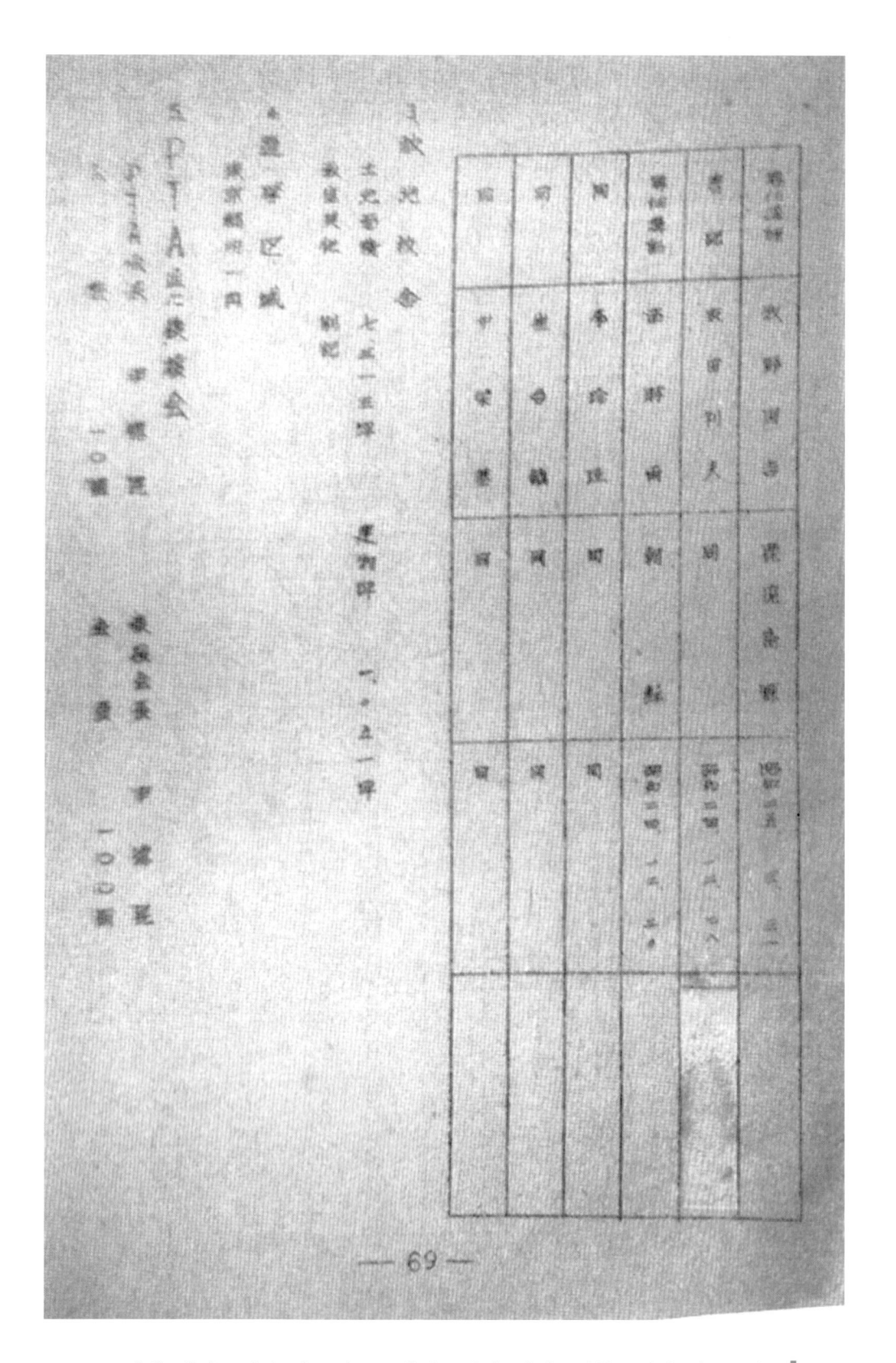

6 父兄職業

職業	数
自由労働者	140
商業	61
工業	47
会社員	3
土建業	2
運送業	2
飲食店	21
工員	6
古物商	48
不明	13
計	343

7 施設概要（中学校と兼用）

区分	室数	延坪数
普通教室	28	663
音楽室	1	52
職員室	1	33
事務室	1	33
寄宿舎	15	185
会議室	2	12
倉庫	1	6
食堂	1	14
放送所	1	6
売店	1	12
便所	5	56
計	57	1.051
運動場		4.700
空地		1.562
敷地計		7.313

— 70 —

8. 備考

入学・退学・卒業生徒数調

	二四年度 入学	二四年度 退学	二四年度 卒業	二五年度 入学	二五年度 退学	二五年度 卒業	二六年度 入学	二六年度 退学	二六年度 卒業	備考
高一	九四	二		九一	八		二一七	二一		
高二	四五	一		二	三			一九		
高三				/		四四				
計	一三九	三		九三	一一	四四	二一七	四〇		

本校創立以来の主なる行事

年月日	行事	備考
昭和二五.三.一九	本校学芸会	東洋大学講堂
昭和二五.四.二三	綜合学芸会	東洋大学講堂

昭和 一〇、二〇	校外教授	箱根湖方面
同 [illegible]	連合運動会	校庭
同 一〇、七～一三	修学旅行	志賀高原
同 一〇、八	校外教授(一・二年)	三ツ峠
昭和二六、三、二〇	卒業記念写真撮影大会	本校
同 五、七	校外教授	箱根湖方面
同 九、二四	秋季大運動会	校庭
同	理科部展覧会	本校

都立朝鮮人学校要覧 完

— 72 —

10. 입관집무자료 제2호 재일조선인의 생활실태

昭和二十八年三月六日

入管執務調査資料第二号

在日朝鮮人の生活実態（その一）

法務省入国管理局

はしがき

在留外国人の実態については、あらゆる面からこれを検討して、外国人管理業ムの遂行に資したいと考えている。本資料は、その手始めとして在日朝鮮人生活実態調査結果の一端をまとめたものである。職業統計だけについてみても、現在ではこの程度しか判明していないというのが実情である。関係方面の御協力をえて更に完璧を期したい。

入国管理局総務課長

目次

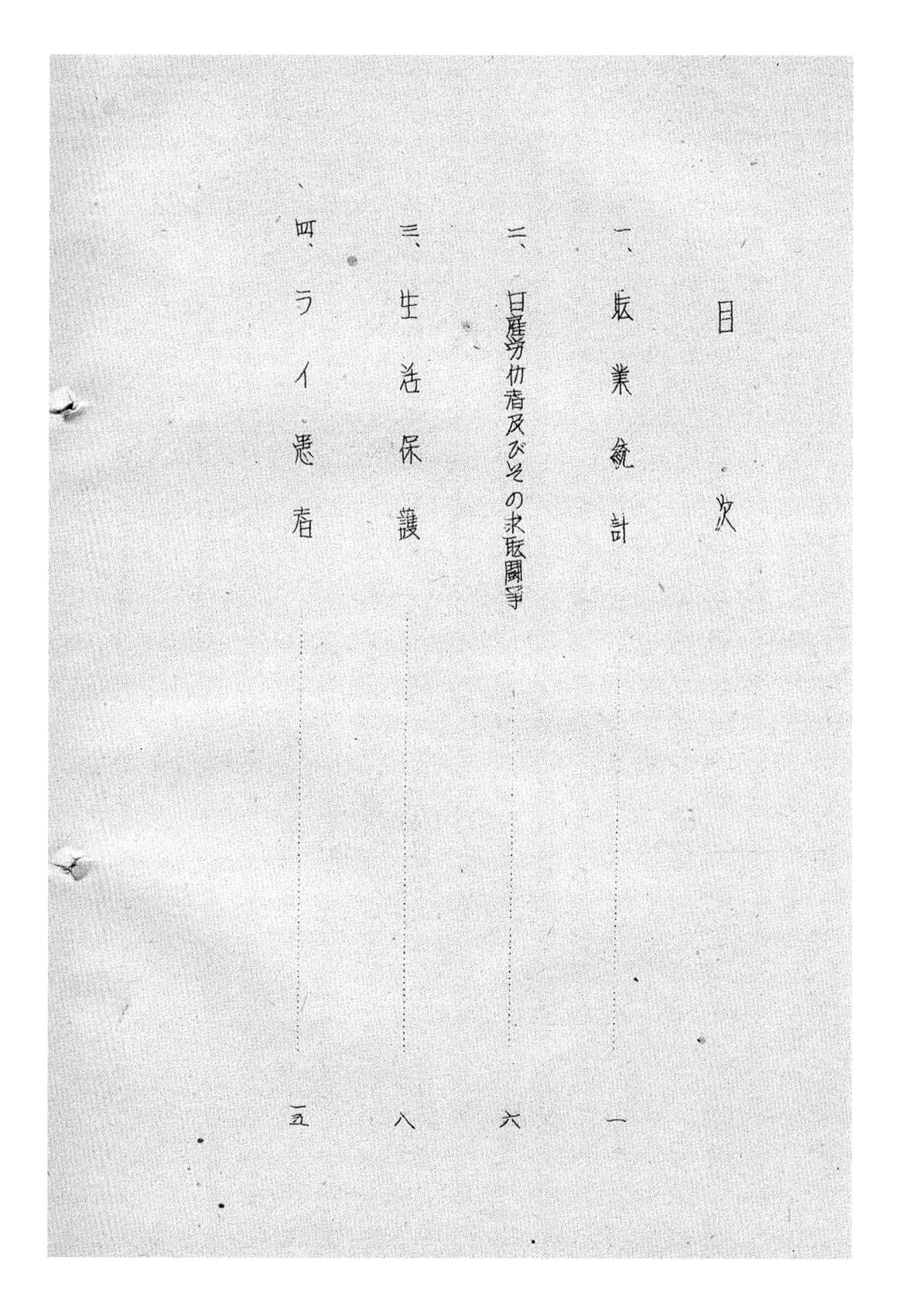

一、職業統計

(1)、二十二年七月十日、在日朝鮮人左翼新聞「解放新聞」に、朝鮮人連盟中央総本部で調査した結果として次の数が発表されている。

総人口　六一五、一八八
可動人口　三〇六、五一二
失業者人口　二〇四、九八六

(2)、居留民団社会部の調査では、二十四年五月末現在として、左の統計がある。

在日同胞職業別調査統計表

職業別	居留民数	全人口の%
農業	五、〇三八	〇、八四三
畜産業	一六一	〇、〇二七
営林業	二、一〇四	〇、三五二
製材業	六〇四	〇、一〇一
漁業	三八八	〇、〇六五
鉱業	六九三	〇、一一六
土木業	四、七〇九	〇、七八八
電気工事業	八四	〇、〇一四
金属品製造業	一、四三四	〇、二四〇
機械製造業	五六八	〇、〇九五

機械修理業	一、二〇一	〇、二〇一
製塩業	二九三	〇、〇四九
化学製品製造業	一、五六六	〇、二六二
紡績業	二、五一六	〇、四二一
食品製造業	四六六	〇、〇七八
印刷業	一三七	〇、〇二三
日用品製造業	一、五四八	〇、二五九
金融業	六	〇、〇〇一
運送業	一、〇二二	〇、一七一
通信業	六	〇、〇〇一
卸売業	五、〇〇二	〇、八三七
小売業	一三、五四八	二、二六七
旅館及飲食業	四、五五四	〇、七六二
医療及衛生業	九五六	〇、一六〇
団体(政治及文化方面)	一二六	〇、〇二一
技術工	一六、六八一	二、七五四
技術手業者	一八	〇、〇〇三
自由商業	一、二二五	〇、二〇五
学生	六二、六五五	一〇、四八四
其他の販業	三七、一九六	六、二二四
失業者	二八六、一一八	四七、八七六

(三)

計	五九七、六二三		一〇〇、〇〇〇

(3)、二十五年十二月末、関係方面の一調査によれば、東京管下を除いて左の如くであった。

農業	一二、三八五	料理飲店	五、八七二
商業	二二、八七七	貿易	三四五
漁業	一、二〇七	海運	一、一〇二
工業	二六、六二九	日雇	三五、六八三
土建	二二、一九四	失業者	三五、三二四
運輸業	四、八九八	その他	四六、二六二
芸能的職業	八、二七三	無職者	二六四、八二六（学生、生徒、主婦子供等をふくむ）

(4)、昭和二十六年十二月、当時居留民団副団長、権逸氏は、在日朝鮮人を次の如く四種に分けて推算を行つている。

1、有産者（動産、不動産を合し、五百万円以上）	一%	約一、〇〇〇戸	約五、〇〇〇名
2、安定生活者（中、小商工業者、土運業等永久職業をもつ者）	二〇	三〇、〇〇〇戸	一五〇、〇〇〇名
3、糊口生計者（中介行商土運等、未永久職業とかその日、その日を生きている者）	四〇	六〇、〇〇〇戸	二五〇、〇〇〇名
4、完全無職失業者	四〇	六〇、〇〇〇戸	二五〇、〇〇〇名

(三)

(5)、李大寅氏は、（その著「在日韓僑の実態とその対策」（二七年九月、在日韓国基督教青年会発行、（四）原文朝鮮語）の中で、在日朝鮮人総数を六十万、その世帯を二十万として次の如き概算をしている。

二〇〇、〇〇〇	総主婦数
一〇〇、〇〇〇	老弱と學児数
九〇、五〇〇	学生総数
七〇、八〇〇	正当就業者数
計　四六一、三〇〇	

（これを六十万から差引いた残り一三八、七〇〇を失業者総数とする。この内四七、三三三名を不正業者とし、残る九一、三六七名が浮動者、未決囚、その他と推定している。民団が昭和二十六年六月から十二月まで日本内三十二都道府県で調査した結果として、次の数を発表している。

世帯　一一五、九一九　人口　四九二、三四七

商業	二、二四三	木炭	二、五一七
工業	一〇、五六四	工場労働者	五、〇三〇
食堂及び旅館業	二、七四三	土木	二一二
飲食	八、二三〇	自由労働者	二、八七〇
パチンコ	五九六	（右合計	七三、六七一）
運輸	一、四〇三	不正業者	四七、三三三
俸給者	三、〇九五	（密輸出入者、スリ、窃盗等）	
農業	一、四七六	密酒者	一六、〇〇二
貿易	七二	モルヒネ業者	八八五
鉱山	一、七七〇	淫売	二四〇

受刑者　八、四六〇

厚生費受取者　一〇、七二三（正当に受けるものは含まない）

稼動専門家、半稼動者五、二九三

（この統計は、合計が若干あわない。又、前表、受刑者数や厚生費受取者其他に疑点があるが、原文のまゝ記載した。）

(6)、推定失業者数

前述の諸統計から、在日朝鮮人の失業者についてみれば左の如くなる。

1、失業者　二〇万四九八六名（朝連調査　二十二年七月）

2、〃　二八万六一一八（民団〃　二十四年五月末）

3、〃　三万五三二四（　二十五年十二月、但東京都を除く）

4、完全失業者　約二五万（権逸氏　二十六年十二月）

5、失業者　一三万八七〇〇（李大偉氏　二十七年　九月）

この内、1、2、4は世帯人員をふくむ。3にはこの外日雇三五、六八三名あり、5には自由労働者二万余がある。

（五）

(六)

二、日雇労仂者およびその求職闘争

労仂省職業安定局失業対策課では、最近次の如くのべている。

(1) 日雇労仂者中における朝鮮人数（公共職業安定所職員は外国人登録証の呈示を求める権限を有していないことと及び在日朝鮮人で日本名を使用する者が多いこと等のため明確に把握することは困難である）は、昭和二十七年十月一日現在において、公共職業安定所日雇労仂者として登録している者のうち、朝鮮人と確認できるものは一一、六四四名であつて、日雇労仂者の登録総数三三三、七三八名中の三、四%となつているが、実際はその数倍を占めるものと推定される。

(2)、全国における失業者団体七七〇団体中朝鮮人を含むものは約三〇〇団体、然しこれらの朝鮮人は旧朝連系が大部分を占め、多くは左翼系失業者団体の幹部役員実力者或は中核自衛隊、青年行動隊員として暴力闘争の前衛的役割を果している。

(3)、日雇労仂者の求職斗争において、朝鮮人が主体となり、或いは朝鮮人が重要な役割をなし又は朝鮮人の参加した事件は、昭和二十六年中においては、約三、五〇〇件、昭和二十七年一月より六月までに約二、六〇〇件であり、その後においても庁舎の占拠破壊、職員に対する暴行傷害等の事件は朝鮮人によるものが圧倒的に多い。

(4)、朝鮮人関係の求職闘争事件の多い都道府県は兵庫、静岡、愛知、東京、神奈川、茨城、岡山、京都、福岡、大分等である。

(5)、朝鮮人による主なる事件は、昭和二十五年末における「兵庫県大久保町長に対する越年資金、強要事件」昭和二十六年七月「立川安定所における暴行事件」昭和二十六年末における兵庫県庁における「知事控室占拠事件」或いは「京都、水戸、宇都宮における暴行事件」「岡崎安定所占拠事件」等があり、その后において左翼系失業者団体の求職斗争事件には朝鮮人の参加するものが多い。

なお労働省では

イ、公共職業安定所は、職業安定法（昭和二十二年十一月三十日法律第百四十一号）の定める所に従い、職業紹介、職業指導、職業補導、その他の事務を行い、人種、国籍、信条、性別、社会的身分門地、従前の職業労働組合の組合員等の差別なく無料で公共に奉仕する機関であるが、その業ムの円滑なる運営を行うためには、求人者の人種、国籍等についても正確なる知識を必要とする。

ロ、政府は緊急失業対策法（昭和二十四年五月二十日法律第八十九号）の定めるところに従い、失業対策事業を実施しているが、外国人たる失業者のうちこの事業の吸収の対象となりうる者は正規に在留資格を有する者でなければならない。

然るに公共職業安定所の求職者中には、日本人名を称して国籍を偽り或は密入国者なるため虚偽の申立を行う者が多い。

以上の理由で外国人登録証明書の呈示を求める権限を公共職業安定所職員に与えられることを要望している。

(七)

三、生活保護

1、生活保護法と朝鮮人適用

日本における生活困窮者の救護は、昭和四年の救護法、二十年十二月十五日、閣議決定による生活困窮者緊急生活援護要綱、二十一年九月九日、法律第十七号の生活保護法（その年十月一日より実施し）、二十五年五月四日法律第一四四号の改正された生活保護法により、実施された。この間、在日朝鮮人に対する救護は、日本人と差別なく、行なわれていた。

生活保護法は、その第一条に、

「この法律は、日本国憲法第二十五条に規定する理念に基き、国が生活に困窮するすべての国民に対し、その困窮の程度に応じ、必要な保護を行い、その最低限度の生活を保障すると共に、その自立を助長することを目的とする」

第二条に

「すべての国民は、この法律の定める要件を満たす限り、この法律による保護を無差別平等に受けることができる」

とあり、その適用は、「国民」即ち「国籍に定められた要件を具備する者」に限定した。

外国人の保護救済については、元厚生省社会局保護課長小山進次郎氏はその著「改訂増補生活保護法の解釈と運用」（中央社会福祉協議会発行、二十六年十二月十五日刊）の中に、

「この法律は、憲法第二十五条の規定との関係上、その対象を日本国民に限定した。従って厳格にいえば、外国人はこの法律による保護をうけることはできない筈である。然しながら現にこの制度による保護をうけている外国人が少なからず存在する事実、国際連合憲章との関係及び旧法以来国籍に関係なく、保護すべしとする指導方針のとられてきたこと等を考えると、講和条約が成立し、この問題

が確実的に解決されるまでは、これまで通り、生活に困窮する外国人があつたならば、一応その国の外交機関に連絡し、それで解決しない場合は、この制度によつて保護すべきであろう」。と記している。

二十五年六月十八日、各都道府県知事宛厚生省社会局長 通知「生活保護法における外国人の取扱に関する件」の中には、

「日本国民でないすべての者は、本法の対象とはなり得ないものであること、但しその困窮の状態が現に急迫深刻であつて、これを放置することが、社会的、人道的にみても、妥当でなく、他の公私の救済の途が全くない場合に限り、当分の間、本法の規定を準用して保護して差支ないこととし」とのべた。

二十六年八月十五日現在で厚生省社会局保護課で外国人（朝鮮人を含む）の保護状況について調査した結果、次の様な統計がみられた。

外国人の保護状況

国籍＼区分	総人員	総数百に対し	国籍	総人員	総数百に対し
朝鮮人	五九、九五〇人	九六、八六%	ソ連人	一八	〇、〇三
中国人(台湾人)	一、二八三(五五)	二、一六	インドネシヤ人	一二	〇、〇二
オーストリヤ人	三四三	〇、五八	その他	五八	〇、一〇
西南諸島人	一二一	〇、二一	合計	六一、八三八	一〇〇、〇〇
フィリッピン人	三三	〇、〇四			

（九）

区分	件数	総数一〇〇に対し
生活扶助	五七、四六〇	四八、〇四 %
住宅扶助	三八、六五七	三二、三二 〃
教育扶助	一五、五二四	一二、九八 〃
医療扶助	七、八八一	六、五九 〃
その他	八六	〇、〇七 〃
合計	一一九、六〇八	一〇〇、〇〇 〃

その年十月末の被保護朝鮮人は一万三七七三世帯、六万二四九六名でその保護に要する経費は約五九七七万円であつた。

在日朝鮮人の平和条約以後の生活保護法の適用については、第十三国会、昭和二十七年四月十七日の参議院外務法務連合委員会で、鈴木入国管理庁長官が、「朝鮮人の日本に永くいた事実は尊重する」「しばらくはその扶助をうけるようにしたい。適用の法を考慮し、その他社会施設、厚生施設も充分援助のできる面は、援助して行く」とのべたのにつづいて、石原政務次官も、「生活保護法を外国人にそのまゝ適用することは、この法の建前上できないわけでありますが、長官の申上げました趣旨で臨もうということについては、厚生省とも話合いを終えて大体ある程度の予算措置も考えられているようであります。」と答弁した。

三、集団的要求

生活権擁護をスローガンとする朝連は、この生活保護の獲得に集団的要求を行う事例が多く、絶えず治安上の問題となっていたが、朝連解散以後もこれはつづいた。

二十四年十二月二十二日、厚生省社会局長より各都道府県知事宛通知「生活保護法の集団的適用の規整に関する件」において、集団的に本法の適用を強要するものに対して、保護の実施機関はあくまで集団的な保護の適用を行うことなく、特に、個々の世帯の申請について、

一、最低生活費及び収入の認定、及び調査の徹底
二、保護決定手続の厳格な実施。
三、条件を具備しない保護申請の却下等。

の事項を厳守すべきことを強調していた。

平和條約発効以後は、宇部市に起った左の如き集団的要求は、注目された事件であった。

昭和二十七年五月三十一日、朝鮮人五、六十名が宇部市福祉事務所に押しかけ、収入の認定に誤りがあるとして、その是正及びその結果から生ずる差額を要求し、福祉事務所長に支払う旨の誓約書を出させた。

六月二日、約百三十名が来所し、右の誓約の即時履行を要求、福祉事務所は、要求百十二世帯中、九十二世帯に対し、九万七二〇〇円を支払い、残り二十世帯に対して翌日支払う旨、約して解散させた。

六月三日、約二百数十名が押しよせて、右の二十世帯に、同調者十世帯及び新規申請者百三十五世帯を加えた百六十五世帯に対し、保護を即日実施するよう居据り要求した。これに対し、申請者については、本人の申立てに基き、総額約百万円の扶助額を認定した後、警察官の斡旋により三名宛の代表者を出して交渉し、市長も右の金額を四日に支払うことを決定した。

(二一)

(三)

六月四日、前日と同様に、多数来所し、これに対して百六十五世帯中百十五世帯に対し、九七万七九六〇円を支払い、残りは用意の百万円では、支払不能となつたので、七日に支払う社会福祉主事の証明書を出して解散させた。

六月、五、六、七日は、三々五々福祉事ム所に来るも、個別的に別途調査して、善処する旨、伝えて帰らしめた。

厚生省としては、この集団的要求に応じたことは、先述の二十四年十二月二十二日の通知の趣旨から、遺憾として、七月四日社会局保護課長から都道府県民生部長宛に宇部市のような集団適用の要求をうける場合に対処する処置として、更に細かく事前対策その他について通知する所があつた。

生活保護法による被保護朝鮮人の状況調　（五月）

厚生省社会局保護課

都道府県	五月 世帯	五月 人員
茨城	二七九	一、三五八
栃木	九五	三五二
群馬	一五一	六六一
埼玉	一二九	五五六
千葉	一九九	七五三
東京	一、三二一	五、二二八
神奈川	一、一〇一	四、七五二

都道府県	五月 世帯	五月 人員
北海道	一四一	四九八
青森	一〇五	四七八
岩手	一二七	四一七
宮城	二五七	一、二六〇
秋田	四七	一九七
山形	四九	一九八
福島	一六九	七六四

新潟	九八	三八二
富山	一一七	四七二
石川	六七	二八一
福井	二七二	一、四二八
山梨	六四	二八二
長野	一四〇	六七七
岐阜	二一一	一、〇五〇
静岡	二四九	一、一〇六
愛知	七七三	三、七五〇
三重	四九二	二、四五〇
滋賀	四五六	二、二二四
京都	一、八九五	一〇、一〇七
大阪	一、九六五	三、三七九
兵庫	一、一八四	五、六七三
奈良	八四	三六七
和歌山	七五	三一六
鳥取	四四	一九九
島根	八五	四〇五
岡山	九〇四	四、七一〇
広島	三二四	一、五一二
山口	八七五	四、二六三
徳島	二二	一〇六
香川	二三	一四三
愛媛	五二	一八九
高知	二八	一一〇
福岡	三四六	一、四〇五
佐賀	三五	一三三
長崎	八三	三〇三
熊本	一一二	四五七
大分	二九二	一、三八一
宮崎	八一	三六九
鹿児島	二五	一〇五
計	一四、六三三	六七、二〇六
前月比		一〇五、〇六%
在日朝鮮人数		五六六、六七五
在日朝鮮人に対する被保護者の割合（百分比）		一一、八六%
全国平均保護率（百分比）		二、四五%
被保護者総数	七〇、二九九	二、〇八二、二七九
総被保護者中朝鮮人の占める割合（百分比）	二、〇六%	三、三四%

(三)

（四）

3、枝川町における生活保護の実情

二十六年十一月に、在日朝鮮科学技術協会が行った「東京都江東区枝川町の朝鮮人集団居住地域における調査」について、朝鮮人の生活保護の実情をみるに、一一六世帯（五五〇名）中、保護世帯が八十九で、七六、七%をしめて居り、保護費が一九万二九二七円で総収入八七万九六一〇円に対し、二一%をしめて居る。

この調査書の中には、日本人の生活困窮者のいる世田ヶ谷区近衛野砲兵連隊跡にある引揚戦災者寮の世田ヶ谷郷が九一四世帯の内、被保護世帯が五、六%――五二世帯にすぎないのに比して、こゝは団結力によって獲得したので多いこと、また枝川町では多くの有業者が適用をうけているが、これは枝川町の朝鮮人は世帯員一人当りの月収入が労働者で平均三千三百円、半失業者で平均千九百円、小生産者で平均二千二百円であり、これらは生活保護法の適用をうけて初めて、世田ヶ谷郷の人々と略々同じ収入を得ていると説明している。

枝川町の生活扶助金の交付について「白紙委任をうけた共産系の幹部が中間搾取をしている」と新聞に伝えられているのに対し、二十七年八月十四日毎日新聞に、東京都民生局渡辺総務課長は、「都の福祉事務所が、一部の圧力に屈し、集団的な形式保護を実施しているような感じを与えますが保護の決定は、専門職員の社会福祉主事が厳正な実態調査をした上で行なわれ、また保護金品の支給も事務所で、本人であることを確認の上、個々に渡しているので、事実と著しく相違していますし」と投書している。

四、ライ患者

朝鮮におけるライ患者については、昭和十三年末の、総督府の統計によれば、次の如くである。

（収容者）

小鹿島更生園	五、〇二五
麗水愛養園	七〇四
大邱愛楽園	六六九
釜山相愛園	六一一
計	七、〇〇九

（未収容患者）

京畿道	三〇	全南	一、六〇六
忠北	一五三	慶北	二、〇二八
忠南	一八四	慶南	二、三八四
全北	四五八	黄海	―
		平北	一
		平南	―
		江原	二〇二
		咸北	六三
		咸南	七
		計	七、一一六

当時、全朝鮮人の患者数は二万五千と推定されていた。

終戦後小鹿島においては、朝鮮人職員と患者の間に、更生園の管理権を巡って闘争あり、患者数十名が殺される事件があった。

終戦後、米軍政は総督府時代の施設と運営方針をそのまゝひきついでいたが、動乱以後の韓国におけるライ患者の収容状態は、特に悪く、二十七年二月十三日、釜山放送によれば、二十六年末現在で韓国にいるライ患者は、約三万おり、収容所が十一ケ所あり、収容人員一万七千名いるが、国連の十万ドルの寄附により、約一万名を収容し得る施設を作る予定しという。また十一月七日韓国々会において、

(一五)

権保健部長官は、「未収容ライ患者は、二万七千名でこれらは、個別医療所で、臨時治療をうけている（六）
しと発表している。

韓国のライ患者は、施設のよく行きとどいた日本に流れる結果となった。日本の収容所に入っているライ患者は、昭和二十七年、一月末現在、左の如くである。（厚生省医ム局療養所課統計）

所在地	（収容所）	総収容者数	朝鮮人収容者 男	女	計
青森県東津軽郡新城村	松丘保養園	六三七	一二	二	一四
宮城県登米郡新田村	東北新生園	五六〇	一二	〇	一二
群馬県吾妻郡草津町	栗生楽泉園	一〇六〇	四九	九	五八
東京都北多摩郡東村山村	多摩全生園	一一八一	六七	一四	八一
静岡県駿東郡富士岡村	駿河療養所	三二七	一五	一〇	二五
岡山県邑久郡裳掛村	長島愛生園	一五八二	九八	四二	一四〇
〃	邑久光明園	八九六	五七	二八	八五
香川県木田郡庵治村	大島青松園	六五八	八	二	一〇
熊本県菊池郡合志村	菊池恵楓園	一四四一	六二	一九	八一
鹿児島県鹿屋市西俣町	星塚敬愛園	一〇〇三	一四	三	一七
計		九三四五	三九四	一二九	五二三

この内、朝鮮人の犯罪前歴者は十七名である。
二十七年一月末、未収容の朝鮮人患者は、七十七名と把握されている。

長島愛生園長、光田健輔博士は、朝鮮人の日本に潜伏しているライ患者は七百名と推定し、「密入国して来る朝鮮へライ患者が多い。その病種は結節ライが最も多い。特に専門家をおいて、検診することが行なわれていない。また日本に入った朝鮮人ライ患者と日本女性との間に生れた子供に、ライ病が南京虫や、蚤や、のみ、かいせん、を通じて伝染される。最近ライ療養所に来る者は、十人中三人までが朝鮮人である」ことをのべている。（第十四国会衆議院行政監察特別委員会記録第七号、二十六年五月十八日）

二十七年二月八日、第十三回国会参議院に全生園収容の金哲元外七十七名の朝鮮人ライ患者から、韓国人ライ患者の強制退去に関する請願が出された。それには十年二十年の古くから療養生活をしており且又日本人に同化して同病相憐む己の例え通り何らの差別なく生活していること、両眼失明や両足義足等の不自由者の多いこと、善良な療養人として職員と誠実に生きたい決心をしていることを記し、「どうか日韓両国の過去も将来の関係による深い理解の下に崇高な人类愛によって、心配なく療養できるようにして頂きたい」とのべていた。これに対し、石原政府委員は、二月二十六日参議員外ム委員会において、

「只今のところでは、登録令違反者と、帰国希望者を熊本の恵楓園に収容しまして、送還船のある都度隔離病室を作って送還しておるわけであります。今後の措置と致しまして、永久にこれを日本で、厚生当局その他と十分に協議し、日韓会談の際にも協議いたしまして、人道上悖らないような措置を講じて行きたいとかように考えております」と答えた。この請願は内閣に送付され、政府としても、これについて、

「平和条約の発効に伴い、在日朝鮮人は、すべて日本の国籍を失い、外国人となったので、出入国管理令の適用をうけることとなり、同令第二十四条によって、同条第一項、第四号ハに掲げる「ライ予防法の適用を受けているライ患者」も退去強制することができるわけであるが、日本人として永く日本に居

（二七）

住したその特殊性にかんがみ、平穏に[illegible]生活を続ける限り、運用上なるべく退去強制を行わない（一〇）つもりである。又永住許可については、日韓会談の妥結を俟って処理すべきものであるが、昭和二十年九月二日以前より引き続き日本に居住する朝鮮人についてはなるべくその希望にそうよう取り計らう考えである』とその方針を決定した。

11. 입관집무자료 제4호 재류조선인과 한일관계

在留朝鮮人と日韓関係

法務省入国管理局

入管執務調査資料第四号

在留朝鮮人と日韓関係

昭和二十八年三月

法務省入国管理局

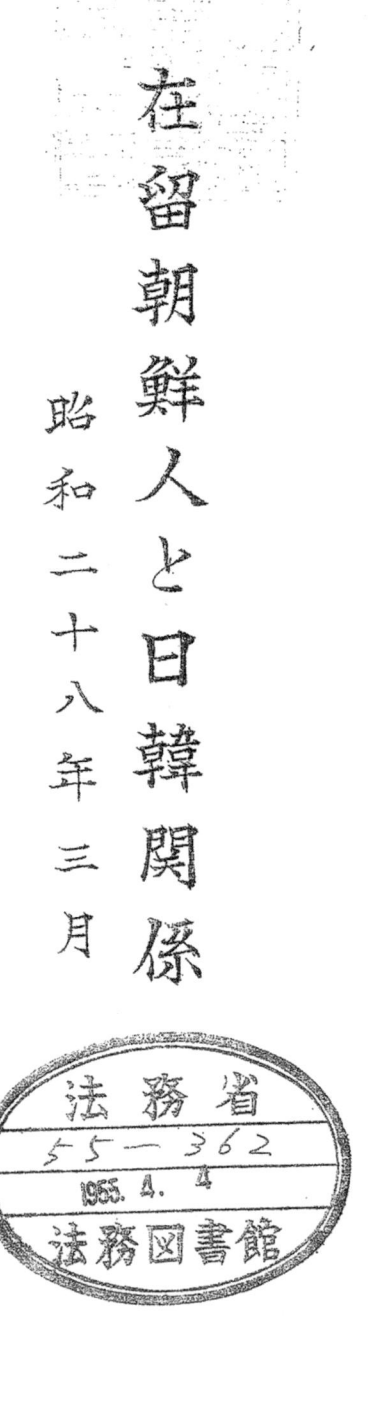

目次

一、本稿は執務参考として在日朝鮮人と日韓関係の三月中の動きをまとめたものである。

一、朝鮮側の新聞記事は、批評を加えずにそのまま紹介した。

一、国会論議は官報号外からの抄記である。

一、「民主新聞」は居留民団の機関紙（日本語）、「世界新報」（新世界新聞と改題）は大阪で発行されている朝鮮語新聞、「解放新聞」は左翼朝鮮人の機関紙（朝鮮語）、「民主新報」「連合新聞」「平和新聞」は韓国で発行されている新聞（朝鮮語）、「朝鮮評論」は東京で左翼朝鮮人側でだしている日本語雑誌である。

法務省入国管理局総務課長

I. 在日朝鮮人

一、学生問題

(1) 在日朝鮮人学生統計（昭和二七年十月十日 文部省調査）

高等学校学生 四、一三八名

（公立） 二、九一六名 （私立） 一、二二二名

大学

	男	女	計
国立大学（旧制を含む）	三八一	一二	三九三
公立 〃 （〃）	一一四	四	一一八
私立 〃 （〃）	一、七一二	六四	一、七七六
計	二、二〇七	八〇	二、二八七
国立短大	一		一
公立短大	四		四
私立短大（旧制専門を含む）	五四	二四	七八
計	五九	二四	八三
計	二、二六六	一〇四	二、三七〇

朝鮮人学生の十名以上いる学校 （）内は女子（その数にふくむ）

（国立）

	本科	選科等	計
東北大学	九	三	一二
東京 〃	四八	二九(一)	七七(一)
東京工業大学	一六	一	一七
名古屋 〃	一〇		一〇
京都 〃	二二	二四	四六
大阪 〃	四三	九	五二
神戸 〃	三三		三三(一)
広島 〃	二三		二三
九州 〃	一一	二	一三

（公立）

	本科	選科等	計
大阪市立大学	三五(一)	一一	四六(一)
大阪商業 〃	四一	三	四四
千葉工業 〃	一一	二	一三
日本 〃	一四五(五)	四	一四九(五)
法政 〃	六九(一)	五	七四(一)
東洋 〃	三〇(二)		三〇(二)
東京理科 〃	一八		一八
中央 〃	一六五(一)	一	一六六(一)
早稲田 〃	一〇一	一四(一)	一一五(一)
慶応義塾 〃	三〇(一)	五	三五(一)
工学院 〃	一二		一二
明治 〃	三八七		三八七(一)

明治学院大学	一二(一)		一二(一)
昭和医科 〃	九	一〇	一九
専修 〃	三四(二)		三四(二)
愛知 〃	一四(二)		一四(二)
名城 〃	二二		二二
同志社 〃	三七(一)		三七(一)
立命館 〃	二〇八(三)	五	二一三(三)
関西 〃	八五	四	八九
近畿 〃	一一六	四	一二〇
大阪工業 〃	二四		二四
関西学院 〃	一七(一)	五(一)	二二(二)
同志社短期 〃	一三(一)		一三(一)

（註）「受科等」の中には選科、聴講、大学院生をふくむ。

(2) 居留民団の本国へ建議した文教対策

韓国の国会に在日居留民団の意識した文教対策は先号でもふれたが、その内容説明の要点を記せば、次の如くである。

(一) 在日学徒のために教育官を派遣設置すること。

(二) 留学生対策

(イ) 留日学生のための育英会基金となるべき奨学金を交付すること。約十万ドルの奨学金を本国政府から補助されれば、これを土台として日本国内で募金し、駐日代表部、韓銀、民団関係者及び有識経験者を網羅、群小の育英機関を総括した綜合的永久的育英会を組織し、特に必要な理工科系学生を主とした優秀な生活困難な学生に奨学金を交付したい。

(ロ) 本国の学徒父兄より学資金送付を許可すべきこと。

(ハ) 本国学生の日本留学を許可すべきこと。日本政府当局でも、正式に留学生を派遣せば、歓迎的態度をとることは確実な情勢下にあり、日本の学問水準、研究設備、教授陣はかなり高度であり、日本に留学生を派遣することは国家的利益である。

(ニ) 在日学徒に対し、現地留学生制度を実施すべきこと。

(三)、在日児童教育、特に民族教育対策を樹立すること。

(四) 在日留学生に就職対策を樹立すること。（民主新聞 二・二六）

二十四日、国会に出席中の在日居留民団代表は、建議案を提出し、金光男氏は特別発言を求め、説明を行った。

(3) 入学時の推薦機関

三月二十四日の新世界新聞に左の記事がある。

「現在、在日朝鮮人学生も外国人学生として、入学手続の時には、在外公館およびこれに準じた文部大臣指定の団体が発給する身分証明推せん状が必要となっている。現在その実情をみれば、民団中総文教局と財団法人朝鮮奨学会の二つの推薦団体があるが、民団中総文教局は、日本文部省の留学生推せん団体に認定されないために、同文教局で推せん試験を代行し、合格者を駐日代表部に推せんし、代表部の推せん状を発給している。一方朝鮮奨学会は、一九四六年六月十八日付文部省通牒で、その時に駐日公館が存在しなかったために留学生推せん団体に指定されたが、その後在日朝鮮社会の左右の分裂で、同会の主導権は左系に掌握されている現実である。民団では、その同文部関係当局に強硬な要請をして、推せん機関の統一化に努力してきたが　成果を得ず、朝鮮奨学会は財団法人として戦前から存続しておる。しかし関係者は、駐日会談における同建物財産の移管で、その機能を無力にできるとみている。今年度、民団文教局の推せん事業の実績をみれば、推せん試験者八一名中四九名が合格し、駐日公館の推せんをうけるようになったが、この推せん受験生は官公立学校では、留学生の特典を与えられるようになるので、推せん状に対する魅力が少くない。」

三

(4) 非合法居住外国人の就学防止に関する件通報

本年二月三日附で入国管理局長より、文部省大学学術局長宛、左の通報を発した。（これは新世界新聞にも報道された）

非合法居住外国人の就学防止に関する件

非合法に本邦に居住する外国人（主として朝鮮人及び中国人の潜在不法入国者）は、昨年十月実施された外国人登録証明書切替措置又は摘発等により、逐次整理されつつありますが、未だ全面的に未発覚のものが少くないと推定される実情にあります。

これらの外国人中には、現に本邦の学校に就学しているものが相当数に達しているものと認められます。このことは従来潜在不法入国者の発覚したもので、本人又はその子弟が本邦の学校に就学していた多数の事例により窺われていたところでありますが、最近東京都内の高等学校以上へ官、公、私立を含みますンに籍を有する非合法居住外国人で自首又は摘発により発覚したものの約一〇〇名に達している点から推定しても、他に未発覚のものが推量されるのみでなく、新学期には新たに入学を企てる者も少くないものと予想されます。

この種、外国人の就学は、当方の外国人の在留に関する管理業務上、いろいろ支障を来しますので、貴省において可及的速かにこの種外国人の入学防止に関し、適当な措置を講ぜられることを特に要望する次第であります。

なお、このための具体的方法としては、入学を許可する場合必ず本人の所持する外国人登録証明書の呈示を求め、その記載事項、写真等と入学願[illegible]書とを十分照合し、その番号を記録する等の措置を徹底することによつて、簡単に防止できるものであることを為念申し添えます。（なお、疑問が生じたときは、所轄市区町村長又は法務省入国管理局登録課に照会し、本人が適法の居住者であるかどうかを確認することができます。）

二、祖国統一戦線呼訴文をめぐる動き

平壌における祖国統一民主主義戦線中央委員会は二月十九日に第二十五次中央委員会をひらいて「在日同胞におくる呼訴文《アピール》」を採択した。その呼訴文は相当長いが、その中に

「アイゼンハワーは、李承晩一味に南朝鮮青年を大量に動員することを指示するとともに、日本で韓日会談を秘密裡に再開させ、吉田政府に在日六十万同胞を李承晩一味に引渡すようにして民族相争の肉弾に供しようとくわだてた。また日本のやとい兵を朝鮮戦線におくること、六十万の強制送還を密約し、八・一五以前の日本人の財産をかえし、朝鮮領海での漁業権をあたえ、在日朝鮮同胞の財産と基本的権利までうりわた

四

そうとしている。今、吉田政府は札幌、名古屋、横浜など十二ケ所に強制収容所を増設拡張し、対馬、佐渡、小笠原諸島に多数の同胞を監禁し生地獄を再現している。」

「皆さんが日本の再武装に反対し、やとい兵の朝鮮出兵をくいとめ……闘っていることを知つている。最近の例でも、大阪に住んでいるわが同胞と長崎地方の五千余名が、こぞつて強制登録に反対した事実もよく知つている。」

「李承晩一味と吉田政府の間にでつちあげられる売国的諸協定や兇策を粉砕せよ。強制送還に反対し、朝鮮民主々義人民共和国の国籍を守れ、共和国公民の名を最後まで守れ、民族的権利と教育の自由をあくまで守り戦え、軍需品の生産や軍隊、軍需物資の輸送に反対して戦え、一人の日本青年といえども朝鮮戦争に利用させるな……日本共産党の下に日本の軍国主義復活に反対し、日本人民との団結を強化せよ」

とのべている。二十二日　在日朝鮮統一民主戦線中央委員会はこの呼訴文を支持する声明を発表した。

三月一日の、東京隅田公園でひらかれた三・一革命三四周年記念中央人民大会で、「祖国統一民主主義戦線中央委員会におくる決議文」を採択し、呼訴文にこたえる熱情を披瀝した。三月二日の平壌放送は、さらに在日同胞によびかけ、また、かつて日本共産党中央委員たりし金天海氏(現朝鮮労働党社会部長)は、三月六日平壌放送局から在日同胞によびかけた。

その後民戦が中心となつて「韓日売国協定反対、日本国民朝鮮出兵反対」闘争委員会が構成され、十六日には、東京をはじめ関東、関西、九州、東北など二七都府県から四千名が集り、声明書を発表するとともに、総理府、外務省、法務省、入国管理局、米極東軍司令部、韓国駐日代表部に陳情を行つた。

抗議内容はつぎの如くである。

一、所謂韓日会談再開で達成しようとするすべての計画を即時中止せよ

一、日本国民の朝鮮出兵に反対する

一、在日朝鮮人に永住権を認定し、出入国管理法、外国人登録法を適用するな

一、強制追放、強制隔離を即時中止し、朝鮮人を収容しようとする収容所をすべてなくせ
一、戦争避難民を保護せよ
一、脱出してきた戦争捕虜を保護せよ
一、在日朝鮮人の生活権利を保障して、既得権を尊重し、中小企業者を保護せよ
一、朝連財産を即時返還し、思想、信仰、言論旅行等日常の基本的人権を保障せよ（以上解放新聞による）

（註）祖国統一民主主義戦線は、二十四年六月に平壌で南北を通ずる各種団体の連合組織として結成された。（それまで、南鮮で二十一年二月に左翼の連合組織として「民主主義民族戦線」北鮮で　二十一年七月に「民主民族統一戦線」が組織されていた）　二十四年六月結成と同時に「その年九月に南北総選挙」を発表して平和的統一を主張した。二十五年六月事変勃発直前に「その年八月に総選挙を実施し、八月十五日に議会を招集しよう」という呼訴を行った。

三、生活保護法の適用

（三月十二日衆議院法務委員会）

長井　源氏　「朝鮮人の生活扶助はどうなっているか。私の郷里の三重県の松阪では、在留朝鮮人の八〇%が援護をうけており、小さい町で六百万円を超える負担になっている。これは国家が全額をもつべきではないか」

鈴木入国管理局長　「約六万人の人を対象に六億でている」

黒木厚生省保護課長　「生活保護が日本国民を対象にしている関係から、在日朝鮮人は平和条約発効後は適用されない建前であるが、日韓会談で根本の方針条約がきまり、それに基づく国内法が制定されるまで従来の取扱に準じて保護をしている。在日朝鮮人のうち全国平均で一割二分が生活保護に準じた取扱をうけている。生活保護は国がその八割をもち、実施機関の県と市が二割を負担しており、在日朝鮮人の保護も、その率で行っている。しかしこの問題は、生活保護法からきりはなした在日外国人の保護ということで恐らく単行法で解決すべき問題でその節

六

には、お説の如く考えなければならぬが、会談の妥結までは、現在の負担率はかえられない」

長井 源氏 「その単行法を早く出す用意はないか。地方によって、朝鮮人に対する保護のゆるやかにおこなわれている所があるとそこに集って行く結果になり、その地方の負担が不公平になる」

栗木保護課長 「過去において在日朝鮮人に薄い厚いがあったのは事実であるが、最近福祉事務所ができ公務員たる福祉主事が収支の認定や保護の決定をするようになり、全国的に大体平均している。集団的保護の要請は最近だん／＼なくなり、今年になって一件もない。政府もたびたび通牒を出して、治安当局にも連絡して集団要請に一切応じない態度をとっている。在日朝鮮人のみならず、貧弱な市財政で保護の二割負担は無理だという 要請も全国の市長会議からもでている。この負担の問題は、昨年の五月に保護法の改正があり、それ迄国八割、県一割、市一割なのを実施機関二割と改めたばかりで、最近利害得失が明らかにされつつあるので、保護法の根本問題として解決したいと思う。単行法が会談の先にでると、会談交渉の上にいろいろ思わざる影響を及ぼすこともある。」

四・その他

在日壮丁動員説

三月二十八日の平和新聞に「在日壮丁を動員して韓国政府が在日韓国人の徴兵につき日本政府と折衝中であると報じたが、三十一日韓国国防部は、「これは韓日両国間に外交関係が存在しないから実行不可能である。しかしわれわれはこの構想を断念してはいない。なお、韓国戦争の初期に在日韓国人約三百五十名が志願入隊したが、当地の韓国人はこれを日本人と誤認し、若干の摩擦が生じた」と語った。（KP）

民線の総選挙方針

民戦中央委員会は三月二十五日総選挙について方針書を発表し

一、朝鮮戦争の即時停戦のために戦う政府、

二、日本にある軍事基地と外国軍隊を撤退せしめる政府

三、軍需生産輸送をやめ、平和産業を建設する政府
四、日本国民を朝鮮に出兵せしめぬ政府
五、日韓会談と売国的な協定を破毀して朝鮮民主主義人民共和国と正当な貿易外交のために努力する政府
六、在日朝鮮民族に対し居住、人権の自由、生活、職場、企業の自由を保障する政府
七、韓日両民族間の親善団結、世界平和擁護努力との強力な提携のために努力する政府

を要求するとのべ、民戦傘下の各機関に統一選挙対策委員会を組織して活動を開始し、二十七日には各政党に対してその要望を送った。（解放新聞三・三〇）

朝鮮人中央師範学校

民戦では 東京都北区上十条朝鮮高等学校内に朝鮮人中央師範学校を設けるために、発起人会が構成され、第一回学生五十名が募集された。ここには高等学校卒業の男女学生を入れ合宿制で全員六ケ月間基本課目を教育し、在日朝鮮人学校に派遣する。（新世界新聞 三・三一）

）生駒山祖防・民愛青の行事

（二月二十六日参議院法務委員会）

福島公安調査第二部長答弁（中山福蔵氏の質問にこたえて）「報告によると大阪府の祖防委員会で朝鮮人民軍創設第五周年記念行事と称して祖防隊と民主愛国青年同盟との共同軍事訓練計画を進めつつあるという情報があったが、民戦の方から警察との衝突による出血はさけた方がよいと注意され、最初の計画をかえて二月八日に奈良県生駒山を会場として約二百名が登山し集団的訓練をした。その内容は、一般の情勢報告、今後の闘争方針、軍事方針を学習した模様で、新聞の報ずる『竹槍を使用』その他の行動的訓練は行われなかったと考える。」

大村収容所収容者

（二月二十六日参議院法務委員会）

天野法務大臣官房経理部長説明 「昨年五月一日から本年一月末まで大村収容所の収容者総数は朝鮮人を主として二、三六七名（同期間の朝鮮人送還者一、九八七名、逆送還者もふくむ）

×

三月三十日　二一一名が佐世保から釜山へ送還された。

濁酒会社設立企図

神奈川県川崎は全国的に朝鮮人密造問題で話題をなげている処であるが、今回、田炳昊氏（堀川町二五）等発起人八名により、資本金一千万円で、濁酒、清酒の販売をする会社設立が企図され「韓国人の密醸の手段が違法となつているが、酒造を生活の根拠としている者も少くなく、これらの生活難を確保し、国際人としての合法生活をするために、正式に免許を得て酒造販売をしようとする」趣旨を明らかにしている。これをテストケースとして将来全国的な事業を企図していることで注目されている。（新世界新聞三・二四）

×

二二年一月結成され、二五年以後あまり活発でなかつた「在日本朝鮮文学会」は、二月金達寿を書記長、南時雨、朴三文、金民、朴元俊、金達寿を委員として再発足し、「日刊文学報」を発行した。

×

韓国にて発行されている「民主新報」は東京支社を東京都中央区室町二ノ二に設けて週四回配達（月六百円）することになつた。「平和新聞」の東京支社も渋谷区代々木初台町六二七に設けられた。

×

「世界新報」（大阪にて発行）は、三月十二日から、日本語版を旬刊として刊行することになり、また「新世界新聞」と改題した。

Ⅱ.日韓関係

一、大邦丸事件および漁業権

（参議院水産、法務、外務連合委員会 二月二十三日）

千田 正氏 「防衛水域内にだ捕に向った韓国軍は、国連軍の命によっているか。」

岡崎外務大臣 「国連軍の命でないと信じる。」

松浦清一氏 「日韓会談からこの問題をきりはなして日韓漁業協定をしようと思わないか。」

岡崎外務大臣 「先方は他の問題と一括でなければ応じないといっている。」

（二月二十七日衆議院水産委員会）

甲斐中文次郎氏 「朝鮮方面にでてゆく地方の漁民は外務省もたよりにならないから機関銃を一ちょうづゝ船にかしてくれと要求しているが、海上保安庁と外務省と相談して機関銃をかしてもらえないか。」

中山外務政務次官。山口海上保安長官 「慎重に考えねばならぬ問題である。」

白浜仁吉氏 「韓国側の声明について承りたい。」

中村外務政務次官 「公式にうけていないが、金公使声明や内務部長官の発表をみるに公然として李ラインを正当視しているが非常におだやかになっている。李大統領の言というのにも互に忍耐強く刺戟的言動をさけようとのべている。できるだけ友好的に解決したい。」

赤路友蔵氏 「日本遠洋底びき網漁業協会々長からの要望書には、

一、韓国水域の漁業権のあり方に政府の態度をはっきりされたい。

二、韓国にだ捕され、所在不明のものは速やかに船員、船体の安否を明らかにされたい。

三、防衛水域内において作戦に支障ある場合をのぞき漁船の操業をみとめるよう、外交措置を講ぜられたい。

その他、韓国政府からその後の返事があったか、損害賠償について国連軍に交渉したかなどあるが、以上の点を伺いたい。」

中村外務政務次官 「国連側に、防衛水域内の漁業について折衝しているが、まだ返事はない。損害賠償は日韓間の問題なので国連側にたのまない。」

清井水産庁長官 「だ捕未帰還船は十三隻ある。外に第一太平丸の所在は外務省を通じて交渉

15

中である。漁業監視船は東海、黄海方面に八隻担当させている。この海域の出漁船には「日の丸」の標識をつけ、出漁証明書を交付している。その後新たな手をうっていない。」

山口海上保安長官　「巡視船は九十三隻（その内ドックに入っているものは約一割。）」

松野警備救難部長　「この内、だ捕船対策に使える（五十マイル以遠の海難救助に使える）二七〇トン型以上は四十四隻。毎日海難は十件ないし十二、三件起っている。」

（二月二十七日　参議院本会議）

岡崎外務大臣　「この問題のために根本的に会談が阻害されないように決心している。政府の二回に亘る申入れに先方から返事は来ない。これが来てから意見を述べたい。忍耐づよく外交々渉により解決したい。」

木村保安庁長官　「漁船の保護は第一次的に海上保安庁の整備船により、人命財産の保護治安維持をし緊急やむを得ざる時に保安庁の警備隊がでる。将来かような事件が起ってもあわてふためいてフリゲート艦を出動させることはしない。相手船が発砲しても、あらゆる手だてで阻止する。武士は容易に刀をぬくべきでなく、刀をぬいた者は卑怯者とされる。」

（三月十一日　衆議院外務委員会）

岡崎外務大臣（並木芳雄氏の質問に答えて）

「国連からも韓国からも回答はまだ来ていない。国連側には将来防衛水域内でこういう事態がおこらないよう注意してもらいたいと述べた。日本側が李ラインをみとめないことについて国連側もアメリカ側も何ら言明せず、二国間にまかせている。」

×

政府は三月十六日韓国政府から大邦丸船員射殺事件について回答をうけとった。それは在日韓国代表部から外務省に口上書で伝えられたもので、内容は二月二十四日の公式発表とほぼ同じ内容で、韓国の領海を侵し停止命令に従わなかったので発砲した意味のことをのべ、陳謝・賠償などは日本側の要求に全然ふれていないばかりでなく、事件

の解決を日韓会談で行うかどうかについても言及していないといわれる。（朝日 三・一七）、

三月二十日「時事新報」「マーフィー大使と一問一答」

「日本政府から貴方に口述書がおくられているが、回答はいつ行うか。」

「回答は近く行う。」

「日本漁船の水域出漁は確認されるか。」

「作戦に支障をきたさない限り日本漁船の同水域に入ることは認められるが、水域内の漁業権は別個の問題で国連軍は関知しない。日韓間の問題である。」

×

二十六日神戸でひらかれた全日本海員組合第三回全国評議会では、大邦丸事件について日韓会談の早急な再開による解決、海洋の国際的秩序回復を要望する決議文を駐日韓国代表部及び外務省に手交することを決した。

×

日本船第十七日清丸と第十八日清丸が昨年九月韓国沿岸で漁獲中捕獲されたが、韓国警察にわいろをおくつて、ディーゼル油を手に入れて日本に帰つたといわれるが、それに関し、韓国政府懲戒委員会は、カン・ボン・グン検事が「警察への監督が不十分であつた」として脱出の責任をとい、解職した。

×

先に一月五日、韓国側に逮捕された日本漁船台北丸の船長以下十二名は、近く釜山捕獲裁判所で裁判される。これは、昨年十月新設された捕獲裁判所で裁判される最初の日本漁船である。（四日）

×

三月六日全南莞州郡青山面麗瑞島で日本漁船二隻を発見、一隻（第二太平丸）は逃避し、第一太平丸だけだ捕した。また十日に、日本漁船松福丸が漁獲を行い、物資を日本に搬出しようと蒐集積荷中を発見しだ捕した。（民主新報三・二八）

×

中共からの帰国船、興安丸は、帰国の途中、李ライン内の済州島と韓国沿岸の間を通ることになつているが、それについて韓国政府公報処は「興安丸が李ラインの内側を航行しても干渉しない。韓国水産資源保護のため日本漁船だけが、同ライン

三

内に入ることを禁止される」と言明した。

×

韓国水産業協会では全国漁民大会の決議文を二十三日クラーク国連軍総司令官及び駐日米国大使その他の要路に発送した。その内容は次の如くである。

1、韓日間の平和線（即ち李ライン）を滅共戦完遂及び南北統一と国民生活確保上絶対死守すべきこと。

2、同線侵犯漁船は今後も継続拿捕すること。同線内には常に韓国警備艦を配置し、停船命令に服従しない船舶は従来よりも一層強い非常手段を取ること。

3、同線は国際的信義に立脚して韓日間の平和を助成し得る事実を日本に認識させること。

4、大邦丸事件は日本側に責任がある。これに各地の漁民協会から殺到した二百四十五通の決議文も添付した。

二、日韓会談

韓国政府筋によれば、李大統領は十日大統領官邸の閣議で、「会談はできるだけ早く再開すべきこと」をのべ、さらに「漁業問題や大邦丸事件の解決にアメリカの仲介を望まない。日本は策をろうせずに日本自身の手で自国の問題を解決しなければならない」と語った。（朝日三・一一）

三

二十五日午後四時から行なわれた奥村外務次官と金韓国公使との会談で、金公使から会談再開の要望が正式に伝えられ、会談の段取りは近く改めて話合をする。またこの会談で、奥村外務次官は、大邦丸事件に関する韓国側の回答について食違のあることを指摘して再調査を要請し、同日この要旨の口上書を在日韓国代表部に送達した。（朝日三・二六）

毎日新聞三月二十三日の「選挙にのぞむ各党の主張」の中で「韓国との外交関係」をみると次の如くである。

自由党—韓国とは誠意と相互信頼の上に正常外交の回復期待

鳩山自由党—（日米英協調のもとにできるだけ友好関係を回復する）

改進党—韓国と條約締結と親善を樹立する

右派社会党ー韓国との紛争を解決
左派 〃 ー韓国とは李ライン、防衛水域の撤廃を促進
労農党ー朝鮮戦争の平和的解決を基礎に日韓交渉
共産党ー李政権はカイライだから外交関係を断つ
緑風会ー隣邦として友好化を強化

三、竹島の所属

（二月二十八日衆議院外務委員会）

中山マサ氏「竹島の所属を主張する韓国側の行きすぎの是正をアメリカ側に忠告願えるか。」

岡崎外務大臣「日本に所属していることは平和条約ではっきりしているので、とくにアメリカにたのまない。」

（三月五日参議院外務・法務委員会）

中村外務政務次官（伊達源一郎氏の質問にこたえて）

「二月二十七日、韓国政府国防部で、竹島の韓国領有につきアメリカの確認を得た旨声明を発している。外務省は何等正式な通告もうけない。竹島の帰属が問題になったのは、昨年一月十八日の李大統領の海洋宣言の際であるが、一月二十八日に日本から韓国代表部に口上書で抗議し、日本の領域であるとのべた所、二月十二日に韓国より口上書で反駁あり、「一九四六年一月二十九日付のスキャッピン第六七七号により、スキャップが同島を日本の領有からはずした」こと・更に「マッカーサーラインの韓国よりにある」とのべてきた。四月二十五日に、日本政府は韓国代表部に口上書で、

㈠ 竹島は現に島根県隠地郡五箇村の一部である。

㈡ スキャッピン第六七七号は、竹島に対し、政治、行政上の権限の行使企図の停止を命じたので領域から除外したのではない。覚書にも「ポツダム宣言の第八項にのべられている諸小島の最終的決定に関する連合国の政策と解してはならない」とある。

㈢ マッカーサーラインは、国際的境界の最終的決定に関する連合国の政策を表明する

ものではない。

(四) 日本政府の調査によれば、竹島が数世紀の間、独島として韓国の領有であった事実はない。

とのべた。これに対して韓国からはなんら正式の意志表示はない。竹島は、本来日本領なので、日米合同委員会の議をへて、初めて米軍の使用する海軍演習場のリストに入れられたのであり、韓国政府が米極東軍により何らかの通知を得たとしても、それは爆撃演習の中止に関するもので竹島の帰属とは関係ない」

岡崎外務大臣 「平和條約に日本が権利権限その他を放棄すべき地域を定められている。それ以外の旧日本領土は当然日本に帰属する」

団伊能氏 「平和條約に朝鮮の領土に巨文島、済州島、鬱陵島を規定しているが、竹島は鬱陵島に帰属しないか」

中村外務政務次官 「余りに離っているから常識的にいっても附属の島といえない」

長谷川行義氏 「昭和二十一年に銀、銅、硫化鉄などについて、日高房一外一名の試掘権が登

五

録になっている。これが阻害されればどうするか」

中村外務政務次官 「明治三十八年二月二十二日に島根県告示第四十号で島根県隠岐島々の所管に編入されており、それ以前もいずれの国からも領有について異議をきかない。鉱業権の侵害される際はあらゆる方法を通じて処置する」

団伊能氏 「日露戦争の時に日本海軍がここに望楼を作って、作戦的に使ったときいているが……」

中村外務政務次官 「私もきいたおぼえがある」

下田條約局長 「米大使館にもその調査を求めていたが、昨日回答があり、内容はただ単で爆撃演習を停止したというだけであった」

X

島根県会の竹島の日本領土確認を強力に反映せしめる決議文が外務、農林両省および内閣、各政党本部等に提出された。(同盟通信 三・一二)

X

三月十二日の「民主新報」に「独島は守らる」

として次の如く論じている。

「昨年十一月、外務部から「独島を目標とする射撃演習の中止」の覚書を国連軍司令部におくり、一月二十日、クラーク国連軍司令官の命令でヘレン在韓米軍兵站基地司令官は「独島を射撃目標から解除する」回答をよせ、国防部は　二月七日「独島が爆撃されないとの保障を与えた」むね公表した。独島は鬱陵島にぞくする島で千五百年前から領土権を行使した。三国遺事や三国史記にも明らかな記録がある。近世太祖や世宗は按撫使をこの島におくり、江原道蔚珍に附属させた。世宗実録地理志にも鬱陵島は蔚珍の東方にある二つの島からなっている云々とある。鬱陵島及び独島にはこんぶ、おっとせいが多く、政府は毎年これを特産物としてとりたてていた。粛宗時代から日本漁民が密漁、森林盗伐を行い、島根県（当時伯耆）官庁に陳謝させた。その後沿海漁民は鬱陵島に造船場をつくって日本漁民の出入をふせぎ、対馬島主から出漁許可の申請があったが拒絶した。明治以後、保護條約により日本はここに海軍基地を設けて主権を強奪、日本の忠君愛国を象徴する松竹をもじって鬱陵島を「松島」、独島を「竹島」と称したが、林子平による地図にも韓国領と示している。日本の主張は、サンフランシスコ條約違反であり、侵略的野望のあらわれである。

(註)この論旨に鬱陵島と竹島の混線もある。

この独島の韓国所属の歴史的主張は、連合新聞「三月九日号」に「歴史上文献よりみた独島」という記事と内容を等しくするが、これらは「史海」創刊号申シク氏の「独島所属に対して」の論文によっている。

四、対馬・釜山間海底ケーブル修理

（二月二十八日衆議院外務委員会）

梶井日本電信電話公社総裁（加藤勘十・福田昌子氏の質問に答えて）　「平和條約で対馬と釜山の中央でその所属がわかれる。故障を起した場所は向う側になる。しかし條約前に日本が進駐軍の依頼ですべて保守、修理していた。本来なら韓国政府がすべきであるが従来の習慣上継続されている。また韓国は海底電線の布設船をもっていないので国連軍の委託でこちらが修理している。」

（二月二十八日　衆議院電気通信委員会）

郵政大臣官房電気通信監理官 庄司新治氏 「対馬、釜山間の海底ケーブルが二十三日午后七時三十分全線障害となった。公社はただちに修理船を派遣することとし、公社は国連軍の関係方面に航行作業の安全を求め、組合として危険作業手当の支給を要望した。その保障を得て、船は明日長崎を出発し、三日障害修理点に到着し、約一週間のうちに直す予定である。」

原 茂氏 「千代田丸百三十名の乗組員は絶対安全かどうか。公社が所管大臣に報告する前に単独で国連軍の保障をうけたというが、どんな保障か。」

梶井公社総裁 「従来、米軍に通信施設を提供して委託をうけて業務をとり扱っているので、必ずしも大臣に一々申上げないで、米軍と交渉している。スペア大佐の覚書には、

1、対馬、釜山間海底ケーブルをすみやかに修理されたい。

2、三月二日午前八時、米海軍艦船は厳原で千代田丸と連絡の上、ケーブル[illegible]な期間中護衛艦として行動する。

3、在日左韓米軍ならびに韓国政府は日本のケーブル船千代田丸が三月二日から十日までの間韓国水域内にあること、及び同船が釜山のガンナ、ケーブル小屋に入る必要が生ずるかも知れないということで通告をうけている。

とある。」

靱公社副総裁 「壱岐、対馬間は主として公衆回線に提供し、その他はすべて軍用となっている。ケーブルは戦後障害し通信できなかったのを、当時の連合軍のコミュニケーション・オーダーによりこれを修理し、相当の区間新たにケーブルを追加している。極東軍、駐留軍、国連軍とのサービス協定により、釜山から日本むけのものは、電々公社が保守し提供している。その料金は普通のサービス契約で国連軍、駐留軍から月大体三千万円程度の使用料を頂戴している。料金は韓国の所有している線のも頂戴しておる。

五、日本軍朝鮮へ出動論議

（三月五日 参議院予算委員会）

内村清次氏 「朝鮮戦線に日本軍は出動しているか。」

吉田総理大臣 「保安隊の派兵は断じていたしません。」

岡崎外務大臣 「その他の日本人は数百名はいよう。それは、アメリカ人のナース、召使、雇人の個人的関係があり、技術者として軍の契約でいっているもの、その他船にのつて先方で積卸をして帰つてくるもの、などいる。」

（三月六日 参議院予算委員会）

岩木哲夫氏 「最近パキスタンのイムロウプ新聞の報道には、日本の保安隊が米国の海兵隊に分属配置されている。インドの野戦病院で治療をうけている日本人兵士は、特別の兵営で二週間の訓練をうけ、七、八十人ずつ米海軍陸戦隊第一師団の野戦部隊に送られた。米軍司令部は日本兵士を一番危険なところに使っているので負傷がでるというが。」

木村保安庁長官 「断じてさような事実なし。」

六、日本人婦女子の帰国

（三月四日 参議院海外同胞遺家族援護委員会）

中村外務政務次官（飯塚定輔氏の質問にこたえて）

「韓国残留の日本人婦女子については、現在日本の国籍をもつているもの、日本の国籍を失つても日本人の血統をもつものには、帰国または入国を許可している。二十八年三月一日現在、帰国申請数は三十五回一六四三名あり、その内一、四四二名が帰国し、二〇一名が本籍地に照会調査中である。帰国の手続は、婦女子が申請書を韓国政府に提出し、在京代表部を通じて外務省に送付される。外務省はこれを本籍地に照会し、調査の結果を入国管理局に移し、そこで確認の上、韓国政府を通じて本人に通知される。帰国者が一定数に達すると便船で日本に輸送し、今日まで二十五回帰国している。日本人であれば、帰国手当をだしている。」

七、韓国にいる日本人船員

韓国交通部九日の言明によれば、国連軍荷役依

八

業中の日本船舶は、韓国政府所属船舶（大韓海運公社との業務引継ぎによって全面的に引揚げることになろう。現在荷役作業に従事中の日本船舶は百五十隻である。また十一日釜山報道によれば「政府は日本から中型、小型船百五十隻を輸入すべく、今月下旬購買使節団を日本へ派遣する」という。

二十八日、陳内務部長官は仁川に無許可で上陸している国連軍の雇用者四十八名の日本人船関係者に退去を命じた。

X

（三月十四日　衆議院外務委員会）

中村外務政務次官（並木芳雄氏にこたえて）

「国連に協力して朝鮮ではたらいている日本人の渡航は、一般の旅券によっている。もしその場合にけがをしたとか、財産の損害をこうむるのは、国連軍との関係で政府との関係ではない。損害賠償は考えない。」

八、通貨改革援助論議

（三月六日　参議院予算委員会）

鈴木強平氏　「韓国で通貨改革が行なわれ、そのためには国連軍の貸与金が返されるが、その内二千万ドルは食糧、または肥料を要望していると思われる。このうらづけがないと蒋介石の失敗した通貨改革のごとくなる。日本政府も援助すべきではないか。」

岡崎外務大臣　「日本は朝鮮側の必要とする物資は正当の対価でなるべく十分に供給している。」

鈴木強平氏　「過般の国会で、朝鮮市民へ緊急援助事業資金五万ドル、千八百万円を満場一致可決したが、どうなっているか。」

岡崎外務大臣　「これは国際連合の計画に従うもので、この会計年度内に繊維品や医薬品の買付をして、朝鮮市民に渡すようにしている。」

鈴木強平氏　「今、米国からの援助物資の債務が問題となっているが、米国に返済すべきものあらば、朝鮮側への援助の形をとりたい。」

岡崎外務大臣　「アメリカと日本の関係のことを、朝鮮にうつしかえることは困難と思う。」

III、韓国の動き

一、韓国の和平条件

二月二十二日国連軍司令官より傷病兵捕虜の交換を申入れたのに対し、三月二十八日共産軍両司令官からこの提案をうけ入れ、さらに会談再開が提議され、三十日に周中共首相の声明により和平の空気が俄然濃厚になったが、韓国は三十一日「和平の最低基礎条件」として次の五ケ条を発表した。

一、中共軍の完全撤退
二、北鮮軍の武装解除
三、国連は第三国が北鮮援助を与えぬよう阻止すること
四、韓国公式代表を朝鮮問題討議のために国際会議に全面的参加せしめる
五、韓国の政治上、領土上の主権侵害の計画又は方針は法的効力を有しないものとみなす

二、旱害春窮人口と対策

農林部の旱害農家実態調査がこの程完了したが、それによれば

永植付農民数	二、三四七、一四三名
皆無作農民数	九二九、五七一名
三分作以下　〃	一、〇〇五、五八二名
計	四、二八二、二九六名

あり、夏穀収穫期までのこの人達への必要食糧量は一、九八四、三二七石に及んでいる。

端境期に離農者がふえ生活苦の農民が職を求めて都市に流れこんでいる。農林部は昨年十一月旱害対策事業として千六百七十六億円、救護糧穀百四十二万石を計上し、韓米合同経済委員会を通じて国連に要請したが、十二日同救護委員会米代表が予算関係でできないと回答あり、政府は再交渉をしている。

不足食糧六二三万石について、慎農林長官は、二十四日国会で三二六万六〇〇〇石を政府輸入、二三四万四〇〇〇石を救護食糧として導入、五五万五〇〇〇石をUNKRAにより、外に民間貿易業者による自由輸入小麦で補うと答弁した。なお政府案としては先に緊急輸入した食糧の内、小麦粉二万トンを旱害対策事業におけ水利、砂防、流水工事の労賃の三分の一にあてる。

三

三、韓国兵の増強

第二十、二十一師団が五日正式に編成され、これにより戦闘師団が十四ヶ師となり、韓国軍は四十万となった。すでに国連軍戦線の三分の二は、韓国軍によってしめられている。

各市郡に徴兵署が設けられ、三月十五日から七月二十日まで徴兵身体検査が行われるが、従来満十九才から満二十八才までであったのが満三十二才までひきあげられる。但し、朴兵務局長は、これは「対象者把握のためで召集の実施ではない」と語った。

二十七日の国務会議で、民兵隊令が採択された。これは、公務員、学徒を除くすべての徴兵適齢者は一年に九十時間以上の軍事訓練と、百八十時間以上の学科教習をし警察署長の要請あれば、治安維持に協力する。

十八日申国会議長は、国連軍に充分な武器供給と給与の改善を要求する談話を発表し、その中に、韓国軍は栄養不良と疫病が蔓延しており、一日四千カロリーが必要なのに、平均二千カロリー未満であることをのべた。

四、国連援助

十一日の国連総会で朝鮮統一復興委員会の解体を要求したソ連案は五四対五で否決され、その支持は五五対五で可決した。

X

キングスレー国連朝鮮復興機関（UNKRA）事務局長は国連総会へ提出した年次報告補遺の中で、次のように述べている。

「UNKRAの五ヶ国諮問委員会は穀類、肥料その他の消費材を至急韓国に輸入するため、同機関の使用する資金を従来の一千四百万ドルから二千万ドルに増額することを可決した。UNKRAの穀物輸送船は毎週一隻の割合で釜山に到着しつつある。一九五三年六月末をもって終る五三会計年度に韓国復興計画として七千万ドルが計上されてあるが、その事業の一部として、電力開発から学校教科書配布にいたる三十余の復興救済事業が進行中である。地方、目下UNKRA、国連軍司令部および韓国政府間に次の十二ヶ月間に実施すべき計画案がねられており、これに対して世界保健機構（WHO）、ユネスコ、食糧農業機構（FAO）などの国連特別機関所属の実施調査班が種々の勧告を提供している。なお昨年九月十五日第七回国連総会に前回の報告を提出してから現在までにUNKRAは二一一一万ドルに上る寄付を受けており、寄付金総額は四三八二万八五九四ドルに達した」

×

ユネスコの依嘱で六ケ月間、韓国教育の実情を調査したコットレル使節団は、二十九日UNKRAに対し、総経費六千七百万ドルを五ケ年計画により校舎及び設備に使うよう勧告した。

×

五三年度UNKRA資金七千万ドルの中から水産用資材、漁船に百九十万ドルわりあてられた。

五、その他

さきの通貨切替え期間中、申告された旧円貨入高は九日現在二七〇万七四八二件、一兆一〇四七億円に達したと韓銀側が発表した。

×

四兆二千億円（四百二十億圜）の新年度予算赤字について国会特別委員会から米軍及び国連軍に一月二十二日赤字補填の為の建議を行っていたが、ダレス米国務長官から、「アメリカは戦争による韓国の財政的責任を分担すると同時に、近く専門家一名を韓国に常在せしめて積極的援助を研究せしめる」と回答してきたことが十六日発表された。

×

七日付、葛　弘　基氏が公報処長に補せられた。

×

先に"農地改革法"により土地を政府に買上げられた旧地主たちが、生活難を理由にその返還を要求し、農耕地をめぐる争議がふえている。釜山農地委員会は今年に入って農地分配に関する異議申立を現在までに三十二件を受理し、審理の結果、旧地主側の訴えを容認したもの十件に達している。

（三・一九）

×

米国向移民は年百名とほぼ決定、おそくとも五月中には対象者の選抜を完了予定。

IV. 新聞論調

三

◇読売 三月十九日「大邦丸事件をかく批判する」

東京都二十三区で行われた与論調査(六五八名の被調査者中五四二名回答)

一、事件をしっている 八一・五%
しらない 一八・五%

二、韓国側の「李ラインをこして領海に侵入した」という主張を承認できるか、
できる 一一・一%
できない 五九・二%
とんでもない言分だ 七・六%
わからない 三二・一%

三、日本政府は李ラインをみとめぬ抗議をしたが、どう思うか・
もっとつよくでた方がよい 三九・五%
あまりつよくでない方がよい 一九・九%
なまぬるい 九・八%
当然だ 四・二%
わからない 二六・六%

四、事件の解決には次のどの方法がよいと思うか・
射殺責任者の処罰と損害賠償 三二・七%
アメリカの仲介による話合い 二三・七%
韓国側の陳謝 一九・七%
経済的報復 一・五%
その他 三・六%
わからない 一八・八%

三

◇ニューヨークタイムス 三月一日「韓日間のあつれき」

「日本はこの問題(漁業権についてのあつれき)についての協力を米国に要請したが、さらに国連に訴える構もある。日本の現政府は過去十年この方、相手方にあたえた損害を償うために努力する態度をみせている。われわれはこの点について韓国人よりも容易に理解できるようであるし、そういう点からこの問題に関しては米国の調停が有効であると考える。」

◇「日本週報」三月十五日号に「無念なり韓国の非道!漁撈長の頭をノコギリでひく!血に染む大邦丸船長の手記」

「つのりゆく韓国の海賊的行為」の表題の記事が掲載されたことに対し、二十九日「民主新報」は、その二面に表紙の写真をのせ十段抜きで「韓

日両悪化をねらう日紙：—大邦丸事件ことごとに歪曲煽動し、「一言一句増悪にみつ」、「判検事立会下に解剖したことを鋸でひき殺した、と虚報」、「会談を前にした陰謀？」日本国内で極右デモ」などのせ、一面には「日紙の暴挙を駁す……国内各界反響はこのようだ」とて、国会外務委員長黄聖秀議員、商工委水産幹事李彩五議員、水産業会会長金祢鉉氏、韓国居留民団長金載華氏談をのせている。

◇平和新聞 三月二十七日「漁船事件と日本の悪論を駁す」

「日本人は韓国水域の漁業問題を自己の死活に重大な関係があると厚顔無恥にも揚言している。我等もまたわれらの死活を左右する領海上の利権を掠奪しようとする日本人を、「われらの食卓をねらう最もおそるべき隣人」と遺憾にも指摘せざるを得ないし、これに対し自衛手段を講究せざるを得ない。全日本海員組合の声明の如き……韓国向物資が国連軍のものであり、その大部分が日本戦特需軍用品であることを想到する時、損害をみるものは誰であるか。戦争遂行に緊要な物資を遅延せしめて全自由国家の指弾と制裁をうくるのは誰であるか分りきったことである。韓国の流血戦は、韓国自衛のみでなく、一衣帯水の日本人等の主権と安全のために代って行っていることを日本の為政者国民は自覚せよ。」

◇「民主新報」三月三十一日社説「日本総選挙と韓日会談」

「国会を解散せしめた吉田自由党政府が、韓日会談再開を促求したその真意は分らぬ点もあるが、隣接した両国の外交を正常化せしめることを念願とする我々は賛意を表する。朝鮮からの引揚者の多数の票を得るために財産権を固執することで会談を中断せしめた吉田政府の政治的伏線が、今般にも内包されているとせば、甚だ遺憾とせざるを得ない。吉田政府が、真実な韓日外交の樹立を目的として、その結果をもって総選挙に臨もうとする意図をもつならば、今般の提議を歓迎し、その成功が楽観できるが、選挙戦に勝利を得るために国民を懐柔しようとするに過ぎなければ、我々は警戒しなければならない。」

◇世界新報 三月十三日 社説「卒業生の就職難解決」

「解放前には差別があったにしろ、日本側の官界　実業界に就職可能の道があったが、今は、全面的に拒絶されている。僑胞企業家の職場で数千名いる所に朝鮮人は数名しか採用されず、数百名いる所に一名もいない現象である。僑胞企業家はなぜ日本人らを使用するのか？、不平をいい騒動をおこして職場を混乱にする朝鮮人を行うより勤勉な日本人を使う事業主の立場も分るが……事業主も学校を卒業した就職希望者も反省して解決すべきことである。」

◇新世界新聞 三月二十一日「韓国留学生のため日本の大学に望む」

「最近、日本の官公私立大学で、韓国留学生を漸次しめ出す傾向を濃くして来た。入試で日本人受験者より優秀な成績を得ている者に対しても、韓国人なるが故に不合格となす例が少くない。全然入学させないというのでなく、受験者の何人かを申訳的に合格させるが、その他はことごとく入学を拒否する実情にある。その理由とされるのは、過去に学生騒動の主役をつとめていたからである。しかしこの学生は「韓国人」でなく、自ら「朝鮮人」であることを主張している。穏健な韓国留学生のために、日本人学生以上の便宜と、教育の機会均等主義に基く公平なあり方を求める。」

◇「朝鮮評論」第七号 特集 朝鮮・朝鮮人問題

高成浩「忘れ去られた歴史はよびかける」

―日朝親善を念願するが故に―

「南方に戦没者の慰霊と遺骨収容の派遣団をのせた日本丸が発航したが、マーシャル、マリアナ両群島で第四艦隊所属の朝鮮人設営隊員及びその他軍人、徴用者など約三万名の戦没者を出していることが忘れられている。また強制徴用者の実情やなぜ朝鮮から日本へ朝鮮人が追われてきたか、その実情について日本人は充分な認識をもっていない。終戦後乱暴をした朝鮮人を責めるのはよい。しかし責めっぱなしでは、朝鮮人が可愛想すぎる。日本人はためにする悪宣傳から離れて、人間としての善意と善隣の友情からも、よく話しあい理解する努力を重ねて頂きたい。」

三五

◇朝日 三月七日 一又正雄「李承晩ライン解決のカギ ―― 国際法上のゆきすぎ ――」

李ラインの主張には、国際法上三つの無理がある。第一は大陸棚の主張である。一昨年国連の国際法委員会はこれについて一応の法典案を作製したが、これはまだ現行国際法を反映しているとは認められていない。原則がないとせば、国際法上では、領土取得の先占の法理が適用されねばならず、大陸棚ならばその水底あるいは地下の資源の開発、保護が現に行なわれねばならない。国連法典案にも、十開発の可能なることを必要としている。李ラインは深度を無視し実行性を伴っていない。

第二は漁業統制の主張である。従来の沿岸漁業は領海外では、沿岸国が資源保護のため統制を行うにしても自国民への独占は許されず、トルーマン宣言でも、漁業の場合も、大陸棚の場合も、隣接国あるいは関係国との合意を前提としている。国連法典案も同趣旨である。

第三は接続水域の主張であるが、衛生、関税、警察の必要上、領海外に一定の幅の接続水域を設けることは国際法上みとめられているが、独占的漁業のための利用はみとめられないし、その幅も十二マイルを限度とすることが原則で、国連法典案も同趣旨である。

クラークラインは、封鎖ともつかず、韓国自体の防衛水域ともつかず、一種の航行禁止区域で、国際法上えたいがしれない。李ラインは、この防衛水域ときり離し、韓国政府と交渉し、妥協できねば、至急仲裁々判か国連の調停に付し、他方防衛水域は、責任ある政府発給の証明書の漁船には、出漁の許可を与えさせるよう努力すべきである。

六

12. 입관집무자료 제6호 재류조선인과 한일관계

昭和二十八年六月

入管執務調査資料第六号

在留朝鮮人と日韓関係

——昭和二十八年四、五月——

法務省入国管理局

目次

一、本稿は執務参考として「在留朝鮮人と日韓関係」の四、五月中の動きをまとめたものである。

一、「民主新聞」は居留民団の機関紙（日本語）、「世界新報」は大阪で発行されている朝鮮語新聞。

「東亜新聞」は東京で発行されている日本語新聞、「解放新聞」は左翼朝鮮人の機関紙（朝鮮語）、

「韓国学生新聞」は在日韓国学生同盟の機関紙（日本語）、「K・P」、「KTP」は韓国支持、「

朝鮮通信」は北鮮支持の東京で発行されている日本語通信である。

「民主新報」、「連合新聞」、「東亜日報」は韓国で発行されている日刊新聞（朝鮮語）であり、

「連合新聞」は政府系である。

一、参議院会議録は、官報号外の抄記である。

一、朝鮮側の新聞記事は批判を加えずにそのまま、紹介した。

一、この資料の中でいう「朝鮮人」は政治的意味をともなわない一般的呼称である。

入国管理局総務課長

D800 H10 1

I、在留朝鮮人

一 韓国政府の在日朝鮮人対策

(1) 登録計画

韓国政府筋五月二十日の言明によれば、政府は、兵務行政の強化に関連して、この程駐日代表部に在日同胞の一斉登録を訓令した。(K・P 五月二十一日)

外務部では、在日僑胞を始めその他の諸外国に居住する僑胞達の一斉登録を実施中であるが近日中に国防、法務、内務との連合会議を開催することになっている。今回の登録は、従来の如き単なる人口調査だけではなく、全僑胞の財産状態、職業、生産機関など国勢調査の如く詳細を調査し、目つまた兵務関係に関連するものと思われる。(「民主新報」五月三十一日)

五月三十日平壌発朝鮮中央通信は、北京発新華社通信の伝える東京からの報道として『共同通信によれば、最近李承晩は東京の在日韓国代表部に一切の在日同胞に対して全般的登録を実施するよう命じ、財産、思想、宗教、信仰、家族を調査するといわれる。この登録計画はアメリカの指示により李承晩政府の国防部が作りだしたものである』と報じている。(「朝鮮通信」六月二日)

(2) 二百万ドル融資

在日韓僑の中小企業体に二百万ドル融資の件は、三月二十七日の国務会議を通過した。

韓国政府では、在日僑胞の企業体資金融資に対する基本調査を実施するため、四月十日財務部で関係者の連席会議を開催し、企業体の担保、融資の使用目的、僑胞の思想検討等について討議し、財務部長官はその詳細な調査をするよう駐日韓国代表部に通牒を発した。(「東亜新聞」四月十八日)

(3) 文教対策

韓国政府文教部は本年中に米国及び日本へ奨学官を各々二名ずつ派遣、韓国学生の指導にあたる。(K・P 四月十六日)

韓国政府文教部では、このほど在日僑胞児童の国民教育実施に関する具体案を得、直ちに実施する。僑胞の密集している日本の八主要都市（東京、大阪、京都、名古屋、神戸、福岡、横浜、下関）に最小十四コの国民学校を設け、これをモデル学校として、その設立経営は新たに組織される僑胞の自治にかかる学校管理組合が担当し、経費の一部の国庫補助を考慮している。
（「東亜新聞」五月二十三日）

第一期分二五校の校舎建築施設その他総予算六、六七〇（二九二ドル中、差当り八大都市の八校

二

会が二十二日再開される韓国国会に文教部、外務部の共同予算として追加上程される。（K・P 五月二十一日）

（後述 民団大会記事参照）

(4) 民団援助

韓国国会に参席した居留民団代表の活躍により、新年度予算に、民団補助費が毎月五千三百ドル、教育補助費毎月千三百ドル、厚生事業補助費毎月三百ドルが、本予算で通過した。

（「東亜新聞」五月二十三日

二、在日朝鮮人学校。

(1) 特殊学級 学校 教員 児童生徒数

（昭和二十七年十月七日現在文部省調査）

（公立学校）

	本校			分校		特殊学級		特殊学校		児童数	朝鮮人教員数	一般学校朝鮮人教員数	日本人教員数
	小	中	高	小	中	小	中	小	中				
山形						一				四三	二		
茨城						一〇				二二	一一		
埼玉						五				一四四	七		
千葉						三	一			（三校不明）三四	四		

東京	一二	一	一	一						四二七五	八七		八五
神奈川				五		二				一一五九	二五		二三
富山						一				三三	一		
福井						一				六四	一		
岐阜						四	一			一七四	五		
愛知				四		五		八	一	(一、三二八	四六	四	一九
滋賀						一六				六二〇	二三		
京都						一一				三三七	九		
大阪				三		一八				一、八八八	二〇	一七	
兵庫					四					八二三	一〇		二四
和歌山						一				二一	一		
岡山				二	一					六四一	一		二九
山口				一						二五八			一〇
香川						二				三七	一		
福岡						五	二			七校不明	一〇		
宮崎												一	
計	一二	一	一	一六	五	八五	四	八	一	九校不明 (一二、一〇〇	二六四	二二	一九〇

(註) 特殊学校とは正式に認可をうけていないが、小中高等学校る類する教育を行っている学校をいう。

三

〔私立学校〕

	本校 小	本校 中	本校 高	特殊学校 小	特殊学校 中	特殊学校 高	朝鮮人児童生徒数	朝鮮人教員数	一般学校朝鮮人教員数	日本人教員数
京都		一					六三	一〇		
大阪	二	一	二	三		一	一、二三〇	五〇	一	七
広島				二			一二六	五		
山口				二	三		一七六	六		
愛媛				一			三二	三		
計	二	二	二	八	三	一	一、六二七	七四	一	七

四

小、中学校、高等学校児童生徒数

	朝鮮人児童生徒数 公立	朝鮮人児童生徒数 私立	全日本児童生徒数（朝鮮人をふくむ） 国立	全日本児童生徒数（朝鮮人をふくむ） 公立	全日本児童生徒数（朝鮮人をふくむ） 私立	全日本児童生徒数（朝鮮人をふくむ） 計
小学校	八〇、八二四	四八七	四四、三五八	一一、〇七三、七二四	三〇、二七七	一一、一四八、三五九
中学校	二〇、四三一	九二七	三一、九四八	四、八五三、二三二	一九一、三九七	五、〇七六、五七七
計	一〇一、二五五	一四一四	七六、三〇六	一五、九二六、九五六	二二一、六七四	一六、二二四、九三六
高等学校	二、九一七	一二一二	六、二六六	一、九二三、四一一	四一二、七九二	二、三四二、四六九

（文部省調査）

（注） 朝鮮人数は二七年十月十日現在。全日本数は二七年五月一日現在（高等学校には別科専攻科生を含む）

(2) 神奈川県における朝鮮人学校

神奈川県下の朝鮮人子弟教育機関としては、横浜、川崎両市に各二校、横須賀市に一校の小学校（いずれも分校）があり、千数百名の生徒がいて毎年二百余名の卒業者を出している。日本人の中学校に入るのは、そのうちホンの一部で大部分の生徒は横浜市神奈川区沢渡二一の朝鮮人小学校（青木小学校沢渡分校）に隣接する無届中学校（二階建六教室、九学級、校長李殷直氏）に入っている。

この学校は県下の朝鮮人から毎月二十万円を出し、一年から三年まで四百十名の生徒から月額百円をとり、別に県朝鮮人中学校後援会という団体の後援で経営している。昨年春、講和条約発効後、「教育の義務をおう責任がない」と文部省から指示されたため、県教委は横浜、川崎、横須賀三市教委と対策を協議の結果、無届中学校を解散し、生徒を居住地の日本人中学校に入校するように申し渡した。これに対し朝鮮人側は「現在の朝鮮人中学校を公立中学校として認めよ」と、昨年から一年ごしの陳情を行ってきたもの。文部省のこうした方針にかかわらず、東京と大阪は都立と市立の朝鮮人中学校を昨年からつくっていることも、朝鮮人側が陳情の一つの理由にあげている。

横浜市の無届中学校の場合、生徒の分布図は横浜百三十二、川崎百七十七、横須賀五十六をはじめ鎌倉、大 、逗子、小田原、藤沢や東京の二十一名もいる。朝鮮人の父兄がこの中学校の維持費に困ったのが陳情の本筋と横浜市教委では見ているようだが

この解決策として

(一) 現在の小学校のように、それぞれの市に中学校分校として経営する場合。

(二) 県立中学校の場合

(三) 公立中学校の分校として横浜市に設置する場合

(四) 私立で経営させ、三市と県が補助する場合。

(五) 組合立中学校を設ける場合。

のコースがあるが、現実的には同校に補助金を出す名目がつかないことが県や三市をシリごみさせており、この問題はここ暫くもめるようだ。

五

（「毎日」神奈川版　五月二十三日）

四月二十五日横浜・川崎・横須賀の朝鮮人中学校生徒とPTA代表四百名は横浜市役所をたずねて「中学校と公立学校をみとめてほしい」と要求、大下総務局長は代表と会見して「この問題は横浜市だけではできず、県・県教委・横浜川崎・横須賀市と三市教委の八者で私立学校としてみとめる（第一案）か三市共同の組合経営（第二案）としたい」と答えた。この間四百名の生徒とP.T.A代表が総務局秘書課に坐りこみ約一時間半に亘り、執務を出来なくし、警官がかけつけた。これは二十三日に県に陳情したところ「県は管轄外の仕事で、横浜市さえ承認すれば……」と答えたためという。（「朝日」神奈川版　五月二十六日）

(3) 知事会議へ要望

内山神奈川県知事は、六月二日から開かれる全国都道府県知事会議に「在日朝鮮人文教基本政策の早期確立」の要望事項を提案し、左の如く満場一致で可決された。

「在日朝鮮文教政策は各県によって異なる。文教政策の地方分権化は、教育民主化の第一要請ではあるが、在日外人の文教政策については、政府において基本政策を確立し、区々たる各県の態度に統一と方向だけを与え、文教面の日鮮基本的関係を早急に解決されたい」（「毎日」神奈川版　六月三日）

(4) 教育斗争記念大会

四月二十四日、四・二四教育斗争第五周年記念全国大会が大阪市中之島中央公会堂で各地の代表及び大阪近県の約一万の朝鮮人参集の下に挙行、人民儀礼の後、大会議長団の選挙あり、尹徳昆氏の開会の辞後、東京都立朝鮮人中学校林光澈氏の報告あり。その中に「全日本の朝鮮人側で運営する学校および公立独立校が合して八十校、日本の学校内に設けられた学級は百級に達するが、在日同胞の子弟総数十二万のうち、民族教育をうけるものは二万にすぎず、あとの十万は日本の反動教育をうけている」とのべて民主民族教育の防衛発展への斗争を展開し、対内的に国語教育に力をそそぎ、共和国公民としての自覚をたかめ、教員を量質的にたかめる幹部養成事業の拡大を強調した。

日朝各界代表の祝辞、メッセージの後、金日成毛沢東、マレンコフ首相におくるメッセージを採択し、日本政府への抗議文を採択し、大阪市庁に抗議団をおくることを決定した。

なお教育活動功労者、林光澈・姜昌鎬・盧晟容氏に朴在範(四、二四斗争で獄死)賞を、模範少年として、文弘識　金炳主両氏に金太一(四、二四斗争時大阪で死亡)賞を尹議長からあたえられた。午后四時閉会後、多彩な文化祭が開かれた。(「朝鮮通信」四月二十七日)

東京では東京朝鮮人中学校に五千余名が参集して大会を開催した。(「解放新聞」四月二十八日)

三、保護観察状況

二十七年十月末現在で全国の保護観察所で調査された成果を法務省保護局観察課でまとめて「保護月報」第十五号(法務省保護局　昭和二十八年三月発行)に「朝鮮人対象者に対する保護観察実施状況」として発表された。その要点をみるに次の如くである。

(イ) 保護観察に付されている全対象者　七八、八一六名　一〇〇%

この内朝鮮人　二、四一四名　三、〇四%

(この内所在不明者　(一六五名)

(ロ) 地方委員会管内別

	(人員)	朝鮮人対象者総員に対する%	全対象者と朝鮮人対象者の%
近畿	八六一	三五、六六%	六、八二%
関東	四五一	一八、六八%	一、八四%
中部	四〇七	一六、八五%	五、四二%
中国	三六七	一五、二三%	五、四八%
九州	二一二	八、七八%	一、七七%
四国	四八	一、九九%	〇、九八%
東北	三八	一、五七%	
北海道	三〇	一、九九%	〇、六五%

(ハ) 性別

	男	女
全対象者	七三、五〇三名	五、二四六名
朝鮮人	二、二七三名	一四一名

(ニ) 就業別

日傭人夫	五二八
職工	三三五
雇人	三〇三

七

家事手伝　二九一
自家営業　一八四
商ブローカー　四五
その他　二五七
就学　一六九
失業者　一三九

(ホ) 保護観察の成績
良　一八一　稍良　二六三
普通　一四二八　不良　三八三

(ヘ) 朝鮮人保護司
十三名（東京五、水戸一、名古屋三、熊本一、札幌三）内女子一名

(ト) 保護観察の実施に特に困難を感じたる例
民族的反感が強い。遵法精神にかける。保護観察を忌避する。不利なことは黙秘詐称する。日本名通称を使う。保護司を特高警察視する正業を嫌悪する。居所不明確を詐る。生活環境を詳知できない。言語が分らず、家族生活の風習が異る。特に北鮮系対象者には手の施しようのないのが多い。

八

四、管理令による被収容者の処遇と送還

(イ) 参議院質問と答弁
（三月十三日附参議院会議録附録）
兼岩伝一氏、三月二日附質問主意書

(一) 現在大村収容所及び鹿児島収容所に収容されている数百名の氏名及び収容の理由を公表しない根拠は何か
(二) かかる秘密な措置は即時改むべきであると考えるが如何
(三) 処遇がきわめてわるい
(四) 本人の希望しない政権下に強制送還するのは、基本人権の侵害も甚だしい。
(五) 一九四五年九月二日以前から居住する在日朝鮮人は、日本国民と同様に扱うべきである。
(六) 右の見地から現在収容中の朝鮮人は各自の家庭に復帰させ、職業を与える援助をすべきではないか。

吉田総理大臣答弁書
(一) 被収容者の名簿を公開し、事件に関係のな

い一般の人達にまで知らせることは、被収容者の人権を侵す虞が多分にあり、名簿は公表しない方がよいと考える。

(二) 前述の通り、この措置は、被収容者の立場を考えるとき、行政庁としては、当然の措置であつて、これを秘密主義と言うことは当らないと解する。

(三) 被収容者の処遇については、収容所職員に対して、収容所開設以来機会あるごとに第一線の外交官としての態度と見識をもつて事に当るよう指導訓育するとともに、人権擁護の点について、特に意を払つて収容所の秩序維持に万全を期しておる次第であつて、お尋ねの件については、被収容者の人権を擁護する建前から本人の親戚、知人等収容者に有利な便宜供与のできる者については、収容所の保安上支障の来さない限り、最大の面会の自由を与えており、且つ、今後もこの方針通り実施するつもりである。

又収容所には、被収容者に貸与するため、冬衣・冬袴・冬シャツ・冬袴各二千着、更衣上下各百着を備えており、衣類のない者にはそれを貸与している。そして日用品については、本人の自費で購入できない者に対しては、タオル、石鹸、歯ブラシ・チリ紙等を支給している実状である。

従つて処遇上甚しき不当な取扱は絶対にない。

(四) 過去强制処分の実施については、既に国会において政府の方針を明らかにした通りであつて、政府としては、法令に基いて正当に行うつもりである。

(五) 在日朝鮮人は、すべて平和条約発効と同時に外国人となつたのであるから、出入国管理令及び外国人登録法の適用を除外することを考えていない。

(六) 現在大村収容所に収容されている朝鮮人は、それぞれ適法な処分によつて収容しているのであるから、これらの人を直ちに放免する要がないと考えている。

(七) 大村収容所の処遇

四月十二日の民団第十六回全体大会で長崎県民団本部からの提案で大村収容所の処遇を問題視

九

しその調査委員会の派遣が議され、また四月十七日付新世界新聞記事（定員一二七名に対し、三百名収容、多数の病者が発生し、死者までだしているが病状死因も知ることができない。学生が百名いるが、勉強する本がないことなど）に関し、入国管理局では二十三日次のように発表した。

一、収容能力に関し＝＝手続違反者は大村収容所に収容されている。収容所二層は約四百五十坪であり、現在の収容者は三百七十名である。（約五百名収容可能）

一、病人の発生状況に関し

イ、現在入院している手続違反者は一名もない。（長崎県民団提出数字は四十二名とある。）

ロ、収容所にいるものに重病患者はない。

ハ、今日まで重病患者が発生した時には、直ちに入院せしめていた。

一、被収容者中の学生に関し＝＝現在学生は一名もない。過去に一名あつたが、不法入国

者と判明したので、三月三十日送還された。

一、書籍差入に対し＝＝特別悪質者以外は制限がなく、文学、雑誌などの差入も自由で、収容所当局では適当に支給している。

一、主食の支給に関し＝＝当局の一日七十二円は純食費であり、決して少額ではない。

一、収容者の死亡に関し＝＝李海福氏が昨年十二月以来入院加療中であつたが、三月四日胃がんで死亡した。当局は直ちに韓国代表部福岡事務所及び本人の義兄崔相吉（川崎市小川町四八）に連絡したが何の連絡も現在来ない。

姜尚文氏は三月二十日頭痛で入院療養せしめたが、三月二十四日脳溢血で死亡した。氏の身許引受人がなく、現在遺骨は大村市立正法院に安置中である。右二名に関し、その経過取扱状況を死亡診断書に写真をそえ外務省を通じて韓国代表部に通報した。　（新世界新聞四月二十六日）

(3) 送還

不法入国者として大村に収容されていた者　四月三十日に二二四名、五月三十日に二三一名が

佐世保発、釜山へ送還された。

五、酒類の密造

（国税庁間税部酒税課）

昨年四月の調査では、在日朝鮮人密造戸数は、全国で二、三千戸、年間約三十一万石の密造が認められる。

昭和二十七年以降最近までの暴行傷害事件は、三十件に及び、また取締終了後は、検挙物件の奪還、逮捕者の釈放等をさけんで、数十名、多きは数百名の集団をもつて税務署や警察署に押かけ、また：長期間陳情のため来署して一般業務を阻害し、或は取締に参加した税務官吏を尾行したり、その居宅附近を徘徊して私生活を脅かすことなどもある。

密造に際しては、居宅を離れ、道路端又は山野、河原等で共同でしかも取締の寛厳を考慮してその密造場を移動し、検挙の機会を逃れようとする傾向が強い。これは密造規模が従前に比し：衰退していないと推定されたにもかかわらず、前年度において臨検場数及び検挙件数の減少している事実が取締の困難性を示唆している。また　取締の執行に際してもその蒙る損害を最少限度に喰い止めようとする抵抗意欲は依然強い？特に当該部落の構成員の大部分が北鮮系で、取締に遭遇するや、一致団結して反抗にでるが、それは一部先鋭分子の煽動によることは明らかである。悪質な者には強制送還その他断固たる対策が望ましく、また、真に日本の法令を守り、まじめな生業を希望する者には、職業転換のための補導対策を講ずる必要がある。

酒類密造取締

年度別／区分	臨検場数	収税官吏出動延人員	警察官出動人員	検挙件数	犯則数量
昭和二四年度	六、一五〇	二六、七一〇	一、一二五	四、四八〇	二、九四一石
〃二五〃	一二、〇一三	一六、〇一四	一六、〇八一	八、七〇二	四、〇七六
〃二六〃	二五、九九二	五七、五七三	二五、四三四	一〇、七三八	六、七〇三
〃二七〃	一四、〇六九	三四、三九三	一八、四一五	六、三八七	三、三二五

六、民団全国大会

在日韓国居留民団第十八回中央議事会並に第十六回全国大会は、四月十一、十二両日、大阪市北

一一

区の大阪府民団本部で、全国代議員三百名参集の下に開催した。同大会で左記の如く役員が改選された。

（顧　問）　元心昌、権逸、徐相漢、李鳳儀、高順欽

（団　長）　金載華　（副団長）　裴東湖、金炳旭

（事務総長）　鄭　哲

（総務局長）　羅鐘卿　（次長）　朴秉昊

（民生局長）　金炳旭（兼任）（次長）姜徳才

（組織局長）　金今石　（次長）　金斗昌

（文教局長）　金禹錫　（次長）　章太源

（議　長）　金光男。（副議長）洪賢基、金聖洙

（監察委員　委員長）　丁賛鎮

（委員）　梁炳斗、金鐘在

（国会派遣代表）　金載華、金在和、金光男

裴　正、元心昌、金英俊

なお、左記の討議決定があった。

(イ)　二百万ドル融資の件については、融資対象者の身元保証及び推せんと融資に対する監督権を民団がもつ事

(ロ)　児童教育について、民団は本国政府に建議書

を提出、最小限日本全国に、小学校一八八校、中学校十二校、高等学校三校の設立はぜひ必要であつて、総予算九億一千万円かかる。まず日本六大都市に、小、中、高、各一校づつ設立を急いでいる。それが為に学校設立委員会を設置する。

(ハ)　中堅幹部養成のために年六回、二週間を一期として一期に四十八名（各県から一人）を中総本部において講習する。

(ニ)　韓日会談に民間人代表が参席して同胞の権益擁護を計る

(ホ)　予算九百三十万円の原案を可決。

(ヘ)　地方本部建議案

(1)　旅券問題（三多摩本部提出）本国への旅行には、特殊階級にのみ便宜を計つて不平不満が大きいから、もつと広範囲に便宜を計ることと手続の簡素化を要請せよ。

(2)　逆送還者収容所の対策（長崎県本部提出）大村収容所に現在三百余名が収容されているが、待遇はわるく、その中四十二名は病者で二名が病死した。先ず真相を調査して関係当

局に厳重抗議する調査委員会を構成し、中央執行部で三名、法律専門家一名、長崎県本部一名を選出する。（「民主新聞」五月十五日）

七、民戦の動き

四月十五日、会談再開の日、民戦系四百余名は、外務省に大衆抗議し、代表三名は、外務省関係官に会見し、民戦中央委員会より岡崎外務大臣宛の「会談再開反対の書翰」を提出した。

二十日　民戦中央委員会は「祖国の停戦遅延と日韓会談再開に際し、在日全朝鮮人商工業者に訴える」アピールを発表した。

二十一日　民戦中央委員会は、世界各国の政府あての「朝鮮戦争の即時停戦促進に対する要請書」を在日各国外交機関三十四ケ所に発送した。

五月二十一日　東京都四谷外濠公園で民戦関東地協主催の「朝鮮戦争停戦促進吉田内閣成立反対関東蹶起大会」が開催され、約二千名参加、終つて抗議団は、極東軍司令部、アメリカ大使館、総理官邸、国会、外務省、文部省、通産省、韓国代表部、東京都庁へおしかけ、デモ行進をして、芝公園で解散した。

五月二十五日から二十八日まで、民戦第十回中央委員会が開かれた。その主要議題は次の如くである。

○祖国戦線アピールに関する決議「当面の任務」
○停戦会談といわゆる日韓会談粉砕に関して
○民主民族権利確保に関して－生活、教育、文化、人権－
○民戦中央会館建設に関して
○財政問題に関して
○朝鮮師範学校設置に関して
○戦線拡大に関して　（以上「朝鮮通信」「解放新聞」）

八、その他

(イ) 外国人登録数

（二八年二月末現在　法務省入国管理局登録課）

	朝鮮	韓国	計
十四才未満 男	八八、六三五	二六、九九七	一一五、六三二
〃 女	八三、六三五	二五、一四九	一〇八、七八四
十四才以上 男	一四六、二六三	四三、八三三	一八九、〇九六
〃 女	九六、八〇七	二九、八九九	一二六、七〇六
計	四一五、三四〇	一二四、八七八	五四〇、二一八（男三〇四、七二八 女二三五、三九〇）

一三

(2) 巣鴨戦犯

巣鴨に戦犯として収容されている韓国人二十九名中・曹壽鉉(英国関係・十年の刑・忠北陰城)呉善鐸(英国関係・十年の刑・全南和順)の両名は、善時制(善行なものに善行特典を与えるもの)により、曹氏は三月二十八日、呉氏は五月七日釈放され、共に帰国した。巣鴨に残っている戦犯は二十七名である。

なお巣鴨に収容された以後、仮釈放された韓国人は四十八名いるが、その内二十四名はすでに満期となつておる。

(3) 今春大学卒業生

今年度日本国内各大学を卒業した在日朝鮮人学生は五七六名であるが、その卒業生の日本国内で就職する可能性は全無状態である。その最大原因は在日朝鮮人商社の大部分がその採用を拒否しているためである。在日韓国学生同盟では駐日代表部、民団を通じてその卒業生を本国諸機関への就職運動を展開する一方、その就職斡旋、学術研究のための相互扶助組織に着手している。卒業生を部門別にみると次の如くである。

大学院八、商科三五、政経科一五〇、医科一八
法科一七〇、短期三〇、文科六〇、工科三五、
理科三〇、その他四〇、計五七六

(世界新聞 四月三十日)

(4) 学同贈本運動

在日韓国学生同盟は先に贈本推進委員会を結成し、本国の学生に贈本運動をすすめていたが、今般、日本学生奉仕団でも、これに協力し、全国の学生から一人一冊ずつの本を学生奉仕団冗村で寄贈させる運動を起した。(「韓国学生新聞」四月三十日)

(5) 大川氏表彰碑

関東大震災の際に、神奈川県鶴見警察署長であつた大川常吉氏は 死をとして朝鮮人三百余名を虐殺より救つたが、その功績を記念して去る三月二十一日 鶴見区内東漸寺内に在日朝鮮統一民主戦線鶴見委員会名の「故大川常吉氏之碑」をたて、その徳を讃揚した。(「解放新聞」四月二十五日)

(6) 「花郎」日本語版の発刊、

「花郎」とは新羅時代の貴族青年の錬成集団に

名附けられたもの、二ケ年前から、在日韓国留学生中、優秀な者を選んでキリスト教北長老派系の人達から奨学資金が醸出されており、その学生のグループが花郎クラブと名附けられ、雑誌「花郎」を朝鮮語で発行している。

最近その雑誌中の優秀な論文を日本語訳にし、外に新しい論説を加えて日本語版として刊行した。「韓日両国の友好親善と理解教養」を目的とし、できるだけ日本の各政府機関、社会団体、学校、言論機関などに配布する積りで、実費として一部五十円の送附を希望している。

陸修一「韓日経済提携のために」
船田享二「日韓協助のために」
尾高朝雄「速かに日韓関係の調整を図れ」
金照明「在日韓国人に関する諸問題」
金正柱「韓日会談のあり方」
鈴木武雄「動乱の朝鮮に想う」
エドワード・アダムス「キリスト教の一体性」

などの論説がのつている。

×

左翼朝鮮人側の機関紙解放新聞は、四月から隔日刊となつた。（発行所は東京都千代田区飯田町一ノ一九）

(ｱ) 在日朝鮮人アンケートに対する各政党回答

民戦中央委員会外務部が総選挙前に試みたもの、なお自由党は適当な代弁者不在を理由に回答しなかつた。

(ｲ) 韓国の国籍は強要せず国籍選択の自由の原則に基ずいて希望者に　朝鮮民主々義人民共和国の国民として待遇することが当然と思うがどう考えるが

改進党―外交関係の問題と関連しているので研究中

右派社会党―原則として国連の認める韓国の国籍を取得するのが当然です。

左派社会党―国籍選択の自由を貫くべきだと考えます。

労農党―至極当然であり、わが党もそのために全力をあげて戦う。

共産党―朝鮮の現状はそれを必要とします。

(ﾛ) 在日朝鮮人の強制送還や隔離は、米国と李承晩政権が戦争にかりたてるためであり、日朝両

国民の平和と親善ならびに人道的によくないと思うが、どう考えるか

改進――外国人は日本憲法に従う原則から考える。行きすぎに対しては訂正すべきだ。

右社――民族の相違の理由で不当に取扱うのは反対ですが、わが国の法と秩序を守らない外国人に退去を命ずるのは当然と考えます。

左社――非人道的な強制送還に反対

労農――御意見の通り。

共産――強制送還は人道に反し、平和に反します。

(ハ) 南鮮からの脱出捕虜と戦災難民を国際條約や人道に基づいて保護せず、米軍と李承晩にひきわたしていることは、日本としてよくないことと思うがどうか。

改進――研究課題です。

右社――眞相をつまびらかにしませんが、国連協力を実施している日本としてはその措置は当然と考えます。

左社――日本はいかなる国際紛争にも介入せず、中立を堅持すべきであるとの基本的立場にたつわが党は、朝鮮動乱の一方の側に事実上加担しているような行動は一切つゝしむべきだと考えます。

労農――御意見の通り。

共産――日本政府の措置は、あきらかに米軍と李承晩一辺倒であり、不当です。

(ニ) 破防法その他の諸悪法と在日朝鮮人を差別待遇している外国人登録法、出入国管理法等は全部撤廃した方がよいと思うがどうか。

改進――破防法は全般的に適法である。他に在日朝鮮人政策は考えている。撤廃することは独立国だからできない。

右社――破防法その他弾圧法規の撤廃を要求します。

外国人登録法、出入国管理法などは不法外国人に対して独立主権国が退去を命ずることを規定しているのですから撤廃することは反対です。

左社――一般の悪法に反対することは言うま

一六

でもありません。

在日外国人に関する両法案については、朝鮮人だけを差別待遇する法律は撤廃すべきだと考えます。

労農——賛成であり、諸君とともに斗う。

共産——日本人及び在日朝鮮人への一切の弾圧法は即時撤廃すべきです。

(ホ) 日本政府は在日朝鮮人と貧困者と失業者に食と仕事を与え、中小商工業者に資金と販路を保証すべきだと思うが、どう考えるか

改進——差別すべきでない。

右社——朝鮮人なるが故の差別待遇に反対し困っている人々に日本人と同等の待遇を与えることを主張します。

左社——当然日本人と同等に取扱うべきです。

労農——賛成であり、そのために全力をあげて斗う。

共産——必要です。

(ヘ) 朝鮮人子弟の教育は　日本政府は公立学校を設け、民族教育を施すことが必要と思うが　どう考えるか。

改進——日本に安住するなら日本の教育機関でやるべきだ、治外法権的な考でやったらどうかと思う。いまの所やむを得ない。

右社——日本の教育制度に原則的に従うべきです。

左社——一般外国人の例にならいたいと考えます。

労農——賛成であり、諸君の要求を支持する。

共産——必要です。日本政府は従来朝鮮人の民族教育をいつも妨害してきました。

(ト) 在日朝鮮人に選挙権、被選挙権をあたえるのがよいと考えるがどうか。

改進——今の所みとめられないでしょう。

右社——外国人国籍をもつものと見なされている以上反対です

左社——憲法並びに公聴選挙法によって決めるのが妥当と思いますので、項目の各項が完全に実現されゝば、在日朝鮮人の問題は解決し、選挙権の問題も起ら

一七

ないでしょう。

労農　賛成　諸君とともに斗う。

共産　勿論与えるべきです。（「朝鮮通信」四月十一日）

Ⅱ、日韓関係

一、日韓会談の再開

金公使は、四月三日外務省に奥村次官を訪ね、会談の早急な再開を要望した。（「朝日」四月四日）

奥村外務次官は六日金公使の訪問をうけ、その結果十五日から開始に意見の一致をみた。（「朝日」七日）

奥村外務次官は十三日午後、日韓会談の日本側交渉担当官である久保田参与とともに金公使と会談、十五日から開始を決定。（「朝日」十四日）

日韓会談は、十五日午前十時から外務省で再開された。日本側から

久保田外務省参与（代表）、下田条約局長、鈴木参事官、高橋条約局第一課長、重光条約局第三課長、西山経済局第五課長、広田アジア局第五課長

韓国側から

金溶植公使、柳泰夏参事官、崔圭夏総領事、洪璡基法務部法務局長、池鉄根商工部水産局長、張翊杓代表部三等書記官

出席、両代表の挨拶の後、会談の用語を日、韓英三国語とすること、今後の議事運営を議して会談を終った。当日の挨拶は次の如くである。

久保田代表のあいさつ

「私は地理的ならびに歴史的に緊密に結ばれている日韓両国は最大の友好関係を保つべきである。現在世界各地でなお冷い戦争が続いているだけに、とくにその必要を感ずる。この意味で両国間の通常の国交関係が、まだ確立されていないことは遺憾である。昨年の日韓会談は、主として両国が余りにも自説や原則に固執し過ぎたために中絶のやむなきに至った。したがってこれからの会議では「ギブ・アンド・テイク」の主義に則った友好互譲の精神が支配すべきで

あることを信ずる。」

金公使のあいさつ

「普通状態では、日韓両国が隣国として善隣関係をもつことははなはだ"望ましい"というものであるが、現在のような状態では、それは本当の"必要"である。李大統領も、本年一月離日の際『懸案問題について日韓間に何らかの了解ができない限り 極東の平和が確立することを望むことはできない』とのべた。率直に自由に真面目に問題を討議し、公正妥当な結論に到達することを希望している。」

議事の進め方を協議の際、久保田代表は、

「今後の会談の空気をよくするために大邦丸船員射殺事件や捕獲されている漁船や留置船員の問題や、うけつけない強制送還者などについて考慮してほしい」

と発言し、韓国側は、「会談を進めて行くうちに、それらの問題は解決されよう」と答えた。

（「朝日」十六日）

四月二十二日 第二次本会談。各問題毎に小委員会を設けて討議を進めることを決定。（「読売」二十二日）

四月三十日 第三次本会談、この日、日本側代表団から基本、国籍、財産、漁業、船舶等五分科委員会の日本側名簿を提出し、韓国側は今明両日中に各分科委員の名簿を提出することになる。外交消息通の言明によれば、日本側分科委員会の担当責任者に政府の次官、局長級の巨物級を任命しており、韓日間の問題打開にある成案をもって会談に臨んでいることが明らかである。また韓国側代表団は、本国政府に数名の代表団派遣を要請しておる。（「連合新聞」五月一日）

消息通によれば、五分科委員会に林松本（殖産銀行長）、張基栄（朝鮮日報社長）、張暻根（前国防次官）三氏が追加内定し、専門委員に李相徳（韓銀外国部長）、李壬道（商工部漁労課長）二氏が内定し、すでに派遣された池鉄根、洪璡基両氏とともに懸案解決に努力する。

（「連合新聞」五月四日）

岡崎外相は五月十三日記者団との会見において

「会談は友好的雰囲気で順調に進んでおる。今般は、互に原則論からはなれて実際的角度から

一九

討議をすすめており、円満に妥結点に到達する可能性の希望が漸次多くなったと語った。

（「連合新聞」五月十五日）

日韓双方が問題を現実的に解決する建前で会議に臨んでいるが、会議の進行にともない法理論にもふれざるを得ない場合も予想され、これを回避するには、政治的解決を図る以外に方法はないというのが、日本側の会談事務当局の見解であり、各分科委員会とも、なお、二、三回の検討を経たうえ、二、三週間の中には、政治的解決を待つ段階に達すると予想している。

漁業

韓国側も李ラインを持出していないし、日本側も公海での漁業は自由であるという原則論を主張することは避けて、実際の操業状況を各漁場について詳細に説明し、これをうけて韓国側の実情も、今後説明されることになっている。

財産請求权

双方がその請求权を具体的に提示して、それについて現実的な解決をはかる方法を見出すことに話しがつき、現在韓国側から、まずリストが

二〇、

提出され、日本側の対策も近く提示が予想されている。

船舶

韓国側はどれだけ引渡しをうけるかを持出しているが、日本側はある程度の船舶を引渡すことは認めるとしても、将来、日本の商船が韓国水域で不当な扱いをうけるようでは困るとしてその海運政策を明かにすることを要求している。

国籍処遇

在日朝鮮人は韓国の国籍を取得するなどの原則については、昨年も一応の話しがついていた。ただ昨年も問題になった韓国側が戦前から日本にいた朝鮮人の送還を拒否している点について日本側では話しあいを進める条件という意味ではないが、その解決を希望している。

基本関係

他の懸案が解決すれば、問題なく話しあいがつくものとされ、本格的な話しあいに入っていない。

（「朝日」五月二十五日）

外交消息通の言明によれば、会談は再開当初より楽観点気分が醸成されており、すでに漁業問題を

除けば、すべての問題に対する双方の主張は明白化し、来週から活発な論戦が展開され、六月中旬までに会談の成否が判断できよう。来週には韓日平和線（李ライン）の討議も始めるという。財産請求権と船舶返還問題は韓国側のリストに対して、日本側で対内的に検討を進行している。

（「民主新報」五月三十一日）

二、その他

四月二十七日、日韓暫定海運協定の適用期間を本年四月二十八日から以降一カ年、またはそれ以前に両国間に通商航海条約が締結される場合には、その日まで、事実上の適用期間を延長する旨の書翰を両国政府は交換した。

× ×

陳内務長官は、「大邦丸事件に関する日本政府の抗議に対し、四月二日第二次回答を送ったと言明、その回答には、「日本人が非行を働いた以上 すべての責は日本側にある」としている。

（「朝日」四月四日）

大邦丸事件について日本政府が三月二十六日・韓国政府に行った再調査の要請に対する韓国側の文書回答を五月十六日うけとった。外務省は右回答の検討を始めているが、韓国側は大邦丸が領海を犯したという建前をかえていない。

（「朝日」「読売」五月二十日）

× ×

四月二十五日韓国外務部の発表によると、現在登録されている日本人帰還対象者は約六百名で、釜山の小林寺、赤崎両収容所で待機している。なおこの両収容所が狭少なので、約一万五千ドルの予算で、釜山市外に千五百名位収容できる新収容所を建築することになった。（K－P四月二十六日）

× ×

陳内部長官は、さきごろ国連軍雇傭で仁川で上陸した日本人四十八名に退去命令をだしたが、四月一日に「外に六十八名の日本人が国連軍作業に従事している。韓国政府から正式に入国を許可していないから、不法入国者であり、かれらの身分保障はしかねる」と語った。（K・P四月二日）

× ×

先に済州島近海で韓国側に逮捕された日本漁船

二一

第一太平丸の乗組員十二名は、四月九日韓国漁業法を犯して韓国漁場を侵犯したかどで釜山拿捕審判所の裁判にかけられ、船長、漁夫長各々一年、他の十名に六ヵ月乃至十二ヵ月の禁固刑を言渡した。日本人漁夫が懲役の判決をうけたのは今回が始めてである。なお第一太平丸は日本に返還される。

（「朝日」四月十日）

× ×

金岩安局副局長が五月十二日語ったところによれば、昨年一月から本年四月にいたるまでの間、外国航路船の船員四十余名が日本に逃避した。この大部分が徴兵該当者であり、当局は国家の威信上、今後徹底的にとりしまると言明した。

（K.P 五月十三日）

× ×

日本全国の小中学校から韓国の小中学校へ学用品の贈物として、五月十八日 第一回分約七万二千点が、東京丸ノ内の日本ユニセフ協会（会長佐藤尚武氏）にまとめられ近く送りだされる。

（「朝日」五月十九日）

二二

III 新聞論調

◇「東京新聞」四月十五日「日韓交渉の再開に想う」

李ラインの如く広範な海域を一方的に領海として宣言したものは類がない。この点は韓国側が日本の主張する公海自由の原則をみとめ、李ラインの大幅縮少を行うべきである。一方在韓日本財産に関するわが請求権は、韓国人所有の日本公債、郵便貯金、恩給の支払、銀行権の償却などが韓国側から要求されている事実と照しあわせて、相殺もしくは差引減額を日本側として承認し、相互に友好提携のみちを開くべきである。〃日韓両国は互によい子になろうとして勝手なことをしあい、アメリカ当局を当惑させている〃とは一外人記者の観察である。〃韓国は共産軍との戦争をたてに国際法を無視して難題を日本にふきかけている〃〃日本は自由主義陣営の寵児になったことを力サにきて韓国に誠意をしめさない〃といった非難、愚痴はこの際清算すべきである。

◇「毎日新聞」 四月十五日

会談の両代表のあいさつに、久保田代表は「昨年と同じことをくりかえせば、会談は必ず失敗する」と断言して並々ならぬ決意を示し、ギブ・アンド・テイク主義を強調したことは懸案の請求権、李ラインの相殺を暗示するようにとられ、金公使は隣国としての友好関係設定は「絶対に必要」「暗い過去を忘れよう」と従来のいきがかりをすてる態度をとつたことは、韓国側の会談に対する期待を示したものといえよう。

◇「東亜日報」 四月十六日 社説「韓日会談と自由世界」

この会談が韓日親善の強固な礎石を布石するのに成功することを望むが、極東平和・進んで世界平和の成否もこの会談が左右する所少くなく、この成功を祈るものは、ただ韓国民に限らない。先般の会談で、日本側が韓国側の立場とする自由世界強化の観点から理解しようとしなかつた所に決裂の原因があつたことは正察すべきである。

◇「連合新聞」 四月十八日社説「韓日会談と日本の態度」

日本の朝野は、会談の前途を大体に悲観しており、日本の有力新聞が、韓国側の譲歩が会談再開成功の要件であると宣伝していることは、会談の将来に不安感をいだかしめ進展に暗影をなげかけている。外交々渉を宣伝に先行せしめて、日本国民に正しくない輿論を伝播する意図は那辺にあるのか？

両国の反目は両国間の不幸であるばかりでなく、極東の安全のために有利でない。共産主義防衛にはげしい戦いをつづけるために切実に成功を願うところである。最近の日本の不謹慎な態度に警告を発する。

◇「新世界新聞」 四月十日「六十万在日同胞の努力分布に異状がおこりそうだ」

休戦会談が成立せば、韓半島の唯一な合法政権は「大韓民国」であるという世界共通の常識が転覆され、北鮮も合法政権の一つとされるようになり、中間分子や灰色分子の半分までは共

二三

産政権下におかれると推測される。在日六十万中、左翼は、右翼に対し四対一ないし五対一の比例であることが世評である。

現在の海外国民登録法による登録完了者の中にも形勢が不利になれば変節する可能性をもつ者がいることを考えることができる。これは韓日会談の遅延にも少なからぬ原因があるが、解放後の僑胞社会の指導性の欠乏にあることは否認できない。先般「万一六十万に国籍選択の自由を与えれば、二十万は日本国籍を、二十万は大韓民国籍を、二十万は北鮮政権を希望」と論断したが、このような推論は根本的変更を免れざるを得ない。

(論者注、右は北鮮系に有利となるという論断である)

◇「新世界新聞」 五月十五日社説「六十万の韓僑対策に韓日双方の反省すべき点」

人口過剰になやむ日本側にとって六十万の外国人は、社会的、国家的問題である。六十万が積極的生産集団であれば問題でなく歓迎すべきものであるが、一部を除外せばほとんど消費集団であることが否認できない。ここにすべての社会悪が生れる。六十万自体は勿論、日政当局が確実な対韓僑対策を迅速に確立しなければならない。巷間に論議されている処では犯罪者の強制送還問題だけをあげて検討しているとしているが、無為無策は決して六十万の不利不幸に終る問題でなく、根本的には、日本の国家的、社会的損失である。六十万の処遇問題を論議する韓日会談で、双方が虚心胆懐に大局的見地から論ずべきである。日政当局が卒直に過去の無為無策を反省して対策を樹立しなければ、近い将来に処置困難な大集団対策に頭痛するようになろう。

◇「花郎」 日本語版 創刊号

陸修一「韓日経済提携の為に」

韓国に平和が訪れたらいち早く復興に着手せねばならぬが、その際、韓国事情をよく知っている日本と経済的提携をなすのが自然であろう。現在の韓国では米の輸出余力がない。終戦後農民が米食になれてしまい、また米をうってでも買うもののない為に自家消費が始った。日本が韓国の米の対日輸出を望むならば、日本側からの協力が必要である。

韓国の米の生産高は、二千万石内外であるが一段歩の生産量をみるに日本の約三分の二にあたる。新しい農業技術、肥料の増施、水利施設の技術で、四千万石近くの生産は可能である。日本よりこの方面の技術援助は容易であり、また過剰肥料を安く韓国に供給し得る。

また全滅した工業再建のために、米国に技術を仰ぐより、日本の技術や経営方法を導入した方が、却って有利である。最近日本でやっているプラント輸出を韓国に行えば、韓国の工業は漸次発展しよう。韓国の余剰原料たる黒鉛、無煙炭、高嶺土を日本に供給することもできる。両国は経済的協力により共栄は可能である。

附 外国人登録法の一部を改正する法律案

外国人登録法（昭和二十七年法律第百二十五号）の一部を次のように改正する。

附則第一項但書中「昭和二十八年六月一日までの間」を「二年以内」に改める。

附　則

この法律は公布の日から施行する。

五月二十七日　衆議院法務委員会

鈴木入国管理局長

「外国人登録法の偽造変造防止のために指紋をとることになっている。しかしわが国では住民登録で指紋制度が実施されず、登録でいきなり指紋をとるのは、穏当かどうか考えて立法当時は実施までに一年の猶予をおいた。昨年十月二十八日の切替の際の実施が一番よい時期であったが、犯罪人扱いの疑惑を与えるおそれもあり登録に支障があり、また登録事務をする市町村及びそれを統轄する知事会議で、当時の政府に

「指紋制度を登録切替の時にやってくれるな」という意見も提出され、その節実施しない決定をみた。今年の四月二十八日で丁度一年になるので、更に一年間延期を前国会に提案し、衆議院で決議されたが、参議院に行く前に衆議院が解散し、そのままであればこれを強行せねばならなかったが、日韓会談も始まる時期でもあるので、それをさけて、緊急集会で六月一日まで延期を決定した。この実施に慎重な考慮をはらうために来年の四月二十七日まで一年間延期を願いたい」。

（五月二十八日　参議院法務委員会）

犬養法務大臣　外国人登録法の一部を改正する法律案説明

鈴木入国管理局長（追加説明）

亀田得治氏　「一部外国人の誤解というが、どの外国人を指すものか。もう一年たったら実行するつもりか。むしろ、これはその条文を廃止するのが本当ではないか」

犬養法務大臣　「一部外国人の誤解というのは、五十四万に上る朝鮮人、韓国人が一番神経質になっているが、全部の朝鮮人、韓国人がさわいでいる訳ではない。またその他の外国人でも指紋をとられるのは怪しからんと思う人もあろう。今の治安状況からは指紋をとらしてもらうことが一番安全である。しかし卒直にいって、治安面の外に貿易をする人もあり、日本と真剣な友好関係できている人もあり、そういう心持をくんで別の角度からも研究している。一年後また賛成を得れば延ばす。なるべく早く解決すべく慎重に研究中である。治安が悪化せば善良な人たちの感情を害してでも指紋をとる制度を採用しなければならない」。

この案は両院で可決、五月三十日附　法律第四十二号として公布された。

13. 입관집무자료 제7호 재류조선인과 한일관계

昭和二十八年七月

入管執務調査資料第七号

在留朝鮮人と日韓関係

―昭和二十八年六月―

法務省入国管理局

一、本稿は執務参考として「在日朝鮮人と日韓関係」について六月中の動きをまとめたものである。

一、國会論議は官報号外の抄記である。

一、「朝鮮日報」「國際新報」「東亜日報」「京郷新聞」「ソウル新聞」「民主新報」は韓國で発行されている日刊新聞である。

一、「解放新聞」は東京で発行されている北鮮支持朝鮮人の機関紙（朝鮮語）、「新世界新聞」は大阪で発行されている韓國支持の新聞（朝鮮語）、「東亜新聞」は東京で発行されている韓國支持の週刊新聞（日本語）であり、「韓國語学生新聞」は在日韓國学生同盟の月刊機関紙（日本語）である。

一、「K.P」「K.I.P」は韓國支持、「朝鮮通信」は北鮮支持、「K.E.P」は韓國支持の経済、貿易関係で、三通信とも東京で発行されている日本語の日刊通信である。

一、この資料の中でいう「朝鮮人」は政治的意味をともなわない一般的呼称である。

入國管理局総務課長

目次

Ⅰ 在留朝鮮人

一、信用組合と融資

(1) 在留朝鮮人信用組合の成績

中小企業等協同組合法に基く信用組合は、今年三月末現在で全國に一八七あるが、その内在留外人の組合は

中國人
　横浜　國際興業合作社
　大阪　大阪華銀信用組合

朝鮮人
　東京　同和信用組合（東京都台東区御徒町三ノ六）
　川崎　大同〃〃（川崎市浜町）
　神戸　共和〃〃（神戸市長田区御蔵通五ノ五）

の五組合がある。その内、同和、大同、共和三組合の成績は左の如くである。（二八年三月末現在）

（金額は単位千円）

	店舗数	組合員数	出資金	預金 定期性	預金 その他	預金 計	借用金	現金預け金・金銭信託	有価証券	貸出金(含割手)	不動産	損益	常勤役職員数
同和信用組合	1	1,018	9,621	82,552	8,612	91,164	17,259	9,511	60	109,345	262	△516	13
大同 〃	1	534	7,011	10,526	6,260	16,786	1,800	8,533	0	15,401	1,554	△684	11
共和 〃	2	575	9,019	26,682	11,701	38,383	1,500	10,660	0	35,196	1,451	240	18

（大蔵省銀行局特殊金融課）

(1)

信用組合運動は全国的に拡っているが、この組合活動が民戦組織強化に大きな役割をしている。東京、兵庫、神奈川三地方では組合が設立され、茨城、愛知、福岡では内認可を手取し、大阪、京都などでは、設立運動準備中である。

川崎の大同信用組合は、昨年十月十五日に創立され、当時の出資総額五一〇万三千五百円、組合員三二二名であつたが、今年六月二十二日現在では、総出資額七二〇万一〇〇〇円、組合員五八七名、予金総額三八四〇万八八三四円、貸出総額三六七六万六、一七八円、黒字六六万二六一七円であり、創立以後八ヶ月間に出資金一二一・五%、組合人数一八三%、預金総額は今年三月末に比し二二三%増加の好成績をあげている。（解放新聞　七月二日）

(2)

「信用組合、大阪商銀」の設立

韓日両国人業者が協調して自らの金融機関をつくり、相互の経済力強化と共に国際親善を促進しようとの趣旨から、かねて設立準備を進め注目を集めていた大阪梅田繊維卸商協会長、大林建良（朴漢植氏）を中心とする「信用組合大阪商銀」は、五日府当局から正式に認可され、ここに全国でも珍らしい初の日韓合弁による金融機関がいよいよ誕生することとなった。同組合では認可を見越して建築中の北区曽根崎新地一丁目七の新事務所が、近日中に完成するので、十一日午後一時から梅田の朝日繊維会館で発起人会を開いて打合せの上、二十三日創立総会を開き、定款、役員その他を決定して、月中旬には業務を開始することになった。因みに同組合は資本金五千万円、会員は六百名（六月現在）で、主なる会員としては、阪本紡績社長、阪本栄一（徐甲虎）梅田の大地主で大阪興発KK代表渡辺新右衛門氏など、在阪韓日有力経済人が名を連ねている。（東亜新聞六月二十七日）

「信用組合 大阪商銀」は、二十三日の創立創会で、次の役員を選出した。

理事長 朴漢植　　副理事長 大橋清
常務理事 姜宅佑　　理事 阪本栄一 外十三名
監事 三名

（K.E.P. 六月二十四日）

(3) 朝銀福岡信用組合の設立

福岡県内の朝鮮人中小企業のための信用組合は、六月十三日婦人会館で創立総会を開き、定款を可決し、役員を選出した。組合員は四六三名（九五一五四）、出資総額は四七五万七千円、組合長は南正祐、専務理事は徐泳鎬氏である。（解放新聞）

(4) 二百万ドル融資問題

六月五日「新世界新聞」社説「二百万ドル融資問題に対する誤解を警戒せよ」

現在世間に流布されている巷説の中には、すでに二百万ドルが日本にきているように放送され、また二百万ドルが民団に対し直接貸与した資金であるかのような印象をあたえている。二百万ドルが在日六十万の中小企業家の救護資金として融資されることが、国務会議の合意をみた報道は、発表されているが、本国政府としても、貴重な外貨を外国に支出するに際しては、国務会議の合意だけでなく、金融通貨政策委員会の決定をみなくては実施されないと同時に、その実施方策においても大いに検討が必要である。また、日本にはすでに本国の中央銀行である韓国銀行が東京、大阪に支店を設けており、融資事務は民団でなく、韓銀でみるという厳然たる事実を無視して、民団が直接貸与し、民団が融資事務を執行できる性格の問題であるかのような錯覚をもっていることは深省を要する。大阪で開かれた民団の全体大会で融資事務は韓銀支店が行い、民団は融資対象者に関する思想身分の保証とその推薦权をもち、韓銀の実施を監視?することにとどまることが採決されたのであるが、これが徹底しないで誤解をうんだようである。

×

李大統領が財務当局に在日僑胞融資を命じた二百万ドルは、日本に送金することが確定しているにも拘らず、未だ何時送金されるのか見当がついていない。

民団当局者にただした処、来ることにはなっているが、受入態勢が確立していないので送金が遅れているという。

この問題について、送金方法、受入態勢、運用方法の三つの課題がある。

一、送金方法＝単に韓国銀行支店宛に送金されて来る場合、日本の外国為替管理法と日銀の従来の取扱い規程により、その四割を日銀に供託する形となるので、実際は二百万ドルにならない。また、民団宛に贈与の形で送られる場合は、贈与税が引かれるので、これまた、少い金がもっと少くなる。従って、一番よい方法として韓米財政合同委員会の手を経て送金されることになろう。

二、受入態勢＝送金される場合、金は韓銀が管理し、代表部監督の下に民団が大きい発言权を持つことになる。

三、運用方法＝いざ運用となると民団は金融のことについての知識がないので、自然韓銀に貸付事務を依嘱するだろうが、韓銀は東京と大阪としか支店を持っていないので、実際問題として民団中総が考えている運営方法は次の通りである。

二百万ドルを全国の人口割にして、各県単位に分配し、一人当り四、五万乃至最高三十万円止りとする。又一口に中小企業者というが、トラック一台を持っている程度の小企業者が主な対象となる。これにより民団陣営の加入増加が予想され、組織化と民生安定という一石二鳥をうかがっている。（K.I.P. 六月十六日）

(5) 朝鮮人商工連合会の請願

東京都台東区御徒町三、六　在日本朝鮮人商工連合会理事長　李在東氏　請願の「在日朝鮮人中小企業に政府資金特別融資に関する請願」（村上勇氏紹介）は、六月十五日通商産業委員会に付託された。

本請願の要旨は、朝鮮人中小企業は日本人中小企業とくらべ、経済上の立場が不利であり、特に金融機関における信用上の差別待遇は、その立場を一層困難ならしめ、想像以上の資金難で苦境のどん底にある実情である。ついては、

(一) 朝鮮人中小企業に対する融資のわくを設けること

(二) 国民金融公庫資金を朝鮮人中小企業にも融資すること

(三) 生業資金を朝鮮人に貸し付けること

等を速やかに実現されたいというのである。

四 鉱業法の改正

（六月十八日参議院及六月二十一日衆議院通商産業委員会）

古池通商産業政務次官

「鉱業法の一部を改正する法律案」（内閣提出）の提案理由説明……今回の改正案は四つの事項があるが、……その第四の事項として、昨年四月平和條約発効により、朝鮮人、台湾人などの在来外地臣民とよばれていた人々が日本国籍を喪失したが、その国籍喪失者の従来所有していた鉱業权に関して臨時に特例を設ける必要を生じた。（改正案中　国籍喪失者に関する条項は次の如くである）

（5）

同法律案附則

3、日本国との平和条約の最初の効力発生日において、日本国籍を喪失した者が、その日に鉱業权又は租鉱权を有していたときは、その者及びその相続人は、鉱業法第十七条（同法第八十七条において準用する場合を含む。）の規定にかかわらず、昭和二十九年四月二十七日までに、当該鉱業权又は租鉱权を有することができる。

（参考）

鉱業法第十七條

日本國民又は日本國法人でなければ鉱業权者となることができない。但し、条約に別段の定めがあるときはこの限りではない。

第八十七条

第十七条……の規定は、租鉱权及び租鉱权者の鉱業に準用する。

本改正法律案は六月三十日衆議院会議で可決した。

×

三　韓國の在外國民登録法による登録者数

大韓民国は、昭和二十四年八月一日外務令第四号で「在外國民登録令」を施行した。これは「外國に寄留する國民の身分を明確にし、その保護を適切に行うため、その登録を実施する」（第一条）

（6）

「その寄留地に到着后十五日以内に登録し」(第三条)

すべきこととされ、その年十一月に韓國代表部は居留民団にその事務を委嘱して登録を行った。

その年十一月二十四日、大韓民国法律第七十号で「在外国民登録法」が公布、二十五年二月十一日大統領令第二七九号(改正はその年四月大統領令第四八七号)で「在外国民登録法施行令」が公布されて「在外国民登録令」は廃止となった。「在外國民登録法」には、

「外國で一定の場所に住所又は居住を有する者、外国で一定の場所に二十日以上滞留する者は登録を要し、」(第三条)

「登録を要する事項は、本籍、住所、居所又は滞留場所、氏名、性別、生年月日、職業及職業的技能、前居住の場所、兵役関係……」(第四条)

「公館の長は、本人の申請によって登録謄本を交付する。」(第六条

「公館の長は……申告しないものに対しては、国民として受くべき保護を停止することができる。」(第八条)

と規定されている。

ここに掲げた登録数は一年前のものであるが、最近の日本側の外國人登録法による登録数と対比してみた。

在日朝鮮人の登録

府県別 \ 登録区別	外国人登録表 A 朝鮮	B 韓国	C 大韓民国 国民登録表
北海道	8.086	1317	984
青森	2.294	685	420

(7)

(8)

(註) 1 A及びBは外国人登録法による登録数（昭和二十八年四月末現在）

2 Cは大韓民国の在外国民登録法により在日朝鮮人の登録した数（昭和二十七年四月末現在、×印は同年九月末現在）

一九五三年版「大韓年鑑」所載「在日僑胞動態表」による。但しこれに広島県の欄が落ちており、また合計は一四五七二四となるが、ここには年鑑にある数字のままにした。

岩手	2.627	548	×	529
宮城	4.471	1.043	×	924
秋田	1.367	855	×	476
山形	1.035	244	×	244
福島	4.543	262	×	145
茨城	4.371	1.035	×	828
栃木	2.193	638	×	421
群馬	2.352	838	×	1.345
埼玉	3.158	1.164	×	1.033
千葉	5.542	3.382	×	3.134
東京	33.303	12.039	×	12.417
神奈川	14.735	3.635	×	3.813
新潟	1.920	1.597		1.203
富山	2.138	453		411
石川	3.006	798		833
福井	5.461	906		902
山梨	2.613	730		393
長野	5.686	1.054		1.258
岐阜	9.516	1.209		988
静岡	5.773	1.466	×	1.295
愛知	27.651	7.624		3.261

府県別 \ 登録者別	外国人登録 A 朝鮮	外国人登録 B 韓国	C 大韓民国 国民登録者
三重	5.697	2.408	2.489
滋賀	6.445	1.289	1.664
京都	27.296	8.304	22.295
大阪	79.214	27.580	29.792
兵庫	37.964	11.451	5.620
奈良	1.988	2.393	3.539
和歌山	3.140	1.919	2.052
鳥取	2.160	573	686
島根	5.014	817	382
岡山	11.354	1.764	2.145
広島	10.554	5.833	
山口	4.486	2.917	6.529
徳島	564	145	123
香川	1.140	329	368
愛媛	2.793	598	338
高知	1.141	146	0
福岡	22.428	8.021	15.907
佐賀	2.574	897	1.817
長崎	5.380	3.376	5.918

(9)

熊本	3,252	1,024	3,037
大分	6,387	1,043	2,219
宮崎	1,969	449	989
鹿児島	1,258	189	498
合計	418,039	126,992	145,714

(145,724)

四　朝鮮人ライ患者療養所収容数

昭和二十八年二月末現在まで、國立療養所長島愛生園長の調査されたものである。

(療養所)	(男)	(女)	(収容人員計)	昭和二十七年比較	(備考)
松丘保養園(青森県)	一二	二	一四	〇	
東北新生園(宮城県)	一三	〇	一三	(+)一	
栗生楽泉園(群馬県)	四九	九	五八	(+)二	
多摩全生園(東京都)	七〇	一二	八二	(+)一	
駿河療養所(静岡県)	一五	九	二四	(+)一	
長島愛生園(岡山県)	一一四	四七	一六一	(+)二一	保育児童男一一女一一計二二
邑久光明園(〃)	七三	二八	一〇一	(+)一五	
大島青松園(香川県)	八	二	一〇	〇	
菊池恵楓園(熊本県)	七六	二四	一〇〇	(+)一八	

(10)

星塚敬愛園（鹿児島県）	一四	二	一六	(一)一	保育児童 男一、女三 計四
計	四四四	一三五	五七九	(十)、五八	

年令別にみた患者数

〇才——九才（三名）　一〇才——一九才（四〇名）　二〇才——二四才（五二名）
二五才——二九才（六五名）　三〇才——三四才（九六名）　三五才——三九才（九九名）
四〇才——四四才（七五名）　四五才——四九才（六〇名）　五〇才——五四才（五四名）
五五才——五九才（一九名）　六〇才以上（一六名）　計（五七九名）

五、民戦の動き

五月末に開かれた民戦第十回中央委員会では、先に二月十九日平壌の祖国戦線から送られたアピールにこたえて、「祖国戦線におくる誓盟文」を採択したが、その中に次の如くのべている。

「祖国戦線の呼訴文をうけとつた在日六十万のわれらは、無限の感謝と愛国の情熱の中で、温かい叫びに答えようとしている。貴下らが救国滅敵にたつたとき、われらは祖国防衛の旗幟をたかく揭げてたち上つた。貴下たちは、われらが敵との戦において最後の血の一滴まで捧げて祖国を守護せよと教えられた。われらはこの教を高くうけつぎ、共和国の旗幟の下にさらに勇敢に蹶起し、一層革命的に斗い……祖国統一の偉業達成を誓う。」

×

六月八日　群馬県民の「妙義浅間山演習地反対」陳情が、国会、外務省、農林省に行なわれた際、

(11)

約七十名は、強引に陳情団一行に参加したが、上京後、陳情団から共斗を拒否されたため、別働隊として、外務省、農林省に抗議を行った。

×

六月十三日　民戦中央委員会は、岡崎外務大臣に対して最近の停戦協定成立の決定的情勢下に置いて日韓会談即時中止を要望する書類を提出した。

×

六月二十五日から八月十五日までの平和月間を迎えて女性同盟では、特に「外国軍隊の即時撤退」「朝鮮問題は朝鮮人にまかせよ」「五大国平和条約を締結せよ」の五十万名を目標とする署名運動をすると同時に、五十万円のカムパを行って、これを平和使節団を通じて北鮮の戦災民と復興事業金に送るという。

×

八・一五平和月間実行委員会は、六月二十五、六日開催予定の基地反対国民大会の準備会へ六月十六日一で、朝鮮停戦平和祝賀国民大会を盛大に開くよう全国民に訴える運動展開を決定するとともに、基地反対決議文を起草する委員を選出した後、朝鮮復興建設として、平和月間内に、五億円国民カムパを可決した。

×

六月二十五日　朝鮮、中国、日本人一万余名が東京隅田公園に集り、午後二時より六・二五中央人民大会を開催、渡辺三千夫氏の司会で、初めに議長団七名を三国民各団体から選び、後、この日渋谷で開かれている基地反対国民大会と、本願寺で開かれている慰霊祭に代表派遣を決議、来賓諸氏の祝辞などの後、宣言、決議採決、朝鮮停戦万才を高唱後、市街行進に移った。

なお、各地で大会が開かれた。

(12)

九州水害に関し、二十九日福岡県下千五百戸の被害の報告をうけ、民戦では在日統一民主戦線中国九州水害対策中央委員会を構成した。九州民戦でも、福岡市北浜町二ノ三ロ金性律方に九州水害対策委員会を構成し、具体的救援活動を開始した。

（以上「解放新聞」「朝鮮通信」などによる）

×

「解放新聞」　六月六日　「文盲退治と成人教育運動を積極的に起そう」

「在日六十万同胞の三分の二は文盲状態である。解放後八年もたってこのような状態にあることは、帝国主義的日本に居住し、貧困である不利な条件もあるが、われらの努力不足、怠慢、奴隷的習性などの大きな欠陥に起因する。われらは文盲退治を通じて民族的愛国思想を教養訓練し、かれらを自発的に祖国の防衛と建設に参加せしめねばならない。」

×

「解放新聞」　六月九日　「日本軍事基地を撤去させることはわれらの主要なる課業」

「在日同胞は、祖国の統一、独立実現のために一切の米軍を祖国から追いだし、侵略基地となっている日本全国の軍事基地撤去の一大斗争を展開せねばならない。また総評傘下労仂者を中心とする日本国民の米軍事基地撤去運動は日本国民の切実なる要求となっている。在日同胞はこの具体的現実を鋭敏に感得し、日本国民と提携して広汎に斗争を展開せねばならない。」

六　在日朝鮮人の保険金問題

大阪市浪花区立葉町市電停留所前の、秀南氏（通称大原秀男氏）は、去る三月に安田生命に三十万円

（13）

の保険に加入し、その間毎月掛金を支拂っていたが、五月に脳溢血で死亡した。豊家族がその保険金を会社に要求したところ、会社では「死亡時までに毎月支拂った掛金以外には会社で支拂うことができない」とて拒絶した。

これについて、安田生命大阪営業部談「終戰後第三國人の保険加入は原則的に取扱わないことに保険会社間で話合をしたために、証書をみなければ詳しい内容が分らないが、最近に韓国人加入者と契約をしたとは考えられない。ただ被保険者が日本人名の通稱を使用しているために、日本人に誤認したのではないかと思われる。契約時の証書の本籍がどんなに記載されたか、もし、本籍が明らかでなく、また韓国以外であれば、これは眞正な契約とすることはできないので、会社側で支拂う責任はない。もし、証書に本籍が韓國となっていたとしても、第三國人の加入は取扱わないという保険会社間の約束がある以上、契約を解約して死亡時までの掛金を返すだけで、保険金の支拂には応ずることはできない」

近畿財務局金融課談「終戰後保険会社間の打合せで原則上第三國人の保険加入は取扱わないとしているようであるが、加入を拘束する法規はないので、加入してはならないという理由はない。しかし一旦契約を結び加入を認定した以上、韓國人という理由だけで保険金の支拂を拒絶することはできない。会社は、当然に約款に規定された通りに保険金を支拂う義務がある」（新世界新聞　六月五日）

（編者註　安田生命本店営業部では、ッ李周氏は大原の日本名で大阪を本籍地として契約していた。また、第三國人の加入を取扱わないという保険会社間の申合はなく。実際に取扱っている会社もある。安田生命としては、終戰後は第三國人の取扱をしていないという。）

七　その他

韓國政府外務部では、在日僑胞を始めとする各國にある僑胞達の一斉登録を実施中であるが、この度外務部では、法務、内務、国防部と協議し、単なる人的把握に止まらず、財産状態、地位、兵務にも関係して調査することに決定した。（K.I.P.　三日）

×

五月三十日　在日韓国学生同盟は、明治大学で第十回定期総会を開き、法的地位確保の問題について陳情文を可決し、一九五三年度の活動方針を可決し、役員として代表委員に銭世高君（明大）、副代表に朱環孝君（明大）、鄭時弘君（中大）を選出した。

×

日本国際連合学生協会主催のアジア学生会議は、六月二十六日から三日間神田如水館でアジア十余国学生代表百三十余名参席の下に開かれたが、韓国学生も、銭世高（明大）、安基伯（早大）、李現坤（明大）ら十名参加した。

（韓国学生新聞　六月三十日）

×

、
六・二五三周年記念日に在日本大韓居留民団では、東京都日比谷公会堂で六・二五動乱三周年記念民族蹶起民衆大会」を開いた。先ず、戦殁将兵の追悼式後、李大統領告辞、金公使記念辞、来賓祝辞、記念講演後　大会決議とメッセージ採択、閉会後、二千名が三十五台のバスにのり街頭デモし、駐日代表部、国連軍司令部、米英大使館にメッセージを渡した。（K.P.　六月二十七日）

×

岡山県浅口郡連島町水島部落（六月一日倉敷市編入）には昨年八月末に約三千名の朝鮮人の在住数が計上されていたが、昨年の外国人登録切替の際七百の幽霊人口が発見された。ここにいる朝鮮人の九十名の三五八世帯一九一八名が生活保護法の適用をうけており（月額教育扶助費を除いて一四九万五千円――四月末現在）、正業についているものは僅か十%弱で、主として製飴業、農業に従事しており、他

は無為徒食している実情にある。（高松入管所長報）

×

十四日、警視庁は、東京都渋谷区代々木大山町一〇三六金昌徳氏（四三）、中野区新井町四六二黄甲性氏（三〇）、渋谷区代々木初台アパート昭用荘林亨吉氏（三二）、新宿区新宿一〇國際事業団体本部を一せいに手入れし、金、黄、林を逮捕。黄氏宅から偽十ドル米軍票二六二二枚、二万六二二〇ドル（日本円九百四十四万円）を押収した。なお、印刷機は発見されず、地下印刷所は別のところにある。（朝日六月十四日）

黄甲性氏は、民戦中央委員、朝鮮民主統一同志会書記長である。朝鮮民主統一同志会は民戦の傘下団体であるが、以前朝連の左旋回の際、これと別れて昭和二十三年結成されたもの、民戦系では右派である。

×

「朝鮮日報」　五月二十四日社説　「在日僑胞の善導策緊急」

「日本東京市内及び附近にいる共産系韓人らが韓日会談に反対し、休戦を要求し、去る十一日にデモを行つたと伝える。在日共産系韓人がことを起し、韓国の威信を傷ける事例は今度が始めてでなく、こういう報道に接する毎に感ずることは、在日僑胞に対する教導政策が現在においてもその成果を思うように上げていないことである。

彼等を速やかに善導して大韓民国に順従する忠実な国民になるようにすることは、日本にいるとして最も要する国策の一つであらねばならない。

政府は従来のような放任的態度をすて、在日僑胞の思想如何から齎らされる得失を深く考え、早速に善導方策をたて、その実効を期さねばならぬ」

（16）

附　法務省告示第三百六十八号

出入国管理令（昭和二十六年政令第三百十九号）第四十一条第二項、第五十二条第五項及び第五十五条第四項の規定により、収容令書又は退去強制令書によつて収容することができる場所として、次の場所を指定する。

昭和二十八年六月二十四日

法務大臣　犬養　健

一、医療法（昭和二十三年法律第二百五号）にいう病院、診療所又は助産所
二、検疫所
三、警察署
四、収容されるものが乗つていた船舶等

×

入管事務予算

（六月二十四日　参議院法務委員会）

天野法務大臣官房経理部長（法務省関係予算説明）「入国管理事務関係では、入国警備官等を五二七名増員する。また大村の収容所が収容能力がせい〲七百名ばかりなので、昨年度の補正予算で第二の大村収容所を建設中で完成も間近い。これらの施設の収容者の必要諸費、炊事用燃料費、衣料費、送還の船をチャーターする用船料など、前年度に対し六一八〇万六〇〇〇円増の二億一四四二万七〇〇〇円が計上されている。」

(17)

Ⅱ 日韓関係

一、朝鮮休戦と日本の立場

(1) 國会における論議

（六月十六日　衆議院会議）

吉田総理大臣施政演説

「朝鮮の休戦はアジアにおける平和回復の第一歩とみるべく、わが國としては、これを契機にアジアにおける平和建設、特に朝鮮の復興に大いに協力いたしたいと考える。」

岡崎外務大臣「朝鮮の復興のため、わが國の協力を必要とするものについては、政府としても、でき得る限りの努力を惜しまない。……現在日韓会談を東京で行っておるが、これも親善関係の増進に資せんとする意図である。」

×

（六月十七日　衆議院会議）

鈴木茂三郎「総理によれば、朝鮮の復興に協力することだけがアジアの平和建設であるかと考えているが、とんでもない間違いである。日本は戦争や復興だとか、朝鮮人の不幸のおかげで、もうけようとしている印象を朝鮮人に与えてはならない。南と北に対しても公正な立場で復興に協力しなければならない。朝鮮統一と安全保障についていかに考えるか。」

吉田総理大臣「朝鮮は、歴史的、地理的、人種的に日本と最も近く親善な関係なので、この國の和平復興は希望すべきことである。しかし、日本が南北朝鮮の和平まで干渉し得るか、回復協力にどれだけ力があるか、努めて及ばざるをおそれる。」

（18）

河上丈太郎氏「わが党は、去る六月八日、朝鮮協定の事実的成立の日に声明書を発表し、第一に國連の監督下に全朝鮮の自由選挙により朝鮮統一が実現すること。第二に朝鮮の将来に関する國際会議に当然日本の発言权を要求すること。第三に中共の承認と国連代表权の解決をのべた。政府は、國際会議への発言权確保に努力する用意があるか。」

吉田総理大臣「ごもっともである。そういう国際会議の開催せられた場合には、日本政府としては、あくまで国家の利益になるように行動する考である。」

×

（六月十七日　参議院会議）

松本治一郎氏「朝鮮戦乱は、日本國民にとって実に深刻な問題であった。……日本社会党も、関係各国の元首あて、鈴木委員長名の親書を以て、即時解決を要求してきた。松本治一郎も、吉田政府の妨害をおしきって、大陸に渡り、ネール首相や中国はじめアジヤ各国の指導者と懇談してきたのも、この朝鮮問題の早期解決とアジアの解放を心から念願したものにほかならない。吉田君はこのアジアの平和回復のために一体どんな努力をしたのか。」

吉田総理大臣「朝鮮問題について松本君は御盡力あったそうで、そのため休戦ができて、私は誠に御同慶の至りに堪えない。しかしながら、朝鮮問題はこれを以て終りとするものでない。今後幾多の問題が紛糾いたします。なお、御盡力を希望する。」

×

曽根益氏「朝鮮の事態を論議する国際会議に日本の発言权を確保し、積極的、建設的役割を果すべきである。」

吉田総理大臣「朝鮮問題の政治会議は国連軍との間における政治会議で、國連軍にも国際連合に

（19）

も入っておらない日本として発言权を求める考はない。」

（六月十八日　参議院会議）

須藤五郎氏「太平洋における非共産主義国を一丸とする太平洋条約——日本および韓国をふくむこの種条約を真剣に考慮する日がくると思うが、どうか。」

吉田総理大臣「朝鮮の事態はいまだ定まる如くして定まらず、将来この関係をどうするか、政府はかるぐしく考えることはできない。安全保障条約の趣旨は賛成であるが、それが軍事援助とか、軍事協力とかいうことであれば、政府としては考えられない。」

（六月二十二日　参議院予算委員会）

本間俊一氏「朝鮮休戦を中心に東亜の情勢はどう動いて行くか。」

吉田総理大臣「休戦が第一であり、朝鮮の復興が第二、そしてこれを契機に東亜の安定がもち来されればまことに結構で、これに協力すべきと考える。」

川崎秀二氏「最近の捕虜釈放問題をめぐり、韓国の重大事態をいかに考えるか。」

吉田総理大臣「韓国は時々刻々変化している。重大時期に米国や国連の間も微妙なので、私の意見も差控えたい。」

川崎秀二氏「韓国とアメリカの間にむすばれる安全保障条約をどう考えるか。」

吉田総理大臣「それにより朝鮮の事態が安定し、朝鮮の復興を助けるのであれば、まことに結構です。」

（六月二十四日、参議院外務委員会）

並木芳雄氏「李大統領の俘虜釈放は国際法上正しい見解かどうか。」

下田条約局長「国際法の問題にはならない。韓国軍の行動が国連軍総司令官の命令の下に行う約束がありとせば、その約束違反になる。」

並木芳雄氏「捕虜に対する待遇からみて妥当であるかどうか。」

下田条約局長「ジュネーヴ条約に、敵対行為の終了した捕虜は直ちに送還せねばならぬという規定がある。現在いやがる祖国にむりに返すことはすべきでないと国連側が主張しているが、こういうことはジュネーヴ条約当時に想像されなかったことであった。李大統領の捕虜釈放は、国際法にも既存条約にも白紙として残されていた問題である。」

並木芳雄氏「今、韓国側の要求する米韓安全保障条約によれば、休戦成立の際に米軍は朝鮮に残るか」

下田条約局長「必ずしもそうならない。その条約が定めておる軍隊発動の理由が発生の時に軍隊を派遣する。米軍が残るかどうかは、休戦協定及びその後の平和会議できめられる。休戦後米軍が日本に残るかどうかという点については、休戦と関係なく、日米安全保障条約の規定によって行なわれる。」

（六月二十六日　衆議院外務委員会）

田中稔男氏「休戦協定は成立するか。」

岡崎外務大臣「時間もかかるし、交渉もむずかしいが、成立の見込は多いという勘をもっている。」

田中稔男氏「アイゼンハウアー大統領は『名誉ある休戦』というが、大体三八度線を境にし、北鮮中共の士気きわめて旺盛であり、名誉ある休戦といえないと思うが、どうか。」

岡崎外務大臣　「今後北鮮から南鮮へ侵入の意図のない休戦が成立せば、国連側の目的は達したものと考えられる。これから戦争する意味での対峙と、もう戦争をやめるという考の対峙とは、意味がちがう。」

田中稔男氏　「ストーンの「朝鮮戦争」をみると、戦争は韓国軍が起し、北鮮が反撃したことで始まったとあるが、どうか。」

岡崎外務大臣　「かりに南鮮が手をだしたにしろ、それより少し南に追っぱらったのなら意味が通ずるが、釜山まで南下しようという軍事行動を起したのでは、世界の常識が許さぬと思う。」

（六月二十七日　衆議院外務委員会）

田中稔男氏　「政治会議に積極的に出席して、朝鮮問題や極東問題解決に日本の見解を主張する見識と勇気を持たないか。」

岡崎外務大臣　「政治会議に日本として発言すべきことがらには日本の立場を明らかにするが、今は十分注意してみておるという段階である。」

田中稔男氏　「朝鮮統一は、南鮮によるか、北鮮によるか、両者の円満な妥結によることを望むか。」

岡崎外務大臣　「外国の政権や政府の将来に、韓国の者として、正式の委員会でいうべきではない。しかし、世界多数国の意図する解決方式は、南北自由な総選挙による政府組織である。」

(2)

法務大臣車中談

犬養法務大臣は、十二日東京発西下の際、車中で次の如く語った。

「休戦の成立を契機に、北鮮側は「敗れざりし和平」と唱え、近隣諸国に政治攻勢を宣伝する

(22)

に違いなく、もちろんその影響は国内治安情勢にも及んでくると思う。これは日共の地下にある武装斗争の準備に拍車をかけると同時に、差当り表面的にはかつての人民戦線的な平和攻勢をとつてくると予想され、これに中共の国連加入問題、中共との貿易問題などもからんで来ようし、当局として相当細密な情勢判断をして行かねばならぬ段階に来ている。」（朝日　六月十三日）

二　日韓会談の推移

再開日韓会談で現在までに開かれた各分科会は、漁業船舶問題が四回、国籍、基本関係が三回、請求権が二回の会合を重ねたが、久保田代表は、三日各関係官の参集を求め、各問題ごとの交渉経過を綜合的に検討し、今後の態度につき協議した。久保田代表は、近く岡崎外相と今後の方針を協議するが、今後、分科会をひらき、更に本会議を開き、両者の意見の差異を正式に整理し、政府の最終的態度の閣議決定を求めるようである。

日韓とも合意に達しやすいのは、国籍と基本関係で、他の三問題は解決になおかなりの困難が予想される。（日本経済・讀賣　六月四日）

×

朝鮮休戦にともない、外務省では新たな角度から局面の打開をはかる具体策を樹立することになった。これまでの会談は、最大の難関たる、請求权、漁業問題は昨年の会談決裂当時から一歩も進んでいないため、今回の休戦成立を機として、日本側は会談全体に対する腹を決める段階に来たとの意見がつよく、従来のように韓国代表部は日本にあるが、日本側の在外機関が韓国側に存在しないこと、日本人が韓国へ渡航して居住することができなかつた点など一方的状態に改善を加え、両国とも相互的に正常な

外交関係に入るべく、日本側から話しあいを始めるべきだという有力意見が起っている。（毎日　六月十日）

×

信憑すべき外交消息通によると、韓日会談は今月中に数字を根拠にする諸般事務的法理論的討議を終え、七月からは政治的な討議をする可能性が多い

会談の現段階は、請求权及び漁業問題の討議に力を注いでおり、請求权は目下韓国側提出のリストを検討中で比較的順調であり、漁業問題では韓国側は海岸主权線の必要性を水産業的また法理論的な説明しており、これに対する日本側の公式的見解が表明されよう。（京都新聞　六月十四日）

×

休戦会談の進展にともない。韓日間の双務的関係樹立のため、日本政府の在外事務所を韓國に設けること、日本人の入国を韓国に要請すると思われる。一方、韓日経済協力の具体化のため、日本外務省は次の諸点の実行を期待しているといわれる。

一、貿易会談、漁業会談をひらき、現行貿易支払協定の改訂、韓日合弁漁業会社の設立検討
一、農水産技術、漁船建造などの面で韓国へ協力
一、農業技術者、鉄道その他建設関係技術者の派遣
一、UNKRAによる購入を日本國内で行う。

（新世界新聞　六月十五日）

×

◇民主新報　六月七日　「韓日会談、経過と展望」

今回再開された会談が昨年の会談と異なる点は、両國の方針が法理論より実質的討議に中心となっていることで、例えば、財産請求权問題は請求対象の目録提示から始まり、船舶問題もトン数と隻数を討

（34）

議し、漁業問題も現実的漁業保護を考えている。最初日本は、基本、国籍、財産請求権、船舶、漁業の五ヶ問題を総合的に討議して大邦丸事件をこれにふくませようとしたが、有利に解決する自信なく、政府与党の選挙に及ぼす影響を考えて分科委員会設置に同意した。

四月三十日　日本側代表の名簿が、五月四日韓国側代表の名簿が提出され、五月四日第三次本会議で五分科委員会の設置をみとめた。まだ具体的討議に入らず、今後の進展に明確性をかいている。

大邦丸事件をみても多少推測できるが、日本の対韓政策は重要性を認識しながら、根本的是正を望むことはきわめて困難である。時々新聞紙上に報道されることも決して好意的ではない。

財産請求権もこれを放棄せば国家が補償しなければならないことを大きな表面的理由としている。韓国側の主張する国債、貯金、預金の清算も、彼等の在韓財産も、ほとんど掠取して蓄積したものであることや、平和条約で請求権が放棄されていることを考えていない。日本の再軍備論者の某政客が「我々に軍備がないために、日本の漁船二百余隻が韓国海軍に拿捕されたし」と叫んでいる。

たとえ、大邦丸事件は会談に持出さなくて、別途に解決策を講究するといっても、必ず問題は再燃するであろうし、その他條々に彼等に有利な条件を出す意志があることは明らかである。韓国に代表部設置の件を交渉するということは、親善の表面的看板であり、今後大いに警戒しなければならない。

×

新世界新聞　六月五日　時代の表情「韓日会談日本代表久保田貫一郎氏」

数多い外交交渉で、日本外務省の官吏が忌避しているのが二つある。韓日会談とフィリッピンとの外交交渉である。その理由は、根強い反日感情を持っており、不倶戴天の怨讐のように応対する先有感があるからである。と答えた。

ここに登場した久保田貫一郎氏は、今般韓日会談首席代表としてこの難交渉をひきうけた。彼の新旧部下らは大変な仕事をひきうけたと同情したが、彼の胸中を去来するものは果して何であろうか。

かれは、今まで参議院外務委員専門委員として四年間つとめたが、元来は対ソ外交のエキスパートとして知られていた。日本外務省のソ連通といえば、まず、東郷茂徳、次ぎに、西春彦（現駐濠大使）であるが、その次の現役としては、久保田とチリー公使の成田勝四郎氏位であろう。こうみれば、彼は日本外務省で相当貴重な存在である。

かれは、語学はフランス語を専攻し、昭和十一年モスクワ駐在以来、欧亜第一課長（ソ連課長）、ハルピン総領事をして専ら対ソ外交面を担当してきた関係からか、戦後不遇で、外務省の仕事は北海道連絡調整事務局長をしただけで、四年前退官した。

かれは、典型的外柔内剛の能吏で、立案者としての情勢判断も正確で、会談にも明るい成算腹案があろう。

大正十三年度の東京商大出身、満五十二才。石井菊次郎（前外相）の婿である。

三、竹島問題

島根県議会議長から「竹島は平和条約においてもわが国の領土権を放棄しておらず、無人島ではあるが、島根県隠岐島五箇村に属していることは明らかであり、ことに島根県においては、隠岐島を中心とする最も有利な漁区であるから、竹島の領土権確保に万全の措置を講ぜられたい」という陳情が、五月三十日附で参議院外務委員会に附託された。

×

水産庁では、島根県から二日「竹島周辺で韓国漁船約十隻が無断操業を行っている」旨の報告をうけたので、四日、目撃の同県水試関係者の来庁を指示した。事の起りは、五月二十八日、島根県水産試験場の試験船島根丸（六三トン）が対馬暖流を調査中、同日朝四時、竹島周辺で韓国旗をかかげた五トン

慶の漁船約十隻が、潜水器を使用して海藻類の採取を行っているのを発見したのにある。（読売 六月五日）

×

右派社会党の河野政策審議会副会長らは、九日、福永官房長官と会見「竹島に五月二十八日韓国人三十数名が上陸し、海草を採取している事実につき、韓国に抗議するよう」要望書を取交した。（毎日六月十日）

×

◇「民主新報」 六月十日 「悪化した平和線」

六月八日外務部が入手した情報によると、最近、独島（竹島）の現地視察を終えて帰った日本政府の官吏たちは、同海域で韓国船十隻に分乗した三十余名の韓国漁夫が漁業に従事しており、彼らは四月から継続して同島一帯で水産物漁獲のため出漁したことを確認したと発表し、日本政府は韓国政府に厳重に抗議したと伝える。また、日本の各新聞はこれを針小棒大に記して政府を督励している。

同島は韓国領有であることは明確であり、日本側の領有権は完全に黙殺しているが、今後同島に監視を厳重にし、対策を樹立するつもりである。

×

「民主新報」 六月十二日 「独島は明らかにわれらの領土」

今から百数十年前の林子平の「三國図覧」の地図には、確実に「朝鮮がこれを持つ」と明記されており、日本領有の根拠はない。自国漁船の韓国領海侵犯をこれと相殺的に合理化し、同時に同島の領海権をとろうとする一島二石でなければ、二者択一の利害をねらう、韓日会談への一つの布石ではないかとみられ、警戒を要する。

（この記事には「三國図覧」の地図と「韓國に抗議を発せん」という見出の東京新聞の写真をのせ

ている。」

（六月十八日　衆議院会議）

×

須磨彌吉郎氏　「竹島があたかも韓国の領土のごとく取扱われているが、その真相を承りたい。」
岡崎外務大臣　「日本の領土であることは問題はない。今いろ〳〵の点で注意している。」

×

島根県は、六月十八日附で隠岐島漁業協同組合連合会に対し、竹島周囲最大高潮時海岸線から五百メートルの線で囲まれた区域を漁場として、わかめ、いわのり、てんぐさ、あわび、さざえ、なまこ、たこ、うにの漁業、また六月十日附で橋岡忠重氏外二名に竹島地先海面で二月から十一月にかけて、あしか漁業の許可をした。

×

二十三日　外務省は、在日韓国代表部に対し「日本領土である竹島に韓国人が無断で上陸したことを非難し、今後このようなことが再び起らないように要求する」抗議書をおくった。（朝日　六月二十五日）

×

二十七日　第八管区海上保安部（舞鶴）の発表では　竹島に二十七日、島根県庁、国警島根本部、法務省入国管理局松江事務所係員三十名の混成隊が巡視船二隻で上陸、「島根県隠岐郡五箇村竹島」と記したものと、「韓国人の出漁は不法漁業である」の注意書の立札二本をたて、島内でテント生活をしている男ばかりの韓国人六名に退去を勧告した。（朝日　六月二十八日）

×

毎日会談で両国間の諸懸案に関して事務的討議が進行中であり、遠からず両国間の政治的折衝と決断を要する段階にある時、同島帰属問題を再燃せしめ、遂に官憲を派遣し、不法占領までする日本政府の意図に韓国官辺側は疑惑の念をもつている。

二十八日　駐日代表部は、外務部に報告するとともに、日本政府に対し「韓国領侵犯」を厳重抗議するという。（国際新報　七月一日　（東洋通信））

四、漁業、大邦丸問題

（五月二十九日　参議院水産委員会）

岡井水産庁次長　「日韓会談における漁業分科委員会は、すでに三回開かれ、前回の理論斗争をはなれ、具体的な話を中心にし、一切外にもらさぬように約束して進めている。」

小滝外務政務次官　「漁業分科委員会の日本側の委員は、久保田代表、岡井水産庁次長、大戸海洋第一課長、増田海洋第二課長、外務省の高橋条約第一課長、広田アジア局第二課長」

松浦清一氏　「大邦丸事件の解決を会談でとりあげているのか」

小滝外務政務次官　「今次の会談は、平和条約第九条に基き、今後の双方の漁業関係を規律せんとするものであり、大邦丸事件の討議はこの範疇に入らない。従つて、大邦丸事件は別個の外交交渉によつてすすめている。三月十四日に代表部からこちらの抗議に回答がよせられたが、その陳述に不審の点があるので、その点の調査を三月二十五日にこちらから申入れをした。その返事が五月十四日にきたが、不明不満の点が多いので、五月二十九日に更に申入れをしている。その内容については しばらく発表を見合せたい。」

松浦清一氏　「文書だけを往復しても解決はしない。他の国際的機関を使つて調査せしむべきである。」

（六月十八日　衆議院会議）

須磨彌吉郎氏「大邦丸事件の経過を承りたい。」

岡崎外務大臣「韓国との間に交渉中で、まだ解決していない。」

（六月十九日　参議院水産委員会）

千田正氏「韓國との漁業関係はどうなっているか」

清井水産庁長官「会談は友好的に進んでいる。韓國周辺の拿捕船も最近はない。底曳は南方に移行していてあの方面で行われない。やがて「さば」のはね釣りが行われることになるが、今の状況はきわめて平穏である。」

秋山俊一郎氏「大邦丸事件以来、朝鮮からの水産物輸入が一時停頓しているときいているが、どうなっているか」

清井水産庁長官「只今は、鮮魚の輸入はとまっている。」

「民主新報」六月十八日　社説「衛水域の撤廃説」

韓國休戦の機運に、日本外務省は二つの注目すべき見解を発表した。それは年間二億数千万ドルの発注継続と、もう一つは、國連軍海上防衛線（クラーク・ライン）は当然撤廃されるとみていることである。

これは、韓國の主権線は眼中にないが、國連軍作戦に協力という名分で自粛しており、休戦発効の時に自働的行動をとらんとするものであり、また魚類は寿命が短かく、一定量の漁獲を継続していると減退するので韓國水域の漁撈制限はおろかなこととして一挙に奪取する機会をねらっていることであり、更に、漁撈技術の幼稚な七十万韓國漁民の生存権が彼ら九万名のために剥奪されることを妨げないことを意味する。

彼らが公然と韓日会談で時間を浪費しているのは、確固たる根本策を内包しながら、休戦会談の動向で調節しようとしているのだ。

五 その他

今般韓米両当局間の妥結により、日本人技術者と労務者は釜山、仁川等の各港湾から続々撤収帰国しているが、今般仁川米港湾司令部管内で従業中であった日本人技術者、労務者四十八名は五月三十一日に本国に帰還した。（東亜日報　六月四日）

×

ラスティヨ米第八軍在韓基地司令官は、二日「仁川港の日本人労務者は、韓国政府との間に生じたマサツのため、韓国人労務者と交代させられた。このため同港の日本人労務者百二十名は、全員日本に向ったし」と言明した。（讀賣　六月三日）

×

仁川港の日本人船舶修理技術者と船員交代はその後順調に進み、十四日に二十七名が交代した。（ソウル新聞　六月十九日）

×

韓国社会部八日の発表によると、英国と日本から厚生事業援助のため六千七十匹の綿布をおくってきたので、直ちに入院患者と収容避難民に配給することになった。（K.P　六月十一日）

×

韓国政府では、国家公務員詮衡にあたって、終戦までの履歴書記載の学歴については、二級公務員三名以上の証明のみによっていたが、最近考試委員会では、日本の百七十の専門、大学から韓国人の卒業者名簿を全部あつめ、これで厳格な詮衡をすることになった。すでに、六名の学丁を偽ったものが摘発された。（東亜日報　六月二十四日）

×

六六月九日　韓國汽船アルシオン号で日本人婦女子十九名が門司に入港帰國した。

（32）

14. 입관집무자료 제9호 재류조선인과 한일관계

昭和二十八年九月

入管執務調査資料才九号

在留朝鮮人と日韓関係

―昭和二十八年七、八月―

法務省入国管理局

一、本稿は執務参考として「在留朝鮮人と日韓関係」について、八月中の動きをまとめたものである。

一、国会論議は官報号外の抄記である。

一、「連合新聞」は韓国政府系新聞（ソウル発行）「新世界新聞」は大阪で発行の韓国支持の新聞（朝鮮語）「解放新聞」は東京で発行の北鮮支持の新聞（朝鮮語）、「民主新聞」は在日居留民団の機関紙（日本語）、韓国学生新聞は在日大韓民国学生同盟の機関紙（日本語）、「朝鮮青年」は在日朝鮮民主愛国青年同盟の機関紙（日本語）である。

一、「KP」「KIP」は韓国支持、「朝鮮通信」は北鮮支持の日本語の通信である。

一、この資料の中でいう「朝鮮人」とは、政治的意味をともなわない一般的呼称である。

昭和二十八年九月

入国管理局総務課長

目　次

I、在留朝鮮人

一、巣鴨戦犯

（七月九日参議院厚生委員会）

堤ツルヨ氏「戦犯の中の第三国人は裁判をして釈放を求めたが 刑期満了までは許されないとて、日本人並の取扱をうけている。気の毒な留守家族のために、生活保護法、留守家族援護法を適用すべきである。」

山縣厚生大臣「これらの人は、平和条約発効とともに日本の国籍を失った。援護法は恩給法と同じく日本の国籍を有することが、法の建前となっておる。私は国議でもこの問題を提起したが いまは援護法の対象になっていない。今後日韓会談の分科会などでとりあげて、何らか援助の方法をとりたい。たゞ内地に扶養家族をもつものには、留守家族援護法を法の建前をはなれて適用している。」

堤ツルヨ氏「処刑だけは一人前で、補償はしないという矛盾はどう考えても人道に反する。ぜひ血も涙もある御処置をお願いしたい」

X

丸山鶴吉氏外十四名により下記趣旨の「韓国人戦犯者並びに遺家族援護に関する請願」が参議院に七月十九日に受理された。

「韓国人戦犯は百三十二名いた。この内シンガポールその他の現地で死刑されたもの十五名、満期または仮出所釈放者九十名、現在服役者二十七名である。就中 日本に在留する既釈放者七十五名、現服役者二十七名、計百二名とその家族に充分な援護が行なわれていない。その援護施設の設置、厚生資金の供与、就職の斡旋援助など講ぜられたい。」

七月二十四日外務省情報文化局発表

「政府はかねてからオランダ政府に対しB・C級戦犯（現在巣鴨在所者は二二八名）の釈放を交渉中で、現在まで赦免二八名、仮出所一八四名の個別勧告を行って来た。オランダ政府は本日十二名の仮出所につき同意する旨通報してきた。……後略」

この十二名の釈放者の中に朝鮮人戦犯三名、日本名南原高職（刑期十五年）、毛利俊之（刑期十五年）、金光諸洙（刑期十八年）がいる。これで残る朝鮮人の巣鴨戦犯は二十四名である。

（1）

二、帰　化　（八月六、七日衆議院法務委員会）

三浦法務政務次官「朝鮮人の帰化状況は次の如くである。

	申請	許可	不許可	調査中
昭和二十七年八月二十八日から年末迄	九八〇	二三三	二〇七	五四〇
二十八年一月一日から六月末まで	一、一九一	四一七	一九八	一、一一六

田嶋好文氏「相当未処理の件数が多いが何故か」

三浦法務政務次官「帰化国籍の事務は昭和二十三年一月内務省の解体と同時に司法省にひきついだが定員予算のひきつぎなく、現在も定員は一名も増加なく、旅費は昨年以来法務局旅費に百八万円計上されただけである。調査処理に非常な手数がかゝり遅滞している。」

三、婚姻縁組の届出

法務省民事甲第一一二六号

昭和二十八年七月七日

法務省民事局長　村上朝一

法務局長、地方法務局長　御中

戸籍事務の取扱について（通達）

標記の件に関して、長崎地方法務局長から別紙甲号の照会があつたので、別紙乙号のとおり回答したから、御了知の上、貴管下各支局及び市町村に周知方取り計らわれたい。

別紙甲号

長崎地方法務局戸(甲)第一四二七号

昭和二十八年六月十五日

長崎地方法務局長、原田之人

法務省民事局長　村上朝一殿

戸籍事務取扱いについて

標記についてさしかゝりたる左記事案につきいささか疑義がありますので至急御指示を得たく御伺い致します。

一、二、省略

三、朝鮮人間又は朝鮮人と日本人の婚姻縁組等の届出については、婚姻又は縁組等の要件を具備していることの日本駐日代表団発給の証明書を添付させ且つ戸籍謄抄本等を添付させて　その実質的要件の具備について審査した上で受理すべきでありますが、これ等の書面はほとんど交付を受くることができない実情でありますので、右何れも添付せず「届書記載の身分関係は相違ない」旨の本人の宣誓書等を添付せしめ、従前の例により要件審査の上、受理する取扱は認められないものでしょうか。

別紙乙号

法務省民事甲第一一二六号

昭和二十八年七月七日

法務省民事局長　村上朝一

長崎地方法務局長殿

戸籍事務の取扱について（回答）

本年六月十五日付戸(甲)第一四二七号で照会の件は、次のとおり思考する。

一、二、　省略

三、婚姻又は縁組等の要件を具備していることの大韓民国駐日代表部発給の証明書の交付を受けることが困難な実情にあれば、その旨の申述書と本人の身分関係を証する戸籍謄本等とを提出させた上婚姻又は縁組等の要件については、市町村長において従前の例により審査して受否を決定して差しつかえない。なお、身分関係を証する戸籍謄抄本等を提出することが困難であれば、これに代るべき大韓民国駐日代表部発給の身分関係を証する証明書でもさしつかえないが　身分関係を証する資料皆無の場合には　本人の宣誓書だけで届書記載の身分関係を確実なものと認めて処理することは、目下のところできないものと考える。

（編者注）　駐日韓国代表部では、韓国民登録をした者に限り、証明書発行などの事務をおこなう。

四、鉱業法の改正

「鉱業法の一部を改正する法律案」に関しては本資料（第七号）に条文などについて記したが、大西参議院通商産業委員長より参議院議長提出の報告書（六月二十七日）には、次の如く記している。
議案の要旨及び目的（在日朝鮮人関係項目のみあげる。）

「3. 昨年四月、日本国との平和条約の発効により、朝鮮人等は日本国籍を喪失したわけであるが、現行鉱業法によれば、国際条約に別段の定めのある場合を除き、鉱業権等は、日本国民又は日本国法人に限って享有できることになっているので、その意味で朝鮮人等が従来鉱業権等をもっていたものも、昨年四月からもてなくなったのである。

しかしながら、一昨年末からの日韓会談に、何らかの条項が挿入されるものと期待していた経緯等を考慮してこの際国籍喪失者の鉱業権及び租鉱権を、昭和二十九年四月二十七日まで引続き保有させることゝすること等である。」

議案の可決理由

……「日本国との平和条約の規定に基き、日本の国籍を喪失した者の鉱業権等の取扱いに関する経過的措置等を定めようとする本案の趣旨は、妥当と認め多数をもってこれを可決……」

五、強制送還

（七月十一日参議院法務委員会）

細迫兼光氏「朝鮮人の強制送還はどういう法的根拠によるか」

岡原法務省刑事局長「出入国管理令に国外退去の場合が規定してあり、その該当者のうち順次手続きのできたものから還している。」

細迫兼光氏「日本国内法による純然たる窃盗、強盗などの犯罪者の送還を強制的にはしない方針であるか。」

岡原法務省刑事局長「出入国管理令第二十四条に懲役一年以上の言渡をうけた者という条文があり、それによって国外退去を要求することになっている。」

細迫兼光氏「これは国際法の原則に反すると考えられないか。」

岡原法務省刑事局長「出入国管理令の関係は、わが国で罪を犯したものをわが国の立場で国外退去を要求するのであり、各国とも同様の国内立法をしている。」

（4）

八月六日　民戦常任委員金宗鎬氏は、日赤、平連、日中の三団体に「日本で強制送還が決ったがまだ送還されずに収容所にいる朝鮮人が千名いる。休戦会談も妥結したいま、これらの人を中共帰国出迎え船を利用して送還したい」と申入れがあった。三団体ではこの問題を検討の結果まず政府の意向を打診することになった。金氏は「北鮮にいる日本人の引揚および安否調査についてわれわれから北鮮政府に働きかける用意がある」と語った。

（朝日、八月七日）

（編者注）韓国の受取拒否のため強制送還が保留されて収容所にいる朝鮮人は、八月六日現在三九八名である。

北鮮にいる日本人とは、昭和二十三年夏まで消息を明らかにしていた平壌刑務所在監日本人十五名および抑留日本人技術者十五名その他をいう。

（八月七日　衆議院法務委員会）

鈴木入国管理局長（田嶋好文氏の質問に答えて）

「朝鮮人の強制送還は密入国によるものと、その他の事犯によるものとある。密入国は大体毎日平均十名、月三百名で大村収容所に収容し、月一回船をだして帰している。どうしても日本にいたいとして在留許可を求める特殊な人は違反調査その他異議申立に基き裁定し、大体二ケ月間に決定する。出入国管理令第二十四条該当者として強制退去するものは、体刑の外に、手続違反の併合罪を主として帰している。しかし昨年五月十二日以降韓国政府は終戦前から日本にいるもの、手続違反者の受取を拒絶し現在その数は四百名となっている。日韓会談で、自分の国民は自分の国でうけるという国際慣例の措置が実現されると期待するが、これが二年も三年も実現しないのなら、もう少し人道的立場で法律をだすなり別の措置を考えたい。収容者の食費は国費で二千四百カロリーを下らない。特に大村では朝鮮人のすきなつけものも配慮している。強制送還に要する国費は大体二億円使っておる。」

岡田春夫氏「戦前からの居住者に併合罪を主として帰すとはどういうことか」

（5）

鈴木入国管理局長「入管令のできた時に戦前からの居住者に在留資格、期限がきめられないので、日本に当分おられることゝし、いずれ特別法をだして、その時に定めるとしている。旧外国人登録令に併合罪で登録違反があれば 体刑以上の者について帰す条項があり それが適用されている。」

岡田春夫氏「どうして特別法をださないか。また送還者には韓国を拒否して北鮮に帰りたいものがいるが その数はどれ位か」

鈴木入国管理局長「特別法は日韓会談の妥結をまつて、はっきりさせるということになっている。北鮮帰還者数はまだとっておらない。」

岡田春夫氏「北鮮への希望者は北鮮に帰すべきだ」

鈴木入国管理局長「出入国管理令の建前からは、北鮮に行こうと南鮮に行こうと第三国に行こうと差支えない。もし北鮮に送る道が開かるれば、われ〱として研究したい。」

大村収容所に収容中の密航者二一〇名（男一四七名、女六三名）は 日本船早鞆丸で釜山に送還され釜山署、北署 北上署の三警察署が分割して調査し徴召集該当者は兵事区司令部に移管して兵役に補充させ、残りは治安裁判に廻付される。

（K・I・P 七月十八日）

（編者注）右は七月八日大村収容所より送還されたものである。

八月十日、早鞆丸で大村収容所から二三二名が釜山に送還された。

韓国政府治安局から文教部への報告によれば、本年一月から四月までの四ヶ月間に日本に密航を企図した四十九名の学生が検挙された。その内容は中学生九名、高等学校十二名 実業学校十四名 大学十四名である。

（K・I・P 七月十一日）

六、融資と信用組合

韓国政府の在日僑胞に対する融資二百万ドルは近く送金されることになり、韓国銀行本店はこの事務に当る専任行員二名を任命した。

（K・I・P 七月二日）

（6）

先般、高知県大韓民国金融協同組合が資本金一千万円で発足した。また宮城県協立信用組合は、六月十五日付正式認可を得た。事務所は、仙台市小田原弓町四八、設立発起人は申相烈他十名である。（民主新聞　七月七日）

編者注　組合の認可は都道府県で行うものであるがこの件についてはまだ大蔵省で確認されていない。

「信用組合大阪商銀」は、六月五日、大阪府より内認可を得、二十三日、創立総会を開き、七月十六日には、大阪法務局に設立登記を提出した。払込金四千万円、払込完了組合員は四八一名である。来る八月三日に開店する。（新世界新聞　七月十五日）

東京の同和信用組合は、昨年五月発足、一年後に組合員千二百名預金契約三億突破の順調な成績をあげていたが、六月五日第一回の総会を開くべく、四月から都内各地区毎に総代（組合総会出席代議員）を選挙中であった。左右の相剋はげしく、ようやく八月十日に新宿会館で総会が召集されたが、左翼に妨害され警官が出動して流会となった。

左翼は李中冠専務の名で上野、宝ホテルで総会を開き、李在東氏（朝鮮商工会理事長）を組合長に、李中冠専務を副組合長兼専務に選び　左翼だけの理事会を開いて、右派従業員をクビにし、十一日に実力をもって組合を占拠した。

一方、従来の組合長盧業蓮氏及び民団側理事は都経済局に事情を具申し　警視庁に不法占拠を告訴した。都経済局の調停は失敗に帰した。

盧組合長は裁判所に業務停止の仮処分を申請し、判決をうけたにも拘らず、依然奪回できず　遂に同和信用組合は左翼の手に帰し　右翼は新しい組合結成を東京都に認可申請し、九月一日内認可を得た。

それは「東亜信用組合」と命名され、二ケ月内に店舗を都心に開く予定。（K・I・P）

七、朝鮮総合大学設立企畫

兵庫県内の在日朝鮮人有志は七月四日　西日本朝鮮人大学建設準備委員会をひらき、十二日には更に具体的に協議をすゝめた。

費用の捻出は、大衆日掛一六〇万円（阪神、中央地区在住者二千として、八月から各戸百円を計上する。）

生徒日掛四〇万円（県内の朝鮮小、中、高等在学生が各自毎日一円を計上する。）

更に特別大口三千万円は有志中数人が内諾し、残る大衆大口千四百五十五万円と大衆日掛について具体案を論議した。

（朝鮮通信七月十七日）


十九日に兵庫県芦屋市の文東建氏（現民戦中央委員）は、西日本朝鮮人大学設立基金として一千万円寄附した。

（朝鮮通信七月二十七日）

×

七月二十八日、民戦中央会議室で全国十地方代表及び各団体二八名が参集し、朝鮮綜合大学期成委員会結成を決議した。現在日本には朝鮮人中学が十校高等学校が四校あるに拘らず、大学がなかったので早急に実現を期する。建設目標は明年四月からで教員養成事業は今年九月から着手する。

理工学部（数学、機械学、電気、土木、応用化学、紡績、染色各科）

文学部（国文、外国語、教育、歴史、地理各科）

政治経済学部（政治、経済、法学各科）

資金は二億円、第一段階として明年三月まで一億円を募集する。その内、五千万円は在日同胞一人当百円ずつと大衆カンパで充当し、残り五千万円は有志の特別寄附と日本政府、各政党、民主団体、個人有志、市民などから集める。また兵庫県で計画している朝鮮大学期成会もこの方針を承認して綜合大学建設に合併する。

（解放新聞八月八日）

八、朝鮮人学校問題

七月十三日、東京都立朝鮮人学校のPTA、教員学生ら五百名が都教育庁におしかけ、「朝鮮人学校の増設、朝鮮人講師の増員、講師の待遇改善、教育予算の増額」の四項目をかゝげて、教育長に面会を求め約三時間余がんばった。（読売新聞七月十三日）

×

大阪府内同胞四百名は七月二十日教育庁におしかけ、「舎利寺、中川、巽西、東北、布施各朝鮮小学校を府立に認定せよ。日本人側の学校在学中の朝鮮人生徒には四十名単位に朝鮮人教師を採用し、民族教育を実施せよ」と要求した。（解放新聞七月二十八日）

×

三重県高山では七月二十五日、次の成果を争取した。
(一) P.T.A連合会推薦の教員の無条件採用.
(二) 教員給料と夏季手当を全額市当局で負担.
(三) 研究会、講習会、出張などの実費を市で支払う.
(解放新聞 八月六日)

X

朝鮮人教員講習会を夏期を利用して、関東(三ケ所)名古屋、岐阜、大津、京都、大阪、兵庫、岡山等で開催している。
(解放新聞 八月八日)

X

横浜市神奈川区沢渡二一の朝鮮人中学校は、公立の青木小学校に隣接して、県下の朝鮮人の建てた二階建六教室で、九学級、生徒四〇七名おり、朝鮮人側父兄は「税金を日本人同様に支払っている」東京都は公立にしている」ことを理由に公立の準備をしていたが、県と横浜、川崎、横須賀三市教育長は八月六日協議の結果「独立後朝鮮人も一般外国人と同じように取扱う。外国人を好意的に公立学校に入学させた場合は、義務教育無償の原則は適用されない。」という文部省の指示もあるが、両民族の親善を考え、私立のまゝ暫定的に補助金をだすことに決定した。
(朝日 八月七日地方版)

九、民戦中央委員会の決定

在日民戦才十一回中委は、八月二十七日より三日間開催された。一般報告後、討議により決定された事項中、次の点は注目された。

組織――日本労農同盟を前衛とする民族解放統一戦線と連携を強化すること。最近激増にふえた在日同胞の浮動的失業者を組織する。永患対策を敵後運動から再軍備斗争に発展させる。

外務――収容所の強制収容者を現地釈放させる。

社会経済――在日同胞が毎年一五八億の税金を収奪されていることから、二億の融資を戦いとる。

教育――現在学校設備のない九州、中国、四国、東北一帯の学校設置と教育費獲得斗争を行う。綜合大学の一環として師範学校を十月から開校する。

文化芸術――民戦のニュース製作をすゝめ、北鮮の「郷土を守る人々」の映画普及運動を行う。

綜合大学――来年四月から開校のため、二億円の基金カンパを行い、その内一億円を才一年度に、才二年度から五千万円づつする。

その他
(1) 祖国復興事業参加の件（九月九日から全国的に一億円カンパをおこし十一月八日に終結する。）
(2) 祖国に各県各団体代表の派遣
などを決した。（朝鮮通信 八月三十一日）

編者注 在日朝鮮人の納税年一億の根拠不明

五八

一〇、その他

七月二十七日午前十一時より東京日比谷公会堂で在日朝鮮統一民主戦線朝鮮停戦中央祝賀大会が開かれた。会衆者五千。人民儀礼 金日成の停戦命令発表後、来賓の各団体より祝辞あり つゞいて民戦中央李季伯書記長の「朝鮮停戦の勝利と当面の任務」の記念講演あり。金日成。毛沢東 マレンコフ宛のメッセージを採択し、国連及び駐日大公使におくる決議文 吉田内閣、外務省、文部省、クラーク大将に対する抗議文を採たくし、大会宣言を可決、人民抗争歌を合唱 ひきつゞいて第二部の文化祭で在日朝鮮文学芸術総同盟のアンサンブル「祖国解放戦争」あり。午後五時散会した。（朝鮮青年 八月五日）

八月十五日 在日居留民団では日本各地で記念式典をあげ、中総では二千の団員が参加して式典を行い のち、金公使杯争奪学徒雄弁大会を開いた。
（K.I.P 八月十五日）

左翼側では、隅田公園で朝鮮統一独立復興促進八、一五、八周年中央慶祝大会を開いた。
（朝鮮通信 八月十九日）

在日韓国軍人会は日本人捕虜として送還される安井龍文は本名朴鐘文（二九）であることを八月十八日明らかにした。なお戦争に日本から出陣した韓国人青年一九二名が釜山、ソウルで日本への帰還を待っている。（KP 八月十九日）

昨年十二月から八ケ月に亘り横須賀の米極東海軍基地内において 毎月四十名の高級船員を訓練してきた 大韓海運公社では、この度、横須賀基地において使用していたB.H（船術で使った家）を釜山に移し 下級船員を継続訓練する計画をたて、今月中に実現の運びとなり、米軍技術者も一緒に韓国に行くことゝなった。（K.I.P 八月六日）

(10)

七月七日、早大大隈会館で全日韓国学士会が発足した。幹事長張政哲氏である。機関紙「学術研究」の発行、各国学界と連絡交流等を企図している。

（韓国学生新聞　七月三十一日）

×

七月十八日に塩釜市作田の朝鮮人部落を濁酒密造容疑で国税局が急襲し、容疑者四名を検挙した所部落民五十余名が市当局におしかけ　喰えなくなったとて生活保護法の適用を迫り、宍戸助役はその適用を検討する間として前貸の形で、四日間一日三十円二十三世帯百七名分一二八四〇円を支給した。これに対し二十一日の市議会で市当局の責任が追求され問題化している。

（毎日　七月二十二日地方版）

×

最高裁判所は七月二十二日、占領中の軍事裁判は刑法第五条の「外国裁判」であると断じ、東京都北区滝野川町三九八製薬業岩村こと許吉松（三九）に対し「上告棄却」の判決を言渡した。軍裁が外国裁判かどうかの問題は軍裁で有罪を言渡されて服役中講和条約の発効により釈放されたが、日本側に再逮捕起訴された三十七被告につき全国的に争われ、判決もまちまちであった。その理由はもし「外国裁判」でなく「国内裁判」だとすれば同一の犯罪につき二度裁判できぬという憲法の規定があるので、三十七被告の裁判は憲法違反となるからである。

許被告は北鮮軍少佐といわれ、密入国して国連軍の仁川上陸作戦をスパイした北鮮スパイ団の一味として捕われ一昨年七月、軍裁で重労働十年、罰金五千ドルを言渡されて服役中、講和発効で釈放直後逮捕され千葉地裁で外国人登録令違反により懲役一年、東京高裁で同六月の判決を言渡され、上告中だった。

許に対する判決で最高裁は「軍裁は連合国最高司令官によって設立されたもので、その裁判権は同司令官の権限に由来し、わが国の裁判権にもとずくものではない。従って重ねてわが国の裁判所が処罰しても憲法違反とならぬ」と国内裁判説を退け、原判決を支持した。これにより外国裁判論争に終止符をうたれたわけである。この判決には、栗山、小谷、藤田、谷村の四裁判官の少数意見がある。

（朝日　七月二十二日）

（11）

韓国の政府系の联合新聞（本社釜山）の支局が、東京都中央区銀座東一ノ一三（電話(56)四七三三番）に韓国の中立系ソウル新聞（本社ソウル）の支局が東京都中央区入船町一ノ八（電話(55)〇〇三〇番）に設けられた。これで、民主新報、国際新聞とも四新聞の支局が設けられたわけである。

二、新聞論調

八月三日、新世界新聞社説「日政当局の適切な韓僑対策を要望する。」

「現在、日本に居留している六十万の外国人に対し、日本政府が具体的施策をもっていないことは再考を要する。もし今後も適切な対策を実施しないならば、世界各地で起っている所謂〃少数民族問題〃の一環としての重要問題となるであろう。

対策は第一に失業問題、第二に教育問題である。

六十万の八割程度が正業に就いていないと認定されそれば日本全体の失業者三百万近い内四十八万をしめる。元来韓人のほとんど半ばは、土木建築、炭鉱労働の重労働に就いていたものが多く、都市でも不健康な業種への就労が多かったが、解放以後、この部門に対する就労精神が稀薄になったと肯定される。しかしこの理由以上に、日本の企業家が韓人の就労を排斥している。政府が適切に措置指導をするならば、この問題は未然に防止できる。

教育問題の無対策は良識ある日本人をして唖然たらしめる。解放民族の自主教育の目的下にあった学校を閉鎖し、その校舎を接収したことは、占領当局の処置とはいえ、日政当局の我関せずの態度は容恕できない。占領が終って自主独立が回復した今日においても、依然無対策であり、地方により当局の態度が支離滅裂である。

韓人企業家に対する金融問題も、重大な問題であるに拘らず、日本当局が排斥的にでており、今後、韓人が果してその企業体を維持できるかどうかは考えねばならぬ問題とされよう。」

×

七月二十五日「新世界新聞」社説「休戦成立を契機とした民団組織の強化必要」

われらは祖国の逢着した超非常時に、どれだけ貢献をしてきたかを回顧反省し、今後祖国の復興建設にどんな役割をするべきかに真摯な態度を要する。

第一に民団を組織体として強化策を講究せねばならない。民団が朝連に対抗する性格で発足したことは不可避な事情があったが、朝連が三年余り解散処分で公的活動ができない時、民団がどれだけ組織強化による飛躍発展をしてきたかは深く反省を要し、最近、朝連の後身である民戦が公然と活動していることを他山の石として、民団中総を始め一大奮起を要望する声は巷間に充満している。

現在の民団組織は朝連が公々然と活動していた時期から更に活発になったとはみられない。ある地方の有力支部が左翼との斗争に敗退したこともそのまま放置されている。休戦成立後に予測される韓日会談成立後に起る問題解決のために、全日本の民団組織が強力にならねばならない。

II、日韓会談休会

在日本大韓民国居留民団中央総本部全議事外二名は左の如く韓日会談締結促進の陳情を参議院に行った。

「われ〳〵は国权回復、永住权の獲得、既得权の確保を韓日会談の結果によって期待しており、近民族が切実に要請されつゝある真実な親善も、韓日会談の締結のみによって可能であることを信じている。ついては、アジア民族相互の互譲の精神により、アジア平和建設のため、韓日会談の早期締結促進に尽力されたい。」

右参議院に六月三十日に受理され、外務委員会に送付された。

（七月九日参議院予算委員会第三分科会）

今澄勇氏「日韓貿易の外貨の割当については、日韓会談の見通しを待てということで、今年になって、割当がなかったが、通産省はどう考えるか」

岡野通商産業大臣「日韓会談は外務大臣の話によると、近いうちにどちらかに解決がつくだろうと云っておる。あの時は政府より業者、国民の方で商売はやめたらいゝという輿論で今日のようになっている。しかし私は外交上はどうでも商売は商売としてやるべきだという主義から日韓貿易の促進に努力しようと思っている。」

×

（七月十日参議院予算委員会）

村瀬宣親氏「朝鮮の在外資産にたいする政府の方針は如何」

岡崎外務大臣「前回の日韓会談で、在外資産について所有権は変更できないとて法理論を主張して解決されなかったが、今度の会談でも依然として一番困難な問題である。韓国側は今の状況からいって日本人の私有財産は持って行けるものならもって行けという態度である。日本は韓国経済を破壊する措置を講ずる意向は少しもない。しかし法理上はこちらの主張を入れるのが当然である。実際上の処理は別であるという建前であるが、依然として解決しない」

×

韓日会談韓国側代表金溶植、張基栄氏は七月二十二日、久保田代表、倭島アジア局長と会談し、四月再開以来の双方の相異点を明確にし、事務的討議の一旦完了を認定した。（連合新聞　七月二十五日）

会談は二十三日の漁業問題小委員会を最後に暑中休暇に入った。同日の金公使、久保田参与との会食の席上、九月再開を約し、二十四日から暑中休暇に入る意見の一致をみた。（K・I・P　七月二十五日）

精通した消息によれば、会談の討議結果は次の如く要約している。

一、財産請求権――在韓日本人財産請求権問題に対し日本側から何らの主張なく、韓国側の在日財産請求権問題に対しては、日本側がある程度応ずる意思を表示した。

二、漁業問題――日本側は形式的公海自由原則から一歩退却して魚族保護のため、ある程度の漁業出入禁止区域設定線を考慮している意思を分明にした。しかし韓国海岸主権線と距離は遠い。

三、船舶返還問題――日本側は韓国に返すべき船舶数の内容を提出しないが、昨年四月会談中断前に提示された返還指数を増加する意思を表示した。
二十二日会、久保田会談では、日本側から基本国籍、財産、船舶などの問題を解決し、先ず国交回復後、日本駐韓大使館または在外事務所を設けて未決問題を通商外交々渉により解決しようという日本側提案に対し、両国間に残っている諸般問題の解決を計らぬ限り会談の解決は困難であると主張したという。

（東洋通信―連合新聞七月二十七日）

（八月五日衆議院外務委員会）

田中総務氏「日韓会談の経過と見通しを説明されたい」

下田条約局長「基本条約、国籍、財産、漁業、船舶五分科委員会において、ただ今のところ、何一つ両国間の意見は一致していない。韓国側の主張が非常に柔軟性を欠いており交渉しにくい。韓国側の希望で最近休みにした。この秋から再開する。」

会談は中断され、消息通は、再び意見が衝突して決裂したとみている。……問題は請求権と漁業権で……韓国側から日本に対して米貨七億ドル以上の金品の返還を要求していると考えられ、韓国政府ではこれは戦後経済復興に絶対必要なものという態度である。タスカ米特使が韓国復興計画に必要と勧告した八億八千余万ドルに近いもので、韓国が容易に譲歩するとは考えられない。

（新世界新聞　七月三十一日）

「新世界新聞」七月二十九日　社説「韓日会談の中断に考えられた　諸要点」

「昨年の第一回予備会談は、米国が両国の間で協力助言する方途で進んだが　その後、日本の態度は平和条約の発効で少なからざる変化が生じ、また韓国でも共産軍との血斗に全力が集中され、休戦会談締結という難題と戦っている現実である。両国が自由な余裕ある態度になく　会談の早急な成果が期待できない条件下にある。

国家間の条約や協定は性急に推進しようとしてもできない。また一方だけの態度で決定できず、客観的大勢と双方の誠意表示だけで実現されることを考える時、決して過去に失望せず、将来に希望を持つべきである。」

(15)

III 防衛水域・李ライン

（七月十六日衆議院水産委員会）

小高熹郎氏「防衛水域は、朝鮮休戦に伴い必然的に解消するか。政府はその解除についていかなる交歩をしているか。終戦以来今日まで韓国に拿捕抑留の日本漁船は百四十五隻に及んでいるが、それについて説明願いたい。」

小瀧外務政務次官「防衛水域内は日本の重要漁場なので、再三交歩して特別に日の丸の標識をつけて入ることにある程度了承されていたが、またなるべく遠慮するよう申出もうけた。日本側は、さばの漁獲の地域であり、作戦に支障ない地域に出漁できるよう交歩してきた。実際の戦斗行為が停止せば、当然解消されることになろう。」

拿捕された船について、先方は、領海侵害を理由にしており、その都度わが方から厳重抗議している。一部帰ってきたが、甚だ成績がよくない」

×

外務省は七月三十日米国大使館に口上書を提示し朝鮮水域における防衛水域を撤廃するよう国連軍司令部へのあっせんを申入れた。

（朝日　七月三十一日）

×

（八月一日衆議院外務委員会）

並木芳雄氏「李ラインは休戦調印と関係があるか」

下田条約局長「国連軍司令部で防衛海域と李ラインは目的、精神からいって全く関係がないと云っておる。この問題は日韓会談の一つの題目となっている。」

×

八月二十七日午後四時クラーク国連軍司令官は、朝鮮防衛水域の実施停止を発表し、同時にこれは「休戦協定の精神ならびに字句を遵守しようとする国連軍司令部の善意のあらわれの一証左である」と付言した。

（朝日　八月二十八日）

二十八日、孫国防部長官は、この撤廃は「不当である事実ならば韓国は独断的行動をとる」と言明。駐日代表部金公使は「休戦があったとしても李ラインは依然として厳存する。」と言明した。

（朝日　八月二十九日）

(16)

Ⅳ. 竹島問題の紛争

韓国政府外務部朴情報局長は、七月二日「韓国漁民保護のため、政府は海軍々艦を独島に派遣するよう命令した」と語った。（K.P 二日）

（注、韓国側では竹島を独島という）

陳内務部長官は、七日「日本側がたてた『島根県竹島』『外国船舶侵入禁止』の標識は、一日慶北警察局によりとり除かれた。」と語った。（K.P 八日）

八日韓国軍艦一隻が実地調査のため、派遣された。（K.P 九日）

八日、韓国国会は満場一致で次の外務委員会作成の決議案を採択した。

「一、韓国の主権と海洋主権線の侵害防止のため積極的措置をとり 独島への韓国漁民の出漁を充分に保障すること。

一、日本官憲がたてた標識を撤去し、今後、不法侵害が再発しないように、日本政府に警告抗議する。」

舞鶴第八管区海上保安部は 七月十三日次のように発表した。

「境海上保安部所属巡視船へくら"四五〇トン"は竹島の第四回現地調査のため、十二日朝五時半ごろ同島の約七百メートル沖に到着。西島南西海岸に韓国旗をたてた漁船三隻および約四十名の韓国人がいたが、漁船一隻が接近、三名の韓国人（一名は巡査部長二名は中学校先生）がへくらに乗船、竹島が韓国領と力説して八時頃帰った。八時二十五分ごろ"へくら"が島の沖千メートルを東へ航進中、竹島海岸から銃声がして、一発は左舷後尾のボートをしばったロープに命中し、全速で退避した。

（毎日 七月十三日）

十三日、外務省は竹島の日本領を主張する口上書、発砲の不当行為の抗議を韓国代表部に提出、十四日外務省情報文化局は「竹島に関する日本政府の見解」を発表した。その要旨は左の如くである。

一、過去において日韓両国の紛争があったのは 鬱陵島（古く竹島といっていた）で、今日の竹島が問題になったことはない。

一、竹島は古く松島の名で、日本の文献、地図にでている。

一、近代国際法の通念によれば領土となす国家意思とその有効的経営によって領土权が確立する。日本政府は明治三十八年二月島根県告示オ四〇号で隠岐島司の所管に編入し、中井養三郎が海驢、海猟の経営に着手してき、この間外国でその帰属が問題視されたことはない。

一、一九四六年一月SCAPIN六七七号で、竹島に日本の行政力の及ぶことの停止を指令、またマッカーサーライン外におかれたが、これは同覚書にある如く連合国の最終決定を意味しない。

一、平和条約の条文に、併合前の日本領土を新たに独立した朝鮮に割譲する意味は全くない。

一、日米安保条約にも、その日本領たるを認めている。

（七月十六日衆議院水産委員会）

小高熹郎氏「竹島は好漁場である。韓国の領土侵犯についてどうして早く措置をとらないか」

小滝外務政務次官「五月二十八日に島根県の試験船島根丸が行ったところ、韓国漁船が十隻いて海藻をとっていた。これについて六月二十二日に韓国代表部に韓国漁民の不法上陸、不法漁業を取締るよう警告した。二十七日に海上保安庁の巡視船が竹島に赴いた処、六名の韓国漁民がいた。「日本領だから帰れ」といったら、伝馬船一隻しかないので「天気がよくなったら帰る」といった。その際に「島根県隠岐郡五箇村」の表札と不法漁業禁止の制札をたてて帰った。

島根県は六月十六日以後の出漁を許可した。七月八日韓国の海軍艦艇派遣の報道に接した。一方六月二十六日に、韓国から「竹島は韓国領である。韓国漁民の漁業に抗議をうける必要はない」として抗議を拒否してきた。七月十二日に巡視船をたすと、韓国の警官も加わって漁業をしていた。十三日に、外務省は、日本領を主張する口上書、発砲の不当行為に対する抗議を韓国代表部にだした。今後必要によっては、オ三国を介して友好的に韓国側を説得する方法を要するが、現在は外交々渉

（18）

によっている。」

松田鉄蔵氏「日本政府は保安隊、海上警備隊は国内治安維持のためといっているのに、なぜ出動させぬか。」
小滝外務政務次官「実際的結果を考えなければならない。今措置を考えている。」

×

（七月十八日衆議院外務委員会）

大橋忠一氏「政府は交渉或は第三国の調停によって平和理に解決しようとしているか、大邦丸事件の時よりなおさら見込みはない。その内に対馬をよこせ、壱岐をよこせと言いだすのじゃないか。満洲事変が起ったのも、日本の外交が弱かったので向うをつけ上らせて、ことを起す原因をつくった。初めの内によほどしっかりしたところをみせておかないといけない。やはり警備船をだして実力によって向うをあきらめさせる手段を併用すべきではないか。」
岡崎外務大臣「われ〳〵もじれったい気がするが、しかし国際紛争解決の具としては武力は使わないという憲法の大方針があり、今度の問題は明々白

々の根拠があるので解決できると信じている。」
大橋忠一氏「これは国際紛争でなく日本領土防衛の問題である。敵の侵入を防ぐ権利がある。」

×

七月十九日の連合新聞は「日本政府の竹島領に対する見解」を掲載するとともに韓国側の見解として、次の如くのべている。

一、独島は李朝成宗時に咸鏡道漁民が発見し、咸鏡道監察司が　これを三峰島だと告げたことが　李朝実録にある。
一、その後二十世紀初頭、鬱陵島漁民が同島附近に季節的に出漁していた。
一、日本の林子平の作成した三国図鑑に明らかに朝鮮領と記している。
一、明治三十八年二月の島根県告示で日本領とした当時、韓国は日本政府の侵略的圧迫下にあったので抗議ができなかった。韓日議定書により、外交権は日本が左右し得る時であった。その時に独島が日本により強制占領された。
一、一九四六年一月のSCAP－N六七七号に日本政府の行政の及ばぬ地点に独島をあげている。六、

月に設けられたマッカーサーライン外にある。米空軍の爆撃演習で韓国漁民が被害をうけた時 米軍が陳謝し、慰籍料をだした。

一、今年二月、米軍は 同島附近の爆撃演習中止を韓国政府に通告した。」

×

朴韓国海軍参謀総長は 二十一日「韓国海軍は日本側の侵入にそなえて引続き同島周辺の警戒をつゞける」と言明、 外務部当局も「六月二十七日以来の日本側の侵入は計画的と分ったから積極的対策を樹立する」と言明した。

（読売・七月二十二日）

×

（七月三十日参議院予算委員会）

芦田均氏「政府の軍備反対論によって多くの国民に絶望感をあたえている。その一つの例は竹島の問題である。七月十二日海上保安庁の巡視船は射撃をうけて退却した。その報告をよんでわれ〳〵はじっと歯をくいしばって忍耐しているが 政府が縮み上っているために、遂に年居なあきらめとなって国民の意気を沮喪させておる。政府はいつ迄もうっちゃっておこうとするのか。」

吉田総理大臣「政府の所信発表している意見は（軍備について）終始一貫している……」

芦田均氏「竹島の問題についての御返事はない。まことに遺憾であるが 政府は何もしないし、今後もまた何もしないという御方針と諒解する」

（八月三日参議院水産委員会）

竹内外務省アジア局第二課長「問題が紛糾せば、第三国の仲介、或は適当な国際機関に解決を求めなければならないかも知れず、内々研究をすゝめている。米国にも逐次報告して将来の布石としておる。」

秋山俊一郎氏「この島をマッカーサーラインの中に入れていたのはどういう訳か」

竹内課長「マッカーサーラインは漁業に必要な際の線で、領土权漁業权を制限したものではないことは当時の指令で明らかにしている。」

秋山俊一郎氏「この際アメリカ駐留軍が防衛に当るべきではないか」

（20）

竹内課長「安保条約第一条に『外部からの武力攻撃に対する日本国の安全に寄与するために』米軍を『使用することができる』とあり、先方の来たのは七名の警官であり、使用したものは小銃であり武力攻撃よりも不法入国という現状である。」

秋山俊一郎氏「不法入国ならなぜ追っ払わないのか。つかまえて送還できないではないか。」

森崎隆氏「竹島が解決しない。次に壹岐、対馬に不法入国する。九州に百名位上ってぽん〱うったこれも交渉して不法入国といって済ますか」

森八三一氏「密航してきてその国の国民をよせつけないことも不法入国かどうか。それは明らかに領土侵犯の占領行為である。」

×

（参議院八月四日水産委員会）

小高熹郎氏「保安庁はどうか」

前田保安政務次官「保安庁は国内の平和と秩序を維持するのが任務であり、かゝる国際的紛争に関係しない。」

×

外務省は八月四日、韓国から抗議書をうけとった。それには竹島は韓国領とし、日本の行った竹島の巡視を領土権侵犯として六月二十三、七日、七月九、十二日の日付を列記し、日本の不法侵入に抗議し、将来この種事件の再発防止の善処方を要望したものである。

（朝日　八月八日）

×

（八月五日参議院外務委員会）

並木芳雄氏「保安庁所属の警備艦を派遣する必要はないか」

上村保安庁長官官房長「保安庁の警備隊にぞくする船は軍艦ではなく、保安庁法で与えられている任務（保安庁法第六十一条に「治安維持のため出動を命ずる」ことになっている）及び出動の規定（保安庁法第六十九条に「警察官職務執行法の適用をうける」ことになっておる。）からみて、困難である。竹島を不法占拠している場合の程度なら海上保安庁でできる。万一韓国が軍艦で占拠した場合に、国際法上これに対抗して退去を強制することはできない。」

下田条約局長「竹島に他国民が侵入して業務を行うことは不法入国であり、その取締りは警察上の措

（21）

置がある。竹島の領土権の帰属について日韓間に紛争が生じたとする。外交々渉でらちがあかないので軍艦を派遣して釜山なりどこかなりを実力行使により威嚇して竹島を日本領とみとめさせることは、憲法才九条の国際紛争解決に武力行使となるので禁ぜられている。その武力が戦力であろうと戦力に至らない保安隊のフリゲート艦であろうと禁止されている。」

×

（八月十日衆議院水産委員会）

小高熹郎氏「韓国側は竹島領有の既成事実を作ろうとしている。」

小滝外務政務次官「わが方は平和条約才二条により当然日本領として李承晩ライン宣言以来数回注意を喚起した。七月十三日付で歴史的経緯、法律的主張をのべた抗議に対し、八月四日韓国側は、日本の主張にこたえず、たゞ日本の不法侵入をのべた回答あり、日本側から八月八日更に抗議した。八月三日　七日に海上保安庁巡視船が竹島に赴いた時に韓国の漁船も漁民もいない。七日に再び、島根県隠岐五箇村の正札を建てゝきた」

小高熹郎氏「日米安全保障条約に駐留軍が万一の際に安全を保障するとあるが　今度連絡をとって対処する考があるか」

小滝外務政務次官「竹島についてはたゞちに駐留軍の行動を促す措置は差控えるべきと考える」

×

「朝鮮通信」七月二十一日

竹島事件は　昨年の李承晩ライン、大邦丸事件と同様にみのがし得ない謀略がある。いつも別の計画的意図をもって、米、日、李のやりとりの煙まくとして利用し、日本軍備増強合理化の口実としてきた。アメリカが停戦のドタンバになって再び一連の挑発行為をひきおこし、何とかして緊張状態をつゞけようとして、MSA受入、日米行政協定改訂の強行に大わらわになっているやさきである。竹島事件は、こうした情勢を背景に日本再軍備のはつぱかけ　また日韓会談のとりひき煙幕としてひきおこしているものである。

(22)

Ⅴ その他日韓関係

（七月四日参議院外務委員会）

並木芳雄氏「在外公館は 大韓民国はどうなっているか」

大江外務大臣官房長「大使館と釜山に領事館をおくことを予算案でみとめているが 先方で承知しないので実現していない」

並木芳雄氏「休戦成立後、南北両政権成立の際、どういう態度で臨むか」

大江外務大臣官房長「休戦成立を仮定しても 南鮮との関係で国交関係を進めて行くと思う」

×

並木芳雄氏「国の援助等を必要とする帰国者に関する領事館の事務等に関する法律について…」

大江外務大臣官房長「南鮮にいる日本人婦女子の帰国については、別途の特別引揚措置による」

×

韓国貿易協会々長任文桓氏は、日本の対韓貿易の差別待遇を攻撃し、「日本が非友好的政策をつゞけるなら、韓国貿易業者として自衛上適当な対策をとらねばならぬ。日本は韓国戦争の特需であるおい作ら韓国の輸出品に圧力を加え、また韓国に特殊品の輸出を禁じ、価格面でも差別待遇をしている」と語った。

（ＫＰ　八月七日）

×

八月十一日韓国財務当局談によれば「米国の対韓援助二億ドルの使用にあって機械類をふくむ復興資材を米国が日本へ発注するならばこれを拒否する。これは高度に発達した先進国家の資材を導入しようとするもので 国民的感情から排斥するのではない」

（ＫＰ　八月十二日）

×

八月十七日白国務総理は、在日韓国居留民団代表五十余名と会見席上、政府は米国からの二億ドル援助を日本に発注する説を否定、在日同胞の生産工場から購入すべく希望していると言明した。

（ＫＰ　八月十八日）

×

日本ユニセフ協会では、モデル小学校全国六十余校へ終戦後、ユニセフからミルクと衣料をおくられたいの学童によびかけて、韓国児童に学用品をおく

（23）

られた)の学童によびかけて、韓国児童に学用品を送る運動を起している。第一回の発送品の内訳は次の通り。

鉛筆	八七八三一本	ノート	三三四一二冊
消ゴム	一二八三四個	紙	四〇二一三枚
クレーヨン	九九九箱	筆入	七七三個
雑品	七三九一点	衣類	八五九枚
下敷	二四八枚		

(韓国学生新聞 七月三十日)

×

「朝日新聞」七月八日 鈴木一「朝鮮の永世中立、を提唱す」

「私は朝鮮の永世中立論をこゝに提唱したい。思えば朝鮮ほどその条件を具備している国は余りない。永世中立国たるの条件は周囲の関係国のどの一国でもその国に勢力を占めることがつねに国際紛争の種になることを関係国が認識してその国を中世中立国にしようと約束することである。

今次の朝鮮戦争を思う時、周囲の関係国の利害は期せずして朝鮮の永世中立論に一致し得る。日本の外交はこゝに自主性をとりもどして、世界平和と自衛のため大庭に発言すべき絶好の機会が眼前にきている。

これにより最も利益をうけるのは朝鮮民族自身であるのは当然であるが、次に恩沢に預るのは日本である。朝鮮半島の永世中立は、日本防衛に何たる強味だろうか。これが世界平和への一礎石たるのみならず、対朝鮮関係に日本の真意をしらしめ、疑心暗鬼の日韓関係に五月晴のそう快を与えるものではあるまいか」

(24)

入管執執調査資料第八号「数字から見た在日朝鮮人」訂正

P14　第6表　渡航昭和13年　学生「3334」は「12334」と訂正
P20　上段（注）　(1)と(2)の間に「総督府統計について」を入れる
P26　円図表の昭和5年の15才以上の女は17%を18%に　訂正
　　　15才以下の女は12%を11%に
P29　日本人人口の図表の下の数字の単位「万」は「千」の誤　0−5女の欄は2ミリ追加
P39　「検挙者数」の「国家警察」は「警察」と訂正
P49　第56表「15年〜20年」は「16年〜20年」に訂正.
P50　第59表　昭和23年4月〜、罪種の欄の「その他刑法犯」昭和27年4月〜の欄の「その他刑法犯」は「その他刑法犯にふくむ」に訂正

15. 일본 내에서의 조선인문제의 개황

資料

第参号

昭和三十一年六月

日本国内における朝鮮人問題の概況

國策研究会

東京都中央区銀座二ノ二越後屋ビル

電話京橋（56）三九二一番

目次

はしがき

本稿は、最近における内地在留朝鮮人問題を概観するために、本会事務局において編輯したものである。資料が乏しかつたり、締切りまでに入手出来なかつた等のために、物足らぬ点が多いけれども、然し一応本問題の大要を知つた上に、時局柄少しは役に立つかと思う。不足分は、他日増補訂正の機会にゆずるとして、とりあえず御参考に供する次第である。

昭和三十一年六月

矢次一夫

日本国内における朝鮮人問題の概要

国策研究会事務局編

日本に在留する朝鮮人の問題をとり上げる上に、まず彼等がどの様にして日本に来たかを知る必要があると思う。韓国併合（一九一〇年明治四三年）の年から、大正七年（一九一八年）迄行われた土地調査事業の完了後、多くの朝鮮人が土地を失つて貧農化し、彼等を収容出来る近代産業もない朝鮮をあとに、当時経済上向期にあつた日本に職を求めて来た。その後戦時労働力として、軍属、強制徴用で内地へつれてこられた人々も相当の数に上つている。これを年代順に追つて行くと次の如くである。

大正　二年　三、六三五人　大正　七年　二二、〇〇〇人（土地調査完了五年後）
大正十二年　八〇、〇〇〇人　昭和　三年　二三万人　昭和　八年　四五万人
昭和十三年　七九万人　昭和十六年　一六二万人　終戦時　二四〇万人

このうち、昭和十四年から十九年までに強制徴用で内地へ来た者は六六一、六八四人軍人、軍属としては十八万人である。（厚生省勤労局統計）

このように終戦時には二四〇万を算えた朝鮮人の内、少数を除いてはそのほとんどが生活程度の低い人達であつた。

この終戦時に於ける二百四十万人から、昭和二十一年の初めまでに約百万人が引揚げ

て行つた。その後昭和二十一年三月連合軍総司令部が登録を命じ、六十四万七千余名の人数を掌握し、引揚希望者五十一万四千余名（うち北鮮へは九千七百余名）の申告を得て、その全員の引揚計画を実施したが、その後の数字によると、引揚者は約十万余名で、北鮮へは数百名に過ぎず、かえつて不法入国が増加した（日本経済新聞二七・一二・一七）

終戦後の朝鮮人の動きについて

昭和二十一年五月、この頃より米ソ関係の冷却化に伴い、朝鮮に於ても朝鮮臨時政府樹立のための協議に参加させる政党団體の資格をめぐり決裂し、南北両鮮はそれぞれ米ソ両国支援の下に独自の政治組織が出来、三十八度線を境にして完全な対立状態が生じた。終戦の八・一五を日本帝国主義よりの解放、朝鮮民族の独立と思い、全国各地に朝鮮人自治組織をつくり、（八・一五に東京杉並区に在留朝鮮人対策委、二十二日に渋谷区に在日本朝鮮人帰国指導委、二十七日には両者が合流し、在日朝鮮人会が、また板橋区に在日本朝鮮人対策委、Y・M・C・A内に在日本朝鮮人民留民連盟、神奈川県に関東地方朝鮮人会等が八月中に生れた）昭和二十年十月十五日にこれら一本にした在日本朝鮮人連盟（朝連）を結成して、在留朝鮮人の権益の保護、帰国の指導、そして朝鮮人子弟の民族教育の活動を活潑に初めたのである。日本占領軍の在日朝鮮人に対する態度は、最初は朝鮮民族は解放民族 liberated people であるとし、日本裁判所の判決に就て連合軍の再審査の要求をなし得る権利を有するものとしたが、「朝鮮人及びその特定国人に対する判決の審査に関する総司令部覚書昭和二十一年二月十九日」その後、国際的には米・ソ関係の悪化、昭和二十一年九月南朝鮮に起つた反米的ゼネスト等を背景として、僅か九ケ月後の二十一年十一月には、このような朝鮮人に対する優遇措置は、一種の治外法権を創設するものであるとの理由で停止され、同年十二月十五日以降、朝鮮への引揚げを拒否した朝鮮人は、一切日本の法律に服従すべきことを充分承知の上で在留するものとしたのである。ー「朝鮮人の地位及び取扱に関する総司令部渉外局発表昭和二十一年十一月二十日」そして朝鮮人はこの総司令部発表に反対して、在日朝鮮人を一般外人並みに取扱うことを要求した事件が所謂「朝鮮人首相官邸デモ事件」であつた。また昭和二十四年九月、在日朝鮮人運動の中核たる「朝連」が、占領軍に反抗する暴力団體であるとされ、団體等規正令により解散を命ぜられ、幹部は公職追放処分にされた。

朝連が解散された後、在日朝鮮人運動はその中核を失つたが、昭和二十六年六月朝鮮戦争が勃発し、レッドパージの嵐が吹いていた頃、旧朝連の全国指導者グループが、新情勢に対応した全国組織の再建を決議したといわれ、七月には中央委員会の結成準備会があり、二十六年一月在日朝鮮統一民主戦線（民戦）が非合法組織として生れた。また、朝連とともに解散を命ぜられた在日本民主青年同盟（民青）のあとをうけ、「民戦の精神の宣布者であり、民戦の諸決定の先進的実践者であり、民戦の防衛者」として在日本朝鮮祖国防衛委員会（祖防）が組織された。即ち左翼の組織としては次の如き経緯を辿つた。

朝連（二〇・一〇）
民青（二二・三）　解散（二四・九）—朝鮮人団體協議会（二五・四）＜民戦（二六・一）
祖防（二五・八）

この左翼の組織の強い理由として次の三点がある。Ⓐ人材の吸収Ⓑ教育機関への熱意Ⓒ中小企業組織の確立。

右翼の組織は本国政府と直結する傾向が強く、一方韓国国会に在日代表者を送ることになつており、韓国銀行よりの融資あつせん、文教責任者の来日などを通じて運動を行つている。

しかし以上の如きを思想系統別に分けることは判然とはしないが、韓国籍（南鮮系）と朝鮮籍（北鮮系）との比率は北鮮系の方が優勢だが、実際には北鮮系一—二割、南鮮系二割で、六—七割は中立と称されている。

昭和三十年現在に於ては、約百万人（登録者、推定者も含む）の朝鮮人が居住している。これらの人々は前に述べた如く、民戦（北鮮系）と民団（南鮮系）に分れて争つて来たが、最近のソ連の平和攻勢が影響し、北鮮系も日本の特定政党（日共）を支持することを止めると声明し、両鮮統一の機運が表面化した。昭和三十年五月五日、六日、港区愛宕の産別会館内本部に於て「在日朝鮮人民主戦線」（民線）を六全大会準備会で解散を決定し、新たに在日朝鮮人総連合会（仮名）を設立、同時に民戦の組織下にあつた「朝鮮民主愛国青年同盟」も在日朝鮮人青年協議会（仮名）とすることになつたが、在日朝鮮人の殆んどがこの組織下にあるだけに注目される。

在日朝鮮人の分布状態

昭和三十年七月現在、外国人として登録されている朝鮮人総数は五七万人で、在日全外人（米軍関係を除く）六三万人中の約九〇%を占める。この五七万人をこえる朝鮮人の内約七五%の四三万人が朝鮮籍、約二五%に当る一四万人は韓国籍である。（法務省外国人登録人員調査表）―三十年七月

この朝鮮籍、韓国籍というのは、厳密に朝鮮民主主義人民共和国と大韓民国の区別を表するものではないが、一応の目安にはなろう。

この登録者に未登録者、密入国者を加えると相当数になるのではないかと思われる。

因みに、朝鮮人が昭和三十年六月現在で約一万人以上居留する都道府県の表を示すと次の如くである。

在日朝鮮人登録人員調査表

	昭和30.6	%	昭和13年
大阪府	114,730人	20.1	30.2
東京都	51,262	9.0	8.0
兵庫県	50,563	8.9	9.8
京都府	38,005	6.7	6.7
愛知県	37,593	6.6	7.7
福岡県	32,016	5.6	7.5
山口県	28,302	5.0	5.7
神奈川県	20,731	3.6	2.1
広島県	17,035	3.0	3.1
岡山県	12,959	2.3	1.3
岐阜県	10,694	1.9	1.4
北海道	9,973	1.7	1.5
小計	433,863	74.4	58.0
全国総計	571,168	100.0	100.0

（註）法務省入国管理局調、昭和13年度は内務省資料による。

在日朝鮮人の生活状態

在日朝鮮人の生活をみると、生活保護法の適用をうける者の比率が非常に高く、これを昭和二十九年七月の在日中国人四万四千人の内、生活保護を受ける者は僅かに一・三%の五五七人とくらべると、在日朝鮮人のそれは、二一%約十二万人が保護をうけており、きわめて高率である。（同時期に於ける日本全體の保護率は二・一%）しかも朝鮮人被保護者実数、保織率ともに上昇をつゞけ、毎日約二億円の生活保護費が支出されている。

在日朝鮮人生活保護適用者統計

	Ⓐ在日朝鮮人総数	Ⓑ被生活保護者数	Ⓒ金額	$\frac{A}{B}$保護率
	人	人	千円	%
1954.7	564,327	118,791	170,658	21.05
9	564,849	123,918	179,263	21.93
12	556,173	129,020	203,333	23.19
1955.2	567,053	132,847	207,016	23.42
4	569,222	136,427	206,154	23.96
6	571,168	137,201	202,844	24.02

(註) Ⓐは法務省入国管理局資料、ⒷⒸは厚生省社会局資料

朝鮮人の職業調査

在日朝鮮人の職業調査の資料は完全なものはなくたゞ朝鮮人側の資料として朝教組編集の〃民族の子で朝鮮人学校父兄の実態調査をしたものがあり、少しく正確を欠くようではあるが、一応の参考として役立つかも知れない。これによると全朝鮮人の内、なにかの企業、商業等を営む者は二三%に対し、職安八・七%、自由労働者一八・七%、一般労働者六・七%、浮動生活者三一・四%、被生活保護者一一・五%、合計すると七七%に達しており、一部に資産家がいるとしても、朝鮮人一般の生活は日本の最下級に属しているということになる。

またこれは一つの参考であるが、昭和三十年十月一日現在の「大阪朝鮮人高等学校父兄会名簿」によると、一四〇名の父兄の内、労働者四〇名、加工業二九名、商業一七名、組織役員九名、銀行会社員四名、土建業者三名、雑誌社長、歯科医、僧侶、運送業、飲

1953年度
職業別朝鮮人人口分布

職別	人口別	戸数	%
職安	52,398人	11,644戸	8.7
自由労働	112,500	25,000	18.7
農業	2,250	,500	0.3
企業	45,000	10,000	7.4
商業	90,000	20,000	14.9
浮動	189,000	42,000	31.4
生産労働	40,500	9,000	6.7
生活保護	69,555	15,156	11.5
合計	601,203	131,200	100.0

食業、宣伝業、農業各一名であり、不明三一名である。これは朝鮮人居留地としては最大の大阪のしかも高校の父兄であることを考えると、在日朝鮮人は日本の会社、銀行、商店等からは殆んど閉出されていることを示すものである。

在日朝鮮人の学校問題について

在日朝鮮人は終戦と同時に日本帝国主義よりの解放、民族の独立をとなえて、子弟の教育は朝鮮人自身で行うべきであるとし、昭和二十年の秋に全く寺小屋式に各地で初め出した。之に対する日本政府の対策は、占領当時は常に総司令部の占領政策に焦点を合わして行われ、占領政策の変更があれば日本文部省の方針も変つて行つたのである。この占領政策の背後には、米・ソの国際関係の変動がつねに作用したのである。

① 朝鮮人学校の発足と阪神朝鮮人学校事件

過去に於ては日本内地に於て一切の民族教育は禁止されていた。それが終戦と同時に、日本内地では、初めて朝鮮人教師が朝鮮人子弟のみを集めて、朝鮮語の教科書を使つて教え出したのである。然し最初はほんの帰国までの間に合わせのつもりであつたらしい。それが昭和二十一年の秋、帰国の見透しが困難になり始めるや、朝鮮人学校は本腰を入れてその充実に力を注いで来た。朝連の組織のどこにでも文教部がおかれ、教科書用紙の配給をうけ、占領軍の検閲を経て、朝鮮語の統一教科書、の印刷もやり、昭和二十年夏には学校単位に学校管理組合が結成され、学校運営費は主としてその児童父兄に限られていたのを、その地域内一般朝鮮人の負担として学校財政の改善と設備の充実を計つた。最初この学校は単に学院とよばれたが、のち初等学校と呼ばれるようになり、昭和二十二年十月小学校数五四一校、中学校四校、その他青年学校を合すと児童生徒数は五万人を数えたのである。この頃は文部省はこれら学校に対して全く無干渉、無援助の立場をとつていた。ところが二十二年十二月に、在日朝鮮人を日本の法律に従わせるとの閣議決定があり、翌二十三年一月、「朝鮮人設立学校の取扱いについて」という文部省学校教育局長通達が、二十二年八月二十九日付の文部省大阪出張所の照会に対する回答の形で出された。之により今までの如き勝手な事は出来なくなつた。則ちこの通達以後、小、中学校としての各種学校は認めず、小、中学校は公立か私立でなくてはならず、私立に対する場合は日本の教育法規に従い、教科書、教科内容も日本のを用いよ、でなければ日本の学校に入学させよということになつた。これは結果的には一切の朝鮮語を用いる民族教育が義務教育過程ではゆるされないことを意味する。これに対し朝鮮人側は猛烈に反対し、二十三年四月通達を拒否し、徹回を求める朝鮮人側と、あくまで通達を強行し、従わぬ学校を閉鎖しようとする日本側官憲との激突の結果が所謂「阪神朝鮮人学校事件又は四・二四事件」である。大阪に於ける四月二十三日－四月二十六日の大デモ、乱斗、検束、死傷事件、四月二十四日神戸に於ける占領軍非常事態宣言、朝鮮人一千人検束事件を起し、漸く五月五日になつて森戸文相と朝鮮人代表との間の覚書により表面的に解決を見た。

朝鮮人学校の小中学生は二十一年十月で四万二千人、二十二年十月で四万八千人、二十三年四月の大阪事件の直前が最高で五万一千人、二十四年七月は三万九千人であつたのが、学校閉鎖を通じ激減し、二十七年四月平和条約発効後再び立ち直り始めた。その頃でも僅か一万七千人に過ぎない。そしてこの激減した子供は、一部は不就学児童となり、過半数が日本の公立小中学校に流れたのである。ここに数百、数千の転入児童生徒をかかえた都府県都市では、校舎の不足その他教育上非常な問題も生じてくるのである。

②平和条約発効後の朝鮮人学校

朝鮮人学校の問題は条約発効で又新たな問題が生じて来た。即ち朝鮮人は日本の義務教育を受ける権利を失つた。しかし朝鮮人には従来より、特殊事情により入学を保護者が申出たとき校舎設備に余裕がなければ、日本の法令を守り、民族教育を行わぬことを承知させた上で、恩恵的に入学を許可してよいという解釈をとつた。これが東京都立朝鮮人学校であつた。その後、朝鮮人側の種々の反対運動により三十年三月廃校となり、私立各種学校「東京朝鮮学園」として四月より再発足した。三十年四月には、小・中・高それぞれの二年生が卒業するまで、都より補助金が支出されることとなり、三十年度四千七百四〇万円が支出された。しかし東京以外の公立校、公立分校は現在依然として有続し、三十一年度より廃止されるという徴候は今のところない。

東京都立朝鮮人学校開設以後の都予算（東京都教育庁学務部調）

昭和二十四年	一四、九四八、八四二円	昭和二十八年	七八、四五八、二一二円
二十五年	四六、六七三、二五六	二十九年	八五、二八八、八四四
二十六年	四八、〇〇五、四五一	三十年	四七、四〇〇、〇〇〇
二十七年	五八、六二〇、六二一		

③朝鮮人学校の現状

在日朝鮮人の子弟で〃学齢期に当り、日本の公立小中学校に在学する児童生徒はいくらあるか確実にはつかめない。昭和三十年五月一日現在の文部省の基本調査報告書によると、朝鮮人大学生の数だけは二、一二七人と明確であるが、高中小の件は外国人一本で国籍別に分らない。

三十年五月現在で約十二万人が日本の公立小中学校に在学していると思われる。この数の中には民族学校、朝鮮人公立校、公立分校に通学する者がふくまれるから、朝鮮人私立自主学校に在学する児童数は、総連系（約一万二千人）民団系（約千人）中立系（約五百人）合計約一万三千五百人である。

在留朝鮮人の犯罪統計

ー（警察庁刑事部資料）ー

① 検挙総数

在留する外人の（軍人関係を除く）昭和二十九年中の犯罪による検挙人員の合計は二万九百四人であり、そのうち二万百五十六人が朝鮮人であった。これを前年度と比較すると朝鮮人は一一％減（二、五七五人）とやや減少した。

② 検挙人員の罪種別について

全国のもの

罪種	人員
殺人	116
兇悪強盗	89
普通〃	93
放火	38
強姦	102
暴行	993
傷害	4,367
脅迫	136
恐喝	689
窃盗	8,451
詐欺	1,211
横領	296
賭博	470
その他の刑法犯	3,105
合計	20,156人

③ 六大都市に於ける検挙人員の罪種別

罪種	人員
殺人	23
兇悪強盗	36
普通〃	37
放火	12
強姦	32
暴行	352
傷害	1,662
脅迫	63
恐喝	330
窃盗	3,975
詐欺	585
横領	114
賭博	180
その他の刑法犯	1,200
計	8,601人

④ 府県別検挙人員

管区 都道府県	人員
(北海道)	(389)
札幌	312
旭川	61
釧路	65
北見	26
函館	24
(東北管区)	(676)
宮城	178
福島	193
岩手	90
青森	87
山形	60
秋田	68
(東京)	(2,782)
(関東管区)	(2,299)
神奈川	947
新潟	124
埼玉	216
群馬	138
千葉	230
茨城	126
栃木	72
静岡	187
山梨	68
長野	191
(近畿管区)	(7,190)
大阪	3,705
京都	1,118
兵庫	1,913
奈良	75
滋賀	151
和歌山	228

管区 都道府県	人員
(中部管区)	(2,379)
愛知	1,512
三重	249
岐阜	304
福井	149
石川	93
富山	72
(中国管区)	(2,038)
広島	571
鳥取	113
島根	146
岡山	480
山口	728
(四国管区)	(193)
香川	63
愛媛	74
徳島	16
高知	40
(九州管区)	(2,210)
福岡	1,332
佐賀	87
長崎	317
熊本	142
大分	196
宮崎	97
鹿児島	39
総計	20,156人

⑤ 犯罪の発生とその検挙状況　全国

	総数（発生件数）	総数（検挙件数）	総数（検挙人員）	刑法犯総数（発生件数）	刑法犯総数（検挙件数）	刑法犯総数（検挙人員）
（全外国人統計）	八二、七二三	八二、三〇五	七四、〇三六	二九、八七四	二九、四七一	二〇、九〇四
総計（朝鮮人）	七八、一九四	七七、七九六	六九、六六六	二八、九二九	二八、五四五	二〇、一五六

六大都市

全外国人総計	四四、六七五	四四、二六四	四〇、六一八	一三、二六六	一二、八五五	九、一一七
朝鮮人	四〇、九六五	四〇、五七一	三六、九九五	一二、六〇八	一二、二一四	八、六〇一

⑥ 売春事犯検挙の状況

	国	性別	実人員	性病予防法（罹病者の売いん）	売春等取締条例（罹病者を知つて斡旋）	売春等取締条例（売春）	売春等取締条例（その他）	その他法令
全国	朝鮮人	男	五六一	―	―	―	五四九	二
		女	一三〇	―	四	一六	一〇〇	一四
六大都市	朝鮮人	男	四五一		―	―	四四三	八
		女	八六		二	二	六八	三

朝鮮関係の密貿易

こゝに掲げた数字は警察庁と大蔵省税関部との資料に基くものであるが、係員も述べている通り、これは全くこれは氷山の一角に過ぎず、事実はこの数倍又は十数倍にも達するであろう。検挙が処分されたるもののみの統計であるから、そのつもりで見てもらいたい。

昭和二十九年度の警察庁調査（参考として全密貿易を掲げ之と朝鮮を比較してみる。）

(1)（全国）

区別	検挙件数	検挙人員	押収船舶	違反対象物（単位一、〇〇〇円）
密輸入	四七七	八五五	一九	五八〇、一三四
密輸出	一六七	三八二	三三	二九八、〇六二
総数	六四四	一、二三七	五二	八七六、一九六

(2)（都道・府県別検挙状況）

（都道府県）	（各地総数）件数	（対鮮密輸入）件数	（対鮮密輸出）件数	（都道府県）	（各地総数）件数	（対鮮密輸入）件数	（対鮮密輸出）件数
東京	六六	六	二	富山	五	―	五
神奈川	一九四	―	一五	石川	一	―	一
新潟	二	―	一	大阪	二八	五	三

(都道府県)	(各地総数)	(対鮮密輸入)	(対鮮密輸出)	(都道府県)	(各地総数)	(対鮮密輸入)	(対鮮密輸出)
兵庫	一七七	四	三	愛媛	一〇	二	八
鳥取	一	―	一	福岡	一八	一	四
岡山	一	一	―	佐賀	三	―	三
広島	一三	―	二	長野	四三	一	二一
和歌山	一	一	―	大分	二	一	一
山口	二	―	二	計	六四四	三	一〇〇

(3) 物資別検挙状況について、各国の合計と朝鮮を比較してみると、密輸出の大半が朝鮮向けである。

(密輸入) 全国

総数	朝鮮
1,213	12
18	―
1,553	―
10,758	12
115,204	1,089
1,551	―
10,643	7,015
2,701	1
14,846	―
2	―
40,740	―
3,345	34
263,903	2,245
33,062	4,070
19,904	―
1,566	―
1,727	―
1,668	1,650
103	3
24,058	15,144
2,514	2,230
3,403	―
341	―
1,741	10
23,570	―
580,134	33,515

部 資料)

—単位千円—　　（密輸出）全国

物資名		総数	朝鮮
食糧品	主要食糧	202	—
	調味料	2	2
	酒類	306	—
	乾燥物類	86	—
	その他	6	6
薬品	ペニシリン	2,143	2,143
	その他	7,945	7,863
繊維品		92,528	65,528
機械類	電気器具類	127,990	40
	医療器具類	110	110
	その他	10,907	324
自動車・同部品		2,800	2,800
自転車・〃		7	—
時計・同部品		120	120
工具類		1,916	316
金及び銀		31,070	20,620
通貨		623	595
化粧品		2,064	2,064
文房具類		4,093	4,093
日用品		2,004	2,004
雑貨		9,140	9,140
木材及竹材		—	—
その他		2,000	1,754
計		298,062	119,522

密輸入＋密輸出＝（総数）878,196（朝鮮）153,037

—単位千円—

物資名	
食糧品	主要食糧
	砂糖
	かん詰類
	調味料
	その他
煙草	
薬品	麻薬
	ストマイ
	サントニン
	ペニシリン
	その他
繊維及び同製品	
時計及び同製品	
金及び銀	
機械及び同製品	
鉄鋼類及び同製品	
スクラップ	
その他の金属類	
宝石その他高貴品	
通貨	軍票
	その他
化粧品	
日用品	
雑貨	
その他	
計	

（警察庁刑事

昭和三十年度、昭和三十一年度三月現在（　　）内の朝鮮関係密貿易の数字を、と
んどは大蔵省税関部の資料から拾ってみよう。

		税関別	東京	横浜	神戸	大阪	名古屋	門司	長崎	函館	計
朝鮮人	密輸犯	密輸出	1		4(2)	1(6)		19(10)			25(18)
			19	16(3)	56(10)	12(9)	4	122(21)	24		253(43)
		密輸入	1	1	1(4)	2		4(8)	(2)		9(14)
			14	9(5)	32(7)	14(2)	1	60(13)	5(2)		135(29)
		証物犯				(1)		1			1(1)
			4(2)	3	9	(1)	1	2(1)	1	2	22(4)
		特例法違反	2(5)	4(1)			1				7(6)
			11(9)	33(9)	5		2	1	1(1)	1(3)	54(22)
		計	4(5)	5(1)	5(16)	3(7)	1	24(18)	(2)		42(34)
			48(9)	61(17)	102(17)	26(12)	8	185(35)	31(3)	3(3)	464(98)
	秩序犯等				5	4		2 (5) (6)	1		12 (5) (6)
	合計		4(5)	5(1)	5(6)	3(7)	1	24(23)	(2)		42(44)
			48(11)	61(17)	107(17)	30(12)	8	187(41)	32(3)	3(3)	476(104)

—18—

密輸出入の仕向地又は仕出地別件数

区分	税関別	東京	横浜	神戸	大阪	名古屋	門司	長崎	函館	計
朝鮮	密輸出			5(3)	1(5)		13(6)			19(14)
		13	18(4)	57(14)	10(8)	2	82(23)	17(1)		199(50)
	密輸入	1		(1)			7(5)	(1)		8(7)
		8		19(5)	11(2)		36(10)	3(1)		77(18)
他国全合計	密輸出	3(2)	2	8(3)	2(5)		13(6)	1(9)		29(25)
		33(3)	33(5)	78(18)	17(9)	9(1)	93(24)	28(12)		291(72)
	密輸入	21(2)	20(36)	24(12)	4(2)	((6)	12(8)	5(6)	(1)	86(73)
		53(11)	253(74)	225(37)	69(11)	26(15)	83(22)	75(11)	5(1)	789(182)
	計	24(4)	22(36)	32(16)	6(7)	(6)	25(16)	(15)	(1)	115(98)
		86(14)	286(79)	303(55)	86(20)	35(16)	176(46)	103(23)	5(1)	1080(254)

不法入出国の状況

密入国の大半は朝鮮人であり、その渡航方法は総件数約六一七件中、機帆船等の小型船利用が五九五件、外航船利用一九件、航空気利用が三件となつている。次に総数と朝鮮人との比較その入国目的を掲げると次の如くである。

	総数 (件数)	総数 (人員)	現行犯検挙 (件数)	現行犯検挙 (人員)	非現行犯検挙 (件数)	非現行犯検挙 (人員)	目的物検挙人員 (総数)	(求職)	(勉学)	(同居)	(面会)	(密航者輸送)	(被同伴)	その他
朝鮮人	六一七	一、五〇九	七五	八〇五	五四二	七〇四	一、五〇九	二〇二	二四八	五七〇	一〇九	二八	一八九	一六三
他国総数	六六四	一、五五六												

押収船数　一二

不法出国の朝鮮人検挙件数と人員は件数二〇、人員三六人である。出入国管理令手続違反等発生検挙状況は次の如くである。

国籍	総数 発生	総数 検挙	総数 人員	不法上陸 七〇条二号 発生	検挙	人員	七〇条三号 発生	検挙	人員	不法残留 七〇条五号 発生	検挙	人員	七〇条七号 発生	検挙	人員	七〇条八号 発生	検挙	人員	仮上陸、被収容者の逃亡又は不出頭 七二条一号 発生	検挙	人員	旅行許可書の呈示拒否 発生	検挙	人員
総数	一九四	一八九	二二一	三三	三五	四三	二八	二七	三二	五一	五一	五一	一九	一五	一九	四三	四三	四四	四	二	二	一六	一六	二三
朝鮮	九六	九四	一一四	三〇	三二	四〇	二五	二四	一八	一〇	一〇	一〇	九	六	八	一六	一六	一六	一	一	一	五	五	二一

外国人登録法等の違反発生検挙の状況は次の如くである。

	総数	朝鮮
発生	一九、二八七	一七、六四〇
検挙	一八、四五八	一六、八四八
人員	一八、五五一	一六、九二五

朝鮮（韓国）との貿易

①一九五三年、五四年の状況

韓国は動乱後、経済はインフレに悩み、ひたすらアメリカの軍事援助、経済援助及び国連韓国復興機関の援助によつて復興を行つて来ている。然し自立経済達成の要請により一九五四年は「経済改憲案」を通過させ、従来は重要資源の開発、重要企業の経営を国営としていたのを私営の原則に改め、韓国銀行法と同時に制定された一般銀行法が済四ヵ年振りで公布施行された。

韓国の貿易は毎年著しく入超である。（一九五三年輸出四千四百万ドル、輸入一億六千一百万ドル）最近タングステンの輸出が減りつつあり、これに代つて米穀の輸出に努力し、又その他輸出産業の育成に努力している。また市場開拓のため、香港、台湾、フイリツピンとの貿易活潑化に力を入れ、特恵外貨制、求償貿易制等を実施し、貿易業者の強化育成にも積極的である。輸入面では一般的に弾力性をもたせるため、種々の措置がとられているに拘らず、日本からの輸入の転換をはかり対日輸入権制度を設置した。
また韓国に於ては、韓国が対日輸入をした後、香港が日本の代りに進出した。（香港輸出は日本品の再輸出が多かつたが、韓国が原産地証明書の提出を求めてから減少した。機械、肥料は西ドイツ、繊維品はイタリーが進出した。我が国と韓国は清算勘定帖尻の累積債権とその他の経済問題、李ライン、竹島問題が未解決で残つており、これらの成り行きでは日韓貿易に大きな影響を与えていると思う。

一九五三年の韓国への輸出を頂点として五四年以降は急激に減少した。即ち、動乱後の復興資材、民生物資の需要が大であるのだが、韓国の均衡貿易政策による一九五四年三月以降のドル。ローンによる対日輸入停止、FOA資金による日本品買付の徐外及び輸入権方式の採用等により、年初の月七百万ドル台から年末の一百万ドル台に減少し、年間に於ては五三年に比して半減した。品目別には鋼材機械等は増加したが小麦粉、硫安、人織糸、毛糸等は激減した。

又韓国からの輸入は、五三年をやや下廻つたが減少した主な品目は屑鉄、鉄鉱石、干のり、無煙炭であつた。

⑳一九五五年（昭和三十年度）

昭和三十年度に於ける韓国との貿易は動乱後最悪の状態になり、輸出は三千九百万ドル、輸入は九百五十万ドルで昭和二十九年に比し、輸出は二千九百万ドルの減であつたが、輸入はわづかながら増加した。この内清算勘定を通ずる分は為替統計によると、輸出六百八十万ドル、輸入六百二十万ドルで、輸入は前年とあまり変らないが、輸出は二千五百万ドルも激減した。清算勘定による輸出の減少は、韓国に於ける対日輸入権方式が前年より引続き実施され、また昭和三十年八月以降の全面的対日通商断交処置に原因する。輸入が僅か増加したのは鮮魚、黒鉛、マンガン鉱が増加したからである。この他主として機械類を米ドル現金で約五百万ドルの日本品を買付けている。輸出のうち約二千八百ドルは援助資金による買付で、機械、セメント、鉄鋼製品、肥料などが主なものである。

七月における奢侈品の対日輸入停止及び、共産圏と取引を持つ商社に対する輸出入許可停止に次ぐ八月の通商断交措置は、政治的問題に関連してとられたものである。対日通商断交措置は十月に既契約分に限り解除され、昭和三十一年一月に正常に復した。清算勘定による輸出は約月六十万ドルのベースで推移したが、韓国の対日通商断交により為替統計によると九月、十月、十一月は各々七万二千ドル、七千ドル、一万七千ドルと大きく減少し、十二月に初めて七十八万八千ドルに回復した。

韓国経済は巨額な軍事輸出により慢性的インフレを来たし、韓国政府は一九五五年八月為替公定レートを一ドル一八〇ホワンから一挙に五百ホワンに切下げた。日韓清算勘定の帖尻は五三年七月以降の未払分を含めて五五年十二月末現在、四千七百万ドルも日本側の出超でスウイッチ貿易や米の輸入による回収が企図されたが、いずれも失敗だつた。昭和三十一年一月に至り韓国は対日貿易を再開したが、今後対韓貿易の正常発展には韓国物資の買付に努力する必要があろう。

韓国への輸出　（単位千ドル）

輸出品＼年別	数量単位	一九五三年 数量	一九五三年 金額	一九五四年 数量	一九五四年 金額	一九五五年 数量	一九五五年 金額
総額			一〇六、八三〇		五八、五六九		三九、四九五
(為替受取)			(六一、六一一)		(三六、一八四)		(一一、七五四)
小麦粉	トン	七五、六八〇	一〇、一〇四				
清涼飲料	キロリットル			二、九九七	八、四〇〇	一、三三〇	三四三
紙及板紙	トン	一三、九〇八	四、一二一				
石炭	トン	一二、九〇八		一八七、八一九	四、三六七	二〇四、五三一	二、四四六
窒素肥料	トン	三一八、九三四	一七、八三八	二二一、二六七	一一、五二四	一三九、五〇〇	九、一七一
燐酸肥料	トン	一七、五七二	五九三	八四、一二一	二、七四四	八三、七〇一	二、九三三

輸入品	数量単位	一九五三年 数量	一九五三年 金額	一九五四年 数量	一九五四年 金額	一九五五年 数量	一九五五年 金額
スフ糸	千ポンド			二、九七五	一、七一六	三〇三	一四〇
タバコ			五、六二五				
綿織物	千平方ヤード	八三〇	四九八	六、二八〇	三二四	二、五〇二	七三六
れき青炭	トン	四七一、一八一	七、八三七				
カメラ	台	五三、九〇九	二、一八七				
セメント	トン	一八四、六五〇	四、〇三九	一五七、二二三	三、二九四	一六四、三八三	五、〇九〇
鉄鋼	トン	一六、三九三	三、三一三	一七、七七六	二、八五八	三九、八七八	四、九六四
機械類	トン	一	二、二四〇	一一、四四九	七、三三四	一、九二一	一、三〇〇
繊維機械	トン				一七、一七八		三、三〇八
毛糸	千ポンド	一、六八四	三、二七五				
人織糸	千ポンド	一二、六二五	七、六九一				
絹織物	千ポンド			四一九	二七八	六二二	四一二

韓国からの輸入（単位千ドル）

輸入品＼年別	数量単位	一九五三年 数量	一九五三年 金額	一九五四年 数量	一九五四年 金額	一九五五年 数量	一九五五年 金額
総額 （為替支払）			八、五六七 （五、九八一）		八、一〇一 （六、八〇四）		九、五四〇 （六、二六八）
原材料（燃料を除く）			四、二八一				
魚介類	トン	六二二	一、八七五	一、七三九	三六六	一、二六一	三三九
くずまゆ	千ポンド			八五八	四四七	八〇六	三九四

輸入品 ＼ 年別	数量単位	一九五三年 数量	一九五三年 金額	一九五四年 数量	一九五四年 金額	一九五五年 数量	一九五五年 金額
織物くず	千ポンド			三、一一三	二一三	三、二九一	二〇七
粘土	トン			一三、二〇八	一九七	一三、六〇六	二〇八
黒鉛	トン	一三、八五八	三五一	三三、八二三	六七三	八六、三三六	一、六〇〇
非鉄金属くず	トン	六、八二五	三〇〇	三、二三一	七六三	五、九六四	二、二〇九
鉄鉱石	トン	一〇、五二四	一二五	二九、八八三	三六三	三四、六二三	四一八
植物樹液				三、〇二三	七六六	二、〇〇八	七四六
無煙炭	トン	七二、八二二	一、〇八七	五七、〇五三	七九五	三〇、四一一	四一二
鉄鋼屑	トン	二二、八一一	九九九	一一、四五一	二九一	一二、七一五	三一六
その他			二、五〇二				
鉛鉱	トン	五〇	四				

北鮮の日朝貿易具体化促進の呼びかけ

日朝貿易は、昨年十月の日ソ貿易会専務田辺稔と朝鮮貿易会社との間に仮協定調印以来、日本貿易商社と朝鮮貿易商社との間の取引仮契約の総額は、数十億円に達しているが、実際の取引は実現していない。

これに就いて、日朝協会、国貿促協関係筋では、「この北鮮貿易杜絶の状態は、日本政府が韓国や米国に　する政治的顧慮のためから、ライセンスを発給せず、その厳格さはココムやチンコムの比でなく、輸出入とも文字どおり　のはい出る間もない程、全面的の禁止がおこなわれている。」と批難し、去る四月二十八日には、これらの団體が主體で貿易促進全国協議会を開いた位で、この程、朝鮮貿易商社からも日本国貿易促協事務局に宛て「本年こそ日朝貿易の具體的実現の段階としなければならない」と強調した書簡が来ている。

アメリカ及び国連の対韓援助

対韓援助はⒶアメリカ国際協力局（ICA）、Ⓑアメリカ国防省の韓国民生救済計画（CRIK）、Ⓒ国連朝鮮復興機関（UNKRA）とに分れ、その相互調整は米韓合同経済委員会が行う。

第一　アメリカの援助

(1)戦後一九四八年迄の米国の対韓援助額累計は五億五千万ドル（引渡済）

(2)一九四八年米韓経済協力協定が締結され、一九四九年初頭より五一年六月迄の対韓援助は六億三千万ドルであり、その内訳を示すと、

一九四九年　三〇、〇一七千ドル

一九五〇年　一一〇、〇〇〇ドル ⎫ 計二三〇、〇一七ドル
一九五一年　九〇、〇〇〇ドル ⎭ （引渡完了済）

(3) 朝鮮戦争勃発により、一九五一年六月三十日までで一応新設経済援助を打切り、CRIK援助による難民救済を中心に、国連軍の戦争遂行に必要な限度で復興援助を行った。

	（ICA援助）	（CRIK援助）	合計（単位千ドル）
一九五二年	三、八二四	一五五、五三四	一五九、三五八（引渡済）
一九五三年	七、二一七	一五八、七八七	一六六、〇〇四（引渡済）

(4) 一九五三年七月二十七日の休戦後、米国は今後数年間に十億ドルの援助を供給すると声明し、五三年－五四年度のICA援助予定額として二億ドルを可決した。一九五三－五四年度のCRIK予算は一億五百万ドル。但し、CRIK援助は一九五四年六月を以て予算上は打切った。

(5) 一九五四年十一月十七日の米韓経済援助協定により総額七億ドル（軍事四億五千万ドル、経済二億五千万ドル）の援助を供与することとなり、一九五四年－五五年度に二億ドルを割当てた。

一九五四－五五年度のICA援助実施情況を示すと次の如くである。

内容別	計画額	契約済	到着済	遂行率(%)
農業	二三、〇七〇	二一、九三六	二〇、二九三	八八
衛生	三、一〇四	二、三九三	八二三	二七
交通通信	六二、八七三	四九、七五〇	二七、四七九	四四
工業	二三、八六一	七九六	〇	〇
民生維持物資	八三、八六一	七五、一〇〇	六三、五九〇	七六
総計	二〇〇、〇〇〇	一五一、一三九	一一一、五九八	五六

(6) 一九五五年－五六年度予算によるICA援助額は四億六千万ドルで、その内訳を示すと直接軍隊維持一八〇(百万ドル)、防衛維持二七二(百万ドル)、技術援助八(百万ドル)となっている。

(7) 一九五六年－五七年度のICA援助額は現在米議会上院で審議中だが五月二十六日下院外交委員会で可決した額は三億五百五十万ドルで、その内訳は、防衛支持三〇〇(百万ドル)、技術援助五・五(百万ドル)である。

第二　国連の対韓援助(UNKRA)

国連加盟国四十余国から総額二億六千六百万ドル(米国支出一億六千二百万ドル)の醵出を求めているが、五五年六月末までに集った出資は三千八百万ドルに過ぎない。朝停休戦後のUNKRA援助実施状況は次の通りである。

	一九五三―五四年度 割当	引渡	技術援助	遂行率	一九五四―五五年度 割当	引渡	技術援助	遂行率
食糧農業	六、〇〇〇	三、五三八	三二五	六四	三、六七二	一、四九四	二九	四三
工業	八、一五〇	五、五三三	三三二	七二	一、二三六	一二八	一五	一一
電力	五、一〇〇	一、八四〇	二一六	四一				
住宅	三、〇〇〇	一、六二九	二一	五五	二、四四五	六一〇	〇	二五
教育	八、〇〇〇	五、八七四	一九三	七六	二、一三〇	二八九	二〇三	二三
生活必需物資	二〇、〇〇〇	一九、五一四	〇	九八	七、四八〇	一、九六〇	一	二六
総計	七〇、〇〇〇	四五、〇九九	四、三〇二	七一	三七、二四三	四、八〇二	一、九八二	一八

16. 재일조선인 문제에 대해

一九五六年 二月 日

在日朝鮮人問題について

在日本朝鮮人総連合会

在日朝鮮人の生活問題と帰国問題について

一、在日朝鮮人のおかれている境遇について

現在在日朝鮮人の全般的な生活は極度の貧窮と饑餓状態にさらされており、日々の生活難をもとめて街頭に彷徨する者の数は急速にふえ、生活難による自殺行為も起っています。

在日六十万朝鮮人のうちで、その八割以上の者がはたらく職場もなく失業状態の中で、その日その日の生活の糧をもとめて不安と絶望にみちたどんぞこの生活にあえいでいるのであります。朝鮮人商工業者も負債と経営難のためあいついで没落、破産の状態に陥っており、同胞にたいする職場保障の能力はなく、また日本人商工業者も朝鮮人をその職場からしめ出しており失業者は一層増えています。一部の同胞は生きるためにやむなく不正常的とは思いつつも買い出しやドブロクをはじめたが、それも弾圧の口実となり、在日朝鮮人の八割に上る人びとの生活問題は文字とおり生死の問題としてその解決を迫まられているのであります。

このように生活の方途をうしなった人びとは、やむを得ず生活保護法の適用を要請していますが、それも、朝鮮人は外国人であるとかその他の理由で保護法の打切り削減

を行っています。その事例としては、現在何万人の朝鮮人が生活保護法を申請してもらけることが出来ずにいるにも拘らず、多数の中に何人かの人々の不適正な生活保護費の受給者が混っていると言って、生活保護法をうけているすべての朝鮮人が全部不正な受給者であるかのように、新聞やラヂオでは報道し、故意に在日朝鮮人にたいする日本国民の悪感情をあふるが如き、憂うべき事態をつくり出しています。昨年だけでも京都、大阪、三重、岡山等の地方では、調査の口実の下に弾圧がくわえられ一方的に生活保護費の削減、停止を通告し、保護法適用者を生死の境においやっており、ひき続いてこのような妥当性を欠く措置が数多くおこなわれています。

以上は朝鮮人についてのほんの概括に過ぎません。在日朝鮮人の境遇の真相はもっときびしく且つ深刻であります。これらの人びとはもとより独立した朝鮮公民として、外国の生活補助をうけることを潔しとするものではなく、一日もはやく祖国朝鮮民主主義人民共和国に帰国したいとひたすら念願しているのであります。これら在日朝鮮人は、これまでも、共和国への帰国の実現方を日本政府にたいし要請してきています。しかし、日本政府はこれにたいしてはきわめて冷淡であり、われわれの要望は全く無視されてきています。

二、帰国問題について

一、一般帰国希望者　　一一〇〇名（一九五五年十二月現在）

大村収容所　　　　　　　　　　　六九名（一九五五年十二月現在）
残留家族　　　　　　　　　　　一二〇名（仝　右　）
進学希望学生　　　　　　　　　一三三名（仝　右　）

この他にも帰国希望者は引続き増えており、かなり多数に達するものと推測されています。なお生活困窮者等以外の比較的生活の自立している者も、祖国との往来のできる日を一日千秋の思いで待っています。

2、帰国希望者のうち特に大村収容所に長期にわたって収容されている帰国希望者や残留家族および、四月の新学期を前にして祖国へ進学を希望する学生、青年等の帰国問題は、もっとも緊急且つ速やかな解決が要望されています。

3、以上のような在日朝鮮人の生活問題や教育、帰国問題を解決するために、朝鮮民主主義人民共和国外務省は数回にわたって声明を出しており、在日朝鮮人の諸問題解決および朝・日両国の利益と親善を促進するため、共和国代表の日本入国方を要請しています。われわれは祖国代表が一日もはやく日本に来られ、帰国その他在日朝鮮人の諸問題が解決できるよう切望しているのであります。（南日外相の声明は別紙の通り）。

三、遺骨問題について

1、浮島丸事件の遺骨問題

太平洋戦争の終結とともに青森県、北海道にいた朝鮮人軍属、徴用労務者等三、七四五

三

名は「今度出航する浮島丸に乗船しなければ帰国の道は断絶する」というので、一九四五年八月二十二日青森県大湊港で乗船、出港したが舞鶴沖で船内に装置されたダイナマイトの爆発で沈没し、乗船者の大部分が死亡しました。しかし、この事件の発生後十一年を経過した現在に至るも、遺骨者名簿にはたった五二四名しか記録されておらず、厚生省はその後の対策について何等講求するところがありません。

２、その他の遺骨問題

それだけではなく、徴用、黒島で日本国内各地の炭坑、鉱山、その他の工事場において犠牲になった朝鮮人の遺骨は相当数に上っています。花岡鉱山でも数千の朝鮮人が犠牲になっているといわれています。また国外の南洋諸島、千島列島にも莫大な遺骨が散在しています。

国もとの親兄弟はかかる事実を知らずに一日千秋の思いで待ちつづけているのであります。その遺骨を可及的速かに探し出して本国へ送還することは人道上からしても大きな問題であると信じます。

在日朝鮮人子弟の祖国進学問題について

いま在日朝鮮青年、学生たちの祖国！朝鮮民主主義人民共和国への進学は切実な問題となっています。

一九五五年一二月二九日、朝鮮民主主義人民共和国南日外相は対日声明のなかで、在日朝鮮人教育問題に特別の関心をよせ、不足する教科書並びに教員を補充し、教育費並びに奨学資金を送ることゝ、在日朝鮮青年、学生の祖国進学を保障することを明らかにしました。

また去る一月一六日発表された朝鮮民主主義人民共和国内閣決定第七号は在日朝鮮青年学生が祖国に進学を希望してくるとこれを歓迎しその希望する各学校に入学させ、生活安定の一時金として二万円を支給し、大学生には毎月一、五〇〇円、高等、専門学生には毎月一、〇〇〇円を支給することを決めています。

朝鮮民主主義人民共和国政府のこのような手厚い配慮は在日朝鮮青年、学生並びに学父兄、一般同胞の間に大きな感銘と反響をまきおこしました。

このような感銘と反響はとくにわれわれが自主的に運営している朝鮮人小、中、高等、師範専門学校においてつよく表われ、今年の三月高校並びに師範を卒業する多くの学生たちと既に卒業した学生たちの間から多くの祖国進学希望者が出ており、また多くの日本高等学校卒業者、日本大学在学中の大学生、一般青年の間でも祖国進学を希望するものが続出しています。

六

われわれが自主的に運営している高校、師範学校についてだけでも祖国進学希望者は既に一三三名に上っている。

	卒業生総数	祖国進学希望数
東京朝鮮高等学校	五八二(一六五)	九〇
兵庫〃	四二(二三)	六
大阪〃	五四(二九)	一〇
中部〃	一八(〇)	二
朝鮮師範専門学校	二〇六(九八)	二五
計	九〇二(三一四)	一三三

—四—

カッコ内の数字は一九五六年三月卒業予定者数

このような現象は在日朝鮮青年、学生たちが日本において勉学、就職など青年、学生として基本的な権利が保障されていない現状と照し合せて深く考慮されなければならない。日本の多くの大学が朝鮮人学生のためには窄き門となっており、山口県においては高等学校においてすら朝鮮人学生を入学させないのが不文律となっている。日本文部省は朝鮮人高等学校は各種学校であるからその卒業生に日本の各大学受験資格を与えることはできないと言明している。また現に大学に在学中のものさえ祖国の父兄との連絡もつかず学資難生活難のため多くの学生たちが中途退学か長期欠席の状態におかれており、日本の奨学機関からは一切支出されていない（ます）。やっと卒業したにしても就職先はみつからず理工科を出た大学生がパチンコの裏廻りか日雇労働に出ている現状である（ります）。

われわれは在日朝鮮青年、学生に加えられているこのような苛酷な条件が速かに取除かわれ、かれらが日本においてもまた祖国へ帰っても幸福に勉学し、くらせるよう日本国会並びに日本政府につぎのような条件の実現をつよく要望するものである（ります）。

一、在日朝鮮青年、学生のうち祖国－朝鮮民主主義人民共和国へ進学を希望するものの進学が実現するよう日本政府は人道的歴史的な立場から援助して頂くこと。

二、共和国政府から送ってくる在日朝鮮人子弟の教育費並びに貧困学生に対する奨学資金をわれわれが受入れられるよう日本政府は措置じて頂きたいこと。

三、在日朝鮮人高等学校卒業生中日本各大学へ進学を希望するものの受験資格を認められること。

四、昨年八月祖国を訪問した在日同胞代表祖国訪問団一行（林光徹、李興烈、鄭然昌、朴烱南）が速かに再入国して、現職に戻り教育事業に従事することができるよう再入国を許可して頂くこと。

教育関係者

七

「五三、4 二月十四日 外務省通達」

一、大村収容所における朝鮮人の収容状況について

収容人員（一九五六年一月二十三日現在） 一六三三名

一九四五年九月二日以前日本に居住权を持っていた者 四〇〇余名

収容所内で生れた者（昭和二十六年より 昭和三十一年まで） 三九名

収容所内で死亡した者（昭和二十七年より 昭和三十一年まで） 一七名 女 三名 男 一四名（変死二名）

十五才以下 二八四名（教育は放任状態）

入院患者 二三名（長期拘留による 精神病者一四名）

一人当り食事代一日につき 七〇円（参議院議員安部きみ子先生 一月二十三日調査）

朝鮮民主主義人民共和国への帰国希望者 六九名（一月二十三日現在六二名 二月五日 六九名に増加）

九、

二、張東根撲殺事件について

一九五五年十一月十八日、被害者張東根（32才、共和国帰国希望者）と加害者李万徳（いわゆる李承晩派）との間に些細のことで口論がおこったが、予め共謀していた李万徳をはじめ下相哲等十数人は集団で張東根にたいし撲る蹴るの暴行を加え、瀕死の重傷を負わせた。そこで彼は大村市立病院に入院、十一月二十日午前七時三十分、ついに死亡しました。そして翌二十一日、解剖の結果によれば、死因は腸の破裂によるものであることが判明しています。

なお加害者李万徳、下相哲は、現在長崎地方検察庁において起訴中であります。

しかし、このような事態の発生は決して偶然の出来事ではなく、はやくからあまたの危険性が顕在化してきており、将来における不祥事の発生を充分に予測しうるまでになっていました。しかし、当局の予防策は充分ではなかったのであります。

収容所内には　久しく前から李承晩政府の特務分子達が潜入していて収容中の同胞の間にたえず対立と紛争をひきおこしており、これまでも、共和国への帰国希望者は種々の迫害とリンチが加えられてきています。かれらは民主主義的な、法治国である筈の日本の収容所内で、集団的な組織により力による無法きわまる支配をおこなってきています。朝鮮民主主義人民共和国への帰国希望者達は、自らの身辺の安全をまもるために、それまでひき続いて収容所当局の適正な措置と合せて分離等してもらうよう、数回にわたって所長および出入口管理局宛に要請したが、拒否されてきました。
そしてこのたびの張衆根撲殺事件のような不祥事件の発生によってはじめて当局は、昨年十二月廿九日に、共和国希望者六九名を別棟に分離収容するようになったのであります。

三、大村収容所内同胞にたいする救援について

昨年在日本朝鮮人総連合会中央常任委員会では、越冬救援月間として、在日同胞にたいし、大村収容所内の同胞救援を訴え、一月末日現在で大村収容所に送り届けられた救援物資は現金で五七、〇〇〇円、衣類で二一六九点になっています。これを朝鮮総連代表として朝鮮総連長崎県議長金容辰氏が、大村収容所長と交渉して配布することにしました。しかし、収容所内の全同胞は、これにたいし非常な感激をもって歓迎しているにも拘らず、韓国特務分子達はその配給を拒否させようとして、配給希望者を脅迫し暴行を加えてきています。

なおその上かれらは、許吉松（共和国帰国希望者）にたいしても希望者名簿の差出しを要求し、拒否されたので、十二月三十一日午前八時頃、かれら二十七名は、許吉松およびそのほか八名にたいして暴行を加えました。当局はこの事態にあわてて暴行者二十七名を隔離するようになったのであります。

かかる条件下において、収容者は自由な意思表示を行うことは思いもよらず、まして、

二

二三

朝鮮民主主義人民共和國への帰國希望の意思表示は生命をかけてのことであり、全收容者は戦々兢々として日を送っているのであります。（七／八）

以　上

朝鮮民主主義人民共和國南日外相の聲明

朝鮮民主主義人民共和國政府は、日本に居住している朝鮮公民にたいして、つねにふかい關心を拂つてきたし、また拂つている。

一九五五年十月二十日と一九五五年十月二十九日の二回にわたり、朝鮮民主主義人民共和國最高人民會議常任委員會代表と日本國會議員團との間において調印し、發表された共同コムミユニケと、數回にわたつて我が國を訪問した日本代表團と當該機關代表との間における、兩國間の國交正常化をはじめとするその他一連の措置とともに、在日朝鮮公民の切實な關心事である民主主義的、民族的權利または生活の安定を保障することについて意見の合致をみた。

朝・日兩國人民は、このような合意の實現が、兩國人民のおたがいの利益に合致するだけではなく親善をつよめる上に寄與するであろうことをかたく信じ、これを熱烈に支持、賛同している。

しかし、日本政府は、依然として朝鮮公民の合法的權利を正當に保障せず、かれらの生活狀態はひきつづき非正常的な狀態におかれている。のみならず、日本政府は、朝鮮公民の民主主義民族教育の實施を円滿に保障せず、在日朝鮮公民が自己の祖國である朝鮮民主主義人民共和國へ自由に往來するのをみとめないでいる。

朝鮮民主主義人民共和國政府は、在日朝鮮公民の合法的な權利が保障され、かれらが日本において安心して生活できるようにならねばならないとみとめると同時に、在日同胞子弟の民族教育を保障する上において不足する、教科書および教員を補充してやり、祖國で教育をうけるために歸國を希望する學生達を歡迎し、一切の生活と學業を保障し、日本でまなんでいる大學生達にも、一定の奬學金を送るであろう。

また共和國政府は、事情によつて歸國を希望する朝鮮公民にたいしては、かれらの要請をうけいれ歸國後の生活を安定させるであろう。

われわれは、在日朝鮮公民と關連した前述の問題解決において、當然に、日本政府が協調するであろうことを期待する。朝鮮民主主義人民共和國外務省スポークスマンは、大村收容所に抑留されている朝鮮公民にたいする日本政府の不當な措置と關連して、一九五五年十月十五日のその談話のなかで遺憾の意を表明したこともあるが、この收容所の狀態は改善されていない。

最近、日本の出版物の報道と、大村收容所に抑留されている朝鮮公民から朝鮮赤十字會に送つてきた手紙によれば、日本政府は、南朝鮮當局からはけんされたテロ分子が、收容所内に潜入して朝鮮公民を迫害しているのを默認しており、抑留されている朝鮮公民を人質にし、現在、南朝鮮に抑留されている日本漁民の釋放を交換條件にして、南朝鮮に强制追放しようとするその企圖を、依然として中止しないでいる。朝鮮民主主義人民共和國政府は、現在、大村收容所に不當に抑留されて呻吟している同胞にたいし、かさねて同情をよせながら、日本政府がかれらを卽時釋放して、かれらの意思にしたがつて、朝鮮民主主義人民共和國に歸國できるように保障することをふたたび要求する。

朝鮮民主主義人民共和國政府は、一九五五年十二月十六日、日本衆議院外務委員會で、在日朝鮮公民を朝鮮民主主義人民共和國に歸國させる用意がある旨を表明した、重光外相の言明を念頭におきながら在日朝鮮公民に關連したすべての問題を円滿に解決するため、わが方の代表を日本にはけんする用意があることを聲明する。

一九五五年十二月二十九日

朝鮮民主主義人民共和國 外相 南 日

平 壤 市

17. 재일조선인의 생활과 실태

目次

＊

第三版の序文

——居住地選択の自由と最低生活権との関係について——

「居住地選択の自由」は、近代社会においては、何人も奪われることのない基本的人権に属する。このことは、世界人権宣言（第十三条第二項及び第十五条）、第十九回赤十字国際会議決議（第二〇）、赤十字国際委員会の日本、韓国及び北鮮政府に対する覚書によつても明示されており、日本国憲法の保障するところである。（第二二条）

勿論、基本的人権は、公共の秩序と福祉との範囲内において認められるものである。しかし、このことは、逆に、国家が公共の秩序と福祉とを追求するに当り、ほしいままに人権を制限できるということでは、勿論ない。それには所定の手続を踏むことを要求される。目的は手段を合法化するということは、近代国家においては認められないからである。

このことは、一部の人の基本人権が他の人の基本人権と衝突する場合においては、厳密に履行されねばならない手続である。公共の秩序と福祉とは、正に、このような基本的人権相互が衝突する場合の規制そのものであるからである。まして、自国民の基本人権と他国民の基本人権とが衝突する場合には、その解決策は普遍妥当性を有さねばならない。「普遍妥当性」という意味は、甲の国がその権力下にある乙国民に対しある措置を取る場合、その同じ措置を、逆に、乙国が甲国民に対しとつても何等不都合を生じないという意味においてである。

「国家の利益のためには個人を犠牲にしてもかまわない」——「自国民の生命の保護のためには外国人の生命を無視してもよろしい」——という思想はあり得ない。それは普遍妥当性がないからである。そのことは、それを主張する側において、その同じ事柄が

二

自国民に逆用されることを承認しておらないことによつて明かである。故に、すべての近代国家は、自国民に対してのみならず、在留外国人に対しても同じく、基本人権を保障する義務と権利とを有するものである。もしこの場合、保護又は救護に差別や先後があるとするならば、その差別又は先後は国籍から来るものではなく、保護又は救護の緊急の度合から来るものでなければならない。

基本的人権は何人も奪われることのない——即ちどこまでも個人的な——ものであるという意味において、基本的人権と称せられる。従つて「居住地選択の自由」は、その個人の自由意思のみが居住地選択の基準となる。この場合「自由」とは意思の表示の自由を指すのであつて動機を指すのではない。故に居住地を選択する人の動機が経済的なものであるか、社会的なものであるか、或は思想的なものであるかは関知しない。これに反し、意思表示が周囲の圧迫によるか、或は錯誤によるか、又は無知によるかは重要な点である。但し、次のことが云える。居住地変更の動機が全く気紛れである場合と、生命又は健康——即ち個人の生存——に関する場合、若しくは、夫婦又は親子の人倫に基く場合とでは、同じ意味をもたないと。

憲法第二五条にいう最低生活権の問題や、政治庇護権、離散家族再会に関する原則等、別個の基本的人権の分野がここにある。しかし、この分野では、居住地選択の自由とは異り、事態は複雑である。従つて分析を要する。本稿は、この前者の場合を取り扱つたものである。後者については「一部在日朝鮮人の帰国問題」(日本赤十字社発行)を参照されたい。

遺憾ながら——率直に云つて——わが国の社会の一部にはある種の朝鮮人に対し——法律的ではないが——社会的偏見のあることは否定できない。そのことは、大震災当時の朝鮮人に対する虐殺や、又は、一部雇傭の面において朝鮮人が、朝鮮人であるという理由のみによつて、事実上締め出しをうけている事実、或は、朝鮮人であることの身分が知れた場合解雇される痛ましい事例等により明白である。

勿論、それは朝鮮人側にも重大な責任がある。火炎壜騒動やその他の反社会的運動がこれを証明する。

しかしながら、これは朝鮮民族の性格からくるものではない。嘗て日本に文字を伝え、論語や仏教を教え、その他、美術工芸、音楽の祖となり、又人種的にも日本民族の祖先の一部に数えられている朝鮮民族そのものに対し、反社会性をきせるわけにはゆかない。ただ、終戦直後の日本人自身の生活を振り返つてみてもわかるように、人間は貧困や逆境におかれれば容易に軌道を逸する弱点を持つ。加之、半世紀に近い外国による統治が朝鮮人に対し物質面において或る程度の幸福をもたらしたにしても、精神的な苦痛を与えたに相違ないことは、わが国の被占領時代を思い出せば、思い半ばにすぎるであろう。もしそうだとするならば、その反撥の自然性も見落してはなるまい。

もし日本の生活が楽であるならば、在日朝鮮人はどんなに煽動されても大半は日本に残るに違いない。そうでないということは悲しむべきことであるが、しかし、それが一部在日朝鮮人の本心であるならば、それを阻止すべき理由は何処にもなく、そして、それを遂げさすべきであるならば、それを遂げさせる方法においても人道的であらねばならないと思う。

一九五八年十一月十五日

日本赤十字社
外事部長　井上益太郎　記す

三

在日朝鮮人の生活の実態

一　在日朝鮮人の人口は約五十六万である

この数字は一九五四年十二月末現在出身地別によって当局が調べた数字である。在日朝鮮人の人口は調査の方法によって多少違っている。日本に帰化した朝鮮人は含まれていない。

これを出身地別に見ると、その九七%までが南鮮出身者である。

表 (1)

南鮮（五四五、五七一名）九七%	慶尚南道	216,286名		38%
	慶尚北道	142,744		28%
	済州島	70,764		12.6%
	全羅南道	63,303		11%
	全羅北道	13,982		
	忠清南道	13,807		
	忠清北道	11,918		
	京畿道（京城特別市を含む）	9,606		
	江原道（二分）	6,321	3,161	
北鮮（一三、五五九名）二%			3,160	
	黄海道	2,707		
	平安南道	2,614		
	咸鏡南道	2,507		
	平安北道	1,467		
	咸鏡北道	1,093		
	慈江道	11		
	（出生地不明）	4,016		
計		563,146名		100%

二　しかしながら系統別統計表は北鮮系が約二十八万で半数近くを占めており南鮮系の二倍以上であることを示す

表 (2)

北鮮系	277,321	(49%)
南鮮系	122,308	(20%)
中立系	33,300	(6%)
その他	130,217	(25%)
計	563,146	(100%)

この表については、起り得べき誤解を防ぐため、註を加えておきたい。

(一) この統計表にある数字は、日本政府の公式数字でもなければ、日本赤十字が、権威ある数字としてここに引用するわけでもない。

(二) 日本赤十字は、政治団体でもなければ統計局でもない。故にこのような分類の仕方や数字について判定を下す地位にもなければ、責任を負うわけにも行かない。

(三) 大体、在日朝鮮人をこのように分類することは、少くも現在のところ、法的根拠によるものではない。

(四) しかしながら、朝鮮が目下南北に分れておること、そのために在日朝鮮人も幾つかの派に分れていることは客観的事実である。

(五) この客観的事実を考慮に入れないで在日朝鮮人の問題を理解することは、如何なる人にとつても今は不可能である。

(六) ここに引用する統計は、この客観的事実を可能な限り忠実に反映する意図を以つて作られていることは明白であると思う。何となれば実際に仕事をしようとすれば、すぐさま、このような統計が必要となつて来、そしてこの統計はそのような実用向きのものであるからである。

(七) しかしながら、事柄の性質上、この統計が正しいとしても、その正しさを物的証拠により示すことは出来ないであろう。同理により、それが誤りであつても、その誤りであることを物的証拠により示すことは出来ないであろう。

(八) しかしながら、この統計以外に、もつと信憑性の高いと推定できる統計は、目下のところ見当らない。

(九) 故に、この統計を、目下得られるものの中では比較的信憑性の高いものとしてここに引用するわけである。

(十) この統計は一九五四年十二月末現在であり、従つて唯今の現状を表示するものではない。今後の状態を示すものでないことは尚更のことである。故に、将来、例えば個別投票が行われたような場合、異つた結果がでたとしても驚くことはないであろう。

(十一) 以上の注意は、本稿に引用される他のすべての基本的統計にもあてはまる。

二

三　これらの朝鮮人は日本全国に住んでいる

彼等は九州の端から北海道に到る迄全国に分散しているが、その内半数以上は近畿以西の西日本地区に住んでいる。(三四九、九四七名) 就中大阪府には、全体の二割弱が住んでいる。

これは、従来の渡航ルートが関釜連絡船であつたこと、殊に大阪と済州島との間には直航の定期船があつたこと、大阪が商業都市として貿易上重要な役割を演じたこと等による。又、国際的消費都市として誰れでも簡単に何んとか食つて行けることから朝鮮人が集り出し、一度地盤が出来るようになると益々集つて来るようになつた。神戸、大阪は彼等の溜り場であり、そこから各地へ分散して行く。人口一万以上の府県を数えると次の順序になる。

表 (3)

大阪府	112,188名
東京都	50,059
兵庫県	49,426
京都府	38,861
愛知県	36,508
福岡県	30,453
山口県	27,852
神奈川県	19,917
広島県	16,282
岡山県	12,917
岐阜県	10,833
(以下省略)	

各地方とも北鮮系の方が南鮮系よりも多く

東北　三倍
中国、四国　二倍半
近畿、中部、関東　二倍
九州　一倍半
北海道　一倍強

の比率になっている

表 (4)

近畿以西	349,947	(62%)
近　畿	219,460	
中　国	65,659	
九　州	58,292	
四　国	6,536	
中部日本	68,178	(12%)
関東以北	145,021	(26%)
関　東	114,001	
東　北	19,580	
北海道	11,440	
計	563,146	(100%)

全国平均では、二倍半弱となる。

四　年齢別には少年層が一番多く、男女別では男子の方が女子より相当多い

先づ年齢別について見ると、第五表の通りである。

(5) 表

51歳～∞歳	47,543— 8%
41歳～50歳	59,614—11%
31歳～40歳	84,038—15%
21歳～39歳	78,780—14%
14歳～20歳	80,535—14%
7歳～13歳	113,301—20%
1歳～ 6歳	99,335—18%
計	563,146—100%

更にこれを男女別に分けると下の図型が出来上る。

(6) 表

三

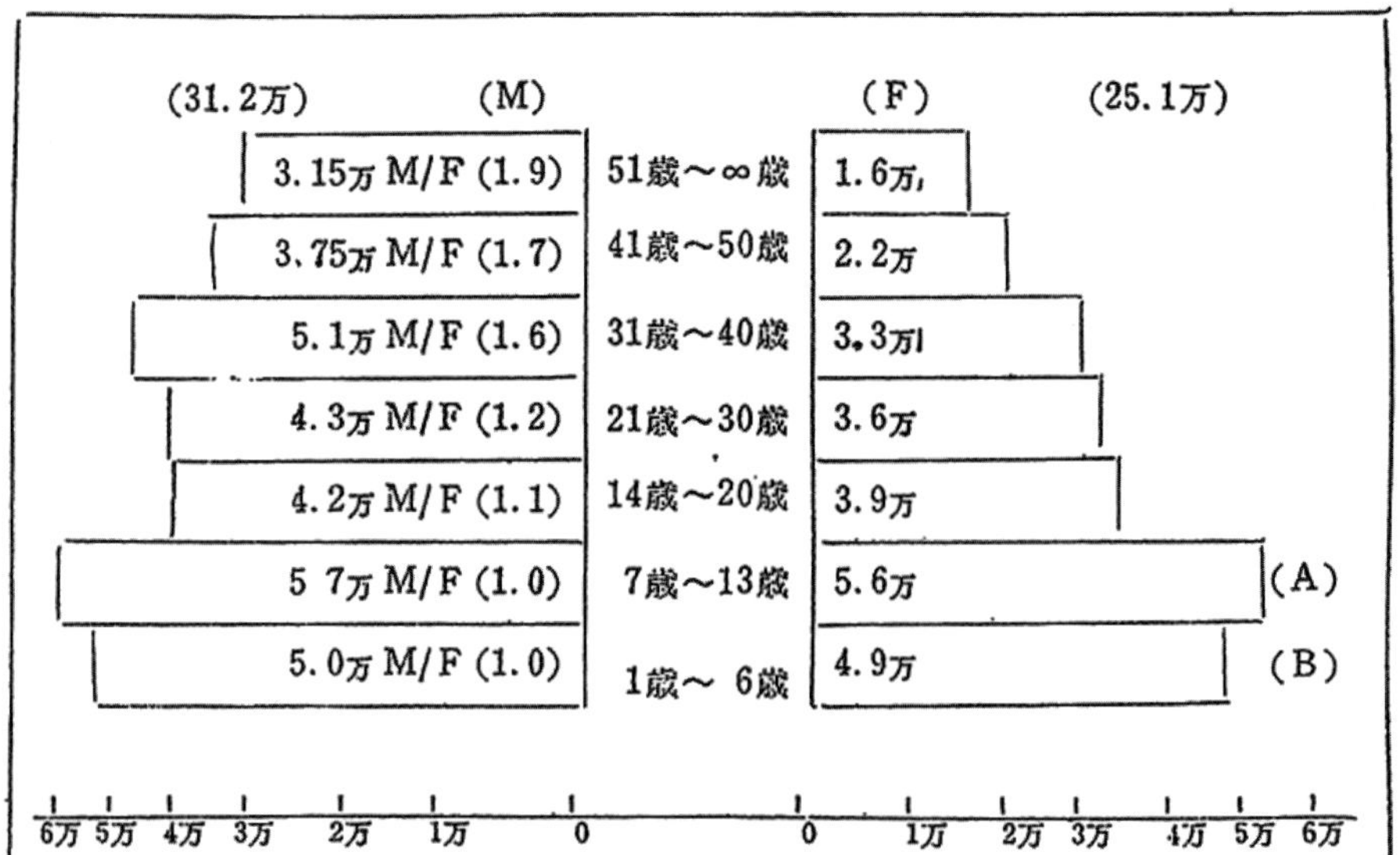

$\frac{B}{A}=\frac{9.9万}{11.3万}\times 100=87\%$　　M＋F＝31.2万＋25.1万＝56.3万

この図型で注意すべき点が三つある。

㈠ この図型は不規則ではあるが大体において梯子型になつている。故に在日朝鮮人は単純な出稼に来たのではなく、日本に安住していると云える。（ここにはないが、動態的にみるとこの点がはつきりしている。）

㈡ しかしながら、男子の方が女子より多く、殊に三十一歳以上においてその傾向が強く、年齢の進むにつれてその差が著しくなつている。（表第六M|F及び表第七参照）

この事は終戦前、殊に日支事変前において二十歳以上の男子であつたものが、女子よりも多数日本に残つているという事である。これは自然的に起り得ることではない。故に戦時中は労働力増強のために来たもの又日支事変以前は生活のため、新天地を日本に求めて来たものであると推定できる。（尤もこれを証明するためには、更に別の統計を必要とする）

換言すれば移民型であるということである。

㈢ この統計及び図表の中で一番注意すべき点は一～六歳の層（B）が、七～一三歳層（A）に比し人口が減つていることである。(B)|A＝八七%) 普通ならば逆に増している筈であるから、これは常態とは云えない。

在日朝鮮人は一九四七年以降は殆んど帰国していない。

故にこの原因は

(イ) 幼児の死亡率が増えたか

(ロ) 幼児の出生率が減つたか（人口調節）

(ハ) 若い世代の結婚率が減つたか

(ニ) 七歳～一三歳の子供の中に朝鮮からの連れ子が多いかでなければならない。

四

表 (7)

	男子	女子	比率
北鮮系	152,399 :	124,922	(55 : 45)
南鮮系	68,024 :	54,284	(56 : 44)
中立系	19,149 :	14,151	(57 : 43)
その他	72,845 :	57,372	(56 : 44)
計	312,417 :	250,729	(55 : 45)

従つてこの問題に解答を与えるためには、他の統計を必要とするので、この統計からだけでは結論は出ないが、朝鮮人の生活の困窮を思うと原因は芳しくないのではないかと思われる。

高い死亡率や乱暴な人口調節を耳にする。

最後に男女別を系統別によつて分けると上のようになる。

五 世帯別構成は北鮮系が帰国しやすい態勢を取つていることを示すだろうか？

世帯別構成は表第八のようになつている。

表 (8)

	世帯数
一　般……	114,393
（本妻を持つ日本人にも内の）…	(21,540)
独　身……	35,642
計	150,035

表 (9)

日本人を妻にもつ者の割合		
北鮮系	では	14%
南鮮系	では	19%
中立系	では	31%
その他	では	24%

即ち在日朝鮮人の内、日本人を妻にしているものは平均二割だと云うことになる。

しかし更に仔細に検討して見ると、微妙なニュアンスのあることが判る。（第九表）

これは、親日度を表わすものであろうか？
それとも、民族意識の強度を示すものであろうか？
或は単なる気紛れに過ぎないのか？
次に、一世帯当り平均人員を見ると　加重平均四・八人となつている。（第一〇表）

表 (10)

北鮮系……	4.9人
南鮮系……	4.8人
中立系……	4.4人
その他……	4.5人
加重平均……	4.8人

これは大体各系同様であり、又日本人の場合とも似ている。
以上を一覧表にすると下のようになる。（第一一表）

表 (11)　一般世帯

	北鮮系	南鮮系	中立系	その他	計
世帯数 (A)	56,060	26,019	7,690	24,624	114,393
日本人を妻に持つもの (B)	8,000	5,035	2,359	6,146	21,540
B/A	14%	19%	31%	25%	19%
世帯人員 (C)	274,653	125,334	33,861	111,251	545,099
平均 C/A	4.9人	4.8人	4.4人	4.5人	4.8人

次に、独身世帯について見ると、百世帯の内夫々の系統において各々

北鮮系は　一九世帯
南鮮系は　一九世帯
中立系は　二二世帯
「その他」は　三六世帯

が独身世帯となつて居り、「その他」の部の独身世帯が一番優勢である。（表一二）

表(12)　独身世帯

系統別	世帯数	各系統別比重	同系統内での比重
北鮮系	13,362	37%	19%（a）
南鮮系	6,099	19%	19%
中立系	2,111	5%	22%
その他	14,070	39%	36%
計	35,642	100%	平均　24%（b）

$$(a)=(北鮮系)\frac{(独身世帯数)\times 100}{(独身世帯数)+(一般世帯数)}$$

$$=\frac{13,362\times 100}{13,362+56,060}=19\%$$

以下之に準ずる。

$$(b)=\frac{(全独身世帯数)\times 100}{(全世帯数)}=\frac{35,642}{150,035}\times 100$$

$$=24\%$$

即ち意思表示を明かにしないもののグループの中に、独身者の多いことが判る。これを逆にいうならば、独身者の中には、身分を隠しているものが多いということになる。或は独身者については、系統別が掴み難いということかも判らない。

これを要するに、北鮮系は独身世帯数が「その他」に次いで一番多く、日本人を妻に持つている世帯の割合は一番少く、家族の構成員は特に多いわけではない。

故に、在日朝鮮人の中では、一番帰国しやすい態勢にあると云える。或は逆に、北鮮系は帰国に備えて態勢を整えつつあるとも云える。

一番日本に執着のあるのは、日本人を娶つている人の数の割合が一番多い中立系であろう。現に中立系は、日本が在日朝鮮人を追払いはしないかと気に病んでいるということをよく聞く。それは彼等が、南北両政権ともに相容れず従つて日本が安住の地となるからなのではなかろうか？　亡命者的グループだとは云わないにしても――。

「その他」のグループについては、意思を表明しないのだから、双方によいということになる。或は双方から引張られる恰好になると云つても同じことである。この点で中立系と「その他」系とでは対照的な関係にあるように思える。

彼等の内で、家族持ちは、日本人を娶つているものが中立系に次で多いだけに、日本に留るであろう。しかし独身者は、浮動票である。北鮮へ帰国の途が開かれた場合、どの位の帰国者が出るかは、この人達の動向によつて変つてくると思われる。彼等は、ある意味では、最も現実的であり、賢明であり、且つ親日派かも解らない。しかしこれは私の想像である。現実にあたつてみたわけではない。又あたつて見ても解るまい。意思を表明しないのであるから――。

六 「失業」とは何か？

在日朝鮮人は、その八割迄が現在失業状態にあると云われている。これは殆んど通り相場になつているようであるが、果してそうであろうか？

もしそうであるとするならば、これは非常に重大な問題に相違ない。

この問題に答えるためには、先づ順序として、「失業者とは何か？」と云うことを決めてかからねばなるまい。何んとなれば、銘々が別々の「失業者」を頭の中で画いていたのでは、話の通じよう筈がないからである。

「失業者」とは、働く能力と意思とがあるに拘らず、就職口が発見できず、そのため、職にありつくことが出来ない人々を指すのが、一応の常識である。

しかし、この場合、十四歳以下の子供や、家庭にある主婦は除かるべきであろう。

学生はアルバイトをしていても、これは就職をしていると見るわけには行かない。何となれば、正規の職業を持ちながら、夜学に通つている会社員なのではないからである。

老人については、昔は隠居の制度があつたが、今では寿命が延びて来ており、八十歳までは働くものと解してよかろう。但、実際問題としては、八十歳以上の人は少いから無視しても構わない。

病人は働く能力のない人ではあるが、就職中病気になつたからと云つて直ちに首になるわけではない。只、病気のため就職できない人は失業者であり、医療扶助の対象となり得る。

日雇労務者は、潜在的失業者と看做す。誰しも安定した職を望むのが人情である。この場合、報酬の支払方法が日給制であるか否かは、ここでは無関係である。

酒の密造やヒロポンの製造、販売、その他の闇商売は職業とは云えない。そのようなことをやらなければ食つて行けない場合は、潜在的失業者の部類に入る。但、そうやらないでも生活が出来るのに、ボロ儲けをしようと思つてやる場合は、犯罪者であり、潜在的失業者なのではない。しかしながら、このように区別することは原理的には可能であつても、実際的には区別し難いから、一応これを潜在的失業者の中に入れておくこととする。これは一見不当に見えるかも解らないが、しかし、終戦後、一名の判事を除き殆んど凡ての日本人が闇なしには生きて行けなかつたことを思えば、理解出来ないことはない。

更に仔細に検討して行くと、職に就いている人々でも、その能力に不適当な仕事より発見できず、或は非常な低賃金に甘んじて糊口をしのいでいる人達は、矢張り潜在的失業者である。しかし、これも原理的に分類できるだけであつて、実際的には、このように分類した統計を作ることは非常にむづかしい。故に仕事のある人々は、一応有職者と看做す。（科学的にはエンゲル係数を用うべきであるが、この統計は手許にない。）

就職口はないことはないが、自分にとり好ましい仕事でなく、或は非常に俸給が安いため就職する気になれず、といつて差しあたり食うに困らない場合は、なにもしないで暮す場合がある。これは自発的失業者である。自発的失業者は潜在的失業者である。但、金持

七

ちで働かないで暮している人、或は恩給だけで暮している人等は自発的失業者ではあるが潜在的失業者ではない。しかしこのような人は在日朝鮮人の中には極めて少数であろうから、これを無視し、従つて自発的失業者は全部潜在的失業者と看做す。

換言すれば、在日朝鮮人の場合、定職者と云つても、その中には寧ろ失業者とみる方が正しいと思われるような人々が含まれていることは、特に念頭に入れて置かねばならない。

このことは在日朝鮮人の職業別統計を吟味する必要を生ぜしめる。

職業は一応

第一次産業（原始産業）
第二次産業（加工、製造）
第三次産業（運輸、サービス）

とに分けることが科学的である。

教員、官公吏、政治団体の役職員等は、生産に従事しているわけではないから、産業――従つてサービス業――には入らないが、便宜上、サービス業に含めて置く。「失業」という角度から見る場合、そうして置いても差支ないからである。（科学的には、「生産事業」に対し、「非生産事業」の部類に属する）

さて、以上により「失業者」の概念がほぼ明かになつたが、このように分析して行くと「失業」という問題の複雑さが判る。

そこで、概念を明白にするため、以上述べたところを一つの図表に表わすことが便宜だと思う。（第十三表参照）

八

表 ⒀ 失業のブループリント

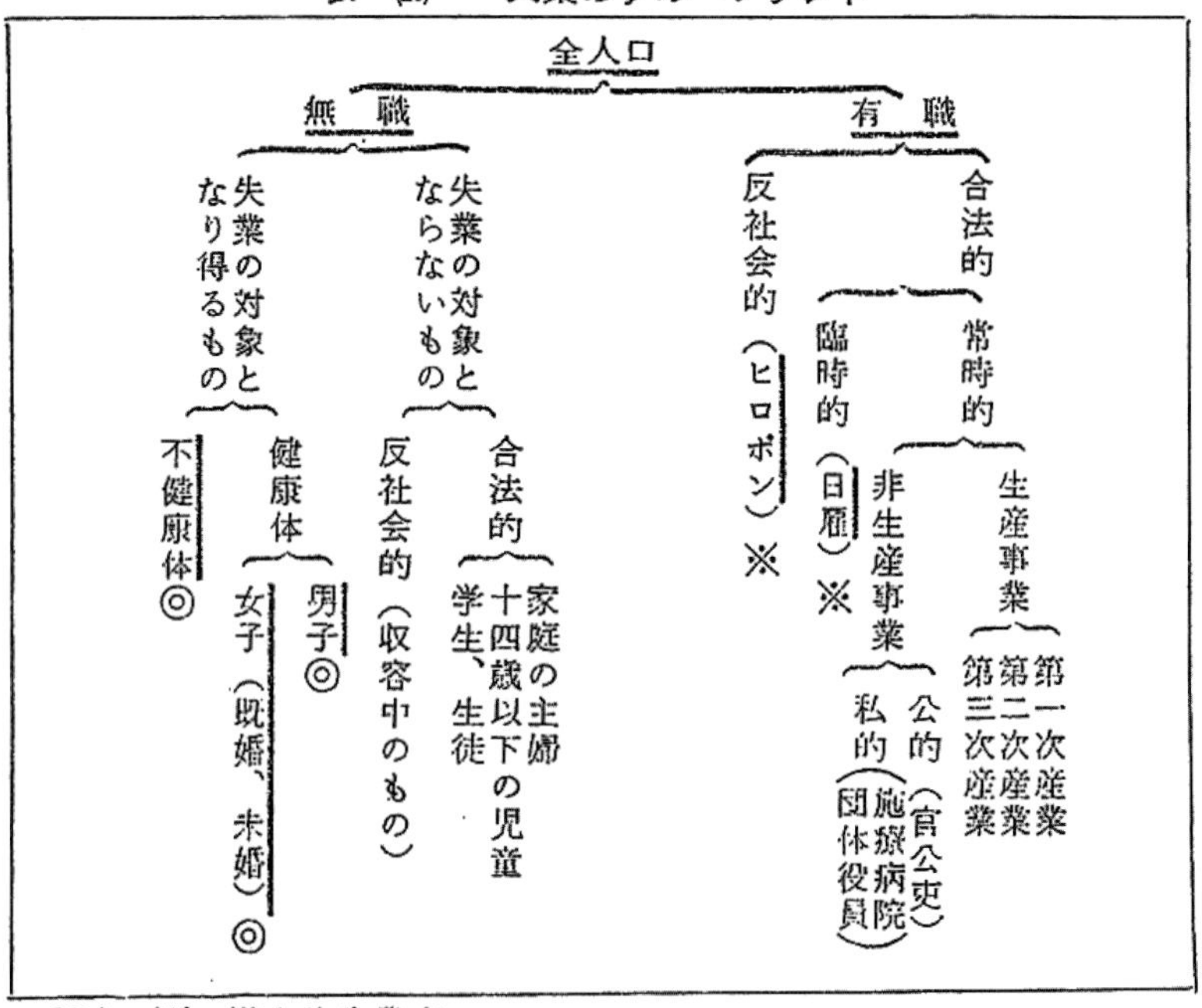

（註）※ 潜在的失業者
◎ 完全失業者

この表は科学的には正しいが、実際上このような表があるわけではなく、又それを作るとしても大変な仕事である。

そこで、便宜手段として、目下入手し得る比較的信憑性の高いと思われる一つの統計表を基礎とし、これを操作して、なるべくこのブループリントに近い表を作つてみると、以下に記すような各種の表が得られる。

以下に掲げる諸統計は、一九五四年十二月末現在で、在日朝鮮人の総人口は、五八二、八七〇人となつており、これまでの表と多少喰い違いがあるがそれは、今の場合関係ない。（原因は内妻を含めたためである。）

七 在日朝鮮人はどんな職業を営んでいるか？

在日朝鮮人職業別総人口……五八二、八七〇人

定職者……一五〇、一五五人

(一) 第一次産業（原始産業）……一八、九六八人

表 (14)

	経営者	従業員	計
農業	7,044	2,553	9,597
牧畜（養豚を含む）	3,329	1,216	4,545
林業（炭焼を含む）	1,977	1,793	3,770
漁業	376	680	1,056
計	12,726	6,242	18,968

此の表で注意すべき点が二つある。

第一の点はこの表にある職業は、自然を相手にしているだけに、本来的には、平和的な職業であることである。養豚等は、文化的にやれば、きれいな仕事であり、深山の炭焼等は心憎いまでに風雅でさえある。

残念なことには、朝鮮人の場合、必ずしもそうはならない。養豚は残飯集めの仕事であり、或は酒密造の糟を転用する仕事でさえある。炭焼きには縄張りがあり、農業や、漁業は肉体労働の見本みたいなことになる。

しかし、若し之を巧みに助長したら、素晴らしい職業となり得る素質を持つ点で、朝鮮人にとり望み多い仕事と云える。

第二に注意すべき点は、鉱山労務者の居ないことである。

戦前は多数の朝鮮人が鉱山で働いていた。内務省の統計によれば、一九四二年に一三八、六六五名の朝鮮人が鉱山で働いていた。（坑内、二八、三五五名、坑外、一一〇、三一〇名—当時の在日朝鮮人総人口、一、六二五、〇五四名の約八％に当る。）戦時中鉱山の労働が如何に激しかつたかは想像できる。そのため、終戦となると彼等は独立した喜びもあり、又鉱山が経営難にも陥つたので、彼等は一斉に「山」を放棄して帰国し、或はもつと安易な金儲けに走つた。

日本の経済を回復するには、石炭を掘ることが優先的な条件となつて炭坑や鉱山は真先に再開されたけれど、朝鮮人は再びそこへは戻らなかつた。そして、今では再び就業し度いという希望があつても今度は炭坑の方が不景気に陥り日本人の坑夫でさえ失業しているので朝鮮人を収容する能力もなければ、又経営者側でもそれを望んでいない。

この様なわけで、今では鉱山労務者の口はなくなつたが、しかしこれは在日朝鮮人の就職難から見ると一つの大きな損失であると云

九

える。

この様に、鉱山の就職口を失つたことは、朝鮮人自身に大半の責任があるが、中には次の様な哀話もある。

「山」は鉱山労務者にとつては職業以上のものである。

私は、或る盛に採掘している鉄鉱山の前で小さなあばら屋二軒に住んでいる数世帯の朝鮮人の坑夫を見たことがある。彼等は長年住み馴れた「山」から今は閉め出されたが、諦めきれず、その内には又雇つてくれる日が来るだろうと思つておとなしくそこで待つているのだと私に語つた。

(二) 第二次産業（製造、加工）……………六五、〇三一人

表 (15)

	経営者	従業員	計
土木建築(土方を含む)	2,272	24,481	26,753
紡績	1,606	5,368	6,974
機械	744	4,001	4,745
ゴム	475	2,255	2,730
飴及び菓子	1,097	984	2,081
皮革	504	1,307	1,811
靴	735	571	1,306
印刷	87	476	563
その他	2,571	15,497	18,068
計	10,091	54,940	65,031

この表の特徴は、その職業が何れも健全なものである点である。大体は中小企業が多いが、中には一億以上の資本金を持つ相当大規模の企業もある。このような仕事に従事している朝鮮人は大体、真面目な人達であると見てよい。その理由は、これらの職業に就くためには熟練を要するからであり、そして、相当期間真面目に働くもののみが熟練の域に達し得るからである。

表 (16)

会社数	731社	
北鮮系	213社	
南鮮系	312社	
中立及び「その他」	206社	
従業員数	19,309名	(A)
日本人	15,498名	
朝鮮人	3,764名	(B)
その他	47名	
B/A	20%	

但し、朝鮮人の会社でも、朝鮮人を傭わず、日本人を傭うものが多いことは注意しなければならない。

朝鮮人の経営している会社七三一社について調べたところによると、朝鮮人の雇傭率は二割に過ぎない。

(表第一六—B/A参照)

(三) 第三次産業（サービス業）……………六六、一五六人

職業に貴賤は無いが、此の表は、特に在日朝鮮人と結びつけて考えた場合、余り健全な印象を与えない。

なぜか？

思うに、サービス業は、高級なものは別とし、余り高級でないものは、資本と、商才又は投機心があれば、特に専門的知識が無くても、当たれば成功し、又その従業員となるには、忍耐と人づきあい

これがどんなに苦しく、不潔であり、又僅かな収入しか得られないかは想像に難くない。

その次に多いのがパチンコ、その他の遊戯で、両者を併せただけでサービス業の半分近くとなる。しかるに、パチンコその他の遊戯は反社会的職業とすれすれの線にある。今迄、パチンコの景品の煙草を客から買つて、それをパチンコ屋に売る商売があつたが（これを「景品買」と称する）、これも禁止された。大体パチンコ業それ自体が下火にある。そのため、これからどうして暮して行こうかと不安にかられている朝鮮人が増えた。

料理、飲食、ブローカー、古物商、旅館等も、低級のものになつてくると、どんなことになるかは想像に難くない。

しかも、この種の職業が多いのは、さきに述べたように、誰れでもやれるからであり、そして、誰れでもやれる仕事をやるということは、それだけ、普通ならばもつと確かりした職業にありつける人達が、職が見付からず、生活に追いつめられた結果、何んでもやろうという気になつてやるからなのである。これは経済学でいう潜在的失業者である。故にこの表（表第十七）は在日朝鮮人の生活のあがきを示している。しかし、ここでは潜在失業者とは見ないことにする。この表の中でどれだけが果してこの部類の人に該当するか見分けがつかないからである。

それに今の社会では、日本人の場合でも、自分の理想に適つた仕事をしている人は非常に恵まれた人である。ただここで云えることは、生活が苦しい場合、一歩誤れば反社会性を帯びやすい職業と、

表 (17)

種目	経営者	従業員	計
屑鉄類	9,929	5,682	15,611
遊戯	4,255	6,218	10,473
運輸（タクシー等）	1,049	5,943	6,992
料理飲食	4,428	2,480	6,908
知的労働（官公吏，役員 教員，芸能人 新聞記者等）	228	4,240	4,468
古物商	2,572	1,598	4,170
ブローカー	1,531	561	2,092
旅館	424	272	696
貿易	312	297	609
金融	139	146	285
その他	7,341	6,511	13,852
計	32,208	33,948	66,156

がよければ、誰れでもやれるからであろう。

しかし、そのように誰れでもやれる仕事があると云うことは有り難いことだとも云える。この意味をもつと深く吟味する必要がある。

先づ、一番多いのが屑拾いである。これは一番簡単な仕事に見える。しかし、これには縄張りがあり、多くの場合、日本人の屑拾いが一応目ぼしい物をさらつた後で、朝鮮人が更にあさるのである。

と思うからである。

酒の密造は衛生上の害があるが、主として税法上の問題であり経済犯に属する。

酒は税金が主要部分を占めているので、税を抜けば安く上る。朝鮮人が酒を密造するのは朝鮮式焼酎が多い。これは輸入できないし、輸入したとしても高くつく。ところで安い焼酎と安い飯とがあることは、筋肉労働者、殊に低賃金の日雇労務者や失業者にとっては、大に助かる。故に酒の密造は、生活の困窮と二重に関連性を持つこととなる。

この表に関連して来る問題に犯罪率がある。人口一、〇〇〇人に対し、日本人の犯罪率は〇、五人であるのに、朝鮮人の場合は三人で約六倍の犯罪率である。

特にその内容を見ると傷害は一〇・七倍、暴行八倍、恐喝七・七倍であることは、助からない。

朝鮮人の暴行は、一時「火炎ビン」として有名であつた。今から六年前の話である。その当時に較べれば、最近は非常に落着いて来たと云えるが、それでもこのような犯罪率では誰れでもが（朝鮮人自身を含め）、朝鮮人を警戒するのは無理ではない。そのため一番迷惑するのは善良な朝鮮の人達である。

朝鮮人は集団生活を好み—そうなるにはわけがあると思うが—大都会の中でも、俗に朝鮮人部落と称する区域がある。そのような所へは人は余り近寄らない。これは人種的差別からくるのではなく、危険だと思うからである。

生活が苦しくなつても、中々反社会性を帯び難い職業とがあり、そしてサービス業はこの前者に属するということである。（個別的に見ると大部分は、経営者の方が従業員より多い。これによつて、それがどんな仕事であるかが解る。）

しかるに、第一次、第二次、第三次産業に従事している朝鮮人の数は合計一五万人であるから、その内六・六万人がサービス業をやつているという事は、朝鮮人が一応それらしい職業にありつけた場合でも、その大半はこのような職業しか発見できないということを意味してくる。

㈣ 反社会的職業……一八、三九九人

反社会的職業に従事する人々には、二種類ある。一つは生活が苦しいため、やむを得ず行う人であり、一つはぼろ儲けをしたいため、或は政治的指令によつて行う人である。前者は潜在的失業者と看做し得るが、後者は純然たる犯罪者であつて、潜在的失業者なのではない。

表⒅

酒密造	6,994人
麻薬（主としてヒロポン）	1,706人
その他	9,699人
計	18,399人

しかし、この表の中で誰れが純然たる犯罪者であり、誰れが潜在的失業者であるかを見分けることは出来ない。故に便宜上全部後者と看做す。その理由は、やろうと思えば他の事業を立派にやれる能力を持ちながら、一歩誤れば身の破滅となるような仕事を毎日ビクビクしながらやる人と云うのは例外的な人であり、大多数はそうではなく、転業が出来ないためだろう

これが安全であり色彩を持つならば、異国情緒を持ち、人は好んで近ずくに相違ない。例えば、南京街のように——。

八　日雇労働者…………………三五、三三一人

人は就職口がなく、と云つて闇商売やインチキはやれないとなると、日雇労働者となる。これは朝鮮人に限らない。

今、職業安定所の窓口は一杯である。朝鮮人は外国人であるから、日本政府に彼等の生活を保障してやる義務はない。どこの国でも生活の出来ない外国人は強制退去させる権利がある。しかし、日本の職業安定所では、朝鮮人に対しても、日本人同様に面倒を見てやつている。但、朝鮮人だと傭い手がない。これは日本の職業安定所が差別待遇しているからではない。それは傭主側で差別待遇をしているからである。

しかし日本は自由主義国であるから、傭主が朝鮮人を嫌がる場合これを強制する手段はない。それは傭主が朝鮮人である場合でも同じことである。

しかし全部の会社が朝鮮人を嫌つているわけではない。現に日本人にも朝鮮人にも篤志家は居り、朝鮮人の経営している会社で合計して全従業員の二割は朝鮮人を雇つている。（表第一六）

資本家が朝鮮人を嫌うのは、終戦後一部朝鮮人が余りにも無法であつたため信用が無く、今でも思想的ヒモを恐れるからである。民族的感情からではない。資本家は算盤次第では幾らでも、外国人労働者を使うが、信用が無ければ問題にならない。

資本主義社会では、労働者が健全な組合を組織することは、労働者の品位を高めその地位を向上する上において有利であり、合理的方法として公認されている。

日本には未だ朝鮮人だけで作られている労働組合はないが、朝鮮人で日本の労働組合に加入しているものは多少ある。

それは場所によつて一様でないが、組合員の数からいうと、近畿、中国、関東、中部という順になつている。（表第一九）

表 (19)　自由労働組合

地方名	組合数	構成人員		
		日本人	朝鮮人	計
関東	109	31,879	1,662	33,541
近畿	50	25,844	3,580	29,424
九州	33	18,639	355	18,994
中部	38	12,934	1,400	14,334
中国	26	9,287	2,486	11,773
東北	30	5,687	175	5,862
四国	5	3,302	31	3,333
北海道	8	2,283	31	2,314
合計	299	109,855	9,720	119,575

朝鮮人は労働組合は作らないかわりに、生活擁護同盟とか、生活を守る会等というものは彼等自身の手で盛に作つている。これは一

一三

表 (20)

		会の数	構成人員
近	畿	24団体	4,179人
関	東	31	1,409（内日本人61名）
中	部	10	997
九	州	12	686
中	国	9	662
東	北	6	333（内日本人32名）
北海	道	3	171
四	国	3	170
計		98団体	8,607人（内日本人93名）

口でいうと、日本政府が国際法上の義務としてではなく、人道的見地より恩恵として、朝鮮人に対し日本人なみに、行政措置として与えているところの、他国には余り例の無い生活扶助を獲得することを主目的とする機関である。現在全日本に九八団体があり、加入者は八、六〇七人である。

尤もこの中には日本人で加入しているものが九三人いるから、これを差引くと、朝鮮人の加入者は八、五一四人ということになる。(表第二〇)

労働組合と生活擁護組合との相違は、前者が反対給付として労働力を提供して居るのに対し、後者は反対給付が無いという点である。

日本の政府や地方自治団体は、毎年二十数億の金を在日朝鮮人の

生活扶助や医療のため使つて居り、この問題を抜きにしては彼等の生活の実態を考え得られないが、この問題については厚生省から白書も出ることだし、複雑なのでこの際は省略する。朝鮮人も気の毒だが、これだけの金を日本人に使えたら随分助かる日本人があると思う―。

九 無職……………………三七八、九八五人

(一) 学生々徒……………………一四一、六七三人

ここでは、就学率が第一に問題となつてくる。

表 (21)

大学生	2,126人
高校生	7,064人
中学生	36,210人
小学生	93,223人
その他	3,050人
計	141,673人

右第二一表を年齢別表（表第五）と比較してみると、小学生の就学率は八割二分、中学以上は五割六分という数字が出て来る。(表第二二)

この表をもつと詳しく作ることが出来たら、上級になるほど進級率の悪くなつて行くことが立証されると思う。尤もこれは朝

表 (22)

A		B		B/A
7歳～13歳	113,301人	小学の生徒数	93,223人	82%
14歳～20歳	80,535人	中学以上	45,400人	56%

鮮人に限られた問題ではない。（就学率については尚、一六頁参照）
原理的には次のような原因が考えられる。

(イ) 家庭の事情
(ロ) 学力
(ハ) 学校の制度と数

在日朝鮮人の教育については、次の諸点を考慮する必要がある。

(イ) 親は子供の教育を第一に考える。殊に外国に居る場合そうである。

(ロ) 今、アジアの新興国家は民族意識に燃上つている。これは今までの状態に対する反作用であつて、歴史上避け得られない一つの「過渡期」である。

(ハ) 近代の文化国家では、在留外国人がその子弟を教育するための施設や学校を営むことを認めている。

(ニ) その学校や施設は、その居留国の法律に従うことを要し、その国の風俗習慣を尊重し、その国の国民との友誼を計り、これに反する教育思想を普及することは許されない。

(ホ) 学校は如何なる場合でも、政治運動に関与することは許されない。それは学校が政治団体として登録していないと云う理由によつて明かである。

在日朝鮮人の子弟は、その全部が朝鮮人学校に通つているわけではない。

朝鮮人学校に通つている生徒の数は

二三、一一八人（第二三表）

であつて、全生徒数

一四一、六七三人（第二一表）

の一割六分に過ぎない。

表 (23)

	学校数	生徒数
幼稚園	1	23
小学校	90	12,448
中学校	19	5,175
高等学校	6	1,191
学級特設	16	2,651
その他	54	1,630
計	186	23,118

他の八割四分は日本の学校に通つている。

ここで注意すべきことは、子供は天真らんまんだといつても、残酷なものであるということである。混血児だとか、外国人だとかいつてからかうことはよくあることである。外国に居る日本人の子供に対してでもあることであるが、それが本人にとり、又親達にとりどんな気持を与えるか？ 注意すべきことである。しかし相手側がこれを余りに深刻に考えることも大人気ない。

ある日本の公立学校で、朝鮮人が通いだしたら日本人が退学し、日本人が退学したら益々朝鮮人が入学し、最後には朝鮮人だけの学校になつたものがある。日本公立学校のままでいて―。

学校の問題に触れた序に一言しておきたいのは、朝鮮人の経営している病院についてである。

朝鮮人には町医者が多い。

そして開業して暫くたつと、小型の「医院」が出来る。この「医院」には数室の病室があり各種の医療機械がある。それが何時の間にか本格的な「病院」になる。多数の看護婦がおり幾つかの病棟を持ち、大概朝鮮人の多く住んでいる地域にあつて繁昌しているように見うけられる。

この統計は今手元にない。朝鮮人看護婦の数もわからない。

医者は自由職業だし、国境を超越し、政治に係る必要はない。これは窮民にも関係を持つ。朝鮮人の中に医者が多いのは偶然であろうか?

㈡ その他の無職者……………………二三七、三一二人

この表は説明を要する。

表(24)

60歳以上	11,364人
15歳～59歳	92,809人
14歳以下	133,139人
計	237,312人

ここでいう一四歳以下の子供は、就学児童を含んでいない。

しかるに、一歳～六歳の児童の数は

九九、三三五人（表第五）

であつたから、一三三、一三九人の児童の内よりこれを差引くと、残りは

三三、八〇四人

ということになる。これが義務教育年齢期にあつて、就学していない児童の実数である。（朝鮮人の子供はその八割までが日本の学校に通うのであるが、外国人であるので義務教育ということはない。故に学齢に達しても区役所から通知がくるわけではない。そのため近所隣の日本人の子供が入学するのを見、朝鮮人の親達は自分の子供も学校に入れなければならないと気がつくものが多いという。その気持はどうであろう―?）

この数字を、七歳～一四歳の児童数一一三、三〇一人（表第五）で割ると　三　割

と云う数字が得られる。さきに小学生の就学率八割二分と述べた数字の裏の数字より多い。（一四頁）これは年長者が小学校に通つていることを示す。

しかし十四歳以下の児童は、就学していると否とに拘らず、職業という観点からすれば、就業の対象ではないから、無職でも、失業者の範疇には入らない。

次に十五歳以上の無職者は、

男子　二六、四三五人

女子　七七、七三八人

とに分れる。（表二五）

この場合、男子は、さきに述べた理由により全部失業と看做すとしても、女子については疑問がある。何となれば、家庭の主婦等を失業者と看做すわけには行かないからである。

では、無職である女子七七、七三八人の中どれだけが主婦等であろうか?

この点につき統計がない。

そこで一つの仮設を試用することとする。

先ず、在日朝鮮人の女子の総人口は、二五〇、七二九人(表第七)であつた。

次に、統計によれば十四歳以上の女子の総数は

一四六、八六二人

となつている。

一方、女子の世帯主独身者は

四、六七〇人

である。(この統計はこゝに掲げてない。尚、以上二つの数字は算定基礎を異にするが、其の差は無視する。一九頁参照)

表(25)

年齢	男子	女子	計
60歳以上	4,980	6,384	11,364
15歳～59歳	21,455	71,354	92,809
計	26,435	77,738	104,173

従つて十四歳以上の全女子人口に対する全女子独身世帯主の比率は

三・二% $\left(\frac{4,670}{146,862}=3.2\%\right)$

である。

仮設というのは、この比率が、無職の女子についても、あてはまるという仮設である。

若し、この仮設が認められるならば——そして今の場合、この仮設以上に適切な仮設は見当らないから——十五歳以上の無職の女子の中で、独身世帯を作るべき筈の人は

二、四八八人 (77,738×3.2%=2,488)

ということになる。その他の

七五、二五〇人

は、本来家庭におるべき主婦や娘その他である。従つて、原理により、前者のみが非自発的失業者であることになる。彼女達は、外で働きたいと思つても適当な就職口がないので、已むなく、家の中で家事を手伝つているに過ぎない。

依つて、十五歳以上の無職者の内、完全失業者の数は

男子　二六、四三五人

女子　二、四八八人

計　二八、九二三人

即ち、約三万人である。(この数字は生活扶助法に云う、要扶助者数とは無関係である)

一〇　結論——窮境に追込まれた一部在日朝鮮人——その原因はなにか?

この完全失業者二八、九二三人という数字は、各種の仮定や、操作の上に立つて居り、従つて、一九五四年十二月末現在、在日朝鮮人完全失業者数と断定することは勿論出来ないが、これ以外に統計がなく、又この統計による限り、これ以外の答は出て来ないのであるから、ここでは一応、これを当時の完全失業者と看做すこととする。

この数字は色々の意味を持つて来る。

その意味は、日本人社会が朝鮮人に対し差別待遇をしているからなのではない。仮令そのような会社があるにしても――。又彼等が外国人であるからでもない。その原因は彼等一部朝鮮人社会層の経済的能力乃至基盤が、一部日本人社会層の夫れよりも弱いからなのである。それ以外に理由はない。何となれば、他の外国人の場合はそうなつていないからである。差別待遇の有無に拘らず――。（例えば在日華僑の場合は恐らくそうなつていないだろうと思う。調べて見たわけではないが――。）

換言すれば、彼等は同一レベルにおいて競争する場合――即ち全く差別待遇を受けていない場合においても――やはり、日本人社会では、社会的基盤の強い日本人にはかなわないのである。

故に、日本の経済がよくなり、闇商売がやれなくなると、日本人の場合は経済的基盤が強いので他に転業し失業者を出さないですむ場合でも、一部朝鮮人社会層では経済的基盤が狭く且つ弱いので転業がむずかしく失業して行くことになる。

それ故に、最近数年来日本人に対する生活扶助は相対的に減少して行くのに、朝鮮人に対する夫れは逆に増えつつある。

（「在日朝鮮人帰国問題の真相」――日本赤十字社――七頁及び八頁）

その原因は就職難、就中転職難による脱落にある。

「失業」のしわよせと「不況」のしわよせとは異る。

失業は労働力の需要過少からばかり起るとは限らない。労働力の供給過剰、或は転業期の摩擦によっても起り得る。前者は概して不況に伴うが、後者は好景気の場合でも起り得る。

先ず、この数字を在日朝鮮人の全人口と比較してみた場合、当時の在日朝鮮人の完全失業率は全人口に対し

五・一四％ $\left(\frac{28,923人}{563,146人}\times 100=5.14\%\right)$

ということになる。

しかるに、日本政府の経済白書によれば、当時の日本人の完全失業者数は五九万人で当時の人口は八、八〇八万人であつたが、この中には在日朝鮮人が含まれているから、日本人の完全失業率は

〇・六四％ $\left(\frac{590-29}{88,080-563}\times 100=0.64\%\right)$

に過ぎなかつた。（一九五六年度経済白書三六二頁）してみれば、在日朝鮮人の失業率は、日本人のそれに較べ

八倍 $\left(\frac{5.14\%}{0.64\%}=8\right)$

という高率であつたことを意味する。

或は、日本では平均一五六人の内一人が朝鮮人であるのに、失業者層では二〇人に一人朝鮮人が居るということである。

$\frac{88,080}{563}=156人$ $\frac{59}{2.9}=20人$ $\frac{156-1}{20-1}=8倍$

これは、日本の社会全体の失業のしわよせが一部の朝鮮人社会層に強く波及して来ていることを実証する。

ところで、労働力の需要過少或は供給過剰又は摩擦の何れによるとを問わず、日本人社会に失業者が増えたことは、それだけ労働市場を圧迫することになり、そしてこの場合、一部朝鮮人は経済的基盤が弱いので競争に負け、その結果失業者となる公算が大きくなる。これが「失業」のしわよせの意味である。

だから、日本人の失業者が増えれば必然的に朝鮮人の失業者が増え、日本人の失業者が減つても朝鮮人の失業者がなかなか減らない。

しかるに、どんな社会にも、ある量の完全失業者はつきものであるから、一部朝鮮人社会層は、日本人の社会では恒久失業者層の一部となる。しかもそのなる割合が日本人よりも遥に大きい。

このことが、何故に一部在日朝鮮人の生活が苦しいかということの原因である。(このことは全日本社会に影響を及ぼす)

さきに本稿の第六章の冒頭において「目下、在日朝鮮人は八割迄が失業状態にあり、そのことは一つの通り相場になつていると述べたが(七頁参照)この表現は、以上のような事柄を直観的に、経験的に表示した言葉に過ぎないのである。

今迄述べたところの在日朝鮮人の生活の実態を一覧表によつて表せば次のようになる。(第二六表参照)

表 (26)

種目	人口	比率
甲 職業の対象となるもの	二三二、八〇八人	四〇%
A 有職者	一五〇、一五五	二六%
(イ) 第一次産業	一八、九六八	
(ロ) 第二次産業	六五、〇三一	
(ハ) 第三次産業	六六、一五六	
B 失業者	八二、六五三	一四%
(イ) 潜在的失業者	五三、七三〇	九%
(1) 日雇労務者	三五、三三一	
(2) 反社会的企業	一八、三九九	
(ロ) 完全失業者	二八、九二三	五%
乙 職業の対象にならないもの	三五〇、〇六二	六〇%
A 家庭婦人	七五、二五〇	
B 十四歳以下の児童	一三三、一三九	
C 学生及生徒	一四一、六七三	
合計職業別全人口	五八二、八七〇	一〇〇%

この表をさきのブループリント(第一三表八頁)と比較されると、それがぴちつと合つておることがわかり、従つてこの表が科学的であることが立証されると思う。

このことは又何故に一部朝鮮人は帰るより外に手がないのかということの科学的根拠ともなつてくる。

そして一部朝鮮人はこのように科学的には理解しておらないにしても、そのことならば体験に基き知り過ぎるほど知つているのである。ただ彼等は何故にそうなるのかが解らず、日本人社会が彼等を差別待遇しているからだと簡単に思い込み、一般の人達は、どうにもならない事だと諦めているに過ぎない。ただそれだけの相違である。

故に、この一部在日朝鮮人の生活が日本の現状ではどうにもならず、近い将来に解決の途もなく、帰国以外に手が無いということは、比較的信憑性の高い統計から客観的に、科学的に演繹出来る事柄であると共に経験によつて裏書きされている事実であると私は信ずる。

これが本稿の結論である。

この結論は勿論私一個の私見に過ぎない。

この結論は「命題」の形で表現されている。即ち数字そのものではなく、この数字の持つ「性格」を表明している。故にこの結論は確かに数字を胎盤として生れて来たものには相違ないが、生れた後においては数字とは無関係に自立する。従つて統計に著しい誤りが無い限り多少の誤差があつても影響されることはない。

この結論から生れて来る「系」の一つに次の事柄がある。

毎日一家を抱え、明日の生活を考え続けながら涯しなく生き続けて行かねばならないということは希望のない生活である。

人間は、希望なしには生きて行けない。

まして外国において、そのような生活苦により、にっちもさっちも動けなくなつて来たとき、偶々自分にもなつかしい祖国があつて何時でも喜んで引き取つてくれることが解つた場合、どうして死んでも帰ろうという気にならないで居れようか？

これが一部朝鮮人の偽りのない感情であり、只一つの希望なのである。

二〇

若しそうだとしたら、仮りにそれが一つの妄想であつたとしても、このような場合彼等の帰国の途を杜ざすことは罪であり、他人にそれをやる権利はないと思う。

ましてそれが妄想でなく、科学的な客観的な事実であることが証明されるならば、これを阻碍することは人道に反すると私は思う。

これがさきに述べた結論から出て来る「系」の一つである。

（以上）

第二版の「おくがき」

本稿については、起り得べき誤解を防ぐため註をつけて置きたい。

私の考えでは、現在、在日朝鮮人の一部の人々が真剣になつて考えている帰国の問題の中には、確かに人道的要素が含まれていると思う。而も、その人道的要素は極めて重大なものであるに拘らず、政治的或は思想的運動に利用するものがあるために（「政治的に利用」という意味は、外交手段によつて解決すべき問題を、それが困難であり面倒であるので、裏口から解決しようという努力であり、又「思想的に利用」とは、事実のみが大切であり、事実さえあればよく、理由は問わない。そして、なんでも利用するということである。）世間からは無視され、時には反感を以てさえ見られていることを重視するものである。

換言すれば、彼等は（南北両鮮の対立と云う事柄から派生した）一つの国際紛争の犠牲者なのであつて、（このような国際紛争の）発起人なのではないという事実が、とかく世間から見落され勝ちであり、一方彼等自身も、自分等の困窮の原因が南北両鮮の対立から来ているということを棚上げにして、とかく他に原因を求めたがる傾向があるという事を重視するものである。

以上の意味において、この問題がとかく誤解されやすいにも拘らず、私の考えでは、この問題の中には（以上のようにその原因が南北両鮮の対立にあると前提した場合においてもなお）少くとも次の二つの人道的要素が含まれていることが見落されてはならないと思う。

(イ) 居住地選択の自由

(ロ) 一部朝鮮人の生活が困窮に陥つており、現状では日本で生活出来ず、自分等の手ではどうにもならないこと

この二つの事柄は別個の事柄であるが、何れも人道的問題であり、而もこの二つの問題が別々になつている間は、さほどでもないが一度これが重なり合うと何人も放任できない絶対的な人道問題となつてくると思う。

従つて、一部朝鮮人帰国の問題は、この二つの要素を併せて考えた場合、それが如何に重要であり、且つ急速に解決されねばならない問題であるかと云うことが明かにされてくると思う。

本稿では主としてこの後者の(ロ)の問題を取扱つたが、それは前者の(イ)の問題を等閑に付する意味では決してない。

ただ前者については既に世界の幾多の学者や専門機関によつて明かにされており、（世界人権宣言第十三条第二項及び第十五条）、国際的には、基本的人権として、議論の余地のない問題であるが、後者については知る人が少く、しかも、それが解らないと帰国問題の全貌が出てこないと思うので本稿を認めた次第である。

参考資料

井上益太郎著
「一部在日朝鮮人の帰国問題」
東京都港区芝公園五号地
日本赤十字社発行（非売品）

雑誌「親和」第三一、三三、三五号連載
「在日朝鮮人の人口のあり方」（同編集局作製）
東京都千代田区霞ケ関一の一
日韓親和会発行
定価一冊　四〇円

福田芳助記
「外国人の生活保護」
雑誌「厚生の指標」昭和三十一年八月号所載
東京都文京区駕籠町五六厚生省内
厚生統計協会発行
定価　九〇円

金日編
「脱出」
大村収容所の人びと
京都市左京区北白川西平井町二四
三一書房発行
定価　一三〇円

附録

日本に於ける少数民族の問題

——「移民問題に関する非政府会議」に於ける講演——

（一九五八、一二、東京に於て）

紳士及び淑女！

統計によれば、日本本土に来た朝鮮人の数は一九一五年頃約三、〇〇〇名にすぎなかつたようです。しかし、その後毎年増えて行きその結果終戦当時には、在日朝鮮人の数は約二〇〇万人を数えるに至りました。そして朝鮮が独立したので約一四〇万人が帰国いたしました。従つて現在日本に居る朝鮮人の数は六〇万人であります。彼等は外国人でありまして最早日本人ではありません。従つて法律的意味合においては所謂小数民族ではありません。この外に七万人の支那人が日本おりますけれども彼等も中国の公民であつて日本市民ではありません。日本に帰化した朝鮮人および支那人の数につきましては統計がありません。日本政府は彼等を単なる日本市民として取扱つております。政府も又日本の社会も彼等を差別待遇しておりません。従いまして日本にも少数民族がいるはづなのでありますが、その数がどの位に上るかということはわかりません。彼等の生活状態について申すのならば彼等は日本語を流暢に話し、日本の生活様式をとりいれ、むしろ違つた人種に属することを知られることを好まず、従つて近い友人や親戚以外にはそのことを知つている人は殆んどありません。一言にして申すならば、日本における少数民族は全く日本人の中に融け込んでしまい色別できないと申せます。

それは別に不思議なことではありません。何となれば、わが国と朝鮮との関係はきわめて古く二千年又は三千年の歴史を持つております。今日われわれが日常使つている文字は朝鮮人が初めて日本へもたらしたものであります。朝鮮人は日本へ文学、音楽、芸術、法律、行政制度等一言にして申すならば、「文明」そのものを伝えたのであります。それどころではありません。日本民族それ自体が一部朝鮮人種なのであります。彼等はわれわれの祖先であり、そしてわれわれの先生でありました。従いまして、帰化した朝鮮人が日本の社会に完全に同化したとしても、何等不思議はないわけでありま

一

す。そして、日本は朝鮮人に対し大幅に帰化を許して居りますが、勿論帰化には一定の条件があり、無制限に許されるわけでないことは申すまでもありません。

しかしこのことはわが国に少数民族に類似した問題がないという意味では決してありません。それとは反対に現在日本に居る六〇万の朝鮮人は法律的意味においては少数民族とはいえないとしても——何んなれば、忠誠を尽すべき祖国を異にしているわけですから——しかしこの点を除けば、社会的意味においては少数民族としてのあらゆる特色をもつているのであります。私が皆様に御説明申上げ度い点は正にこの点にあるのです。

サンフランシスコ平和条約は、たんに、在日朝鮮人が外国人となつたことを規定しているだけでありまして、北鮮の市民であるか南鮮の市民であるかということについては何等言及しておらず、この問題は将来の解決に俟たねばなりません。

国際連合の決議は韓国を国連委員会がその監督の下に自由選挙を行つた朝鮮半島の部分における唯一の合法政権と宣言しているのであります。国連の見解によれば、全半島を代表する政権樹立のためには全半島にわたり総選挙を行う必要があるというふうにみていると思われます。朝鮮半島の住民の中には韓国政府が現にその統治権を及ぼしている住民と、未だそうでない住民とがあることになります。

二

実際問題としては、日本においては、彼等は三つのグループに分れておるとのことであります。約三〇万即ち半分は北鮮系であります。十五万即ち四分の一は南鮮系であります。そして残りの十五万即ち四分の一は中立系であるようです。もつとも、この区別は事実上の区別でありまして、法律上の区別ではありません。彼等は未だ国籍選択に関する投票の機会を与えられておりません。これが在日朝鮮人問題のポイントであります。

次に彼等の社会生活について述べ度いと思います。約一〇万の朝鮮人は戦時中鉱山で働いておりました。戦争が終りますと彼等はその職場を放棄し、故国へ帰つてしまいました。彼等は全部男性であつて、一家の柱であつたのです。即ち家族を入れ約四〇万の朝鮮人が鉱山によつて生活していたのでありますが、鉱山は閉鎖されました。しかし後になつて再開され、鉱山業は日本再建のための基幹産業の一つとして繁栄をみるに至りました。しかし鉱山では朝鮮人を再び傭うことをせず、復員で帰還してきた日本人労働者を採用いたしました。朝鮮人は勝利者たる連合国民の一員として特権的地位を与えられました。彼等の多くはこの特権的地位を利用し、中でも簡単に金のもうかる闇商売を、日本国民が苦しい生活をしている最中に行うことができ、それによつて繁栄いたしました。日本人の中でも金持になり度い人は、朝鮮人名義で仕事を行つた位です。

しかし、この変態的時代は長続きしませんでした。日本の経済が復興し、社会状態が平常化するにつれて脱法行為によるボロ儲けをする余地がだんだん狭まれてゆきました。それと同時に朝鮮人は失業するに至りました。彼等はまた火炎壜を投げるといつたような騒動を起し、犯罪率が増えてゆきました。このような事柄は朝鮮人に対し不利な結果を生ずるに至りました。こうなると朝鮮人が経営している会社においてさえ最早朝鮮人を雇わなくなりました。このことはお手許にあるこのパンフレットの統計によつておわかりになると思います。終戦当時朝鮮人にとつて極楽であつた日本社会は、今や彼等にとり地獄となりました。その間、日本政府は彼等の生活や医療保護のために毎年六〇〇万弗（二十億円以上）に相当する巨額の負担を国庫にかけたに拘らず——。

そこで彼等は北鮮帰国への大運動を起すにいたりました。彼等の九〇%は南鮮出身者であるにかかわらず南鮮へ帰ろうとはしなかつたのです。その原因は南鮮の社会状態が当時日本のそれよりももつとひどかつたからです。現在でも年平均二、〇〇〇人の朝鮮人が韓国から日本へ密入国してくるのですが、北鮮から密入国してくる者は一人もありません。この問題に関する詳細な点はお手許にある別のパンフレット「一部在日朝鮮人の帰国問題」を御覧下さい。

北鮮と南鮮とでは大体面積が匹敵しているのですが、人口では北鮮の八〇〇万に対し南鮮は二、〇〇〇万のようであります。北鮮は地下資源と電力に恵まれております。莫大な資本と多数の技術者がソ連、中共、その他東欧の共産圏から入つてきます。北鮮は国家管理による五ケ年計画によつて急速に工業化しつつあります。北鮮は労働力に不足しております。

一方南鮮は農業国でありまして、地下資源および電力に恵まれず、人口過剰であります。そうでありますから、北鮮の生活が南鮮に比べて楽なのは当り前のことです。そのせいか、北鮮からは在日朝鮮人に対し、しきりに来いとさし招き、生活も保障しよう、旅費も出そう、船を迎えにやろう等といつて来ますが、韓国側は、残念ながら、そのような手をさし延べるわけには行かないようです。却つて韓国からは韓国人が日本へ逃げて来る有り様です。在日朝鮮人が南鮮へ行くことを好まず北鮮へ行きたがるのはこのような理由からだと思います。そしてこれに対する両本国の気持もわかります。

しかしながら人道的見地からいうならば、「居住地選択の自由」は基本的人権として認められねばなりますまい。ここで「自由」という意味は個人の意思発表の自由を指すのでありましてその動機を指すのではありません。動機としては生活条件、教育、或は家族との再会等といつたようなことがあげられるでしょうが、それはこの場合直接関係のない事柄なのです。これに反し、意思発表の自由が外部の圧力、本人の無知或は錯誤による場合は、居住地選択の自由

三

につき重大な影響を及ぼしてきます。

とは申しましても、動機が単なる気紛れである場合と、生命又は健康若しくは家庭の事情等に基く場合とでは、同じ意味をもたないことも明らかであります。この後者の場合については、最低生活権、庇護権、離散家族再会といつたような別個の人権が問題となつくるからであります。

尚見落してならないことは、人権は各個人に別々に属していることであります。基本的人権とは何人からも奪われることのない——即ち飽くまで個人に属する——権利であるという意味において「基本的人権」と称されるからです。従つて彼等のケースは各個人について考察することを要し、全般的に考察してはならないということであります。もし全般的に考察するならば、問題は政治的となり、もはや人道問題ではなくなるでしよう。

これを要するに、結論として、元日本人であつて、日本の繁栄のために働いてきた多くの在日朝鮮人が、日本の状態を我慢できないとして北鮮行を熱望するに至つたことは誠に残念なことなのですが、しかしながら、朝鮮人各個人の自由意思がその通りであるとするならば、彼等の自由に選択した居住地に行くことを反対する理由は何人にもないと思います。そして彼等の意思が基本的人権の表現として尊重されなければならないとするならば、彼等の意思を具体化する方法についてもやはり人道的でなければなりますまい。

四

しかるに不幸にして、この点について政治問題が防害をなしております。私は目下日韓両国が交渉中の非常に難しい外交問題を詳細御説明する考えはありません。ただポイントだけを申上げ度いと思います。

もしわが国が在日朝鮮人の自由意思と人権とを尊重して彼等の北鮮帰国を実現せんと試みるならば、日韓会談は忽ち挫折することになりかねません。そしてもし日韓会談が成功しないならば、日本海で操業中の日本人漁夫は、所謂李ライン又は平和ライン侵犯の廉によつて、逮捕されることになります。在日朝鮮人の人権を行使することを阻害する政治的問題がこれであります。

ところで終戦後何万という日本人は、ソ連、中国、外蒙、北鮮、北ヴィエトナム等日本と外交関係のない共産圏諸国から帰国致しました。共産圏諸国はこの問題を政治問題と分離し、人道の見地から帰国させたものであります。そして、これ等の日本人は、これらの諸国によつて侵略者とみなされていたにかかわらず、帰国を許されて家族と再会の喜びを味うことができたのであります。しかるに、日本を侵略したこともない在日朝鮮人は、長年故国へ帰ることを熱望しているにかかわらず、この政治問題のために帰ることができないのあります。これは非常に遺憾なことと申せましょう。何んとなれば、謂所共産国の諸国が人権を尊重しているにかかわらず、所謂自由圏の諸国が人権を尊重することができないとしたら、自由圏の諸国は如何してその自由を誇り得るでありましょうか？

自由とは、如何なる国家においても、自国民の自由は尊重するがその国に在住する外国人の自由は抑圧するということを意味するわけにはいきません。如何なる国家といえども、自国民の人権を保護すると同様に、外国人の人権をも保護する権利と義務とをもっているものであります。この点を見落してはならないと私は思います。

更に私共が考慮せねばならない今一つの問題があります。現在日本と韓国との間には正規の外交関係がなく、そのため朝鮮半島にいる朝鮮人が日本に来るならば、すべて不法入国者となります。しかし、この中には、日本に居る親を尋ねて来る子供や、夫を慕つて来る妻などもあり、これらの人を不法入国者として退去処分にすることは、人道にも、離散家族再会の国際会議決議にも反するわけです。といつて誰でも無制限に入国を許可するならば、只今申述べたような困難な問題と財政上の負担とが起ることは必然に思えます。ここらに今一つ在日朝鮮人の難しい問題があり、この見地からしても早く日韓間に正規の外交関係が結ばれ、一定の条件の下に合法的な入国方法の樹立されることが望ましいわけです。

最後に、在日朝鮮人問題について起り得る仮定の問題としては、何等か朝鮮半島における出来事のために、大量の朝鮮人が日本に避難してくるという場合であります。この避難は、ハンガリー事件のように一挙にくる場合も考えられますが、それよりも、現在の年平均二、〇〇〇人の密入国者の数が増加してゆくという形であらわれてくるかもわかりません。現在のところ、これら密入国者は不法入国者として退去処分に付せられておりますが、これが大量になつてきた場合、単なる退去措置だけでは解決できないような問題が起るかもわかりません。このような事態が起らないことを希望するものでありますが、不幸にしてそれが起つた場合の措置については、その時になつて適当な国内的又は国際的解決方法を見出すより外なく、今からこの様な仮定の問題について意見を申し述べるわけにはゆきませんが、このような問題が起る可能性については考えておかねばならないと思います。

以上が大体在日朝鮮人問題の諸種の様相の概略であります。

御静聴ありがとうございました。

M・I

在日朝鮮人の生活の実態

初版　一九五六年九月二〇日
三版　一九五八年一二月一五日

編者　日本赤十字社外事部長
井上益太郎

発行　日本赤十字社
東京都港区芝公園五号地
電話(43)一一〇一～四番

印刷所　旭印刷株式会社
東京都新宿区西五軒町三二番地
電話(33)｛一〇九五・一〇九六
　　　　｛一五〇八六

非売品

18. 재일조선인 자녀의 교육과 귀국

第九次教研東京集会
第十四分科会報告書

在日朝鮮人子弟の教育と帰国

朝教同東京都委員会
権 寿 達
（東京朝鮮中高級学校）

はじめに

八・一五 解放后 始められた 在日朝鮮人の民主主義民族教育は その后文字通り 苦難の 道を歩みながらも 今日 一四年間の伝統という確固たる基礎の上にたってその事業を力強く続けている。

在日朝鮮人の民主主義民族教育は 今 在日朝鮮人の朝鮮民主主義人民共和国への帰国 ― 幸福への道を前に急速な量的発展及び質的発展の過程にある。

又 在日朝鮮人の民主民族教育は 帰国により 一四年間のその事業を総結すべき重要な段階に来ている。 よって私はこゝで在日朝鮮人の民族教育が過去一四年間どのように歩んできたか ― その発展に拍車をかけたり 防げたりした要素は何であるかを簡単にたどり ついで帰国により在日朝鮮人の民族教育が どんな作用（影響）をうけているか ― これは複雑で大きな問題であるが ― を その量的発展、学生数の変化の面から考察したいと思います。

又 日教組の度重なる教研集会を通じて打ち出された在日朝鮮人子弟の教育に対する方向の正しさが実践により 発展するよう若干の意見を書きたいと思います。

目　次

一、在日朝鮮人の民族教育の過去の簡単な考察

解放后からの在日朝鮮人の民主民族教育に影響を及ぼした諸事件と それがどんな影響を及ぼしたかを簡単に列挙し その間の学生数の変動の様子をグラフで示しますと

年	月日		内容	備考
一九四五	八・一五	解放	民族教育が各地で自然発生的に始る	
一九四五	一〇・	朝鮮人聯盟結成	教育運動を積極的に推進	
一九四六	一〇	東京朝鮮中学校創立	本格的民族教育の始り	
一九四八	四	四・二四 阪神教育事件	民族教育に対する米軍の直接の弾圧. 同化教育強制 当時教育規模 小学校五六六、中学校七、青年学校三三、 生徒数 五三〇七二、 教員 一四二五、 教科書・副読本刊行 九二種 一〇〇万部	
一九四八	九・九	朝鮮民主主義人民共和国創建	在日朝鮮人の民族教育方針は共和国教育政策に則って確立 一九四九、四 朝聯各級学校規定	

〈1〉

一九四九	九、八	朝聯解散		
一九四九	一〇・一九	朝鮮人学校一斉閉鎖令	在日朝鮮人の民族教育の一大受難 これを機に全国的に朝鮮人学校学生数急減 (図-2 3参照) ○大阪・京都・山口・九州・[illegible] 学校 六〇% 日本学校へ ○兵庫、愛知、広島 ‖ 自主学校を守り通す。 ○東京等一[illegible]の[illegible]式をとった[illegible] 都立、公立、 ・公立分校となる。	
一九五〇	六、二五	朝鮮戦争始まる	反戦平和活動の[illegible]で多くの学校が弾圧をうける	
一九五五	四、	在日朝鮮人総聯合会結成	共和国教育政策に忠実に依拠した教育	
一九五七	四	共和国から第一次教育援助金	民族教育の[illegible] 民族教育への[illegible]的参加 校舎、学[illegible]拡化	合計六次約七億円
一九五八	四、	朝鮮大学四年制として本格的事業開始	朝鮮大学創立(一九五六年 二年制) 民族教育における一貫性確立	
一九五八	八、	帰国問題提起	民族教育の障害解消、総連一六次中央委員会 教育の三大目標提示—教育の質的発展、量的躍進する 成人学校(生活学校、青年学校)の異常な発展	図-2 3参照

(2)

在日朝鮮人学校学生数　（図 1）

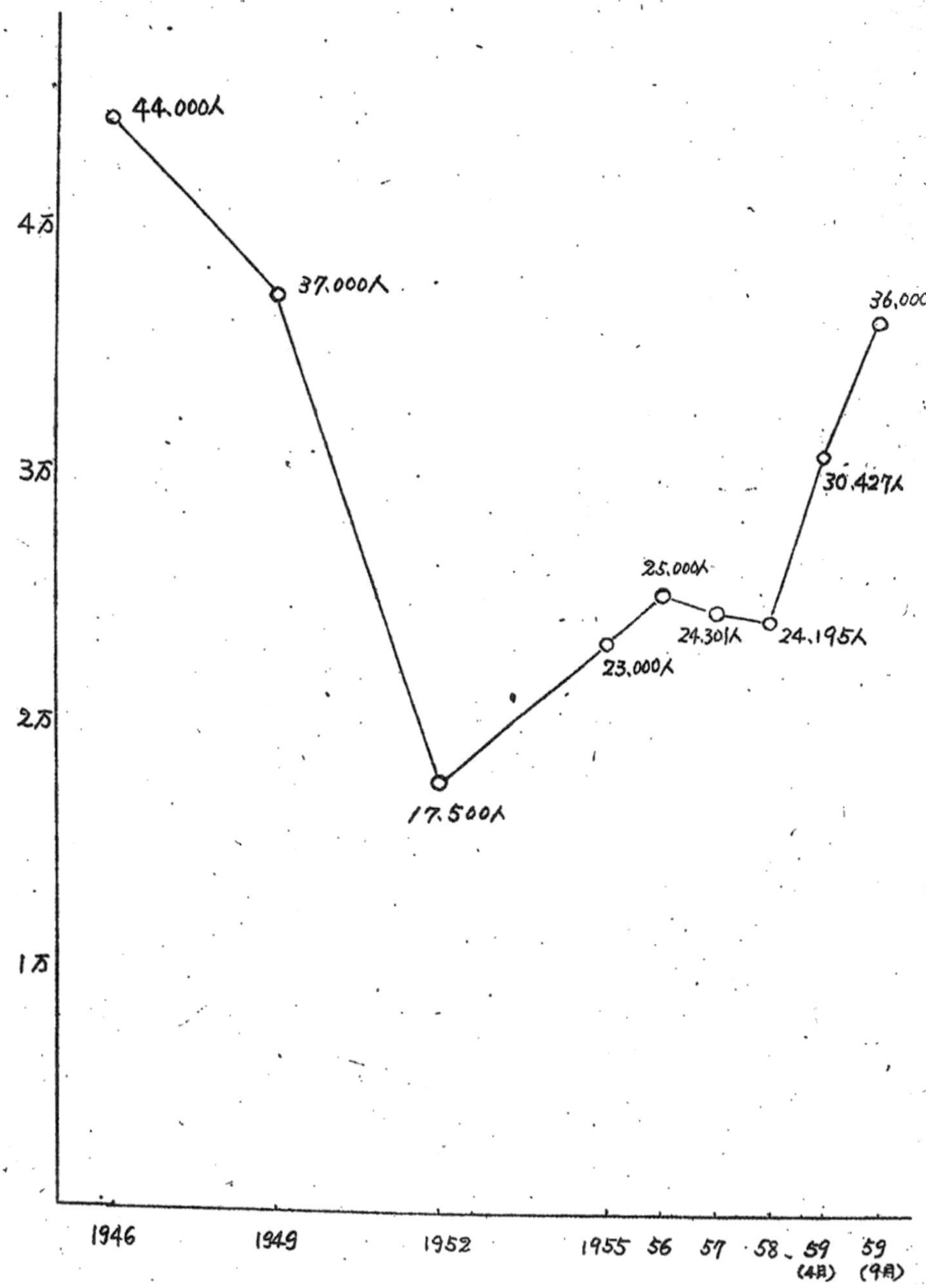

（3）

東京朝鮮中高級学校 生徒数　（図 2）

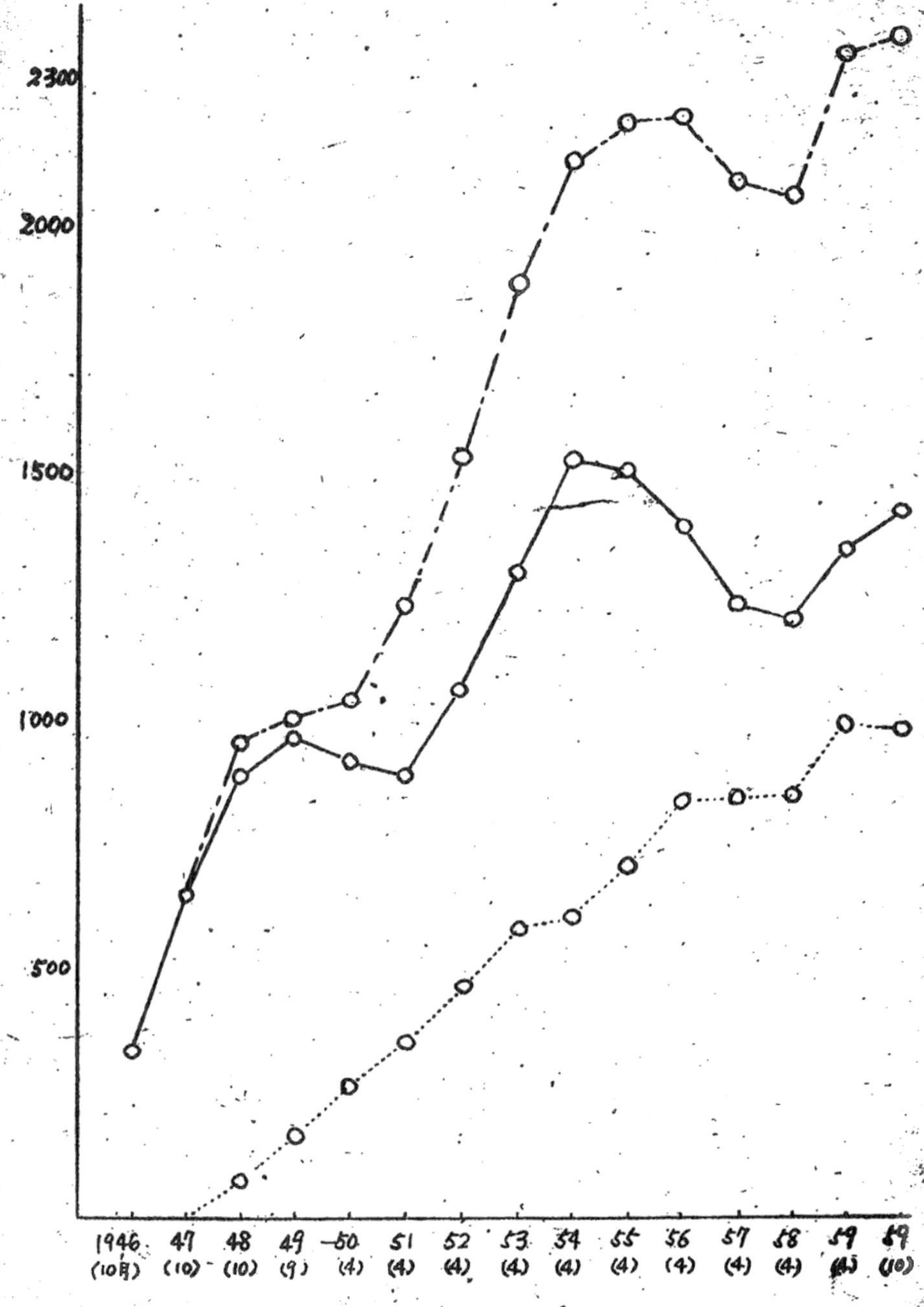

(4)

愛知朝鮮中高級学校 生徒数　(図 3)

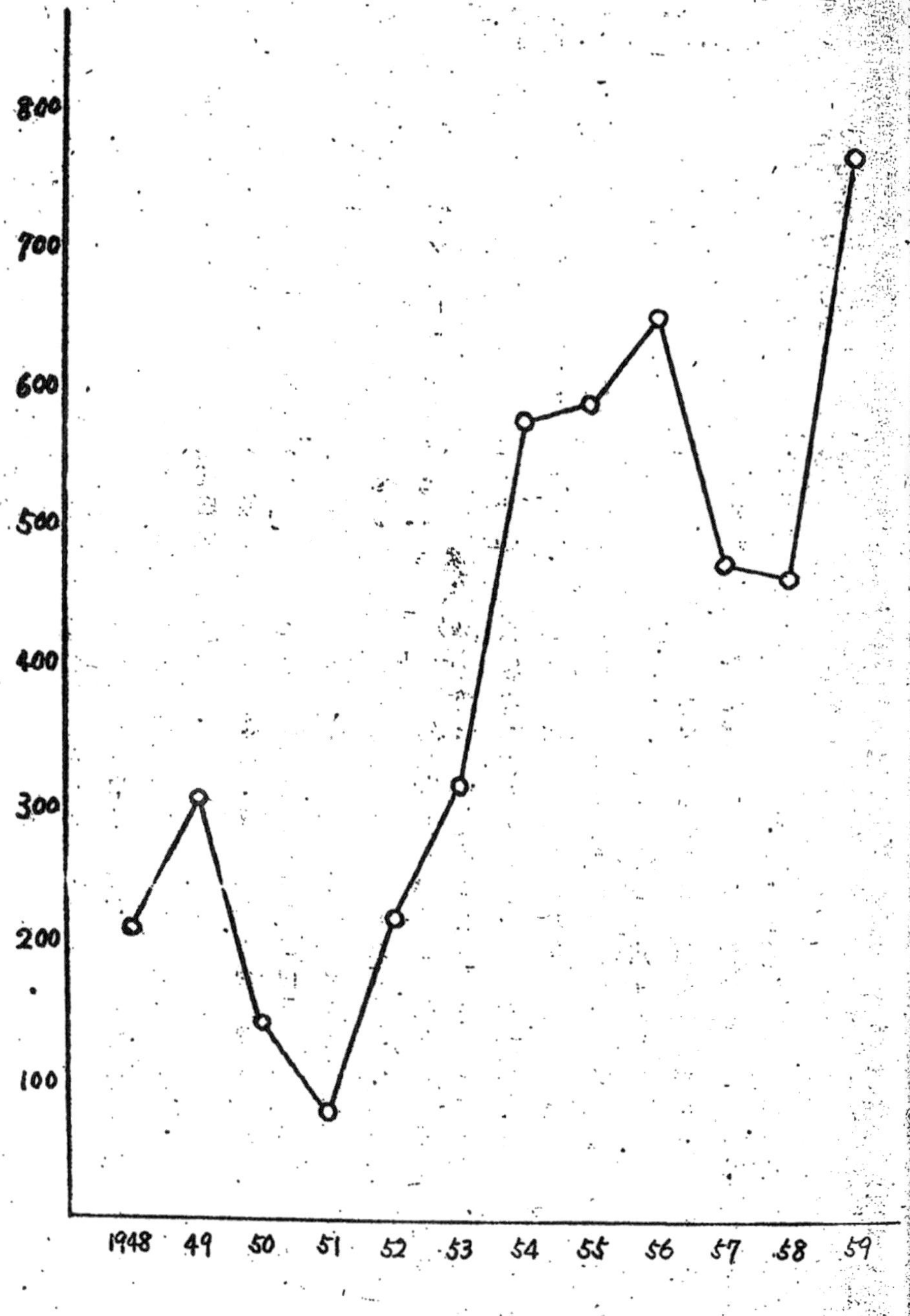

(5)

二、在日朝鮮人の民族教育に与えた帰国の影響

在日朝鮮人の朝鮮民主主義人民共和国への帰国は　言語に表し難い苦しい異国での生活から　希望に満ちた幸福への転換である故に私達は帰国を第二の解放とまで言っている。これは当然在日朝鮮人子弟にも　当てはまることであり　幼い彼らにとっては　実に最初の解放である訳です。

帰国が在日朝鮮人の民主民族教育に与えた甚大な影響は　今年の九月から私達の学校に日本の学校から編入して来た学生の作文の中の一節

「日本の学校に通っていた九年余りは〝チョウセン〟と言う声を聞いただけで背中がヒヤッとした私が　この学校に入って一月もたたないのに　朝鮮民主主義人民共和国へ帰国したい気持で一杯である・この変りように自分自身あどろきあきれている。」

にその一面が表われている。即ち私達の民族教育は　祖国に対する無知と民族的卑屈感を一ヶ月で基本的に退治し祖国と彼らを結びつける力をもつようになった。

帰国が在日朝鮮人の民主民族教育に与えた影響は

一、在日朝鮮人学生をして共和国公民である事を実感的に味わせ　公民としての〝ほこり〟を高揚させた。女子学生達は朝鮮の服で登校するものが多くなり　又「国語常用」運動が自覚的に行われている。

二、教職員達は「民主祖国建設の有能な人材を養成する」と言う教育の目標をより実感的に把握しその〝ほこり〟と責任の重大さを自覚しながら　教育の質的向上の為に献身するようになった。

三、在日朝鮮人学生達は自己の未来を　自己の運命を祖国との密接な結びつきの中に描きながら　即ち教育目標を正しくつかんで勉強するようになった。今迄の朝鮮人の民族教育では　卒業した后　具体的にどう生活すべきかについて　学生達がすっきりするように指導し得ない悩みがあった。即ち「民主祖国建設の有能な人材たれ」と教育しても　学生達には又教師自身も　これが最も正しいと知りながら　身近さを感じない　何か遠いことのように思われていた。

しかし　帰国問題は　この大問題を簡単に一蹴し

てくれた訳である。朝鮮人学生は今や一年前とは別人のように　明るく活動的であり又熱心に勉強している。

四、日本の学校から多くの朝鮮人学生が　朝鮮の学校へ転編入している。

図1.2,3,に見られるように　こゝ二、三年在日朝鮮人学校の学生数は減りぎみであったのが　一九五九年度新学期は　前年度に比べて二五%の増加　即ち　六一三二名の増加という　ちょっと考えれば当然の事だが、非常に　急激な量的増加をみた。私達の学校では　従来中一と高一に　一クラスずつ設けていた　日本の学校からの受け入れ学生のクラスを　中一では二クラスに　高一では三クラスに　即ち　特別クラスを　二、五倍にしなければならなかった。

考えれば当然の事だが　しかし　もっと驚くべきことは　この九月から日本全国で日本の学校からの転編入生が　約五千五百人位増えた。

私達の学校でもこの九月に　高等部四〇名　中等部六四名　計百四名の編入をみた。

今年から　朝鮮の学校に　入学や編入して来た学生達の入学の感想や　入学前后の事について調査したアンケートや作文を通じて　彼らの変化をみたいと思います。

アンケートは　計三百五人に対して　十月中旬に実施したものです。アンケートによると

A　朝鮮中高級学校入学以前

一、帰国問題についての関心は

深かった	三八	%
少しあった	四八	%
関心なかった	一四	%

二、祖国から　在日朝鮮人子弟への教育援助費が来ていることに対し

よく知っていた	一二、六	%
少し知っていた	五四、六	%
全然知らなかった	三二、八	%

三、祖国の事情（北半部における工農業の躍進等）について

よく知っていた	一〇、六	%
少し知っていた	六〇、二	%
全然知らなかった	二九、二	%

B　現在の帰国希望について

一～六年で帰国する　一〇、二%
一年以内に帰国する　二二、〇%
高校・大学卒業后帰国する　二三、〇%
帰国しない　三、三%
わからない　四五、〇%

（Aの二及三についてよく知っていたと言う学生をよんできいてみたところ　具体的には何も知ってなかった）

これによってみると　日本の学校にいる朝鮮人子弟は自分の祖国の発展や　祖国の配慮について殆んど知らずにいる。

しかし　入学前から帰国問題には深い関心をもっていたことがわかる。

帰国希望をみると　約三分の一が帰国意志をもっており　ごく少数（約三%に当る十名）の帰国しないと言う者を除いて　大部分が未定である。

これをずーっと　朝鮮の学校で勉強して来た学生に比べると　ずっとその帰国希望が少い。即ち数字で比較すると　下表の通りである。

	一九五九年六月実施		
	中学生	高学生	日本の学校からの編入生
三年以内帰国（単独帰国）	五二・五%（二一・五%）	八六、二%（一八、三%）	三二、二%（——）
帰国せず	不明	一、一%	三、三%

帰国を希望するものと　しないものの差は　共和国における　工農業等における飛躍的前進——共和国の千里の駒の躍進の模様をよく知るか　否かによるのであるから　この差は致し方ないと思われる。

しかし　編入生達の向から　続けて民族教育をうけている学生達以上の帰国希望者を出すことが　我々朝鮮人教師の任務であろう。

アンケートでの朝鮮人学校についての感想をみると（一部の意見はカッコの中にかいた）

◎　本校の良い点

○　青年同盟や少年団の人達が親切で　又彼らはよく学校のために働き　あらゆる面で活動的である。

（8）

○ 規律が正しい
○ 祖口のことがよくわかる
○ 学生達がよく仂く
○ 朝鮮人ばかり
○ 学校設備について
（授業料が安い）
（先生が親切だ）
回一 本校の良くない点
（きびしい ─ 封建的）
（強制的にやらせる……こまかい金の支出等）
（先生は親しみづらく又短気である）
（スリッパ等がよくなくなる）
（以前からいる学生達が口語をつかわない）
（以前からいる学生達の中に愛口心のない人がいる）
（そうじをきれいにやらず うら側がきたない）

等がおもなものである。編入生達のこの指摘は私達の民族教育の成果と欠点をとらえており 特に欠点に対する指摘は適切であり 教えられる所が多かった。

次に 九月から編入した中学生の作文を紹介したいと思います。四、五篇の全文は後ほどあげることにし まず 作文を部分的にみますと
題目「朝鮮中学へ入った感想」の中で生徒達は入学以前の事についてこう書いている
『私は小学校にいた時 どんなに 日本人になりたかったか……』
『……自分が朝鮮人であるにもかゝわらず 近所の友達と一緒に ある人を〝朝鮮人〟と からかった事があった。本当にはずかしいことです……』
『ぼくが日本学校に行っている時は まわりの子が みんな日本人なので 本当に心の中からの話し合いはできなかった……』。
『日本学校にいた頃の僕は友達に朝鮮人とか 厂史の時間に朝鮮等と先生が話している時は 何かしら自分一人ではずかしさを感じた……』
本校への入学后の事を
『……何しろ同じ朝鮮の友達と勉強できていることがうれしい』
『……もし日本の学校に いつまでも行ったらこの僕の将来の夢を日本の国 いや人の祖口でおわり

(9)

らなければならないのだ……』

『……そして今この新しい教室で言葉一つ知らない僕達が勉強していることは楽しいが 日本の学校にいた時は勉強するのがいやになったが この学校に入って楽しくてしようがない……』

『……今私が望むのは 日本の学校へ行っている朝鮮人は一早く朝鮮学校へ来て祖国に対する希望を燃やしてほしい……』

『自分が急に きゅうくつな世界から解放されたような気持……』

又 ちょっと変った所で
『……今迄日本の学校にいたことを思いだすとバカバカしくて腹が立つほどだ……』 等々。

『私は急にきゅうくつな世界から解放されたような気持……』の中に編入生達の気持が要約されていると思う。

彼らの本校への入学前 即ち 一般的に日本の学校にいる朝鮮人子弟は 皆民族的卑屈感を程度の差はあれもっている。又 中には朝鮮人であることをかくすあまり偽善者となっている。これをとり除くには 日本人の思想をも変革しなければならないのであるから 日本の教育では単期間には不可能であろう。これは 朝鮮人子弟を朝鮮人学校で教育して はじめて可能な事であると思う。

私は 今あげた作文の一節『きゅうくつな世界から解放されたような気持』と言うのを『解放された気持』と見たい。即ち 日本の学校から朝鮮人学校への編入 それは在日朝鮮人子弟にとって解放である。

特に今年度の編入生達の前には従来と違い幸福への道が こうこうと照らされて 眼前に 真直にひらかれているので尚更そうである。

今年の編入生達の発展テンポは 例年よりも早く現在の苦労の向の光明をみつめながら力強く学んでいる。

又私達の学校では十一月三日から

中一	中二	五五名
中三	高一	五五名
高二	高三	六六名

計一七六名の第一〜六船帰国希望者で帰国特別クラスを編成し 十一月末に迫った第一船出航を前に

きんちょうした雰囲気で勉強している。この帰口特別クラスの編成は今迄の民族教育の定常性をやぶり、学校内の雰囲気を〝帰口するのだ〟と言う実感でうめている。

要約すれば　在日朝鮮人の朝鮮民主主義人民共和口への帰口は　在日朝鮮人の民族教育を量的に発展させると共に　質的には　学生、教師、父兄等をして　教育の目的　勉強する目的を　しっかり把握せしめる事により　その発展に大きな作用（影響を及した。

三、在日朝鮮人子弟の教育は如何になされるべきか

前にも書きましたが私達は朝鮮人子弟を日本の学校から　朝鮮人学校へ編入させる事は　彼らを解放することであると思っています。

これは決して一般的に日本の学校が悪く、朝鮮の学校はよいと言う意味で言ってない事は言うまでもありません。

朝鮮人子弟が日本の学校で教育をうけても朝鮮人として　どう実践すべきかの解答を得られないからです。これは彼らにとり　又朝、日両口にとっても重大な問題です。

故に　日教組の度重なる教研集会で打ち出された在日朝鮮人子弟への指導方針は全的に正しいものです。

そしてその成果は　具体的に　今年の九月編入生の中に　日本の学校の先生にすゝめられて来た生徒がいます。（こう言う成果は全口的には多いと思います）この生徒は　その先生に　朝鮮人学校での生活の様子　感想等をこまかに伝えており　非常によい先生だと尊敬しています。

私達は今迄に　日本の学校から編入生をつれてくる事を　彼らを解放する事であるとの考えの下に戸別訪問等で説得し　学生数の増加を教育の成果の一つとして評価して来ました。しかし在日朝鮮人の中には　未だ部分的に　日本の植民地時代の奴隷根性が抜けきらず　朝鮮人がやる事に信用がおけぬと言う人がいるから　朝鮮人が朝鮮人学校の優越性を説いても信用しない面が多分にあります。

ですから　朝鮮人子弟を朝鮮の学校に編入させる説得を　日本の先生方にやってもらうと効果は甚大

(11)

です。

　日本の教師がその説得に立ち上る為には　何よりも　日本の先生方が朝鮮人の民主民族教育の実態をよく理解し　これこそ朝鮮人子弟を幸福にする道だと納得のいかぬ限り　それをすゝんで期待することは不可能でありますので　私達は今后一層　私達の教育の実態を日本の教師の中に宣伝し　相互の連繋を強めたいと思います。

　そして今迄　日本の教育の一つの問題点であった　在日朝鮮人子弟に対する教育の問題の決定的解決策である。共和国えの帰国の前提となる　朝鮮人学校への引導という方向の正しさを深く研究し　この実践の為　日本の教師が創意性を発揮して多くの努力がなされることにより　彼らの幸福への道 ― 共和国への帰国の道 ― が大きく開かれるものと確信致します。

　私は最后に私達の帰国運動を御支援下さった日教組に結集しておられる諸先生方に　心からの感謝と敬意を表し　皆さんのおかげで斗いとった共和国への帰国事業を　より成功的に押し進めることにより　私達の民主民族教育を質量的に一層発展させることにより　又世界の平和と　朝、日両国民の友好親善の為に努力することにより　皆様の御支援に　おこたえしたいと思います。

(12)

〈資料〉

東京朝鮮中・高級学校に入って

韓 玉子

私は九月六日よりこの学校の生徒の一人となれました。今まで日本の学校に行っていたので、この学校に入ってからと言うもの自分が急にきゅうくつな世界から解放されたような気持であった。

私はこの学校を早くから希望していましたが、今、ちょうどそのチャンスがあったのです。それは帰国問題です。その帰国問題でざわめいでいる時に入るチャンスがあったのです。私は早くこの学校になれみんなと同じく肩をならべ、どんなに苦しくてもへこたれないでやるつもりです。

すでにこの前、国立競技場で開かれたわが国の解放記念日が開かれた。このような日に私達が出席できるとは夢にも思わなかったのに朝鮮中学校の生徒として参加できた。この時ほどうれしかったことはありませんでした。

こうしてこの学校の生徒として一日一日がすぎさって行くのであります。今さかんに先生達がわが国の[illegible] おしえてくれます。そう言うたびに私はそれほどまで進歩してきているのを大変楽しくおもいます。

ああわが国がなつかしいと思う時など涙がでてきます。先生から聞いた事を家の人に教えますと家中が笑声、話し声で一ぱいになります。それを話すのがなによりの楽しみである。だから、これから誰にもまけないくらいがんばっていきたいと思います。

感想文

李 月仁

今朝、先生が「この学校に入ってからの感想を明日まで書いてくるように」とおっしゃられた。

私は困った。作文というものはどうも苦手である。どうした訳か自分の気持を素直に紙上に表わす事が出来ないのです。がない頭を絞り／＼考えてどうやら書く事が出来ました。

九年間という長い年月を日本学校で教育を受けていた私が、始めて朝鮮学校に入りいろ／＼不審をいだいた事は、書くまでもありません。あまりにも方針が違うからです。

(A)

でもこのごろでは信じるべきかがはっきりわがってきました。と同時に、今まで自分をどうにかして日本人に見せたい――と思っていた事がどれほど愚かな事であるかという事も……。

やはり自分の国の言葉、字、歴史を学ばなければ真の愛国心は起らないと思う。

朝鮮の歴史を学んでいるうち「私もぼやぼやしていてはいけない！私達には未来の朝鮮を背負うという重要な任務があるのだ」という責任感を感じるようになった。今までの朝鮮は、日本を始めとしていろいろな国からばかにされてきた。これではいけない。これからの朝鮮は「世界のどの国にも劣らない立派な国になるのだ」と私は信じている。そのためにも皆団結して一つの心になって働くのだ!!

私は、未来の朝鮮を夢見ながら一生懸命勉強しようと思う。

朝鮮学校に入っての感想

金 豊子

日本学校にいる時の気持はとてもいやな気持でした。それはいつ朝鮮人と言われるかとそればかりが心配で学校に行ってもおちつかないしまつでした。友達と話しをしていても朝鮮のことを言われはしまいかと内心びくびくです。例をあげてみると一人の友達が私に朝鮮の人てどんな人だかしっている？と私にたずねました。私はその質問に対してどのように言ったらよいのかこまりました。まさか私みたいな顔とは言えず知らないわとすまして答えた。その後も何度か、そのようなことを言われ泣きたい気持でした。

いよいよ朝鮮学校の進学のテストがあった。私は母と妹といっしょに学校へ行きました。その時は妹のつきそいで別に私がテストを受けるわけではありませんでした。しかし学校のようす、又友達などを見ていると急に私は朝鮮学校に行きたくなりました。

その理由は第一に友達です。日本の学校の友達

(B)

にくらべると、とても悲しい点です。又しんせつでそして私と同じくらいの年の人が空にはなされた鳥のように自由に遊んでいるのを見て心を引かれました。

そして学校に入って十八日になって友達と勉強してる間にもいろ／＼なことがわかりました。私はこの学校にはいってきて少しもこうかいしていません。むしろ日本の学校をやめたことをうれしく思います。もっと早く朝鮮学校のようすをしっていたらもっと早く朝鮮学校に行けばよかったといまながらこうかいしています。

九・九十一週年記念式典に参加して

金 英子

九・九十一週年にふさわしく空はとてもすんでいた。朝の食事もめずらしく白く、今日の喜びが米一つぶにまでもあるようで私の心も白くすんでいるような気がした。満員電車にゆられ国立競技場につくと、もう場内は今日の喜びにみちあふれた顔がズラリとならんでいた。中にはあまりの空の青さのために顔をゆがめている人もいたが……。

みんな今日の日をどんなにまちわびたことでしょう。私はなんとなくこの式典に参加できたことがほこりのようでありうれしかった。ここにいる人はみんな私の同志なのだ。朝鮮人なのだ!!他国にいながら、祖国へ帰るのをまちながらこんなにもすばらしいことができる。自分の民族にほこりをもつことがどんなにすばらしいのか、つく／＼考えさせられました。まして祖国の祖の字も知らなかった私が他国日本にいて祖国のこんなにもすばらしいものが、同志の集まりが見られたのだから。

となりの子と話してるうちに私達の国の学校の生徒の行進がはじまった。日本とちがった祖国の力づよい行進を見ているとまたあらたな考えが心の中でさわぎはじめた。みんなの心の中がいっしょになったかのように場内はしんとしつづいて、低かったけれどあせと力できずきあげられたような手があっちからもこっちからもかさなりあってきこえてきた。祖国の足あとの行進を見ていると祖国の建設の様子が何げなく目の中でちら／＼し

(C)

天気がよかった。

平和のハトが私達の頭上をとびまわり、私達の苦しいこと、悲しいことを持ちさっていってくれたように遠くにとびちっていった。

みんなが集まり話をきいている時、私は話をきいていたが飛行機が大きく円をかきこの大会をぶちこわすかのようにビラをまいていった。『知りましょう、北朝の実態を』私達は北朝の実態をとてもよくきき知っているのにどうしてこんなばかげたことをするのかと思った。ビラを作るのにお金をかけ、そして空からひきょうなやり方でさいてなんのとくになるんだろう。そんなことよりもこのデマにびくともしないわれら民族がなおさらほこり高く美しく感じられた。いや、感じたのではなくそうなのだから……。

このあとに今までみがきあげたわざをきそう競技大会も行なわれ、わが校のマスゲーム等はすごく拍手がおくられた。

こんなよい日に友達の悪口をいったことが残念に思えてならなかった。

帰国船がもうすぐ近づいてくる。日本でのこの式典はこれが最後であろう。この喜び、この感げきをいつまでも心の中にやきつけておこう。

国立競技場での体育祭

金 行雄

中央線に乗ったぼくはせんだがやへ出発した。今日は国立競技場で十一時から朝鮮民主々義人民共和国十一周年記念日が盛大に開かれるのだ。やがて電車はせんだがや駅に着いた。ぼくは九月六日に入ったばかりの編入生なので体育祭に出られないが見れるだけでもうれしく思えた。東京体育館は朝鮮学校の生徒でうずまっていた。皆、喜びに満ち今日は立派にやろうというような顔だった。

先生の引率で国立競技場に入った。朝鮮の服を着た女の人、赤いハンカチを首にまいた少年団、もう体操の服を着てはしゃぎまわっている生徒、麦わら帽子をかぶった大人、皆競技場を急ぎ足でかけめぐっていた。

(D)

やがて竞技場の時計の短針が十一をさした。すると音楽が急になり出し入口からさまざまな旗を先頭に全国の学校がトラックを行進した。足はそろい服もそろいいや実にすばらしかった。中でも小学生の少年団は活気強く行進しぼくのむねをおどらせた。ぼくはその時はずかしく思った。体育祭に出ないで観らん席にすわり行進を見ていたぼくはうれしいようなはずかしいような気持になり早く朝鮮学校に入り立派な一朝鮮人になれば良かったとつくづく思った。中でもおどろいた事は小学校が十三校もある事だ。てっきりぼくは一つだけだったと思っていた。というのは東京には中学校が一っじかないからだ。

一番あとに東京朝鮮中・高等学校が出ました。

一番心に強く感じた事は朝鮮学校の生徒全体がたくましい体をしている事だ。高校生達はレスラーにまけないほど立派な体だった。ぼくは日本の中学一年で組での背の高さは後から四番目だったが朝鮮中学校の中学一年生の行進を見ていると、背ばかでかい体をしぼくなどは背の高さでは真ん中にも入れないくらいだ。

つまらなくはずかしい事がまたあった。演ぜつの事だ朝鮮語の話し方も、聞き方も、書き方もわからないぼくは長い演ぜつをしている間とてもつまらなかったし朝鮮人のくせに朝鮮語もわからないことは、とてもはずかしく感じ朝鮮語がぺらぺらしゃべれる生徒がとてもうらやましかった。

なたしろこんな盛んな大会を見たのは生まれてはじめてだ。

(E)

朝鮮人学校閉鎖までの歩み

自主的にはじめられた解放直後の教育

ソヴィエトを先頭とする全世界の反ファッショ勢力の英雄的なたたかいによって、一九四五年八月一五日、朝鮮民族も解放の日を迎えることができた。長い間、異国の空でたえがたい重労働と飢えと虐待にさいなまれていた二四〇万の在日朝鮮人も、解放された民族として、りっぱな独立国家をつくりあげ、人間らしい生活をしてみるんだと、燃えるような希望と夢を抱いて帰国を急いだ。

八・一五解放とともに、児童たちは、ほとんどが自発的に日本の学校をやめた。帰国するまでの間、朝鮮語と歴史などを学ぶために、日本全国いたるところで初歩的な民族教育がはじめられた。

でも、祖国は完全に解放されたのではなかった。三八度線以南を占領したアメリカは、直ちに軍政をしいて、英語を公用語とし、朝鮮人の一切の自主的な活動を禁止した。植民地時代の支配機構を温存し、民族をうらぎったものたちをそのまま重用した。

在日朝鮮人の帰国に当っても、アメリカ占領軍と日本政府は、船便の供与をおさえ、血と汗のかたまりともいえる荷物と現金の持帰りを制限した。

また、南朝鮮を占領した米軍は、在日朝鮮人の受入体制を何も講じなかった。ために帰国者たちは、住いと職のないキガ状態につきおとされ、子供たちは就学はおろか、物売りか浮浪児と化していった。

このアンタンたる祖国の現実に、故里を南朝鮮にもつ在日朝鮮人の帰国の足はにぶった。帰国を一時、思いとどまった在日八〇万の朝鮮人(現在は約六〇万)は、失なわれた生活地盤のたてなおしと、子弟の教育問題に本格的にとりくむことになった。

こうして一九四六年の夏頃から、新らしい学校づくりの運動が広汎に展開された。一九四五年一〇月に結成された在日朝鮮人連盟(略称朝連)では、つぎのような政策をうち出して、この運動を積極的に推進し、指導した。

(下)

一、民族的な教育政策の樹立

一、半恒久的な教育政策の樹立
二、教育施設の拡張と教育内容の民主化
三、系統的な教育体制の確立
四、大衆的な基盤の上に立つ教育財政の確立
五、日本民主教育者との積極的な提携協力

多くの愛国的な朝鮮人たちの献身的な努力によって、一九四八年の四月には、五六六の小学校、七つの中学校、三三の青年学校がつくられ、児童生徒数は五三〇七二名、教員一四二五名、教科書副読本の刊行九二点、一〇〇万部という盛況を呈した。

　これらの学校は、すべて朝聯の指導のもとに、地域的別に組織された学校管理組合によって自主的に運営された。また、一九四七年八月には教員の単一組織として「在日朝鮮人教育者同盟」（現在の「在日本朝鮮人教職員同盟」の前身）が結成されるとともに、多くの民主的な日本の教育専門家たちの協力をうることができた。

　このおどろくべき教育熱と巨大な成果は、いったい何に由来するのか？　それは第一に、親たちが無学文盲を強いられたことによってなめた苦しみを、自分たちの子弟には、どんなことがあってもなめさせたくないという切実な願望と、解放された新興民族としての燃えるような自主独立の精神に由来する。第二に、われわれの志向した教育目的・教育内容が、父母たちと子供たちの気持に完全に合致したからである。

　当時、われわれが念願した教育は、なによりもまず、在日朝鮮青少年に、これまで根深くうえつけられていた植民地奴隷民族としての劣等感・卑屈感をぬぐいさって、帝国主義のくさりから解放されて、民主々義的な自主独立国家をたたかいとる新興民族としての自覚と誇りをもたせることにあった。そのためには、どうしてもこれまで日本の帝国主義者たちによって教えこまれたファッショ的な、背族的な教育の害毒をとり除くとともに、李朝時代いらい清算されずに残っている封建的なもろもろの因習をも打破し、真に住みよい明るい社会をつくるための民主的な民族教育を実施しなければならなかった。

　そこでわれわれは、教育の重点を国語と歴史において、これまで使用を禁止されていた母国語の

(G)

習得と、ゆがめられ抹殺されていた朝鮮民族の正しい歴史を教えて、祖国の完全な統一と自主独立をたたかいとり、諸国人民との友好親善を深め、世界の恒久平和に貢献しうる愛国的、民主的人材をつくりあげようとしたのである。

このような教育を、われわれは民主々義民族教育とよんだのである。

弾圧に抗して守りぬいた民主民族教育の伝統

しかし、われわれのこのような教育は、最初からアメリカ占領軍とその支配下にあった日本政府の気にいらないものであった。なぜなら、被圧迫民族の解放と統一、独立と世界の恒久平和は、他民族の侵略とギセイにおいて最大利潤を追求することなくしては存続しえない帝国主義的な政策とは、根本的に相容れなかったからである。

まもなくアメリカ帝国主義者のアジア政策が大きく右旋回し、日本の反動支配体制が立直りかけた一九四七年ごろから、在日朝鮮人の教育活動に対する干渉、弾圧がはじまった。

一九四八年米占領軍は、日本政府をして朝鮮人教育の自主性を抹殺し、戦前と同じ「同化教育」を強制する法的措置をとらせた。そして、これに反対する学校の責任者たちを検束し、武装警官を動員して学校を占拠した。われわれはあくまでも、(1)教育用語は朝鮮語とする。(2)教科書は自主的に編サンし、GHQの検閲をうけて使用する。(3)学校の運営は学校管理組合が自主的に行う。(4)日語を正科とする。の四項目の要求をゆずらなかった。

神戸、大阪では数万の群衆が反対に立ちあがった。これにたいし四月二四日、米占領軍は非常事態を宣言し、阪神一帯で三千余名の朝鮮人と多数の民主的な日本人を検束し、数百人が裁判にかけられた。兵庫だけでも一五人が軍事委員会の裁判にかけられ、最高一五年から八年の刑が言い渡された。大阪では金太一という一六才になる少年が府庁前で射殺された。

これが、全世界の平和愛好人民を憤激させた四・二四阪神教育事件である。

この事件のあと、文部省と「覚書」が交換され、朝鮮人学校としての自主性をみとめる私立学校と

(H)

して認可申請をすることにした。

一九四八年九月九日、南北の全朝鮮人民の総意によって朝鮮民主々義人民共和国が創建された。在日朝鮮人もこぞって李承晩に反対して共和国を支持した。教育方針も共和国の教育政策に則って行われることになった。一九四九年四月から実施された「朝聯各級学校規定」には、教育の理念がより明確に規定された。

「小学校は真の民主々義原則によって、児童の健全な身体の発育を助長し、人民的生活に必要な基礎的技能を習得せしめ、組織的社会訓練を施して民主思想と民族的自尊心を培養し、民主々義朝鮮国家の発展と世界平和に貢献すべき真の愛国者を養成することを目的とする」（朝聯小学校規定、総則第八条）

これに対しアメリカ帝国主義者どもは、いよいよ血迷った行動に出た。

中国から追い出されたアメリカ帝国主義者たちは、大陸侵略の足場を朝鮮に求めた。若い共和国を圧殺し、朝鮮全土を征服するための戦争計画がおし進められた。そして背後をかためるため、日本国内の民主勢力を一掃する手はじめに、一九四九年九月八日、朝聯と朝鮮民青をこともあろうにファッショ団体を取締るためにつくられた団体等規正令を適用して、暴力団体の汚名をきせて不法にも強制解散させ、一切の財産まで没収した。そして、翌月一九日には、抜打ち的に朝鮮人学校一斉閉鎖令が出され、朝聯直営と一方的に認定した五三校は、即時閉鎖接収し、そうでないと認定した学校は改組不可能な条件を附して、実質的には閉鎖同様の通告をしてきた。

この措置は、四・二四教育事件の流血の上にかわされた文部省と朝鮮人代表との間に交された「覚書」のなかで「今後朝鮮人の教育問題は、すべて事前に日本の関係当局と朝鮮人代表が実情をよく研究し、その環境にもっとも適した処置をとる。」ことにしたことや、朝聯解散に際して、殖田法務総裁が「朝聯財産でも学校は閉鎖しない」と言明したことを、自ら裏切る暴挙であった。

一〇月一九日の学校閉鎖令によって、大阪、京都、山口、九州、東北地方などは完全に学校を閉鎖され、児童・生徒は日本の学校へ分散され、戦

(I)

前と同じように日本人としての同化教育を強制されることになった。しかし、一度朝鮮人としての教育を受ける楽しさを味わった児童たちにとって、日本の教育は以前にもましてたえ難いものであった。ことに二万名の児童を教育していた大阪では、閉鎖直後、学令児童の四〇%までが日本の学校に行かなくなり、浮浪児のように盛り場をうろつくようになった。転校した児童たちも長期欠席者がふえていった。統計がしめすように、大阪では朝鮮人学校閉鎖後、朝鮮青少年の非行 事件がおどろくほどふえていった。

一方兵庫、愛知、広島などでは、父兄と児童と教員との一致した団結の力で閉鎖令をおしかえし、自主学校のまま民主民族教育を守りとおした。これらの学校では、政治的圧力、経済的困難など言語に絶するものがあったが、そのなかで育つ朝鮮の青少年たちは、かえって強く、明かるく、人間的に正しくのびていった。

また、東京をはじめいくつかの県・市では、朝鮮学校はいったん閉鎖の形をとったあと、都立、公立、公立分校などの形で再開されたのである。

その他、分散居住している地方では、日本の学校の中で課外に朝鮮の民族教科――朝鮮語、地理、歴史、音楽などを教える民族学級を設置することになった。

一九五〇年の朝鮮戦争後、約三年間は在日朝鮮人教育のもっとも苦難にみちた試練の時期であった。朝鮮戦争に反対する反戦平和運動のかどで、多くの学校が警官の泥靴でふみにじられ、教員の検束、学生の逮捕が相次いだ。米占領軍は在日朝鮮人の大量追放をたくらんだし、日本政府はサンフランシスコ単独講和条約をたてに、朝鮮人子弟にたいする義務教育の剥奪へ一九五三年二月六東京都立朝鮮人学校の廃校を策し、一九五四年四月、各種学校に移管した。

相つぐ苛酷な弾圧で、朝鮮人学校はまさに危急存亡の岐路にたたされた。

共和国から教育費送金と新たな教育の発展

一九五三年七月、朝鮮戦争は勝利的に停戦がかちとられた。金日成元帥を首班とする朝鮮労働党と共和国政策の正確な指導によって、戦後の復旧

(J)

は急速に進んだ。共和国政府は、平和的共存の対外政策をあきらかにするとともに、一九五四年八月、日本との国交正常化をよびかけ、在日朝鮮公民を保護する南日外相声明を発表した。

一九五三年の冬には、大山郁夫教授夫妻がはじめてわが祖国を訪れ、そのご現在まで、六〇〇余人の日本各界人士がひきつづき訪れている。

在日朝鮮人運動も基本的にかわった。一九五五年五月には、在日朝鮮統一民主戦線を発展的に解消して、あらたに在日本朝鮮人総聯合会が結成され、共和国政府の対外政策に忠実に依拠して、日本の内政に干渉せず、共和国公民として祖国の平和的統一・独立と民主的・民族的諸権利をまもるためにたたかうことを明らかにした。

在日朝鮮人の教育にも新たな発展の契機がつくられた。民戦時代の日本の民主化を目的とした教育方針は、共和国の忠実な子弟を教育する方針に改められた。共和国の新らしい教育諸規定も実施され、PTAも教育会に改編され、教育体制も確立した。また、一九五七年四月には共和国からはじめて一億二千百余万円の教育援助金と奨学金が送られてきた。その後今まで六回にわたって七億円ちかくの送金があり、朝鮮人学校の運営は著しく改善された。朝鮮大学校も仮校舎から近代的な施設をほこる新校舎に移転し、文字通り初等教育から大学教育まで一貫した民主民族教育を施す学校体系を完成した。二二〇〇余名の日本の各大学に通っている学生たちにも、奨学金をうけて勉学する途がひらけた。

いまや在日朝鮮人は祖国からのあたたかい配慮にはげまされ、かぎりない喜びと勇気と確信をもって、苦難にみちた民主民族教育の輝やかしい伝統をうけつぎ、発展させるため立ちあがっている。ことに、昨年八月から展開された在日朝鮮人の共和国への帰国運動は、子弟の教育にいっそう拍車をかけ、今年の四月には、昨年同期にくらべ二五・三四%、六一二二名が増加し、総聯結成いらい、最大の成果をかちえた。

現在朝鮮人子弟で民族教育を受けている比率、

朝鮮人学校へ　三万六千名（十四%）
日本の学校へ　二二万名　（八六%）

(K)

19. 재일동포 학생의 현실

1959.2.

第八次教育研究全国集会

第十三分科会 資料

在日朝鮮人学生の現実

在日本朝鮮人教職員同盟東京都委員会

白 漢 基

目次

[redacted]

(1)

在日朝鮮人学生の現実

一、はじめに

「先生！僕、あの時学校をやめなくて、良かったと思います。僕、あの時、将来に対して、希望が持てず、生活も苦しかったので、よっぽど学校をやめちゃおうかと思ったんですが、先生が、時々・休んでもいいから、学校は続けた方が良いとおっしゃったでしょう……」。これは、ある[redacted]、登校中に、高三のK君が語った言葉である。

私は彼が高二の時、二ヶ月間だけ彼の級を担任したことがあった。彼は当時、（今もそうであるが）自分で働[redacted]いた。彼の親は彼が高校へ進学する時[redacted]いて行くのなら、行っても構はない、と言ったそうである。彼は三日置きに欠席し、学校へ出た時は授業中に、いねむりをしていた。それは無理もなかった。

私は授業が終ってから彼と話をしてみた。彼は最初自分のアルバイトについてなかなかうちあけようとしなかったが、色々と談話を交す中に、ボーイをやっていることをうちあけてくれた。あれから二年経つ。彼は、今、牛乳屋で働きながら、この学校へ通っているのである。

「先生があの時、苦しさに堪え、困難に、うちかつ人間になれとおっしゃったでしょう……」。こゝまで話を聞いた時、私は何かおもはゆいような感じがしてならなかった。というのは、私はあの時、ほんとうに親味になって、彼の相談相手になってやったろうかという良心の苛責をうけたか

(2)

らである。しかし、とにかく、私は嬉しかった。彼はこゝまでこぎつけたのである。彼は、卒業したら「共和国へ帰国する」とはっきり言い切った。彼の額には、二年前のあの暗さとニヒリスティックな陰は全く消え失せていた。

私はこういう生徒を大勢知っている。Kもそのうちの一人だった。彼女は中学を優秀な成績で卒業し、高校へ進学することを強く望んでいたが、家が貧しくて、高校進学は実現しなかった。私は、このKと運動会の日に校門の所で、ばったり会った。だが、彼女はもう、三年前のあの純真さを失い、社会の悪い面だけを全部吸収しているかのようだった。これは外面的な判断ではなく、彼女自身の言葉を通じてうかがうことができた。

間もなく、高三の学生達が巣立っていく。高三の三学期。日本の高等学校ならば、文字通り、浮足立つ時である。或る者は就職運動に、或る者は大学の入試準備にと、大童の筈である。（勿論これが良い傾向だといっているのではない。）成る程、そこには「狭き門」が待ち構えて居り「落ちたら」という不安はあるが、とにかく、日本の高校生は自分の運命を試す機会だけは与えられているのだ。

だが、ここに、その試す機会すら、満足に与えられないものがいる。日本にいる朝鮮の学生達である。彼等は、貧しさと、差別のために始めから除け者にされている。大学に入るには、莫大な金がいる。例え金があるにしても、朝鮮高校の卒業生は、進学資格がない、として受験を拒否される。就職の場合だってそうである。日経連は二十六年あたりから、申し合せ事項として「朝鮮人は採用しない」と決めてある。（これらの問題については後述するつもりであるので、こゝではこの程度にして置きたい。）この様にして、朝鮮人学生へいや全朝鮮人はと言った方が良いかも知れない）は伸びる芽をつみ取られ、人生に対する希望を持てなくなる。

だが、こうした暗闇の中からも、一縷の光明が見えだして来た。それは帰国である。在日同胞の帰国を歓迎するとの金日成首相・南日外相、金一

(3)

副首相の声明は、全在日同胞、特に在日朝鮮人学生達に、衝撃的な感動を与えた。これは彼等に生きる希望を与えた。在日朝鮮人が自分の祖国に帰り、祖国の同胞とともに幸福な生活を営みたいと願うことは当然の権利であり、何人もこの権利を奪うことは許されない。若し、この権利を奪う者がいるとすれば（現にいるのだが――）、これこそ、文明と人道に反する行為であり、人類の敵である。

私達の教育活動は帰国運動を軸として、今一つの転換期を迎えようとしている。しかし、私達のこの運動はひとりでに成功するものではない。この運動を成功させるには、私達自身の主体的な努力は勿論のこと、広く、日本国民、特に日本の労働者階級の理解と協力を得ることが何よりも必要である。

私達は、在日朝鮮人の教育問題について、機会ある度に、その実情を訴えてきた。従って、本来ならば、この度は、そういった諸条件の中にあって、どういう実践活動を積みあげ、成果を上げたかを報告すべきであるが、不幸にも、私達の実情はまだ／＼日本国民、特に日本の教育界に、充分浸透しているとは言えないので、ここに重ねて私達の置かれている現状を御報告申し上げ、諸先生方の御批判と御指導を仰ぎたい。

二、在日朝鮮人学生の現実

在日朝鮮人問題を論ずる場合その生活問題を抜きにして考えることは出来ない。同様に、在日朝鮮人学生の問題を論ずる場合にも、彼等の生活問題を抜きにして考えることは出来ない。もっと、端的に申し上げるならば、生活問題こそ、在日朝鮮人問題の基底をなす要素である。無論、戦後、十四年間も経った今日、未だに、祖国が南北に両断されているということの現実が、全朝鮮民族の最大の不幸であることは今更言うまでもない。だが、在日朝鮮人の当面の問題はやはり、生活問題である。教育問題は、一日として、これと、切り離して考えることは出来ない。

在日朝鮮人の悲惨な生活については、すでにいくつかの貴重な資料（中央公論十二号「在日朝鮮人の現実」参照）が出ているので、こゝでは日本で最も厂史が古く、学校規模の大きい東京朝鮮中高級学校の父兄の就業に関する統計をひとつの指標としてかかげるに止める。

(1) 東京朝鮮中高級学校における父兄の就業状況

本校在籍生徒　中等部　一、一九五名
　　　　　　　高等部　　八一三名
　　　　　　　計　　二、〇〇八名

の中、地方（都内[illegible]部以外）を除いた東京都五部通学生父兄一、二六二世帯についての就業状況を分析した結果は、第一表の通りである。何らかの生業についている世帯は、家内工業的企業二一八世帯が第一位を占め、銅鉄、古物商一三二、工員一〇七、飲食店七三の順位になっていて、一応あらゆる職業に就いているといえる。驚くべきことは職安人夫五一、無職四六三という完全失業者が、四一％もいることである。

家内工業的企業とは、家族ぐるみでやっている内職程度のものから、大半が従業員一〇人〜二〇人未満の超零細な小工場まで含まれている。

銅鉄商、古物商は、鉄屑や廃品を廻収しているいわばバタヤの上級程度のものである。

これらの父兄達は、就職出来ない為、やむを得ず、独立自営の道を歩まざるを得なかったようである。それは、工員一〇七の内、日本人経営企業に、勤めている父兄が、僅かに三名しかないという事実が証明している。これらの父兄達は零細な朝鮮人企業に依存して生きている。飲食店は朝鮮料理屋が圧倒的に多く、来客の大半は、朝鮮人であり、基本的には朝鮮人客に依存している。最近の不況でこれら朝鮮人の企業は倒産が続出し、これらの企業に依存して生活していた父兄達の生活は、全面的に、危機に瀕している。無職の人達は、買出しから、どぶろく造りまでやっているが、傷病者が圧倒的に多い。これらの父兄達は生活保護によってかろうじて余命をつないでいる。足立

(4)

区に於ける朝鮮人、日本人の生活保護の比率は、日本人三.四%に対して、朝鮮人は実に二七%という高率である。
最近、一日も早く、朝鮮民主主義人民共和国への帰国を願っているのもこれらの父兄達である。

第一表

職業	世帯数	備考
総父兄世帯	1,262	東京都区部以外は除く。
家内工業的企業	218	ゴム、ビニール、皮革、ベーク、電球製品等
銅鉄古物商	133	古鉄、古物買収販売
工員	107	朝鮮人経営企業勤務（内、日本人経営企業体勤務３人）
飲食店	73	朝鮮料理、大衆酒場、喫茶、バー
事務員	66	朝鮮人団体関係役員、事務員、教員
店舗	44	菓子屋、靴屋、洋服屋
サービス娯楽	34	パチンコ、旅館
バタヤ雑業	31	バタヤ仕切廃品回収業
運転手	18	
其他	24	不動産(11)、土木建築(6)、医療関係(7)
職安人夫	51	日雇
無職	463	

(2) 生徒達の実情

父兄達の悲惨な生活は、生徒達の勉強に、大きな障害になっているのはいうまでもない。今年本校卒業予定の中学三年三六二名についてのアンケートによる結果は第二表の通りである。

教科書、参考書は、生徒が学習するのに、最も必要なものである。これを容易に買えるものは三二%で、六二%が買うのに、大変苦労しているという。祖国から四次にわたる四億余万円の教育援助費によって教科書は、多少安くなっている。それでも、まだ無料ではない。生徒達は学年が変る毎に一、五〇〇～二、〇〇〇

第二表

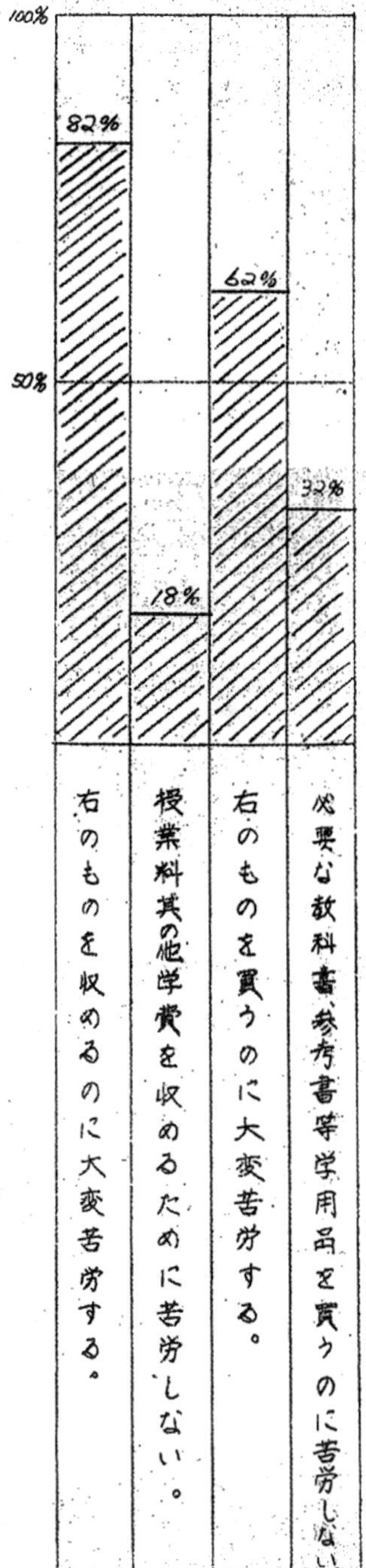

円もの教科書を買わねばならず、大きな負担になっている。教科書を揃えるのが精いっぱいで、参考書までは、とても、手が出ない。

都立学校廃止に伴う処理費として支給されていた東京都庁からの、教育予算も今年で打切られる。祖国からの、教育援助費があるにもかゝわらず、生徒達の授業料は、値上げせざるを得ない現在、中学校の授業料は六〇〇円、学級費二〇円が定額負担であるが、通学費を加えると、生徒一人当り月平均一、二〇〇～一、三〇〇円程度である。この全額を払うのに大変苦労しているというものが、82%にも達している。通学距離が遠いために、新聞配達などのアルバイトも思うようにやれない。毎月長期欠席、退学の生徒が増えている。

今年になってから、高等学校で、生活貧困で、二十四名が、長期欠席をして居り、退学をした者が、二十八名にも達している。

ある生徒は、休学の理由を、次のように訴えている。「父は失業して、希望のない毎日を送っていたが、母とけんかをして、家を出てしまった。八人家族をかかえて、母一人の手では、三度の食事にも事欠かねばなりません。授業料も払えず、通学定期券も買えません。でも、幼い弟や妹達は、無心に、毎日、母に授業料や、定期券代を、せび

(7)

っています。

私は幼い弟や妹達だけでも、学校に通わせようと思い、しばらく休学して何かアルバイトを、探してみます。」

又ある退校生は

「母は結核で、入院中ですが、私が学校に行っているという理由で、医療券が、打切られました。私は母の病気をなおすために、働かねばなりません。」

(3) 卒業生進路

一九五七年度高等学校卒業生の進路は次表の通りである。

卒業生総員	一七八名（内女子 五九名）
就職	五一名
日本大学進学	二六名
朝鮮大学進学	六名
祖国大学進学	四名
不明	九六名

就職の内訳

朝鮮人学校教員	一二名
事務員	一六名
職工	九名
店員	五名
配達夫	四名
計	五一名

この表で分るように、卒業生一七八名の内九一名という半数以上のものが、職業も、上級学校も、与えられず、社会に投げ出されている。

彼等の内、ある者は悪の道に、落ちる者さえ現れている。このことは、朝鮮人学生だけの問題ではない。大きな社会問題である。

日本の大学へ、進学を希望する者でも、正式には入学資格を与えられない。その上、貧困のため多額の入学金、授業料を納めきれない。かろうじて、入学したものでも、中途で退学する始末である。

就職の内訳でみるように、事務員が多く（大半は中小商工企業）残りは朝鮮人学校の補助教員、職工、店員となっていて、生産的な職業につく者は極く僅かである。

更に、就職決定者五十一名、日本人企業に配置された者は、僅か二名で残りは超零細企業である朝鮮人企業に就職している。

不況の中で、大資本と中企業に圧迫される朝鮮人のこれらの企業は、事業を続けようと必死の努力を続ければ続ける程働いている者の労仂条件は、悪くなるばかりである。最近は特に金繰りが出来ず、倒産が続出し失業に陥いっている。全く卒業生の将来は暗い。

以上見て来た様に在日朝鮮人学生の現実はまことに暗く悲惨である。しかし、これは日本で最も条件の良いと言われる東京においてである。最近光文社から出された「にあんちゃん」という本の中に描かれているあの貧しさはあの兄弟達だけに限られたものではない、それは在日朝鮮人の八割までが置かれている実情である。

在日朝鮮人の生活の特徴は、一言で言うならば、失業と、貧困と、差別と、無権利状態である。

どんづまりの生活、生きる道をたたれた人達、日本の社会から除け者扱いにされているのが、その真の姿なのである。

だが、こうした生活環境にありながらも、朝鮮人学生達はその大部分が、明日に対して大いなる希望を抱き、輝かしき未来のために、勉学に励んでいる。生活の苦しさにも負けず、人間としての誇りを持ち、「今日の授業を明日の祖国建設へ」の合言葉の下に前進している。

彼等は朝鮮人学校へ入るまでは、無国籍者であるが、日本人ではない日本人であった。だから、彼等は常にびく／＼し、おびえ、自分が朝鮮人であることを恥しがり、かくそうとしていた。彼等は自分の親を恨み、自分が朝鮮人に生まれたことを悔い、悲しんだ。彼等は劣等感と卑屈感のかたまりであり、常に心の何処かに暗さを抱いていた。

だが現在では、朝鮮人学校へ通っている生徒にこういうものを発見することは難しくなった。彼等は日々に発展して行く祖国を知り、民族的自覚心

(9)

を持ち、未来に希望を持っている。

三　帰国問題について

昨年八月以来、在日朝鮮人の間には、祖国朝鮮民主々義人民共和国への帰国運動が燎原の火の如き勢いで拡がっている。これは、在日朝鮮人が失業と貧困、差別と無権利状態に、もうこれ以上我慢が出来なくなった為と、「一切げ捨くだけ報われる自分の祖国に帰って、祖国のために釘一本でも打ちたい」という切実な希望から出発した運動である。

帰国運動が始まって、わずか五ヶ月しか経たないが、十二月十日現在、大阪で一万五千人、福岡三千五百人、神奈川三千五百人、山口四千人、兵庫四千人、京都三千人、東京二千二百四十四人が帰国申請を行い、全国で約七万人に達し、帰国希望者は日増しにふえている。

これらの朝鮮人側の熱烈な帰国希望に歩調を合わせ、去る十一月十七日「在日朝鮮人帰国協力会」が結成され、文字通り超党派的に運動が展開されて居り、十二月二十四日現在七十五の地方自治体や市町村議会が岸政府に対し帰国問題解決のための要望書または意見書を提出している。

一方、この様な、在日朝鮮人の切なる願いに対して、祖国では、いち早く、この問題を取り上げ、在日同胞の帰国を熱烈に歓迎すると声明を発表している。そればかりではない。祖国政府は配船、旅費を始め、帰国後の生活一切を保障すると約束している。

この声明は在日六十万朝鮮人に非常な関心と感激をもって迎えられている。とりわけ、在日朝鮮人学生達は前途に、明るい希望と確信を持つようになり、想いはもう祖国の山河を駆け廻っている。

彼等が如何に帰国を願っているかを前記の東京朝鮮中高級学校の場合を例にとってみよう。

高校二年で帰国に対するアンケートをとった所三五〇名中、実に三一五名の生徒達が共和国への帰国を希望していることが分った。更に、今年卒

(10)

業予定の中三年生全員に対してアンケートをとった所、左のような結果が出た。

対象中学三年生全員	三八二名	百%
今すぐにでも帰国したい	一一八名	三一%
近い将来帰国したい	一七九名	四九%
日本に居住する	六五名	二〇%

右の数字でも分るように、兎に角祖国への帰国を希望している者は実に八〇%もいるのである。

又教師の場合を見よう。現在都内十五の朝鮮人学校には二百十七名の教師がいる。この中、十二月十三日現在、帰国申請書を提出した者は、百五十七名にも達する。残りの者も、書類等が整い次第、その大部分が、申請書を提出すると言っている。

それでは何故、かくも多数の朝鮮人が、帰国を希望しているのであろうか。それはもう先程からの説明で充分お分りの事と思うが、失業の生活苦、差別等が、その最大の理由である。

しかるに日本政府は、生活や子供の教育を保障もせずに、終始一貫、私達の帰国に冷淡な態度を取り続け、最近に至っては、法務省から秘密指令まで出して、真正面から、私達の帰国運動を妨害している。

この運動が、正当なことは、各階各層の日本国民が、一致して、認めている所である。反対しているのは恐らく岸政府くらいのものであろう。

岸政府は一体何故、反対の立場を取り続けているのであろうか。それは岸政府が純人道問題として出発した帰国問題を「日韓会談」の政治的取引に供しようとしているからである。

これは、私達の独断ではなくて、日本政府の高官が、率直に認めている所である。

御承知の様に日韓会談では、NEATO結成の土台を固めると同時に、在日朝鮮人六十万を一まとめにして、李政権に、引渡すための取引がなされているのである。そして、共和国への帰国は、この取引をぶちこわすことになるからいけないというのである。

私達は事実が、この通りであればある程帰国遅延させ、妨害させている岸政府のやり方を断じて許す訳にはいかない。

私達の帰国が正当なことは、今更、国連憲章だとか、世界人権宣言、日本国憲法等を持出す必要のない程、明々白々である。

私達は岸政府が在日朝鮮人を失業と貧困に追いやりながら、祖国へ帰るというこの当然な権利まで奪おうとすることに対して激しい怒りを覚えずにはいられない。

私達は生徒達が、何んの心配もなく、安心して勉強ができ、学校を出たら、自分の好んだ職業につけ、働けば、それだけ暮しが楽になる祖国、朝鮮民主々義人民共和国へ、帰国出来るよう最後の最後まで斗う積りである。

最後に私達の合言葉を紹介するところである。

「花見は平壌の牡丹台で」

「春までには帰国第一船を出そう」

附帯資料

一、帰国問題に関する資料

在日同胞の帰国を歓迎する（金日成首相の演説）

九月八日夜の平壌放送によれば、金日成首相は、朝鮮民主々義人民共和国建国十周年記念慶祝大会でおこなった記念報告のなかで、在日朝鮮人問題にふれ、在日同胞の帰国希望を熱烈に歓迎すると、つぎのようにのべた。

同志諸君。最近在日同胞の境遇にたいし関心をよせないわけにはいかない。在日同胞にたいする岸政府の迫害はいちだんとひどくなっている。岸政府は日本に居住するわが同胞の法的権利を認めないばかりでなく、甚だしきにいたっては、日本の収容所に不法に抑留されているわが同胞を、李承晩一味との取引の具に利用しようとする非人道的行為を強行している。無権利と民族的差別と生活苦にあえいでいる在日同胞は、最近、朝鮮民主々義人民共和国にかえりたいと希望している。わが朝鮮人民は、日本で生活の道を失い、祖国のふところに帰りたいという、かれらの願望を熱烈に歓迎する。

在日同胞は、日に日に隆盛発展する朝鮮民主主義人民共和国の公民として、自分の祖国にかえり、国内同胞とともに幸福な生活をいとなみうる当然の権利をもっている。

共和国政府は、在日同胞が祖国に帰って、新しい生活ができるように、すべての条件を保障するであろう。

われわれはこれを自己の民族的義務であると考える。

在日朝鮮人の帰国希望者を引渡す措置を即時講ぜよ

―朝鮮民主々義人民共和国南日外相の声明―

平壌十六日発朝鮮通信によれば、朝鮮民主々義人民共和国南日外相は、九月十六日、日本政府にたいし、朝鮮民主々義人民共和国への帰国を希望する在日朝鮮人を引渡す必要な措置を即時講ずるよう要求する全文つぎのような声明を発表した。

在日同胞の帰国問題にかんして

最近、日本の各地に居住している朝鮮公民は自分の祖国――朝鮮民主々義人民共和国に帰国して、安定した生活をいとなみたいという念願を表示しながら、自分らのこの切実な念願がすみやかに実現できるように必要な措置を講じてくれることをひきつづき共和国政府に要請してきている。これにかんして朝鮮民主主義人民共和国政府は、わたくしにつぎのように声明することを委任した。

朝鮮民主々義人民共和国政府は、日に日に甚しくなる日本での困難な生活境遇のために、祖国にかえりたいと願う在日朝鮮公民の帰国が、とどこおりなくすみやかに解決されねばならない切迫した問題であると認める。

在外公民の民主主義的、民族的権利を擁護することを自己の主要な義務とみなしている朝鮮民主主義人民共和国政府は、日本に居住している朝鮮公民に、生活安定と外国人としてもつべき一切の合法的な権利を保障し、また日本の収容所に不法に抑留された朝鮮公民を無条件に即時釈放し、自由意志によってかれらの帰国を保障するよう日本政府に数回にわたって要求してきたし、これとかんれんした実際的な措置をとってきた。

(14)

われわれのこの正当な要求と措置等は、全在日朝鮮公民はもちろん、朝・日両国人民の広はんな世論の支持をうけている。

日本に居住している朝鮮公民は、自分達の生活安定と民主主義的権利の擁護と日本人民との親善関係強化のため、あらゆる努力をつくしてきた。しかし、かれらはいぜんとして外国人としての合法的な権利を保障されないでいる。日本に居住している大部分の朝鮮公民は、失業と無権利によって極めて悲惨な生活のなかで、苦しい毎日をおくっており、数多くの青少年たちは民主々義的民族教育の権利を享有できず、進学と卒業後の生活安定を保障されないでいる。日本の収容所に不法に抑留されて、長いあいだ、非人道的生活を強要されてきた朝鮮公民は、かれらの意思とは反対に南朝鮮に強制送還されており、不当な政治的目的にひきつづき利用されている。

日本に居住している朝鮮公民の境遇がこのように悪化しているのは、日本政府がわれわれの正当な提議を受けいれず、かれらの生活と権利を保護するための実際的な措置を講じないでいることに基因しており、したがってこれに対する責任はすべて日本政府にある。

朝鮮人民は、日本政府の迫害によって、その兄弟である在日朝鮮公民がおかれている不幸な境遇にたいして、決して無関心ではおれないし、祖国にかえりたいというかれらの希望がすみやかに実現されることを熱願している。

朝鮮民主々義人民共和国政府は、生きる道を求めて共和国に帰国したいという在日朝鮮公民をいつでも受けいれることができるし、また帰国後かれらの生活安定と子女の教育を全面的に保障するであろう。日本で生きる道を失った在日朝鮮公民は、自分達の祖国——朝鮮民主々義人民共和国にかえって幸福な生活をいとなみうる当然の権利をもっており、かれらのこの正当な権利はなにびとも侵害することはできない。

朝鮮民主々義人民共和国政府は、在日朝鮮公民の帰国をすみやかに実現するために、共和国に帰国したいと希望する朝鮮公民をわが方に引渡す必要な措置を即時講ずるよう日本政府に要求する。

われわれは、これにたいする日本政府の当然の協力があるものと期待する。

一九五八年九月十六日

朝鮮民主々義人民共和国外相　南　日

旅費負担と配船の準備あり
残る問題は日本政府の措置いかんにある
—共和国金一副首相が語る—

去る十月十六日、朝鮮中央通信記者の質問に答えた金一副首相の回答全文はつぎのとおりである。

問　最近、在日同胞は自己の祖国—朝鮮民主々義人民共和国にかえるための広はんな運動を展開しているが、いま帰国問題はどうなっているか？

答　在日同胞の共和国への帰国運動は、最近ますます積極化している。わが共和国政府はこれにたいして深い関心を寄せている。ことにかれらはいま非常に困難な境遇におかれている。第一に、大部分の在日同胞は正常な職業をもてず、その日その日の生計を維持することすら困難な状態にある。こんにち、在日同胞がこのように苦しい境遇におちいるようになったのは、全面的にかれらにたいする日本の岸政府の不当な措置の結果である。

周知のように、在日同胞の絶対多数は、過去において朝鮮にたいする日本帝国主義者の侵略の結果、祖国で生きる道を失って日本に流れていったか、さもなければ太平洋戦争中に強制労働に日本にひっぱられていった同胞である。かれらは日本で数十年間、日本で実に悲惨な生活をしてきた。

しかし、こんにちの在日同胞は、祖国がなかった過去のそのような孤独な人民ではない。かれらは栄ある祖国—朝鮮民主々義人民共和国をもっている。したがって、かれらは、外国人としての当然の法的地位と生活上の権利がある。

(16)

堂々とした独立国家の国民である。日本政府は在日同胞に、外国人としての公正な法的地位を保障してやり、かれらの生活を安定させるべき義務がある。しかし、岸政府は、在日同胞を不当な口実をもうけて弾圧し、迫害している。はなはだしきにいたっては岸政府は日本の収容所に不法に抑留された在日同胞を、李承晩一味との政治取引きのもとに不当に利用しながら、かれらをひきつづき南朝鮮に強制送還しようとくわだてている。

在日同胞は、このような生活苦と迫害をこれ以上我慢できなくなった。それ故にこんにちかれらが一日もはやく祖国の温いふところにかえり、安定した生活をいとなみたいと望んでいるのは当然のことである。金日成首相が、共和国建国十周年記念慶祝報告でせんめいにしたように、共和国政府は、日本で生きる道を失って祖国のふところにかえろうとする、かれらの念願を熱烈に歓迎し、かれらを温い同胞愛をもってむかえいれるであろう。

自己の祖国にかえろうとする、在日同胞の要求とかれらの念願の実現は、道義上からいっても、また国際的慣例にてらしてみても、全面的に正当なことである。かれらは自己の祖国にかえる堂々たる権利をもっており、また共和国政府は、かれらの帰国を熱烈に歓迎している。何人といえども在日同胞の帰国をさえぎれないであろう。だから、こんにち日本人民もかれらの正当な要求を支持し、その実現のために積極的に協力しているのである。

われわれは、日本の岸政府が、日本で苦労しているわが同胞が一日もはやく自己の祖国にかえってこられるように、当然しかるべき措置を早急にとるべきであると認める。在日同胞に外国人としての法的地位と、生活上の条件を保障しようともせず、そのうえ、自己の祖国に帰国しようとするかれらの要求さえも解決しないということは全く道理にはずれたことである。

在日同胞は自分たちの帰国をめぐって提起される問題、えば、旅費や輸送手段につい配していることと思われるが、これにたいして共和国政府はどう考えるか？

答　朝鮮民主々義人民共和国政府は、在日同胞が自分たちの帰国をめぐって、いろいろな問題について心配していることをよくしっている。共和国政府は、これにたいしてしかるべき対策を講じている。旅費問題と輸送問題についていうならば、共和国政府はかれらの帰国に必要な一切の旅費を全面的に負担するであろうし、かれらの日本出国が解決され次第、汽船、ならびにその他の手段をつうじて輸送ができるすべての準備を整えている。共和国政府は、自国の公民の帰国を保障するために、すべてのものを惜しまないであろうし、このようにすることは、自己の同胞にたいするわれわれの当然の義務であると認める。在日同胞の帰国問題において現在残っている問題は、ただ一つ当政府がこれにたいするしかるべき措置をすみやかにとることにある。

問　在日同胞の帰国後の生活安定問題にたいしてはどう考えるか？

答　共和国政府は、帰国後のかれらの生活安定にたいして、特別な関心を寄せている。帰国後、共和国政府はかれらの生活安定に必要なすべての条件を十分に保障するための準備を整えている。われわれは、かれらにみちたりた生活を保障してやれる物質的土台をもっている。

朝鮮労働党と共和国政府のみちびきのもとに、わが人民は社会主義建設で偉大な勝利を達成した。都市と農村が大々的に建設されており、各地に数多くの工場や企業所が続々たちあがっている。わが国には現代的技術で装備された、強力な重工業と軽工業の基地が創設された。われわれは国民経済をいっそう発展させ、われわれの生活に必要なあらゆるものを、みずから生産できる自立的民族経済の土台をきずきあげておいた。こんにち、わが国はかってのたちおくれた農業国家ではなく、発展した工業をもっている富強な工業・農業国家に変りつつある。わが国の農村でも歴史的な変転がなしとげられた。

(18)

共和国北半部は、食糧が不足していた地帯から食糧の余裕ある地帯に変った。昨年われわれは穀物生産で三百二十万トンという前例のない収穫をあげ、今年は昨年よりも四十万ないし五十万トンも多い穀物の収穫がみこされている。都市のみならず、農村においても文化住宅が建設されており、人民の物質文化生活は日増しに豊かになっている。われわれはもっともっと豊かな生活ができる明るいみとおしをもっている。

帰国する在日同胞は、これらすべての成果をわれわれとともにわかちあうようになるであろう。祖国にかえってくる在日同胞には住宅、食糧、衣類およびその他生活に必要な、あらゆる物質的条件を十分に保障されるであろうし、誰でもその技能と希望にしたがって職業をもてるようになるであろう。

いまわが人民は在日同胞の帰国希望を熱烈に歓迎しながら、全国津々浦々でかれらに安定した生活を準備してやるための事業を、広はんな大衆運動としてくりひろげている。共和国の各工場や企業所、農場、漁村および各科学、文化機関で帰国する在日同胞をうけいれる準備をすすめている。

問　在日同胞は、帰国後のかれらの子女の教育問題にたいしても、大きな関心をもっているようであるが、これにたいしてどう考えるか？

答　周知のように、わが国では今年の十一月一日から中等義務教育制が実施され、遠からず技術義務教育制が実施される。一方、わが国には二十余カ所の大学をはじめ多くの高等専門学校がある。帰国する在日同胞の子女は、国内同胞とおなじく、同等な公民の子女として中等義務教育制により、義務的に初等教育をうけるようになり、中学校を卒業した生徒たちはその希望にしたがって当該専門、大学に就学し、全学生とおなじく奨学金をもらいながら、祖国建設のためのりっぱな働き手に育成されるであろう。それから共和国政府は、わが同胞の最後の一人が日本から帰国するときまで、いままでのように

※ 2쪽 누락

(21)

在日朝鮮人帰国希望者の帰国実現に関する決議

日本に在住する朝鮮人の多数が、外国人としての正当な権利も保障されないで日本での生活に堪えきれず、祖国への帰国を希望し、日本政府に対し、帰国につき適切な措置をとるよう訴え続けている。

人間がその祖国に帰る権利は世界のどこの国においても認められている基本的人権である。まして、これら帰国を希望する在日朝鮮人の多くは、日本の統治支配のもとで徴兵徴用され、あるいは戦争にかり出された人達である。

さいきん朝鮮民主々義人民共和国に帰国を希望する人達の数は急激に増加し十一月十七日現在で約四万数千名に達し、今後さらに相当の増加が見込まれている。

日本政府は、このような事情にも拘らず、遅疑逡巡し、未だに適切な措置を決定しないのはまことに遺憾なことといわざるを得ない。

われわれはこれら在日朝鮮人帰国希望者の帰国問題が真に切迫した人道上の問題として、自由な意志で決定された希望する地域に速やかに帰国が実現できるよう温い手を差しのべるべくここに「在日朝鮮人帰国協力会」を結成した。

吾々は今後さらに広汎な国民各階各層の皆様の支持とご協力を得、在日朝鮮人帰国希望者の帰国が一日も早く実現し、祖国の温い懐ろに抱かれる日が到来するようあらゆる協力を払いたい。

国民各位の絶大なるご支援を願うものである。

一九五八年十一月十七日

在日朝鮮人帰国協力会

結成総会

(22)

（写）

法務省管登合第八六三号）

昭和三十三年十二月十日

法務省入国管理局長　勝野康助

都道府県　知事
入国者収容所長　御中
入国管理事務所長

朝鮮人の北鮮帰国運動について

最近、朝鮮人総連合会は全国的に北鮮帰国促進運動を展開して都道府県及び市町村当局に対し、「北鮮帰国の実現」を陳情し又はその議会に請願しているが、これは「朝鮮民主々義人民共和国創立十周年記念式典（九月八日）」において金日成首相が在日同胞に対し帰国を呼びかけ、また九月十六日南日外相が「日本政府による帰国妨害と斗え」という趣旨の声明を行ったのに呼応して、十月八、九及び十日の三日間東京において朝総連中央委員会拡大会議を開催し、その際の決議に基く一連の行動であると思われる。右促進運動は北鮮政府の指令によるもののようであり、北鮮建設のための人的資源の急速な充足を図る必要に基くことは勿論であろうが、国交打開、日韓会談への牽制及び朝総連の団結力強化等の政治的意図もあるといわれている、この運動の具体的方策は

1、広く日本人社会にも呼びかけ、与論を喚起すること。

2、各県に帰国促進委員を結成すること（この委員会には日本人側民主団体代表も加える企画と見られる。）

3、都道府県及び市町村当局に洩れなく陳情し、それぞれの議会に対しては帰国促進の請願を行って議決することを要求すること

4、中央政府及び国会に対しても陳情及び請願を行うこと。

5、在日朝鮮人からできるだけ多くの「帰国申請書」を徴し、これを中央総本部に毎月送付すること。

となっている由である。

しかしながら北鮮への集団帰国の問題は国の治安、外交等の政治問題とも関連があるので、政府において慎重検討しているから、これら陳情に対しては各地より夫々の事情はあるべきも「御要望は中央政府に取り次いでおく……」と一応聴きおく程度に受けておかれたい。

なお本運動は「帰国を認めない以上、帰国出来るまでの間生活を保障せよ」と称して、生活保護の拡大、金融組合及び朝鮮人学校の設立認可等を要求する動きに出る公算が多い。

以上、最近入手した情報に基く朝鮮人団体の動向を御参考までにお知らせする。

在日朝鮮人帰国促進に関する意見書

—東京都議長—

在日朝鮮人は全国で六十万余、東京都で五万数千人を数えるが、その八割が殆んど失業状態にあり、しかも、今後、増大する傾向にある。その生活は困窮を極め、日々の生活の維持さえ困難な実情にある。今後の生活はますことに憂慮に堪えない。このような状態で、在日朝鮮人の多くが、一日も早く、帰国することを希望しているに拘らず、積極的な措置がとられていないことは甚だ遺憾である。

在日朝鮮人の帰国を実現することは国内的にも国際的にも、又人道的見地からも適正であり、且つ重要な問題である。

東京都議会は在日朝鮮人の帰国が、早急に実現される様、強く要望する。

右地方自治法第九十九条第二項の規定により意見書を提出する。

一九五八年十二月十八日

東京都議会議長　清水長雄

内閣総理大臣
外務大臣
法務大臣
衆議院議長
参議院議長　殿

帰国を遅延、妨害している日本政府の
非人道的行為は
絶対に許されない。

在日朝鮮人が自分の祖国――朝鮮民主々義人民共和国へ帰国実現のために広範囲な運動を展開してから約五ヶ月を経過した。しかし、日本政府が責任ある措置をとらなかったために多くの帰国希望者は異国の寒空の下で、ふるえながら年を越さざるを得なくなっている。

日本においては、生活の方途もなく、子女の教育も出来ない在日朝鮮人が自分の祖国にかえりたいというこの運動は、当然の事ながら、日本国民各界各層の絶大な支援を受けた。

中央においては、日本国民の保守、革進を問わず、各政党、社会団体、知名人士を網羅して在日朝鮮人帰国協力会が結成され、また、各地方においても、ぞく／＼帰国協力会が生まれた。

日本の全国各自治体議会においても、在日朝鮮人帰国実現のための決議を採択し十二月二十三日現在、東京都、大阪府、京都府、愛知県、兵庫県、神奈川県、福岡県等をはじめ十八都道府県議会と、五大市議会が、次々と決議し、大阪、福岡をはじめ、各地方議会の代表がわざ／＼上京して、日本中央政府に対して在日朝鮮人の帰国促進について陳情と意見を提出した。又、日本の朝日、毎日、読売、東京等の各新聞や通信、ＮＨＫ、ラジオ東京、文化放送等をはじめ、各地方の放送局、更に中央公論、世界等の各綜合雑誌に至るまで、在日朝鮮人の帰国問題を人道上の問題として特集報道した。そればかりでなく、国際的与論も、在日朝鮮人の帰国問題を広く支援した。

これらの情勢の中で日本政府の岸首相や藤山外相はあいまいな態度をとりながらも表面に於いては「人道上の問題として処理する。」「近い将来に解決をはかる」等と言明して来た。しかし、日本政府は差し迫った人道上の問題であるこの帰国問題の解決について何ら実際的な措置をとろうとしないのみか在日朝鮮人の帰国問題を李承晩との不当な政治目的に利用し、余すさえ帰国問題を意識的に遅延妨害していることは最近バクロされた。法務省、入国管理局長名義の各都道府県知事等に出した通牒等によっても明らかになっている。

岸政府が十二月十日付の法務省管登合第八六三号で出した通牒は帰国せずには居られない在日朝鮮人の実情に対する完全な無視と朝鮮民主々義人民共和国政府に対するデマと悪意に満ちた敵視及び日本政府自身が徹頭徹尾この問題を政治的に扱っていることをくまなくバクロしている。これは岸政府が国際公法や世界人権宣言及び赤十字精神に基く人道主義の初歩的規範すらわきまえていないことを示している。

われわれは日本の評論家、藤島宇内氏がのべた句、……日本政府はアメリカから〃日本を李承晩政府は絶対に仲良くして日韓会談を成立させなければいけない。そして、東北アジア軍事同盟を結ぶ準備をしなければいけない〃と命令されているので韓国と決裂されては困るわけです。そこで在日朝鮮人が共和国へ帰ることを許さないのです。」〈人生手帖一月号〉という言葉を思い出さない訳にはいかない。

岸政府は地方自治体に対し〈御要望は中央政府にとりついでおく……〉と聞きおく程度にごまかしておけといっている。強制徴用や徴兵でつれて来て、しかも、これら在日朝鮮人は現在その日その日の糊口の策すらなく、自殺者が続出している事態を前にしながら、岸政府はその生活問題について何ら保障しないのみか、帰国問題すらも解決せず、帰国要請に対しては、適当にごまかしおき引き延ばしておけというのである。これが人道を口にする岸政府の仮面なのである。

われわれは激しい憤を以てこれに対抗する。人道主義の初歩もわきまえない岸政府のこの政策は日本国民の与論とまた国際的にはゆしい非難をまぬかれないであろう。戦争を背景にして大に渡った日本人が戦後、朝鮮、ソ連、中国等からそれらの国の厚いもてなしを受けながら帰って来たのに、戦争の犠牲者として強制的に連れられて来た在日朝鮮人が、しかも祖国政府から費用を負担し、船舶も送るというのに、唯一つ、日本政府のこのような非人道性のために、帰国を実現出来ずにいるのである。

われわれは来年一月二七日には、日本全国の地方代表による国家陳情を組織し、更に二月二〇日には六十万こぞっての大衆行動を起し、日本国民と世界諸国民の支援のもとに、新春には懐しい祖国、朝鮮民主々義人民共和国への帰国が必ず実現するまで、一層広範囲な運動を展開するであろう。

一九五九年十二月二十四日

在日本朝鮮人総連合会
中央常任委員会

二、在日朝鮮人問題に関する統計

表 1 在日朝鮮人の人口変動

年代	人口	増加	年代	人口	増加
1915	3,989	—	1931	318,212	—
1918	22,262	18,273	1936	690,501	372,289
1922	59,865	—	1940	1,190,444	—
1924	120,238	60,373	1943	1,882,436	691,992

年代	人口	減少人口
1945	2,400,000	—
1947	621,000	−1,779,000
1956	578,288	−42,712

(27)

表 2　　在日朝鮮人人口分布状態　　（1956.1月現在）

大阪	117,603	長崎	8,863	奈良	4,849	鳥取	2,694
東京	52,016	三重	8,475	埼玉	4,631	栃木	2,683
兵庫	50,991	千葉	8,251	熊本	4,494	富山	2,585
京都	38,688	滋賀	7,850	福島	4,322	宮崎	2,535
愛知	38,204	大分	7,713	石川	3,849	秋田	2,026
福岡	32,474	静岡	7,401	青森	3,668	鹿児島	1,356
山口	28,524	福井	6,495	佐賀	3,533	高知	1,313
神奈川	21,497	和歌山	6,350	愛媛	3,374	香川	1,269
広島	17,025	長野	6,329	新潟	3,279	山形	1,195
岡山	12,960	島根	6,004	山梨	3,258	徳島	609
岐阜	10,746	宮城	5,189	群馬	3,154		
北海道	10,065	茨城	5,096	岩手	3,003	総計	578,288

表 3　　六大都市における朝鮮人人口　　（1956.1月現在）

大阪市	85,077名
東京都（区部）	46,077名
神戸市	30,855名
京都市	29,015名
名古屋市	16,136名
横浜市	8,450名

(28)

表 4　在日朝鮮人の本籍別人口表

(1) 1938年

(799,878名)

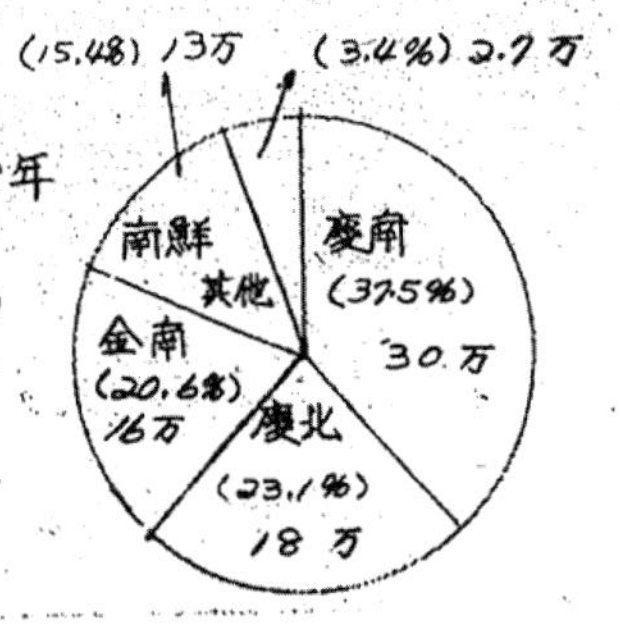

(3) 外国人登錄別人口数（1955.4現在）

朝鮮	428,833
韓国	140,389
計	569,222

(2) 1953年

(537754名)

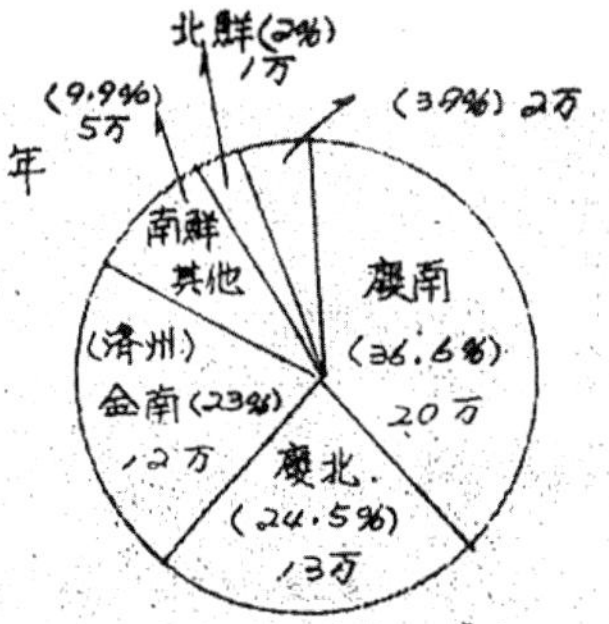

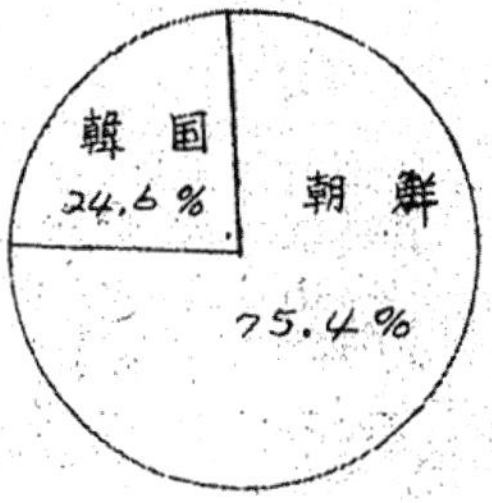

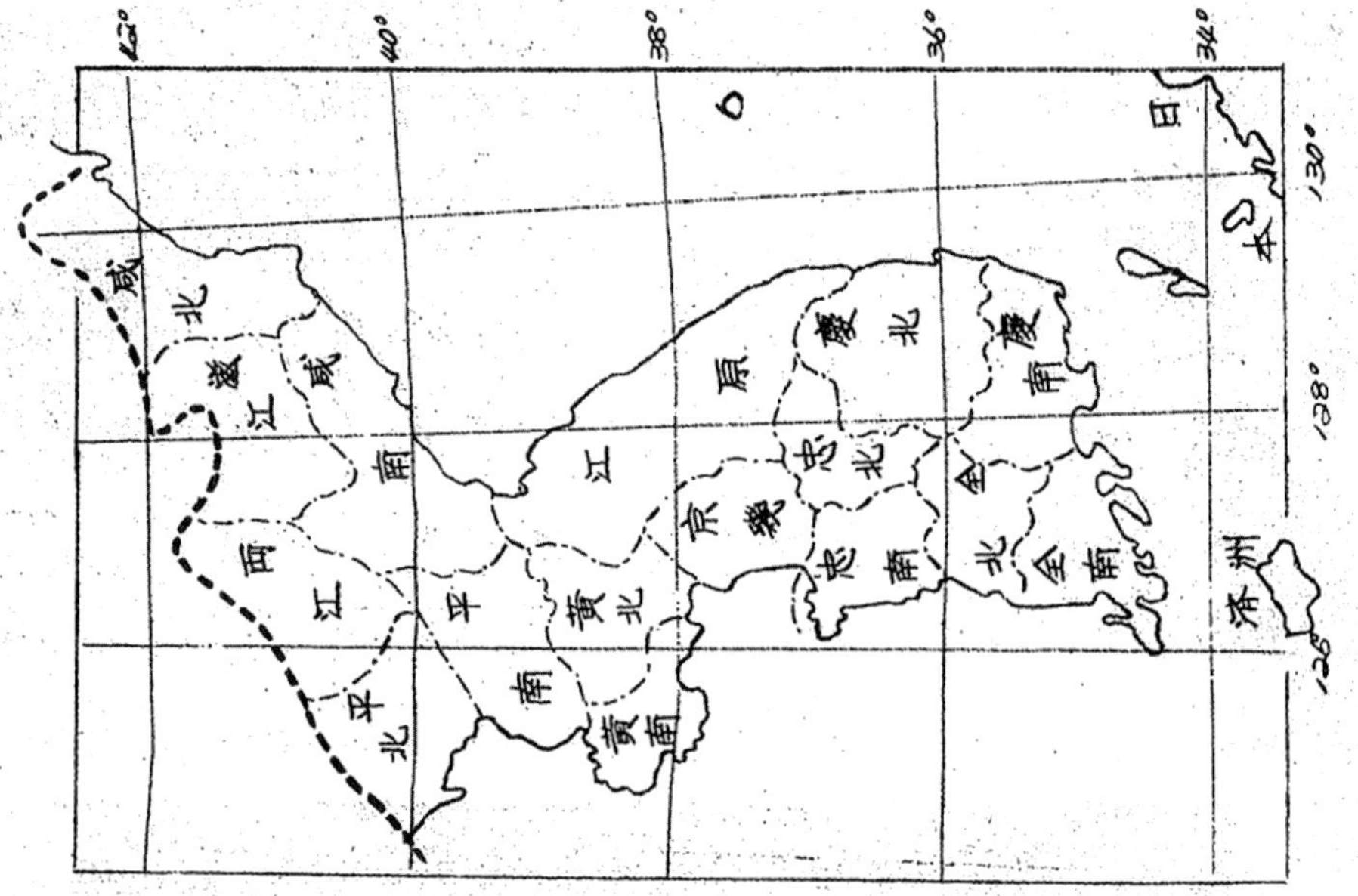

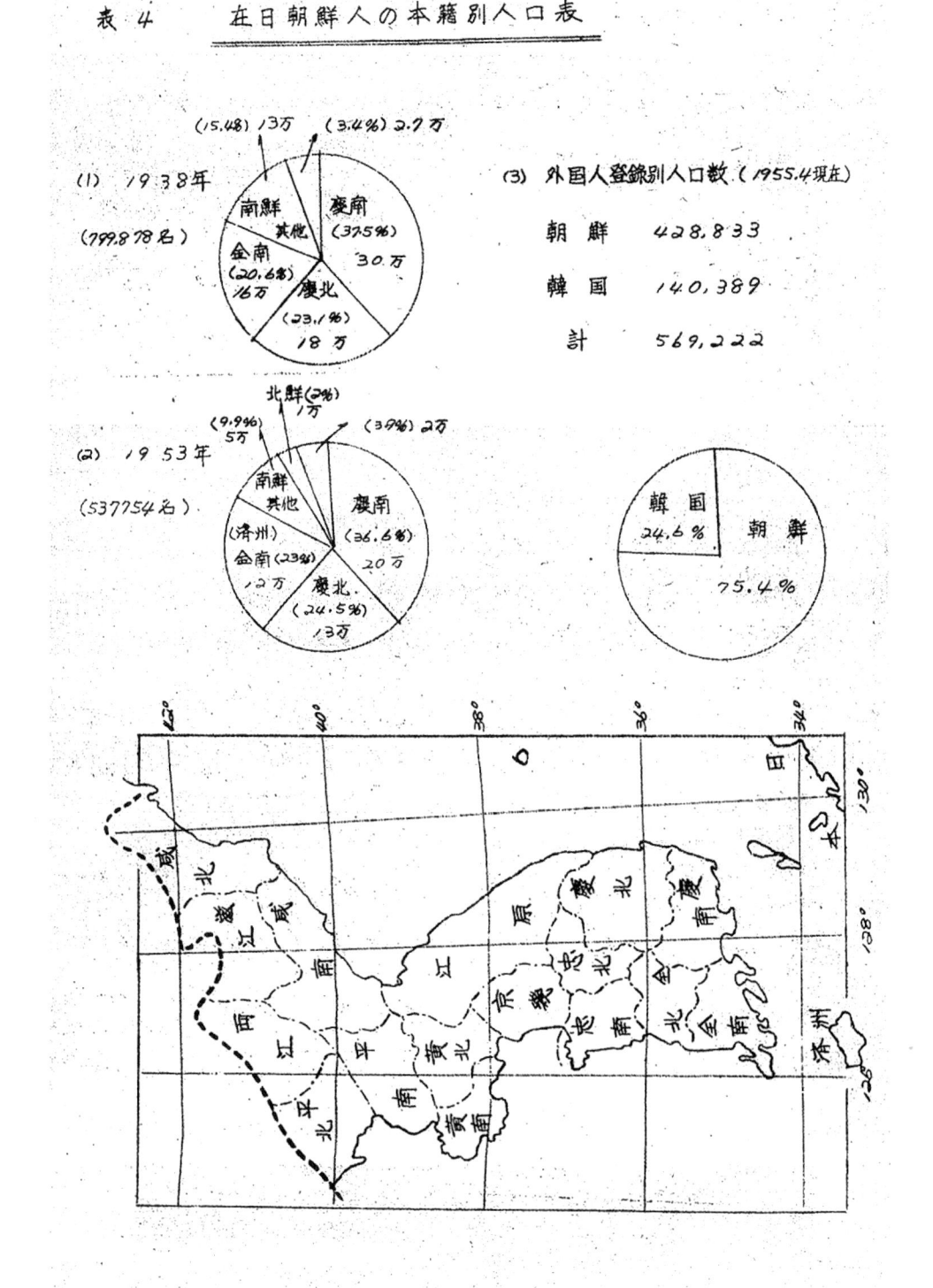

(24)

表 5　在日朝鮮人職業別人口表　（1953年現在）

職業	人口数	户数	%	職業	人口数	户数	%
	189,000	42,000	31.4	職安	52,398	11,644	8.7
	112,500	25,000	18.7	企業	45,000	10,000	7.4
商業	90,000	20,000	14.9	生産労働	40,500	9,000	6.7
生保	69,555	15,156	11.5	農業	2,250	500	0.3
				計	601,203	130,200	100

表 6　在日朝鮮人と日本人との労働賃金の比較

○1923年 大阪市 調査

	朝鮮人	日本人
農業（男）	1.60円	2.00円
〃（女）	0.85	1.30
洗濯夫	1.80	2.00
メリヤス工	1.30	2.20
染色工	1.20	2.10
紡織工	1.20	1.70
硝子工	1.20	1.60
仲仕	1.70	2.50
人夫	1.00	1.90
土方	1.70	2.50
鉱夫	2.10	2.50
計	1.42	2.02

○1930年 大阪市 調査

	朝鮮人	日本人
窯業	1.08円	2.14円
金属工業	1.71	3.03
機械器具製造	1.66	2.83
化学工業	1.49	2.00
繊維工業	1.08	1.22
食品製造業	1.07	1.67
土木建築	1.51	1.98
ガス電気業	1.84	2.68
平均	1.22	2.05

(30)

表 7　在日朝鮮人の民族教育実施状況

年度	小学校 校数	小学校 学童数	小学校 教員数	中学校 校数	中学校 生徒数	中学校 教育数	高等学校 校数	高等学校 学生数	高等学校 教員数
1946.10	525	42,182	1,022	4	1,180	52	−		
1947.10	541	46,961	1,250	7	2,761	95	−		
1949.5	288	32,368	955	16	4,555	165	3	364	50
1952.4	154	14,144	327	17	2,914	110	3	590	54

1955.4　小.中.高.師範　220校 学級 23,406名（教員817名）

1956.4　朝鮮大学附校（学生100名）、校数 220校 約 25,000名 教員860 概数

1957.4　校数 221　22,007名，1958.4 校数 204，23,886名

★教科書刊行事業，教員新規養成・再教育実施

★1956.4より新教育規定実施

学校運営形態別の在日朝鮮人子弟の教育校別（小・中、高）

私立				日本公立			
	各種学校						
6	1			2	3	4	5
日本の私立学校で民族教育を受けない。	自主学校 朝鮮人だけの			朝鮮人だけの公立校	朝鮮人だけの公立分数	公立校の放課後民族学校	日本公立学校
	民団系	中立系	総联系				
少	13,500			950	3,200	4,500	約12万
数	民族教育を受ける						民族教育を受けない。

(31)

表 8 全国日本学校在籍朝鮮生徒数及び地方別日本学校在籍朝鮮生徒数

（1956・5・1現在）

全国日本学校在籍朝鮮生徒数

校種	生徒数
小学校	89,874
中学校	35,066
高校	6,762
計	131,702

東京都内日本学校在籍朝鮮生徒数

校種	生徒数
小学校	3,863
中学校	1,265
高校	505
計	5,633

地方別日本学校在籍朝鮮生徒数 1956.5.1
［比較的多い地方］

地方別	生徒数（小中高を含む）
大阪	30,523
兵庫	11,185
京都	10,384
愛知	9,482
山口	7,508
福岡	7,325
東京	5,633
広島	4,439
神奈川	4,331

三、生徒達の作文集

東京朝鮮高校 一学年五組
姜 春子

「母さん、今ね露語ならう人、募集しているのよ……入りたいなあー」と私が言ったら、母は縫い物をしていた手を止めて、眼鏡の上から目だけを私の方に向けて、「何いってんの、高校だって卒業できるか、できないかもわかりやしないのに。考えてみてもわかるじゃないの。姉さんはもう27なんだよ。いつまでも家にはいられないんだよ、」と母は言った。私はそんな事知っているわよと言おうとしたが、私は「あら姉さんと私約束したのよ私が高校おえるまでは、お嫁に行かないって」と言ってわらった。

　現在、私の家の六人家族が生活していくための主な収入は、家で姉がふむミシンの仕事から生れているのだった。姉は学校をおえて約七年間を家のために心も体も犠牲にして来た。私はその事をよく知っていた。だが、姉のそういう生活をえらいとは思わなかった。姉が何んのために、そうまで自分というものを犠牲にしなくては、ならないのか?、私は姉に対する感謝の気持といっしょにこんな疑問もわいた。

　だが、ある夜、姉と母は仕事をおえて六畳の部屋に入って来た。弟は寝ていた。兄と父と母と姉と私の五人が、火鉢をかこんだ。
母は肩を叩きながら、「あー肩がこった」と言った。
姉が突然、「私、洋裁学校また行こうかなー」と言った。姉は洋裁研究科をおえていた。「だってもったいないじゃない、ちゅうとはんぱなんですもん。あと一年やったら……」姉はすこし間をおいて「お店をもてなくったってさ、国へ帰ったらいくらでも使えると思うのよ、私、朝鮮に行きたいんだし、私がいくら日本で朝八時から夜十時までの仕事をしたって、家のくらしはこれから良くなると言う事はないと思うの。悪くなるばかりよ。それから私たちが、いくらいっしょうけんめいに働らいたって、みんな日本のお金もちのためになってしまっているんだもの。もし、朝鮮で、こんな苦労をしながら、こんなにいっしょうけんめい働らいたら、私たちの国の発展のため、どんなに役に立つと思う？」

母は、「そうよね、朝鮮に行って、このぐらい働らいたら、食べるのに心配ないよねえ」と言った。

姉は「もう少し洋裁やって、朝鮮でうんと新しい服をつくってみたいんだ。」

私は、姉が・なぜ、家で、自分を犠牲にしているかが、わかったような気がした。

姉の犠牲心は、きっと祖国があったからだ。自分の苦労が、祖国でいつかわ、実を結ぶだろうと言う気持が、あったから、長い間の、苦労も、こらえて来ているんだろう、と私は思った。今帰国を希望している人が、全国に七万人ほどいるそうだが、祖国に寄せる考え方はいろいろ異なると思う。もし祖国に帰って生活する上に、日本でのそれよりも、不便な点があったとする、だがそれに対してがっかりしたと言うような、考えは、起こしてはいけないと思う。私たちが帰国して便利な生活をつくるために働らかなければいけないからだ。

私の姉は言った、「国のために、国の発展のために働らきたい……」と。

帰国のねがい

高3/2 崔 清義

僕が母のおなかから生れて初めて踏んだ土は、日本の土であった。僕が朝鮮人であるにもかかわらずなぜ、外国の地―日本に生れなければならなかったのか？僕は今日までの毎日の苦しい生活の中で、その背後にある歴史的複雑性と、私達朝鮮人の悲劇を理解できるようになった。

『キムチ[illegible]を食べ、にんにくの匂いのする僕の幼い体が、日本の子供達から〝朝鮮人―〟とからかわれ、後指をさゝれ、あざわれてきた過去、「君はどこの学校に通っているの？」と日本の人から聞かれた時、すぐに「朝鮮学校」と答えることができず、唯下ばかり見て、うなだれねばならなかった時、いろいろな非難をあび、冷い環境の中で育ってきた僕達は、いつのまにか民族的劣等感をいだくようになった。

しかし、初めて、ラジオから、朝鮮語を聞いた時、朝鮮をしゃべり、朝鮮の人が出る映画を見た時、僕達は、思わず、感激に身をふるわせ、手をたたき、涙を流した。いつ、どこでも、忘れたことがなく、あこがれてきた故郷、祖国、朝鮮！

父さん、母さんの口から、先生の口から、学校の教科書から、新聞や雑誌のページから、僕達は祖国の姿を、聞いたり読んだりしてきた。

しかし、自分の故郷、僕の国、僕の朝鮮を、なぜ、直接見て、踏んで、触れることができないのだろうか?!

北と南に別れている今日、南半部の同胞達の悲惨な生活を耳にする時、僕達の心は、限りなく痛む。一方北半部において、十六分毎に住宅が建ち石炭が何万トン、食糧が何万トンというニュースを聞く時、僕達の心はいつの間にか困難な生活の現実から、幸福な祖国へ飛んで行ってしまう。

一日も早く祖国へ帰り、自分も祖国の土を踏みながら、祖国の空の下で、祖国の美しい自然の中で働き、勉強したいという願いは、日ましに強くなって行くばかりである。

僕達のこの正当な――あまりにもあたりまえすぎる願いが一日も早くかなえられることを僕は心から望んでいる。

次に紹介する作文は去る十一月一九日、北海道から船に乗り、ソ連領歯舞島に渡って、懐しい故郷へ帰ろうとして、漂流し、半死半生の所を漁船に救けられた四人の学生の手記である。

彼等は「出入国管理令」違反の疑いで、根室海上保安署の取調べを受け、数日間拘留された後、釈放され、現在元気で学校（東京朝鮮高校）へ通っている。

(35)

車中で

東京朝鮮高校 二年

朴 博雄

汽車は驀進する。俺達四人を乗せて。広漠として雄大な北海道の原野を後を振り向かずに驀進する。

お父さん！さようなら、お母さん！さようなら、お兄さん！お姉さん！さようなら、もう会えないかも知れない。二度とオモニの懐には飛び込めないかも知れない。先生！黙って来てしまってすみません。父の顔、母の顔、兄・姉、そして友達の顔！俺の気持は知っているでしょう？怒らないで下さい。俺は来年三年生だ、次の年には卒業だ。勉強を続けようたって家が貧乏なのでそれも出来ない。金がないっ！そして俺は朝鮮人だ、俺達が大学に入ろうたって朝鮮高校出身者だもの！無理な事は知っている。就職しようたって俺の目には見えないレッテルが俺の額に貼られている。「この者朝鮮人なるべからず！」と。なにっ朝鮮人だからと言って馬鹿にするな、俺には日本とは違う本当に俺の愛する祖国があるんだっ。俺の祖国では勉強するのに金がいらないんだ！失業が無いんだ！勉強しようと思えば勉強する事が出来、働こうと思えば働ける。俺の生活を向上させる為、日増しに発展前進する祖国！その偉大なる祖国に向っているんだ。夢じゃない、俺の祖国が目の前にあるんだっ、ああ腹がへった！もう少しの辛棒だ、我慢しろ、祖国に帰れば、お前は腹をすかす事はない、後十数時間だ、俺の祖国は日本じゃない、希望を持てない未来のない日本ではない。汽車は驀進する、走れっ！走れっ！車輪よまわれ、石炭をくべろ！なんだこれしきしか速力を出せないのか、もっと早く走れ、驀進しろっ！俺達四人が乗っているんだ！明日の昼食はロシヤ料理だ、数日後には平壌料理だっ、腹一杯食ってやらあ。祖国に着いたら、まず勉強だ、卒業したら……俺は牧場に行くんだ、牛や馬や羊を四～五万頭飼うんだ。勿論国営だ、俺は一生懸命必死になって働くぞ！俺が一生懸命になって働けば俺の生活はそれだけ楽になる。
金日成首相！握手しましょう！イヤさせて下さい。俺達四人は貴方を尊敬してます。祖国の為と言うならば死にもします。僕達四人は貴方のそばに、そして偉大な朝鮮人民の傍に今行こうとしています。僕達四人も仲間入りさせて下さい。キット立派な仲間の一人になります。後数時間后は船の上だ。俺は今祖国に帰ろうとしている。待っていろ、今行くぞ、待ってろう！今行くぞう！　絶叫だ！

高二　康　東熙

一九五八年十一月十一日の夜、外は物静かで、自動車の通る音がかすかに聞こえてくるだけであった。僕達四人は、中間試験に備えて、勉強中であったが、男が四人もそろうとおもしろい話が出るものである。ふと、四人の内、一人が、夜の静けさを突き破るようなおどけた口調で、祖国に渡って五ヶ年計画に参加しようと真剣な口調で言うのであった。僕は始めは、そんなものはあいてにしなかったが、その友達が、いかにも祖国にすぐ渡れるようなことを言うので、皆んながいつしかその気になってしまった。ほかの二人も、真剣にその問題について、いかにも実現しそうなことを言ったのである。僕もいつしかそれに参加し、実行することを決心したのである。それは、真夜中の十二時頃だった。夜はしん／＼とふけて行き、四人の声の外は何も聞えなかった。僕達は衆議一決して後のことは考えず、上野駅に行き、青森に直行したのである。が、やはり資金難の為、身の回り品を全部資金に変えたのである。僕達の気分は汽車に乗っている時だけしか旅行している気分はしなかった。

根室駅に着き、第二の行動に移ったのである。静かな夜に波の音が僕達をさそっているかのように鳴りひびいていた。僕達は地図をたよりに、一晩夜歩き回ったのであるが寒いひえた空気が身にしみ、又森の中に入りこみ、直にまよってしまったのである。その時の僕達は例えようのない不安感に襲われた。星は僕達の行行をあざ笑うかのように冷たく輝いていた。だが、僕達は、割合正確に行動していたのである。夜明けまでには、道に出、ある漁村に出た。その日は良く晴れていて僕達の心は、いつしか強い希望に満ちていた。いよ〳〵その夜、待ちに待った日が来たのである。第一回目は計画通り運行したが結局は失敗に終った。それから又強行軍を行ない、ノサップ岬に近い村から水晶島に向けて出発した。その時は僕達の心は嬉しさから恐怖に変っていた。そして、どうにか、沖までこぎだしたが、全力を使い果し、途中で友達の一人が倒れ、残りの者もつぎ〳〵と倒れていった。僕はもう一度沖に向ってこいだが一向に進まなかった。僕もついに力つきて倒れ、助け船の来るのを待っていた。船は行ったり来たりしたが、僕達の必死の呼び声も聞えないらしかった。僕達は死海に投げ出され、たゞぼうぜんとしていた。高さ一メートルぐらいの波が僕達の船におそいかかって来た。僕達が乗っている小船は木の葉のごとく波の上をさまよっていた。そうしている中に、一隻のいか船に助けられたが、助けられた時には半死の状態であった。僕達の身なりは冒険のようすを雄弁に物語っていた。それから、根室海上保安署で取り調べをうけ、手錠をかけられて、留置場へほうりこまれた。この時の僕達のみじめさは例えようもなかった。

こうして僕達の希望は見事砕かれてしまったけれども、この事件を通じて、僕は祖国に対する愛情を増し、これからの自分の生きることに対する方向を確定することが出来た。

高三の一　高　哲民

十一月も中旬に入ろうとする時、僕等の決意はきまった。それから僕達は自分達の目的の為、少しづつ小遣いを集める一方、食料品（主に缶詰）をためていた。又皆の行動も紙面に緻密に、詳細に書くなど、僕達四人が考え得るすべての知慧をしぼり中間試験の終る十三日に準備を完了することにした。その後、出発すべき日について再三、再四話し合った。そしてその日が遂に決った。それは十一月十四日、夜行、七時十五分の青森行に乗車することにした。これですべての準備が完了した。これからは、ただその目的を成しとげられるのみだ。その時の私の心境は希望に満ちていた。じっとしていられない気持で、自然と口から声が飛び出すやら、一人大声で喜ぶやらで、そんな自分を私は苦笑せずにはいられなかった。そして汽車で二日だけゆれて行くと、夢にも見た祖国にゆけるとひたすらそればかり考えていた。実際僕達四人は祖国に帰国出来るものと信じていた。決死の覚悟だった。ただ、私達の朝鮮民族が築きあげた伝統ある豊かな祖国の土にさわってみたかった。そしてその土の上をぐるぐる寝返りして思い切りさけびたかった。

僕達は学校が終るやすぐさま学校を出た！僕達四人は門を出てふり返りなつかしい学校に別れを告げた。「先生！学生諸君！さようなら」と言って僕達は上野駅へ向った。

列車に乗ってからは皆、統一行動をとった、何をするにも同じだ、リーダ格もいない。皆が一体なのだ！僕達は自分らの行動が始まってからはある一定の期間に事をすまさなければならなかった。だから、一時の時間をも無駄には出来なかった。僕は乗車しているとき、列車が遅いような気がして、いらいらして仕方がなかった。寝ようとしても寝つかれず、今迄あまり気にも止めなかったやさしい母の顔、兄の笑顔、担任の先生の怒った顔等が走馬燈のように過ぎ去って行き、その瞬間私の心の中はうれしいのやらさびしいのか分らなかった。そんな中で列車は寒い夜の中を僕達を運んでくれるのであった。列車が進むにつれ、私達は寒さを一段と覚え、他の乗客をかまわず、モモヒキ、毛糸のシャツを着込み、厳寒に備えた。青森に近づいた頃は一面が雪で覆われて、リンゴ畑のあの白銀に輝く雪風景は思わず私の目を見はらせた。僕達は青森から連絡船に乗船し、北海道の土を踏んだ、とたん、汽車と船の疲労もどこかへすっ飛んでしまったようだ。

互に励まし合いながら目的へと向って行った。

(続)

(39)

僕達の四人が持っている金は合計八千円ばかりしかなかったので、その僅かばかりの金は減る一方だった。僕達は食事を今迄以上に倹約せねばならない破目になった。予想以上に金がかゝったので時計、レインコート、ラジオまで質に入れた。

僕はそんなときなにかしら不安を感じた。寒さは今迄以上に厳しく皆の体は疲労で弱ってきた。節約するための少量の食事は非常に辛らかった。ついに終着駅の根室に着いた。今迄汽車で疲れた朴君、金君、康君も皆一辺で元気をとりもどし、それこそ最後の計画に入って行った。これからは海に出ることだ。僕達は各々荷物を背負って歩き出した。僕はしきりに心の中で叫んだ「もうすぐだ、あと少しの辛棒で俺達の目的が達せられるのだ」と。

私は出発前の二、三日病いで寝ていたので、その頃から私の体は熱っぽく疲労を感じた。がその時の私にはそんなことは問題ではなかった。ただ皆は歩いた！ 歩いて歩き続けた。誰かに追われているかのように……。 突然私達の目前に広大な海が目に入った。そして僕達は叫んだ。喜んだ。皆一緒に叫んだ。「さあ！皆頑張ろう！もう一息だ！」と一人が叫んだ。冬の海は割合穏かだった。僕達四人に挨拶するかのように、時折、波が岩にぶつかって砕いていた。水平線の彼方にはソヴエト領がかすかに見えた。あすこに夢にも見た社会主義国家、人民の国、幸福な国家が見える。俺達は明日遅くとも二日頃にはあすこに行って暖いめしを腹一杯食べ暖い応援でもって愛する祖国に帰ることが出来るのだ。そして朝鮮民族の一人として祖国建設のため、五ケ年計画のため、力を出して働き、学問するのだ。今迄のようにどん底の生活ではなく豊かな生活で祖国の為働くことが出来るのだと思うと自然と涙が流れ出てどうすることも出来なかった。 私達は待った！ チャンスを。夜の来るのを。そのとき程、時間の経過を遅いと思ったときが、今迄あったろうか。日が沈み出してから、僕達の心の動揺と興奮は最高頂に達した。夜がきた。「それ！」と僕達は船に荷を投げ入れた。船を海に出した。船は波にゆれる。僕達は

(40)

これで終りだ、僕は日本に別れを告げた。心の中で、母様に、兄様に、謝りながら「さようなら」といった。「さあ！漕げ！漕げ！」、、、、しかし船は進まない。「あゝ進んだ」と言うや船は岸に廻って一廻転、私達は無中で漕いだ。ランニングシャツ一枚で漕いだ。

しかし船は進まない。廻るばかりそのうち船に水が入って来るのに気がつき、二百メートル位流され岸に上った。そして外の所から出船することにした。

そこから時を移さず、又歩き出した。寒さと疲労それに空腹が私達を進まさなかったので、林の中で休むことにした。皆が賛成した。寒さは耐えることの出来ない厳しさで僕達をおそった。脚の神経などまるでないかのように火を燃やした。どん〱あるだけの木を集めどん〱燃やしたとき程うれしいことはなかった。缶詰で腹を満した。身体の暖った四人はいつのまにか眠りに陥ってしまった。二時間位眠ったろうか。起きるや否や僕達は戦場の兵士のようにまたもや歩き始めた。海へ、海へ／と。疲労はすぐ又僕達を襲う。倒れては起き、つまづいては起き、そして闇の中を小さな電池の灯と北極星をあてに歩き続けた。

「おい!!皆あの丘を越えると海だ」と誰かが言った。そして四人ははいながらその丘を登った。しかし前に見えるのは暗黒の夜の沈黙のみだ、無限に続いているかのように無気味に丘陵は続いていた。にもかかわらず我々四人の意志はくじけない。それでも歩いた。今考えると信じられない程の力で歩いた。夜空の星は実に美しいものだった。今迄こんな美しい星を見たことがなかったと僕は思った。明日の夜は、星をソビエトの地で見るであろうし、又そのつぎは祖国で北海道より以上美しい星を見るであろうと。

汗は出ず、寒さのみが身にしみた。

ついに海に出た。

僕達は小屋に入りこれこそ最後の準備をした。

空腹はわかめとじゃがいもでしのいだ。

船を出した。海は荒れていたが、船を出した。

皆乗った。

(44)

一緒に、今度こそと思い漕いだ。少々進んだ。波は一メートルから二メートルの高さであった。船は前へ進まず、潮流に流された。四人共ずぶ濡れに濡れ船の激しい揺れの為、酔って身体が弱ってしまった。

だが励し合って頑張った。その内僕は倒れた。立っていることが出来なかったのだ。

他の三人はまだ頑張っている。私はその姿を寝ながら見て一人かくれて泣いた。そして祈った。

波は依然として鎮らない。このときほど私は生きるということの尊さを覚えたことはない。又そのときほど祖国朝鮮民主々義人民共和国に愛情を感じたことはない。

私はそんな絶望の中で希望を感じた。そんなにしている内僕達の力もつき果てそのまゝ船の中に寝入ってしまった。僕達が目を覚ましたのは夜も明けた頃だった。船は知らぬまに岸から遠く離れてどん／＼何処か知らぬ所へ流されている。力もないそのときの僕達はどうすることも出来ず漂流し続けた。天と海が接するかのように遠く彼方に通る船らしいものに向っては手を上げ衣類を振り、助けを求めたが、なんら効果はなかった。そして船に横になっては同じようなことを繰り返していたが、しかし遂に運は開けた。僕達は感激のあまり泣いた。半ばあきらめた気持で、衣類を振っているとそれが僕達を助けに来てくれたのだった。

どん／＼船の輪郭がはっきりして船体がみえてくると僕の身体から力が急に抜けていくのを覚えた。立つ力さえなくなった。その反面生きているということにどれ程感激したか。そのときほど他の人間を人間として感謝したことは今だ私は経験したことはない。

このようにして私達の計画は失敗に終ったが、僕はこのことでどれ程多く学んだことか。今、そのすべてを考え書くことは出来ない。このことで、僕は今迄以上に祖国への愛情をもつことが出来た。そして学問にも又人間として、学生として日常生活に、忠実性と誠実と真実性をもち自分の欠点を認め、直し、朝鮮の一学生として自覚と誇りをもち今後とも学問に帰国問題に精を出す決意をもっている。

僕の訴え

高二　金　安　弘

日本に生きながら絶望的な毎日の生活を送っている在日朝鮮人の大部分の人達が心の内にある"ふるさと祖国"に一日でも早く帰れる日を待っているのです。

僕達は僕達自身の将来に希望を持ち、われわれ在日朝鮮人の運命に対して又日に日に発展していく僕達の祖国をこの手で建設し五ヶ年計画に参加しようとあかるい明日を期待しながら十一月十四日の日、まだ見ぬ祖国朝鮮民主々義人民共和国に「四人の心を一つにしてどんな困難にも負けずに行こう」心にちかった四人が自分の不安な心にむちをうちつつ勇気を出し、必ず帰れるという信念の下に向かって出発しました。

「お父さん、お母さん、さようなら、弟よ妹よ、元気で頑張れ、兄さんは祖国で皆んなの来るのを待っているぞ」と僕はこう心の中で呼びました。

祖国に帰る事は失敗しましたが、北海道の根室海上で浮流するまで僕達四人は最後の瞬間まで「帰るぞ」への希望は捨てませんでした。

「祖国への帰国はあくまでも合法な手段によって」——これが僕達全ての帰国を欲する在日朝鮮人のスローガンでなければなりませんでした。

それにもかかわらず集団から離れた四人がいくら頑張っても一人一人の力だけで出来なかったのは当然でした。これは一人一人の力ではなく、世界的な与論の支持が必要です。

すでに帰国問題には新しい段階を迎えております。

帰国問題は一つにつづいているのです。

僕達もあらゆる準備をととのえて新しい希望の太陽が僕達の帰国実現の上にもかがやくのを確信してその日が一日でも早く来るのを待っています。

20. 특집 가나가와 민족교육 작문집

特集 神奈川民族教育

作文集 1

在日本朝鮮人神奈川県教育会 ・ 在日本朝鮮人教職員同盟神奈川県委員会

金日成首相のおしえ

解放された朝鮮の少年少女諸君！

みなさんは新しい朝鮮のつぼみです。新しい朝鮮のたからです。新しい朝鮮のにないてです。すくすくと成長し、よく学び、民主主義朝鮮をうちたてる柱になつてくださることを期待しています。

愛国心は、自分の祖国の過去をよく知り、自分の民族のもつているすぐれた伝統、文化、風習をよく知ることによつてのみ、生れるものです。

愛国心は、自分の祖国の土と歴史と文化を愛するとともに、自分の故郷にたいする愛着心、故郷のひとびとにたいする考えと感情、父母、兄弟など家族にたいする愛情にも表現されるものです。

愛国心は、人間の感情のなかで具体的に生きており、具体的にその表現をみることができます。

朝鮮民主主義人民共和国

首相 金日成

朝鮮民主主義人民共和国政府のあたたかい配慮と援助によつて，また在日朝鮮人の団結の力で，東京・武蔵野の原にそびえる，朝鮮民族教育の最高の殿堂である朝鮮大学。超近代的な諸施設は日本の一流大学にも劣らない。

— 1 —

今年六月に落成した。南武初級学校々舎
総工費 1,200万をかけた
近代的施設をもつ

中・高級学校の朝礼。市内を一目でみわたせる高台に位置し、周囲は大小の樹木にかこまれている。
前方（左）は特別教室 。理科実験準備室。実験教室。製圖室。音樂敎室。（右）は手前から高校々舎。中学校舍。中・高校生約 800名が母國語で自分の國の歴史や地理の勉强帰國の準備にはりきつている

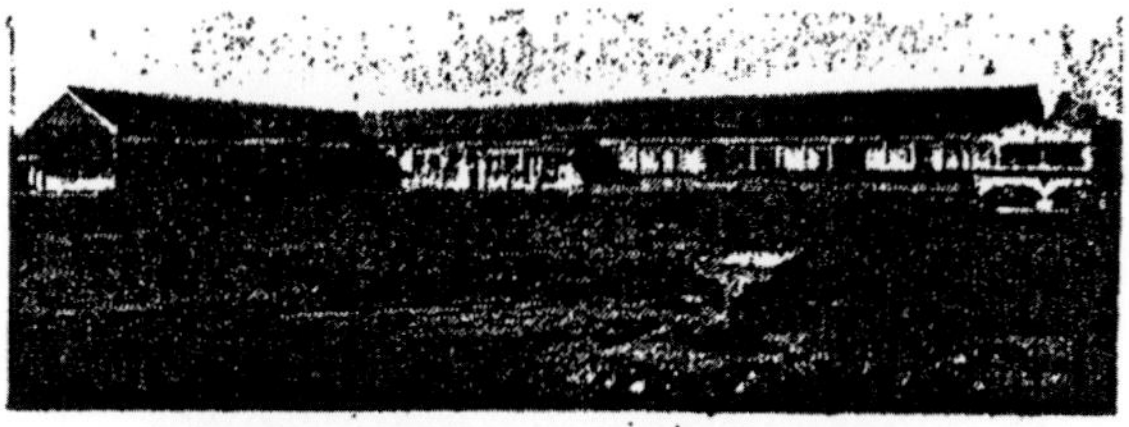

横浜初級学校々舎。運動場から横浜港がみおろせる。

鶴見初級学校々舎(右)と理科室(左)。
いまや科学の時代だ。各学校では理科実験設備の充実に重点をおいている。

これからの青少年はまず体をきたえなければならぬ(川崎初) 毎年の運動会は盛大におこなわれる。

— 3 —

発行に際して

日本の学校にかよっている朝鮮人生徒のみなさん。楽しい夏休みもあといくにちたらずですぎようとしています。この夏休中、みなさんが楽しんでいるうちに朝鮮の子としてもっとも喜ばしいことがありました。それはみなさんもごぞんじのように、私たち朝鮮人の祖國―朝鮮民主主義人民共和國への帰還協定がインドのカルカツタで、朝鮮と日本の両赤十字社代表によって正式に調印されました。

この協定によって、今年の十一月二十日頃には帰國の第一船が新潟港を出ることになっています。それでは私たちが帰ろうとする祖國―朝鮮民主主義人民共和國とはどんな國でしょう。一口でいえばみんなが楽しく明るく生活できる國なのです。働く所がなくて遊んでいる人は一人もいません。うんとお金持もいなければ、うんと貧しい人もいません。みんな同じように生活は楽なのです。そればかりではありません。小・中高校はもちろん大学までも授業料なしで勉強ができます。こんなすばらしい祖國を持ったみなさんの將來はただ幸福があるばかりです。だから日本で貧しいつらい生活をきり上げて祖國に帰ろうとしているのです。

神奈川縣の初・中・高級学校には約二五〇〇名の朝鮮の友達が朝鮮の教科書で朝鮮のすぐれた先生たちと樂しく勉強しています。この友達は一日も早く祖國へかえって祖國の主人公になることを願っています。そして日本の学校にかよっているみなさんにも呼びかけています。この文集は朝鮮学校の友達が同じ朝鮮の仲間である日本学校のみなさんに、一日も早く同じ朝鮮学校で学ぶことを願う氣持を傳えるために出されました。一人でも多く讀んで下さい。

— 4 —

目次

カット　全　哲

美しい朝鮮を建設するんだ

鶴見初　六年　金　栄　健

私たちは今、朝鮮の学校で、朝鮮のことばや、地理、歴史をならっています。私は朝鮮の学校へきてよかったと思います。それは、学校はボロボロでせつびはよくないのですが、先生がたはいっしょうけんめい私たちを朝鮮のりっぱなこどもにするためによくおしえてくださいます。それにこんど、帰国のもんだいがおきてから、早く朝鮮に帰るために、ことばをさきにおぼえています。すなわち、そのじゅんびです。

朝鮮では、りっぱな人たちが私たちをきもちよくむかえてくれます。金日成首相も笑顔でだっこしてくださることでしょう。

日本の学校では日本人にするためにいろいろなことをおしえていると思います。私たちは日本人ではありません。朝鮮人です。だから、朝鮮の学校でしっかりべんきょうして、りっぱな朝鮮人になるのが目的だと思います。みなさん！　なかよくべんきょうして早く朝鮮にかえりましょう。

心を一つにして、美しく住みよい朝鮮をけんせつするために、がんばりましょう。

日本学校の友へ

川崎初 六年　馬　東　賛

日本の小学校にいっている朝鮮のみなさん。もういまは、ぼくたちがまっていた祖国にかえれる時です。それなのにきみたちは、日本の学校へいって日本のことばばかりならって、ぼくたちの朝鮮語を使わないのはなぜなのだろう。こころの中は、朝鮮人であつても、おもては、日本人とそっくりだ。それは、日本語ばかりつかって、ぼくたちがつかっている朝鮮語をつかってないからだ。それは朝鮮人ということがはずかしいからではないだろうか。きみたちは、朝鮮という いい国を もちながら、どうしてはずかしいのか。いまでもまだおそくはないでしょう。ぼくたちの学校へくればはずかしいことはないでしょう。からいキムチももってきていっしょにたべることができる。日本の学校で、からいキムチをもってくる人がどこにいるだろうか。

ぼくたちの学校には、生徒がやく五〇〇人いますけれども、まだそれではすくないと思うのです。そこで、その半分の二五〇人をよけいふやして七五〇人にするよていです。

きみたちも祖国にかえりたいでしょう。かえるためには、ぼくたちがつかっている朝鮮語をつかわないでは、朝鮮へかえつてもそのいみがなんだかわからなくなるでしょう。だから一日も早く、ぼくたちの学校へきていっしょにべんきようし、また、たのしく運動をしましょう。

— 7 —

朝鮮人としてのよろこび

南武初　六年　李　秀　雄

ぼくたち在日朝鮮人が帰国できることは、ぼくたちにとって立っても座ってもいられない氣持です。でも、ぼくは最初から帰れることがわかっていました。だって朝鮮人が自分の祖国へ帰ることはあたりまえなことだからです。それにしても、ぼくたちはなぜ南朝鮮に帰らないで北朝鮮に帰るかというと、南朝鮮はアメリカの植民地で、まるで地獄にいると同じような生活をおくっているからです。

こんなことがあります。少年がアメリカの軍人に鉄砲でうち殺された事件がありました。また両親のいない子どもたちがお腹をすかして「ごはんを下さい。下さい。』といっています。また明日食べるお米もなく飢死する人がたくさんいます。ぼくは　このようなことを映画で見ました。ぼくはこれを見てアメリカ人は悪魔だと思いました。皆さんはこのことをみてどう思うでしょうか。皆さんもぼくと同じように思うでしょう。だからぼくは、早く一つの国になって、みんないっしょに幸福になれるために努力します。

では　北朝鮮はどうでしょう。北朝鮮では　いま五ケ年計画が終っています。アパートの家賃は最低四十円で最高百四十円です。最低でも風呂がついていてシャワーもついています。アパートはみんなブロツクで組立てます。このような生活をしているので、ぼくは早く帰って幸福な生活を一日も早くしたい。それに五年でやる仕事を二年半ちぢめて二年半でやれるというのは、それは祖国の人民、農民達の心が、自分の国を早く社会主義国家に作って、ほかの社会主義国家にもおいつこうとしているからです。

朝鮮人の全体の團結は强い。どんな强いものでもこの團結は永久に破れないだろう。祖国解放戰爭のとき、人民軍が力をあわせて戰い、また自分の命をなくしてまでアメリカの軍隊をやっつけるという心があったから、アメリカの軍隊をやっつけることができました。それだけみんなが自分の国を愛していることがわかります。五ケ年計画もそうです。ぼくも祖国のためにいっしょうけんめい働いて、祖国のためになるように働きたいと思います。

学校では、いま、朝鮮語を使っています。みんな祖国へ帰る準備は朝鮮語だといってはりきったような氣持で朝鮮語を使っています。

それに最近はじまったクラブ活動ではいろいろたのしいことをしています。ぼくがはいっている理科部では、最初、責任者と何をするかを決めてから、運動場の整理、木を植える、花を植える、ということをきめました。みんなは働くことがすきでそしてみんなまじめだ。こういう心がなければ、祖国へ帰ってもなんの役にたちません。だからぼくはもっと勉强をしっかりやっていって祖国のためにやります。

祖国をおもう

横須賀初 六年 孫 達雄

私達の祖国は朝鮮民主主義人民共和国です。ぼくは私達の祖国へ一日も早く帰りたいのです。私の二番目のお兄さんは横須賀朝鮮青年の副委員長をしています。ぼくのお兄さんは一日も早く自分の祖国へ帰りたいといっています。

父母は南朝鮮で生まれたから南朝鮮に帰りたいといっております。ぼくはまい晩、父母に南朝鮮には米軍がいると教えてあげているのです。米国はつみもない私達朝鮮人を殺しているのです。ぼくの家の兄弟はみんな私達の祖国へ帰ることをねがっております。

ぼくは毎晩二番目のお兄さんに祖国の話をしてもらいます。ぼくはその話をきくと一日も早く私達の祖国、朝鮮民主主義人民共和国に帰りたくなるのです。

朝鮮人は朝鮮という自分達の国があるのに、なぜ他国で生活しなければならないのか！ 朝鮮人は自分の国を愛する人こそほんとうの朝鮮人だと思います。私達の友達には帰る人もいれば帰らない人もいる。それは祖国の内容がわからないからです。それではだめです！。みんな自分の祖国へ帰らなければならない。朝鮮の人は朝鮮の国へ帰らなければならない。世界の一人一人には自分の祖国があるではありませんか。朝鮮の人にも祖国があるはずだ。だから自分の国へ帰るのがあたりまえだと思います。みんな帰国しよう！。

ぼくは毎晩かならず祖国のゆめを見るのです。アパート、そして大きな学校ではねてあそんでいる友達、目がさめてがっかりしますが、やがて帰る日がくると思うと胸に希望がいっぱいになります。

私はきつと今年中に帰ります。私達の祖国にいる友達から手紙がきます。この手紙を見るたびに、なんて私達の祖国の友達はしあわせなのか！と考えます。考えれば考えるほど早く帰りたくなるのです。

もう日本に住む必要はない

川崎初 六年 宋 鶴 子

私達はいま、朝鮮の学校に通い、朝鮮のことばを習っています。学校生活はほんとうに楽しいですね。

帰国問題ももうかいけつしました。もうすぐ祖国に帰ることができるのです。それなのにみなさんは、日本の学校に通っています。それでよいのでしょうか。私達は朝鮮民主主義人民共和国というりっぱな祖国を持ちながら、生活の苦しい、日本に住む必要はもうありません。朝鮮という国がどんなによい国なのか、おそらくみなさんは知らないと思います。

みなさんの中には、朝鮮の学校に通うことをいやがったり、はずかしがったりする人が何人かいると思います。みなさん、考えちがいをしないで下さい。私達は日本という国に住んでいます。けれども日本の国にいるからといって、わざわざよその国のことばを習う必要はありません。一日も早く朝鮮の学校に入学して、早く朝鮮語を習い、祖国に早く戻りましょう。

なかには、南朝鮮がふるさとで、北朝鮮には姉弟がいないから行きたくないとおっしやるお父さまやお母さまがおいでになるかもしれませんが、それはもう少しのしんぼうです、朝鮮が統一する日がもうすぐくるのです。

みなさん、早く一日でも朝鮮の学校に入って、思いきり勉強して下さい。私たちはいつも、みなさん一人一人が、早く朝鮮の学校に入って勉強するようになる日を期待しています。

祖国が統一する時がくるはずです。一生けんめい勉強して、きっとりっぱな人に、朝鮮の国のはじにならぬような人になりましょう。

くも

南武初 五年 朴 清子

そとへでると
ぽっかりとうかんだ　くもがありました。
わたしが
くもならば
自分のくにへかえるんだがなあ——

こうじょうから
けむりが　でていた。
けむりとくもと　いっしょになった。
わたしも
くもといっしょになるといいなあ――。

日本学校へはいやだ

横浜初　六年　尹　玄　淑

ある日、父が私をよんで「玄淑、小学校を卒業したら日本の中学校へはいらないか」と聞いたので、私はいやだといった。そのとき私は心の中で、どうして父が朝鮮学校へ行くのに反対するのだろうかと思った。それからいく日かたって母にきいたら、「日本の学校へ行ってはだめです。お父さんがどういつても朝鮮人は朝鮮学校へ行くのがあたりまえです。朝鮮語をならってちかいうちにお母さんと朝鮮にかえりましょう」と言いました。私はその言葉をきいてほっとしました。母は「お父さんはけっして朝鮮学校に行くのは反対じやないけど、朝鮮学校は常識がないし、女の子なんかみんな男子みたいな言葉をつかってんじゃないの、だからだめだと反対してんのよ」といった。そのとき私は、そうだなあでも先生が「日本の学校へはいったらやっぱり日本人だから日本の人しかつくらないよ」とおっしゃったことを思い出した。先生はこの前も、朝鮮人が日本の学校へはいって就職試験に受かり、名前を日本人の名になおしてしごとをしてたけど、それがばれてしごとをやめさせられた」とおっしゃいました。

ある日、学校から自分がはいる中学校の名を書く紙をくれた。家にもってかえって、父に朝鮮学校へはいるんだから書いてといったが書いてくれなかった。学校へ行って先生に書いてもらうからといって学校へいこうとしたら、書いてやるといった。そのとき私は心の中でどんなに喜んだかわからなかった。

またある日、父が「日本の学校へはいらないか」とまた聞いた。いやだといったら「なぜだ、りゆうをいいなさい」といったので、私は「だって日本の学校は日本の人がはいる学校でしょう、」といったら「朝鮮人だってはいってるよ」と父がいいました。もう私はなにもいえなくってだまってしまった。

でも私は、どんなことがあっても日本の学校にはいりたくない。

(一九五九・二)

早く帰りたい

中一　金　年　子

私の家は七人家族です。だけど働く人はお父さん一人で、七人家族をやしなっていくのであまりくらしのいい家庭ではありません。雨が降れば仕事にはゆけないので、大変なのです。

学校にいっている子は二人で、一人は小学校、私は中学校ですが、とおくて定期代が大変なので、お母さんは日本の学校へゆけっていい、お父さんは「自分の国の学校へゆかないでどうするのか」といいますが、私はやはり自分の国のことばもわからないのかと思うと、いやになってしまいます。

私の家では帰国のしんせいをしました。だけども、お母さんは日本の人なので、朝鮮へなんか行かないっていってましたが、私がお母さんに日本よりかも朝鮮の方がよっぽどいいよというと、お母さんもだんだんわかってきてしんせいをするようになりました。

ラジオでも、みんな帰国のことばかりはなしているし、一日もはやく帰りたいきもちでうきうきしている。私の家では第一船で帰ることにみんながさんせいしています。お父さんはまい日、「一日もはやく朝鮮に行こうな」ってはなしている。

私は、自分の国のようすもはっきりわからずに、朝鮮よりも日本の方がくらしがよいというのはよくないと思うのです。

自分の国のようすもだんだんわかってきました。それは、学校の先生のはなしをきいているのでわかってくるのです。日本にいたら、あの子は朝鮮人だからあの子のそばへいくとにんにくくさいと、日本の子どもがいじめるので、あれをみると一日もはやく自分の国へ帰りたい。おなじ人間なのにどこがちがうのか私はわからない。

帰りたいという人は、自分の美しい国があるのにどうしてはやく帰る心がないのですか。私は一日もはやく帰りたいのです。

帰国に関する日記から

中三　千　清　子

六月一一日　木曜日　曇後雨

今日はほんとうに嬉しいニュースを聞いた。朝登校すると黒板に〃ジュネーブ会談勝利〃と書いてあり、ホームルームではシトシトと降る雨もふっとばすような明るい雰囲氣にみちていた。誰かが万才をしようといったが、先生は〃こういう時こそ落ちつくんだ。あわてるな〃とのんきなことおっしゃったので、他のクラスに先手を取られてしまった。

父や母、兄は知っているだろうか、このニュースを早く知らせたい氣持で勉強も身に入らず、一日中胸が踊るようだった。

晝、自轉車部隊が私達の学校に到着したが、皆ほんとうにうれしそうだった。私は帰るんだ！　悩むことなど一つもなく勉強できるんだ！嬉しい。

六月一二日　金曜日　晴

学校の帰り道、春美ちゃん（隣りの子）にあい、私は朝鮮人としてのプライドをもって祖国や帰国問題について話し、私たちが学校では朝鮮語をつかっていることなどを話した。それを聞いて春美ちゃんは、すごく驚いたらしく目をまるくしていた。彼女でさえ、このようなありさまなのに、日本の人たちがどうして私たちの学校、私たちの祖国を知ってるだろうか、いや余りにも知らなさすぎる。西洋のこととなると、マンボからロカビリー何から何までまねるくせに、隣りの国の朝鮮となると、何一つ知らない。これだから帰国問題にも関心が薄いのだ。私は今、朝鮮人であることにプライドを持っている。まだ朝鮮人なのにプライドをもってない人たちは祖国を知らな過ぎるのだ。私は希望をもってないこの人達をかわいそうだとまで思う。

今、朝鮮は日本を追い越そうとしている。日本では戦後十五年になろうとしているのに、まだ住宅問題が解決してない。それにくらべて、共和国北半部では、祖国解放戦争で家という家をこわされて、戦後五年もたってないのに、もう住宅問題は解決され、私たちが帰ってもだいじょうぶだと、いっている。私はプライドをもって、またそれにも値する行動をしよう。

六月一五日　　月曜日　　晴

六・二五を記念し、神奈川会館で学生帰国決起大会を開いて映画を見た。今日の決起大会は今までのより熱心で、演台に上って自分の告白や決議を発表する人たちの態度もりっぱだった。大会は拍手の中に終った。映画は、二篇みたが、そのうちの短篇では、余りにも米帝の軍隊が人民を殺したり、家をやきはらったり、人間のしわざとは思えないほどむごたらしい悲劇が描かれているので、怒りがこみ上げてくる。資本主義国の典型ではないか！

〃終らざる戦い〃は、南半部から北部へスパイにやられた男が、悩みながらも、一人の医者を殺そうとするが、戀人にさとらされて自首するという正しいものは必ず勝つことが描かれている映画だった。

六月二六日　金曜日　曇

大村收容所に入ってる安英子さんから手紙の返事がきた。返事にはいままで友達からの便りもなくさびしかったところへ手紙がき、うれしくて涙を流した事や、希望のない生活に毎日を過ごしていたが、帰国問題が起きてから、收容所から出られると思うと、うれしくて希望がもてるなどのことが書いてあった。私は安英子さんのためにも日本にいる朝鮮人は全部帰れるようにしたいと思った。

六月二七日　土曜日　晴

今日はとても暑かった。三年になって久しぶりにソフトボールをやったので氣持がよい。寺尾五郎という人が書いた〃三八度線の北〃という本で、朝鮮では〃労働がスポーツのようになる〃と書いてあったが、環境によってほんとうにそうなるらしい。私も早く帰り、祖国建設の仲間にはいりたい。

六月三〇日　火曜日　曇

午後から六・二五月間蹶後の学生大会が開かれた。大会中、校長先生は、何人かの生徒を、私たちに悪い影響を與えたという理由で、退学罰を命じた。大会での自分の過去の告白で、朴洋則君は自分を強く批判し泣きながら反省した。そしてこれからは〝自分のような学生が出た場合それと最後までたたかう〟とりっぱな決意をした。私はこの人にくらべて勇氣のなさに恥ずかしくなり、下をむいてしまった。大会が終り、ホームルームで、先生は〝一人の英雄をつくるのに余りにも犠牲者がですぎた〟とさびしくおっしゃた。私たちのクラスから二、三人の退学者を出したことはこの人達の責任だけじゃなく、先生や生徒の努力も不十分だと語調を強くしておっしゃった。

私はこれを機会にこのような悲劇が二度とおこらないよう皆が注意し合い、團結しようと思う。また私たちの住んでいる日本の環境が余りにも惡すぎる。私はこのようにならないためにも早く祖国へ帰って勉強したい。

もう泣かないですむんだ

中三　成　桂　賢

私たち、朝鮮人の身の上にまるで春の光がさしこんだように、帰国問題がおこった。あちこちで、喜びの声がたえないようだ。私たちの学校でも、あちらの教室、こちらの教室で、帰国問題の話や故郷の歌でにぎやかだ。先生がたの顔、友達の顔、どの顔もにこにこして希望に輝き生き生きしている。

私たちの友達は二、三名をぬいて、いや全部といっていい、この日本で生まれ、この日本で学び、日本で育った人たちだ。いろいろな思い出をつくったこの土地をあと何年もいないで去ろうとする今日、過去をふり返ってみれば、私たち朝鮮人にはろくなことがなかつた。私は小学校三年生まで日本学校にいた。私のクラスでも朝鮮人の子供が五、六人、学校ぜんたいで五十名近くが日本人にまじっていた。けんかをしては「朝鮮人はかわいそう、なぜかというと、おうちがぺっちゃんこ」というふうにリズムをつけてひやかされた。たぶん朝鮮人の家がぼろ〳〵だったからであろう。また「朝鮮人はニンニクくさい」などといわれた。そういうことをきいてただ口びるをかみ、なんにもいえず、どうして朝鮮人に生まれたのかと父母をうらんだことが何回あったことだろう。

父母も死にものぐるいで働き、家に帰ってきてもぐったりして、私たちのことにはそうかまってくださらなかった。雨のしとしとふる日、がらんとしてこわれかかっている部屋で、おもちゃにしていたまくらをいじくりながら泣いた日を私は忘れることができるだろうか！　こういうような生活は日本に住んでいる朝鮮人の大部分がそうなのである。

その証拠として、神戸―東京間の帰国実現を訴えた自転車大行進である。参加した隊員の話によれば、行進の途中で、生活苦でしわくちゃになった朝鮮の老人が、雨の中でただ手を合わせておがんでいたとか……また、一緒に行進に参加するといってさびた自転車をひっぱってきた中年の労働者もいたという。それに自転車隊はどこへいっても歓迎されている。これをみても在日朝鮮同胞が如何に切実に帰国を望んでいるかがわかると思う。

私はこの問題は、どんなじゃまが入っても切実に帰国を望んでいるこの人たちの情熱で実現できると信じていた。いやもう実現したのだ。

私の心はもう祖国の土地にいるような氣持になる。私はしっかり勉強して祖国の建設につくそうと思う。それを思っただけでもうきうきすることが少くなかった。

「私には祖国がある。日本人にも、他の如何なる国にもばかにされない国が……」とひとりごとをいうときさえある。

私は今では、自分が朝鮮人であることをこの上もないほこりに思っている。

「日本人」になりたかつたが…

高一　蘇　澄　子

私は帰国の問題がおきて帰れるようになった最近までは、自分が朝鮮人に生まれてきたことをきらい、できることならば朝鮮人という名から逃げだしたかった。

小学校時代（日本人学校）は意識していなかったからよかったが、中学へ入学してしばらくたってからは、意識的に強い劣等感をもつようになった。たしか小学校五年の時だったと思うが、歴史の時間に、先生が〝朝鮮の国は〟とか、〝朝鮮人は〟などという言葉をたくさん使うようになった。そのたびに「早く歴史の時間が終ればいいのに」と思うようになり、はずかしいというのか、悲しいというのか、自分にもよくわからない、なんともいえないいやな氣持になったものだ。自分では意識せずに、だが、その頃から劣等感というものをもちはじめたらしい。

中学は朝鮮学校へ入った。日本の学校にいっているときは、友人と話をしているときでも〝あなたは朝鮮人なんですってね〟といわれるのではないかという不安があって、心の底から落ちついて話をすることができなかった。しかし中学に入ってからは、同じ朝鮮人という氣樂さがあったせいか、不安などぜんぜん感じなくなった。しかし入学してしばらくたった頃からまた、劣等感をもつようになってしまった。学校にいるときは平氣なのだが、一たび校門を出るとだめだ。歩いているとき、電車に乗っているとき、友だちが朝鮮語で話しかけてくるのをきらい、そばにいる人たちが〝お前は朝鮮人じゃないかといって、軽蔑した冷い目で見ているような氣がしたりして、強い劣等感におそわれてしまった。

私はその劣等感から逃げようとするあまりに朝鮮人に生まれたことがいやでいやでたまらなくなってしまった。それは、日本の高校へゆこうとする氣持になってあらわれた。しかしそれはだめになってしまった。なぜなら、両親が反対し、担任の先生がこのまゝ朝鮮の高校に入るよう説得したからだ。今になって考えてみるとそれは不幸中の幸いだった。だがそのときはくやしくてくやしくてたまらず、そのくやしさが今度は反抗という形になって現われた。何んでもないことに反抗し、そのことでおこられるとかえってふてくされて口もきかない。口にこそ出さなかったが〝勝手に生んだりしたくせして〟と思ったりしてしまった。

私には仕事の面において將來の希望がある。しかしそれさえも〃朝鮮人は就職したくてもするところがない〃という話をきいて、つよい希望もくずれてしまい、それによってまた、劣等感をもつようになってしまった。もっといやだったのは、そんな劣等感なんかに負けてしまう心の弱い自分がいやでいやでたまらなかったのだ。

希望のやぶれたみじめな劣等感と反抗とをもったまま高校へ入学した。味けのないつまらない毎日だった。それからしばらくたって帰国できるようになった。前から帰国の問題については知っていたが、みぢかな問題としては考えていなかった。帰れるという話をきかされても帰るという氣持などぜんぜんなかった。そして帰ったとしてもどうなるのだという氣持だった。しかし、先生や友だち、また本などで私たちの祖国である朝鮮民主主義人民共和国のことがよく理解できるようになってからは、私は私の弱い心を直してくれ、希望をかなえてくれる所はそこしかない、私の一歩前には希望と幸福が光り輝やいているということがわかった。それからの私は、以前の私とはちがい、心の弱い私はどこかへ消え去り、強い強い私だけがここにいるのだ。今の私ならあらゆる劣等感や悩みなどには負けないだろう。いや絶対に負けられないのだ。私たちの祖国である朝鮮民主主義人民共和国のためにも。

現在の私は非常に幸福だ。なぜなら他の人は、ふだんの生活が楽しく幸福なので、本当に幸福だということがわからないだろう。だが私はちがう。今までに劣等感に悩まされ、それによっていろいろとつらいことやいやなことがあった。そのかわりに〃現在、私はとても幸福だ〃ということがわかったとともに、その幸福を味わえることができたのだ。今の私は、朝鮮人に生まれたことを幸福だと思っている。劣等感などはまったく私の心から消えてしまった。私の心や身体のどこをさがしてもそんなものはでてこないだろう。

今、私は日本の学校へゆかなかったことをよかったと思っている。そして反対してくれた両親や担任だった先生に感謝している。もし日本の学校へいっていたら今でも劣等感を持ちつづけ、心の弱さを克服することもできないでいただろう。

私は朝鮮人に生まれてきたことを幸福だと思っている。

朝鮮人になろう

高一　李　政　則

私は今まで日本の学校で勉強していました。日本の学校にかよっていても、自分が朝鮮人であるということを それほど強く 感じませんでした。

むしろ、自分はもう日本人と同じ立場にあるのだ、とさえ思っていましたから、劣等感（日本人をみたときの民族的な劣等感）も感じることなく、日本の学校の友達とも親しくし、親友も何人かいました。

このような状態ですから、昨年からおこってきた帰国問題にも、姉は深い関心を寄せているにもかかわらず、自分には何の関係も無いくだらない問題だとさえ思っていたのです。しかし時がたつにつれ、私も朝鮮人だということを考えずにはいられませんでした。

自分も朝鮮人なのだ。それなのに私は自分の国の言葉を話すこともできなければ、書くことも讀むこともできないのだ。このままでよいのだろうか？ 自分の国の言葉をしらないことほど悲しいことがあるのだろうか？

私は迷った。自分の国の言葉や歴史を習うべきか、それともいままでどおり親友たちと仲よく勉强すべきか、と。

私は深く考えました。私は自分の国の言葉を勉强するのをはずかしがっていたのです。でもその考えが誤りであることに氣がついていたのでした。

朝鮮人になることは、今の状態の私にはとても難かしい仕事だ。しかも朝鮮人になるには資格が必要なのである。その資格を得る條件は、朝鮮語をしり、朝鮮語を話せなければならない。この最底の條件をも私は持っていない。私ははずかしかった。私の体の中には朝鮮人の眞紅の血がかよっているのである。それなのに私は朝鮮語を話せない。私も立派な朝鮮人になろう！ それには朝鮮学校へ行くべきだ。日本の学校にいては自分の国を知ることが出來ない。自分の国のことを知るためにも朝鮮学校へ行かなくてはならない。

私は幼かった頃のことを思いだしました。日本の小学校の友達と声をはりあげて、「朝鮮学校いい学校あがってみたらボロ学校」と平氣で、このようなことをいっていたのです。

私は朝鮮学校へゆかなければならないと氣がつくと同時に、自分は朝鮮人なのに日本の学校へかよっていることがはずかしくなってきたのです。このはずかしいという心持を解消するためには、一日も早く朝鮮学校へゆかなければならないと痛感しました。こうして私は、一日も早く朝鮮学校へゆきたいという心をおさえきれず、中学校の担任の先生に相談にいったのです。

私は先生の前にいって、小声でこういいました。「先生、僕は朝鮮人なので朝鮮の学校へゆくことに決心しました」といい終ると、うつむいてしまいました。私は心の中で自分にいいました。うつむくということは朝鮮人がはずかしいことになる、顔をあげろ！と。

しばらくのあいだ默っていた先生は、「自分で決心したことだから、よほど考えてしたことだと思う。もうそこまで決心したのなら、その決心を実行に移しなさい。しかしもう卒業式も間近なのだから、なるべくならば卒業してからにしなさい」と言ってくれました。家に帰って父母に話すと、高校からゆくという先生の意見に賛成してくれました。

それから二ケ月後の卒業式の当日、私は担任の先生に、私が自分の国の言葉や歴史を習うために朝鮮学校へゆくことになった、と級友につたえてくださいとおねがいしましたが、先生は自分でいわなければ直接みなの胸にひびかないから、自分でいいなさいと言われてしまいました。

しかし、私には皆の前でいうだけの勇氣がありませんでした。卒業式が終り送別会のとき、私は顔をほてらせながらこういったのです。「私は朝鮮人です。朝鮮人でありながら朝鮮の学校へ行くのがはずかしく、今まで日本の学校で勉强してきました。しかし今は、自分のそのような考えが誤りであったことに氣がついたのです。自分の国の言葉もしらない私は、不具者と何らかわりありませんでした。そして私は、自分の国の言葉を知らないということがどんな不幸なことであるかを强く感じました。今まで皆さんに親しくしていただきましたが、今後もかわりなく、親しくしてください」と、いうのがやっとでした。

今、私は、横浜港を見おろせることのできる山上の朝鮮高校で、みなよりも遅れた国語の勉强を、毎日たのしくしています。私は朝鮮語を知るため、歴史をしるため、帰国するため、そして立派な朝鮮民主主義人民共和国の愛国者の一人になるために毎日努力しています。

貧乏生活

高二　金　君子

私の家は横須賀です。通る道も無いようなゴタゴタして連なっている長屋のような所で、電車が目の前を通っているので、なれない人は夜ねむれません。そこに十七、八戸の同じ故郷の人と、二、三戸の日本人の家と、ちょっと離れた所に豚小屋がわんさとあります。線路の向う側には日本人の清潔な家々が並んでいます。口の悪い日本人は、私達のことを朝鮮人飯場といって馬鹿にする。たたいてサンドイッチにして食ってしまいたい奴らだ。そういえば、一部の人を除いては確かに全部がそのような日ぐらしぜみたいです。それに生活につかれた利己心の强い人、ばかりが住んでいる。それでもそのうちの一軒はこんな所に不似合なテレビもあり、ミシンも電蓄も持っている。ラジオもない私の家とは月とスッポンだ。そんな人はどのようにしてこの不人情な世の中をくぐってきたのかと思う。それは必ずしも不正当な仕事とは限らないが、そういったようなことをしたのだ。それもしめてしめて、三度のめしもろくに食べなかったのではないかと思われる。それはとてもけちん坊で、ある人が自転車をかしてといった時、親が承知したのに子供が自転車やその鍵をかくしたりするのだ。

この近所のたいていの人は、こやしや、くずや、あめや、どぶろくや、ヒロポン賣り、ドル替え、円タク、自転車貸し、パチンコ景品買い、養豚業、土方、パチンコのうらまわり（私はある人がこの事を悪くいったのをよく思っていない。だれもやりたくてやっているのじゃないのに……）等々のことをしてきた。

先生が朝鮮の人は樂觀主義者だとおっしゃったが、まったくそのとおりで、私の父はそれにピッタリあてはまる人物です。いぜん私の家はこんなにも困っていなかった。私の家の豚小屋には二十匹位の豚は入っていたし、タマのひまには、父は牛のぞうもつを安く買っては賣った。だが、父はいつもその帰りに自転車のハンドルが曲ってパチンコヤゆきだった。私が迎えにゆくと、父は腰をたたきながら、玉の行方を見ていて百面相の最中だ。私はおかしかったが笑ってばかりもいられなかった。私は父が自転車で帰るのを見送って電車で帰ってくるのだ。父が帰ってくるときまってけんかをした。妹なんかすみで泣いていて、私は父の腕にむしゃぶりつきながら、なぜけんかなんかするのだろうと小さい頭を悩ました。それでも貧乏だからだということはうすうす感づいていた。

私は嫁にきた姉がかわいそうでならない。それはもう二ケ月も前のことだが、兄が月給の一万二千円のお金をそっくり落してしまったのだ。その時お金をもらってから東京に用事があって行ったのだが、そこで落したらしい。母はその日、夜中の一時ごろまで待っていたのだが帰ってこなかった。そしてその次の日の 夜中の十二時ごろになって 帰ってきた。姉の実家で泊ってきたらしい。翌日の朝、その落したお金のことについて話していたが、母の心中はどうだろうかと思った。二、三日前から米がなく人から借りて食べてきて、ともすればけんかをしそうなふんいきだのに……

母はお金をもらってきたら、このごろいつも家で作ったチシャともやしだけで、魚という魚、肉という肉がおぜんにのったことがないから、兄の好きなスジでも買ってきて食べようといっていたのである。それに借りたお金の方も、みんな勘定までに、勘定までにといってきたのだ。母はしつっこくどこでなくしたとか、東京へゆかなけりゃよかったのだとかいっていた。父はだまっていた。おこっている証拠だ。でも私は兄もかわいそうだと思った。あんなにあせ水たらしていっしょうけんめいに働いたものをなくしたという兄の方が悲惱な氣持だろう。その日の晝ごろ、兄がそっと私を 部屋に呼びいれた。質屋へ 行ってこいというのだ。私はいやだといったがどなりつけられてしまった。私は質屋へ行くのはこれで三度目である。兄は自分の背廣の上下を出し、もらえるだけもらってといった。するとそばにいた姉がタンスから黙いスーツの上下と指輪をもってきて、これもといったが私はいやだといって受け取らなかった。だがとうとうスーツだけはもたされてしまった。そのスーツだってこのまえ入れてやっと出したのに……いえそれだけでなく、時計もオーバも……お姉さんが実家から持ってきた三万円のミシンまでもが賣られてしまった。私の姉のかわいそうだと思うわけはこういう貧乏からくるのだ。

けれど、こんなにまでいやな思いをしながらもまだ帰国しようという考えを持っていないガリガリな頑固な父です。昨日の夕飯のとき、となりの人が、今日、米を借りにいったら、米やでは貸すと税金がかかるからだめだ、といわれたという話がでた。私はだからこんなところで苦労しないで祖国に帰ろうよ、といったら、父は南朝鮮に帰るんだといって聞かなかった。それからすぐ、今月の月給がのびて十五日になったとかいう金銭問題に入ってしまった。母はおこって部屋をでていってしまった。このようにいつも話がそれてしまう。姉や兄は賛成なのに反対は父ひとりでがんばっている。私はみんなが帰ったら帰るんだろうと思ったので、ひとりで帰ろうと思ったことがあるが、このぶんじゃどうなるか心配だ。でも私は說得させる。なぜってそれ以外に私たちの幸福がえられないからだ。

みんな朝鮮学校へ入学しよう！

県内の朝鮮学校一覧

※（ ）内は生徒数

神奈川朝鮮中高級学校（中五二二・高二五二）

横浜市神奈川区沢渡二一

電話 横浜 (44) 二七四四八八七六

校長 金寶鉉

教育会々長 崔泳鎭

川崎朝鮮初級学校（四八六）

川崎市櫻本二の五五

電話川崎 (3) 三〇九一

校長 魯仁壽

教育会々長 安賛甲

南武朝鮮初級学校（一八二）

川崎市溝の口三六二

電話溝の口三三七九

校長 朴鎔曄

教育会々長 呉泰鏞

鶴見朝鮮初級学校（二三三）

横浜市鶴見区小野町一〇

電話横浜 (5) 四二六九

校長 金東柱

教育会々長 趙鏞完

一日も早く祖国へ帰ろう！

横濱朝鮮初級学校（二七六）
横浜市神奈川区沢渡二一
電話横浜(4)七五八六
校長　朴東彦
教育会々長　南聖奎

横須賀朝鮮初級学校（一五六）
横須賀市小川町十六
電話横須賀五二一五〇（呼）
校長　盧根鉉
教育会々長　禹俊福

鎌倉朝鮮初級学校（三七）
鎌倉市岡本八六〇
電話大船三〇〇〇
校長　金琅鎬
教育会々長　梁炳奎

逗子朝鮮初級学校（三三）
逗子市櫻山五八五
校長　金琅鎬
教育会々長　鄭政得

大和朝鮮初級学校（七四）
大和市下草柳五五七
電話大和七二一五
校長　成允植
教育会々長　柳銀佑

— 32 —

【엮은이】

▍김인덕(金仁德)

성균관대학교 문학박사
청암대학교 조교수
청암대학교 재일코리안연구소 부소장
재일조선인사 및 근현대한일관계사 전공
『재일조선인 역사교육』(2015)
『재일조선인 민족교육 연구』(2016)

▍김경호(金耿昊)

일본 도쿄대학 대학원 총합문화연구과 박사과정 수료
재일조선인사 및 사회운동사 전공
『帝國日本の再編と二つの「在日」』(공저, 2010)
『在日朝鮮人生活保護資料』(2권, 2013)